Hermann Reiter

Die Revolution 1948/49 in Bayern

Hermann Reiter

Die Revolution 1848/49 in Bayern

PAHL-RUGENSTEIN

Breite Str. 47 53111 Bonn
Tel.: 0228/63 23 06 Fax 0228/63 49 68

ISBN 3-89144-261-0

Lektorat: Jürgen Dominick
Satz: Jürgen Dominick
Druck: Interpress, Budapest

Die Deutsche Bibliothek - CIP-Einheitsaufnahme

Reiter, Hermann :
Die Revolution 1848/49 in Bayern / Hermann Reiter. - Bonn : Pahl-Rugenstein, 1998
ISBN 3-89144-261-0

Inhaltsverzeichnis

Einleitung ... 7

1. Bayern im Vormärz: Verfassung und Verfassungswirklichkeit ... 14

2. Die Krise von 1847 ... 26
2.1. Der Sturz des Fundamentalismus ... 26
2.2. Das unsichere Gleichgewicht ... 29
2.3. Die Revolte der Fundamentalisten ... 34

3. Die Revolution der Bürger ... 47
3.1. Die Märzereignisse in München ... 49
3.2. Die Märzereignisse in den bayerischen Städten ... 52
3.3. Ein Zwischenlösung Die Proklamation vom 6. März ... 56

4. Die Revolution der Bauern ... 62

5. Die „indirekte" Revolution ... 68

6. Bayern und die nationale Frage (I) ... 74

7. Volksbewegung, Nationalversammlung und Landtag ... 82
7.1. Die Wahlen zur Nationalversammlung ... 82
7.2. Der Reformlandtag ... 96
7.3. Volksbewegung und Parteien ... 102
7.3.1. Der Liberalismus ... 105
7.3.2. Linksliberalismus ... 114
7.3.3. Demokratische Bewegungen ... 124
7.3.4. Die Gesellen- und Arbeiterbewegung ... 132

8. Die Septemberkrise ... 136
8.1. Bilanz einer Mißernte ... 136
8.2. Ein Waffenstillstand und die Folgen ... 142

9. Bayern und die nationale Frage (II) 159

10. Der „revolutionäre“ Landtag 174
10.1. Wahlen und Wahlprogramme 174
10.2. Der Landtag 181
10.3. Die Volksbewegung 189

11. Die Reichsverfassungskampagne 201

12. Zusammenfassung 224

Anmerkungen 226

Quellen- und Literaturverzeichnis 267
1. Ungedruckte Quellen 267
2. Zeitungen 267
3. Gedruckte Quellen und quellenwertige Literatur 268
4. Literatur 271
Abkürzungen 281

Personen- und Ortsverzeichnis 282

Einleitung

Die Revolution von 1848/49 ist Teil des Übergangs vom Feudalismus zum Kapitalismus. Dieser Übergang vollzog sich in Deutschland in mehreren Stufen. Er begann in der zweiten Hälfte des 18. Jahrhunderts und setzte sich in einer an die Französische Revolution anschließenden Ära staatlich gelenkter Reformen fort. Dann übernahmen in zwei revolutionären Schüben – 1830 und 1848/49 – Kräfte von unten her die Führung, bis er schließlich im Zuge der Reichsgründung 1870/71 durch eine Revolution von oben zu Ende geführt wurde.

Bayern – die damals zu Bayern gehörende Rheinpfalz bleibt hier außer Betracht – ordnet sich mit dem Reformministerium Montgelas[1] (1799-1817), mit dem Landtag von 1831, mit der Revolution von 1848/49 und der sogenannten „Sozialgesetzgebung" der 60er Jahre in diesen gesamtdeutschen Ablauf ein; als zusätzliches, Erklärung und Einordnung erforderndes Element kommt die Verfassung von 1818 hinzu.

Jede Beschäftigung mit einer dieser Stufen stößt über kurz oder lang – und je früher, desto besser – auf die Frage, wie sie sich zueinander verhalten. Bei der mittendrin stehenden Revolution von 1848 drängt sie sich besonders stark auf, und da die Akteure der Revolution sich immer wieder auf die vorausgegangenen Zustände berufen, ist eine Beschäftigung mit der Vorgeschichte nicht zu umgehen. Es geht dabei im Grunde um das Verhältnis von Reform und Revolution, um die Möglichkeiten des reformerischen Weges und die Notwendigkeit bzw. Unvermeidbarkeit von Revolutionen.

Die in Bayern vorherrschenden Richtung der Geschichtsschreibung, wie sie im „Handbuch der bayerischen Geschichte" zu Wort kommt, schätzt Ausmaß und Wirkung der Reformen des Ministeriums Montgelas sehr hoch ein, sie gelten ihr als „Revolution von oben"[2]. Der Verfassung von 1818 wird, vor allem unter Berufung auf den Grundrechtekatalog der Präambel, eine ähnliche Bedeutung eingeräumt.[3] Eine von dieser Richtung jüngst gestaltete Ausstellung zur Regierung Montgelas bleibt bei dieser Betrachtungsweise.[4]

Eine solche Anhäufung von Revolutionen (Verfassungen von 1808 und 1818, Revolution von 1848) verwundert bei einem Land, das an sich für die Stabilität seiner sozialen Verhältnisse bekannt ist, aber sie ist nicht unmöglich, wie ein Blick auf Frankreich zeigt. Eher irritiert die Beobachtung, daß die Verfassung von 1818 in eine Zeit fällt, die im allgemeinen als Beginn des Zeitalters der Restauration bezeichnet wird. Nun ist das Nebeneinander unterschiedlicher oder gegensätzlicher Tendenzen innerhalb ein und desselben Zeitraums nichts Ungewöhnliches, es bedürfte aber doch wohl einer ausführlichen Beschreibung ihres Verhältnisses zueinander. Wenn aber in besagtem Handbuch der Ausdruck „Restauration" nur an abgelegener Stelle und in nicht recht klarer Aussage[5] vorkommt, dann sind hier wohl einige Fragen offen geblieben. Es handelt sich um eine Gruppe von Fragen, die sich zu der einen bündeln und zuspitzen lassen: Hat es in Bayern keine Restauration gegeben? Auch wird in einer Konstruktion, die den vorausgehenden Reformen so viel Wirksamkeit zuschreibt, der Sinn einer nachfolgenden Revolution nicht mehr recht einsichtig, und so ist es wohl kein Zufall, daß in der erwähnten Darstellung die Revolution von 1848 zu einem harmlosen Ereignis am Rande zweier Monarchenbiografien schrumpft.

Bayern, der drittgrößte Staat des damaligen „Deutschland“, hat nur einen eher bescheidenen Beitrag zur deutschen Revolution von 1848 geleistet. Das bedeutet aber nicht, daß die Revolution von 1848 nicht von größter Bedeutung für Bayern war. Wenn die auf revolutionärem Wege erzwungene Gesetzgebung des bayerischen Landtags vom Frühjahr 1848 formal an die Regelungen aus der Montgelaszeit und an die Verfassung von 1818 anknüpfte, so hat sie (Wahlgesetz, Gesetz zur Ministerverantwortlichkeit, Ablösungsgesetz, Änderungen im Gerichtsverfahrensrecht) doch wichtige Änderungen im politischen und sozialen System Bayerns herbeigeführt. Nach wie vor gilt deshalb die Feststellung von Karl Bosl, daß erst ab 1848 von einer wirklichen konstitutionellen politischen Ordnung in Bayern zu sprechen ist.[6] Hingegen bedeutet die Auffassung, die Verfassung von 1818 habe im „Kern“ über hundert Jahre Gültigkeit besessen[7], eine Fortsetzung der alten Riezler/Doeberlschen Auffassung vom glücklichsten Jahrhundert der bayerischen Verfassungsgeschichte.[8] Es wäre sicher übertrieben zu behaupten, es habe sich in der Revolution von 1848/49 nur – um im Bild zu bleiben – die Schale gehalten, während der Kern völlig verschwunden sei, denn die Zwielichtigkeit und der Übergangscharakter der konstitutionellen Verfassungen, wie ihn Böckenförde in der bekannten Kontroverse gegen Huber herausgearbeitet hat, erlaubt sehr wohl, das Bild vom Kern beizubehalten, sich ihn aber nach 1848 reichlich mit Sprüngen, Rissen und Absplitterungen versehen vorzustellen. Insofern ist es auch nicht ganz zutreffend, wenn in einer der neuesten Gesamtdarstellungen dieses Zeitraums die vormärzlichen Verfassungen Süddeutschlands bereits als „Kompromisse“ bezeichnet werden: ein Kompromiß im Sinne eines Ausgleichs zwischen Fürstenmacht und Volksmacht war die bayerische Verfassung erst und allenfalls ab 1848.

Die Gegenüberstellung der süddeutschen Verfassungsstaaten mit dem verfassungslosen Preußen ist eine auf die Reichsgründungszeit zurückgehende Stilisierung mit propagandistischer Absicht, die auch in modernen Formulierungen („ein fortgeschrittenes Verfassungssystem, eine konservative Gesellschaftspolitik in Süddeutschland, ein fortgeschrittenes ökonomisches und zum Teil auch soziales System bei konservativ unmoderner politischer Struktur in Preußen“)[9] nicht an Wahrheitsgehalt gewinnt – früher, als die Bibel noch allgemein verstandene Redewendungen und Sprachbilder lieferte, hätte man gesagt: das ist alter Wein in neuen Schläuchen. Gegenüber solchen, im Kern konservativen Stilisierungen ist festzustellen, daß das Ausmaß politischer Freiheit der Einzelperson in den süddeutschen Ländern – dies mag zugegebenermaßen von Land zu Land (z.B. Sachsen, Baden) in unterschiedlichem Maße gelten, für Bayern gilt es uneingeschränkt – nicht größer war als im verfassungslosen Preußen und daß die tatsächliche Gleichheit der Unfreiheit, Unterdrückung und Rückständigkeit in allen deutschen Staaten wesentlicher ist als gewisse äußere Unterschiede in der staatlichen Verfassung. So haben denn auch 1848/49 alle liberalen und demokratischen Äußerungen den geringen Wert des vormärzlichen Konstitutionalismus hervorgehoben. Ein Ausschuß des Landtags von 1849, der sich mit dem sogenannten griechischen Anlehen befaßte, hat gutes Anschauungsmaterial zur Verfassungswirklichkeit des angeblich fortgeschrittenen Verfassungssystems von 1818 beigebracht.

Dem Verfasser ist es noch nicht möglich, den Prozeß des Übergangs vom Feudalismus zum Kapitalismus in Bayern in seiner Gesamtheit darzustellen. So beschränkt er sich auf eine thesenhaft knappe Darstellung der Vorgeschichte (Montgelas-Reformen, Restauration und Vormärz), wobei er davon ausgeht, daß die nachfolgende Darstellung der Revolution diese Thesen dadurch verifiziert, daß sich die Revolution von 1848 als plausible Folge dieser Vorgeschichte ergibt.

Der Verfasser glaubt auch nicht, bereits eine abschließende Darstellung der Revolution von 1848 in Bayern vorlegen zu können. Er legt das Schwergewicht auf die Darstellung der Struktur des Vorgangs und strebt vor allem eine Bestandsaufnahme der derzeitigen Literatur und eigener Forschungen an, um alte Fragen beantworten und sinnvolle neue Fragen stellen zu können. Auch scheint dem Verfasser die von Wehler[10] geforderte Anwendung soziologischer Theorie, insbesondere der Theorie der relativen Deprivation, beim derzeitigen Stand der Forschung in der bayerischen Sozialgeschichte noch sehr schwierig. So hat zum Beispiel die – wie die vorhin erwähnte Montgelas-Ausstellung vom Haus der Bayerischen Geschichte eingerichtete – Ausstellung über die bayerischen Bauern (Straubing/1992) wohl die Montgelaszeit erwähnt und ausgestaltet, das eigentlich zentrale Ablösungsgesetz von 1848 und seine Durchführung und Folgen jedoch weitgehend ausgeklammert. Es fehlt zudem an Studien über die liberalen und demokratischen Parteien, Vereine und Persönlichkeiten. Zwar kann der Verfasser ein umfangreiches Literaturverzeichnis anfügen, aber viele Titel sind alt und leiden unter den ideologischen und materiellen Umständen der Entstehungszeit, ein großer Teil befaßt sich vorwiegend mit der konservativ-gegenrevolutionären Seite, und nur ganz wenige Titel stellen die „revolutionäre" Partei, ihre Auffassungen, Mittel und Ziele in den Mittelpunkt der Darstellung und die meist älteren Arbeiten über die konservativen Vereine bedürfen vielfach einer kritischen Überarbeitung. Es gibt hier also vor der expliziten Anwendung soziologischer oder anderer Theorien noch viel an einfacher Suche und Sichtung von historischem Material zu tun, was nicht heißt, daß diese Arbeit begriff- und konzeptlos abläuft. Und so sieht es der Verfasser zunächst als vordringliche Aufgabe an, die Revolution von 1848/49 in Bayern als politischen Vorgang mit sinnvoller Struktur darzustellen. Auch dabei sind noch viele Fragen offen, aber es ist nicht Schuld des Verfassers, denn ein Einzelner kann nicht ohne weiteres eine Forschungstradition ersetzen.

Als nützlichste von allen theoretisch-methodischen Vorstellungen, um das Akten- und sonstige Material einer ersten Ordnung und Übersicht zuzuführen, stellte sich für den Verfasser im Laufe der Arbeit folgende heraus: Die Revolution (und das gilt im wesentlichen seit 1789) ist nicht einfach der Aufstand eines unterdrückten Volkes gegen seine Unterdrücker. Vielmehr sollte man von drei interagierenden Blöcken ausgehen. Da ist zunächst das „alte Regime" (1). Diesem gegenüber baut sich ein „neues Regime" (2) auf. Beiden steht „das Volk" (3) mit seinen Klassen und Schichten und Einzelpersonen gegenüber. Das alte Regime hat zunächst durchaus seine Stützen im Volk, und es ist Ziel und Aufgabe des neuen Regimes, sich so weit im Volk zu verankern, daß es das alte Regime aushebeln kann. Die Darstellung der Vorgänge zwischen diesen drei Blöcken ist der eigentliche Gegenstand der Revolutionsgeschichtsschreibung.

Nun ist die Frage: Hat es in Bayern 1848 eine solche Konstellation, einen solchen Ablauf gegeben? Hat es 1848 in Bayern ein „altes Regime" gegeben, das, auf Repression und Ungleichheit gestützt, seine Herrschaft nicht mehr in der gewohnten Weise ausüben konnte? Von einem „alten Regime" zu sprechen, bedeutet indirekt, die vorausgegangenen Reformen und die Verfassung von 1818 gering einzustufen und damit deutlich anders zu bewerten, als dies üblicherweise bzw. im Mainstream der bayerischen Geschichtsschreibung geschieht. Oder war das vorrevolutionäre Regime tatsächlich schon so weit zu einem neuen Regime reformiert, daß es gar nicht mehr zu einer Konfrontation beider Regimes kommen konnte, und diese unnötig war?

Der Verfasser geht von der Auffassung aus, daß es 1848 in Bayern sehr wohl ein „altes Regime" und eine revolutionäre Situation gegeben hat, die Revolution somit eine logische und in gewisser Weise notwendige Folge war.

Was das alte Regime betrifft, so reichen die vorliegenden Arbeiten, nicht zuletzt die in großer Zahl vorliegenden Monarchenbiografien, aus, um eine hinlänglich klare Vorstellung über sein Verhalten vor und während der Revolution zu geben. Die große Darstellung der Revolution von 1848/49 von Veit Valentin hat in diesem Bereich das Wesentliche gesagt, sie ist immer noch von überragendem Wert und der Doeberlschen Feudalapologetik weit vorzuziehen, aber es ist sicher nicht überflüssig, die Valentinsche Darstellung durch Details zu verdichten; der Verfasser hat dies durch einige, allerdings eher stichprobenhafte Zugriffe versucht. Er stützt sich dabei vorwiegend auf Akten des Innenministeriums und ausgewählte Akten des Ministeriums des Äußeren. Das Kriegsministerium hat er noch nicht eingesehen, ebenso nicht das Geheime Hausarchiv, das wohl noch erhellende Einblicke böte in die Vorgänge zwischen Hof, Bürokratie und einzelnen Klassen und Schichten des Volkes.

Das neue Regime stellt sich dar in einer großen Zahl von Vereinen, Parteien und Einzelpersonen, die im Kraftfeld zwischen dem wittelsbachischen Hof in München und der Nationalversammlung in Frankfurt ihre Arbeit getan haben. Im wesentlichen handelt es sich dabei um die beiden großen Parteien der Liberalen und Demokraten in ihren verschiedenen Abstufungen, und es ist festzustellen, daß die Ziele dieses Blocks, selbst seiner konzessionsbereiten, liberalen Mitglieder, sich deutlich von denen des Status-quo-Blocks unterscheiden. Auch der gemäßigte Liberalismus war in Opposition zum alten Regime, das alte Regime hat die politische Differenz zwischen sich und ihm nicht durch Reformen überbrücken können, weder vor noch während der Revolution. Der Verfasser hat hierzu neben den Akten des Innenministeriums vor allem den Zeitungsbestand der Bayerischen Staatsbibliothek München ausgewertet. Durch weitere Arbeit in den Archiven der Regierungsbezirke – ein allerdings mit erheblichem Aufwand an Zeit und Kosten verbundenes Unternehmen – wäre wohl noch viel Wichtiges über das Geflecht der persönlichen Kontakte und Zusammenhänge zu erfahren. Die Aufgabe, den einzelnen Vereinen Schritt für Schritt – vor allem in der in Bayern besonders schwierigen nationalen Frage – analysierend durch die Revolutionszeit zu folgen, besteht nach wie vor.

Die Parteien und Verbände sind nicht identisch mit dem Volk und der Volksbewegung (3), beide stehen vielmehr in einem wechselseitigen Wirkungsverhältnis zueinander. Nun ist die Volksbewegung – die Lage der verschiedenen Klassen und Schichten des Volkes und ihre Umsetzung in Bewußtsein und Handlung – der wichtigste Teil einer Revolutionsgeschichte, aber es ist nicht leicht, sie im Archiv aufzuspüren. Man greift natürlich zunächst zu den Behördenberichten, und es gibt sie in großer Zahl. Vor allem die Reichsverfassungskampagne 1849 hat einen umfangreichen Bestand an Regierungspräsidentenberichten[11] hinterlassen. Diese Berichte sind eine gute, aber komplizierte Quelle, die nicht nur bei offenkundigen, deutlich ausgesprochenen Wertungen – vor allem Zimmermann hat sie in seiner Arbeit über Franken ziemlich unverändert übernommen – sondern in ihrer ganzen Anlage kritisch angefaßt werden muß. Für eine erste Orientierung ist sie gewiß hilfreich, aber sie bedarf einer genauen Überprüfung und Bewertung anhand des ausgedehnten Aktenmaterials der untergeordneten Behörden und sonstiger Quellen. Eine präzise Beschreibung von Lage und Verhalten der verschiedenen Klassen und Schichten, vor allem der bäuerlichen Bevölkerung, erfordert noch umfangreiche Vorarbeiten.

Es ist aber ganz offensichtlich, daß es in Bayern in den Jahren 1848/49 eine erstaunlich dichte Volksbewegung gegeben hat, die in mehr oder weniger deutlicher Weise für eine Revolution eintrat. Es ist dabei neben der politischen Volksbewegung eine diffuse, vorpolitische, „autonome“ Volksbewegung festzustellen, die sich in einer die ganze Revolutionszeit umspannenden Kette lokaler, „spontaner“ Aufstände äußerte. Es werden diese Vorgänge nur zu gern im vorpolitischen Raum belassen oder in den Raum des Kriminellen oder psychisch Defekten abgedrängt. Eine eingehende Analyse, vor allem mit den heutigen Möglichkeiten der Datenverarbeitung, würde sehr wohl einen Sinn hinter diesen Vorgängen feststellen können, aber das ist eine Aufgabe, die noch bevorsteht.

Andererseits war Bayern ebenso unzweifelhaft eines der konservativeren Länder, was nur so zu erklären ist, daß spontane Volksbewegung und politische, vor allem revolutionäre politische Organisationen nicht zusammenfanden. In der Tat ist die Schwäche der revolutionären Organisationen das wichtigste Merkmal der 48er Revolution in Bayern. Revolutionär waren 1848 alle Organisationen, die das noch in vielen feudalen Bindungen steckende Land nach den Grundsätzen der politischen Freiheit und Gleichheit der Individuen neugestalten wollten. Revolutionär war somit der Liberalismus ebenso wie die Demokratie, allerdings war sich nur letztere der revolutionären Eigenschaft ihrer Ziele einigermaßen bewußt. Die demokratischen Kräfte Bayerns konnten jedoch trotz aller Erfolge im einzelnen die Hegemonie der auf Anpassung ausgerichteten Liberalen nie überwinden. Umgekehrt gelang es den Liberalen immer wieder, die Demokraten durch – in den Auswirkungen unerhebliche – programmatische Zugeständnisse zu integrieren. Dabei ist der Großbürgerliberalismus preußisch-rheinischer Prägung in Bayern kaum auszumachen. Diese im Entstehen begriffene Gesellschaftsschicht ist in der bayerischen Revolution nur indirekt greifbar; um so mehr ist auch der Liberalismus von Mittelstand und Kleinbürgertum geprägt.

Die etwas widersprüchliche Bilanz Bayerns hängt auch, aber nur am Rande, mit der Tatsache zusammen, daß Bayern damals – viel stärker als heute – ein Konglomerat dreier „Länder“ (Altbayern, Schwaben und Franken) mit unterschiedlichen wirtschaftlichen und kulturellen Gegebenheiten war, doch bildete Bayern gleichzeitig eine feste politisch-bürokratische Struktur, so daß es Sinn hat, Bayern als Ganzes zu behandeln. Gleichwohl wirft das einige Schwierigkeiten bei der Darstellung auf, denn derselbe Vorgang bzw. dieselbe Entwicklung kommt immer in drei (wenn nicht gar vier, denn

München war wiederum ein Sonderfall innerhalb Altbayerns) regionalen Varianten vor – der Verfasser hofft sie zu meistern.

Es ist natürlich anzustreben, die Regional- bzw. Landesgeschichte mit der nationalen, gesamtdeutschen Geschichte zu verbinden. Bayern hat keinen hervorragenden Beitrag zur Revolution von 1848 in Deutschland geleistet, wenigstens nicht zu deren Gelingen. In den Parlamentswahlen des Frühjahrs 1848 hat es nicht unwesentlich zur Stärkung der Gegenrevolution beigetragen, während auf der anderen Seite im Mai 1849 eine durchaus mögliche militärische Erhebung unterblieb. Das Ausbleiben des fränkischen „Aufstands" im Mai 1849 war ein Fakt von nationaler Bedeutung. Der Versuch, die seit einem Jahr bestehende Legalität des Paulskirchenregimes durch militärische Mittel – was von der Gegenseite gemeinhin als „Aufstand" bezeichnet wird – abzusichern, war bei der geringen Belastbarkeit der bayerischen Armee keineswegs aussichtslos, das Unterbleiben dieses Versuchs führte um so sicherer zur endgültigen Niederlage der Paulskirche.[12] Immerhin hat sich Bayern mit dem linksdominierten Landtag von 1849 wenigstens einmal auf der Höhe der Zeit gezeigt. Neben den Landtagen von Baden und Württemberg hat dieser bayerische Landtag die Überlegungen der politischen Lager in der Endphase der Revolution mitgeprägt.

Wenn auch Bayern zur Lösung der Grundfrage der deutschen Revolution von 1848/49 – wie die nationale Einheit in einem liberal-demokratischen Verfassungsstaat herzustellen sei – nicht viel beigetragen hat, so schlägt diese Grundfrage doch in Bayern überall durch. Die damaligen Antworten auf die Grundfrage bewegten sich in einem breiten, abgestuften Kontinuum, dessen einen Eckpunkt der Liberalismus mit seinem Konzept eines möglichst weit gehenden Ausgleichs mit dem alten Regime bildete. Daß die These vom Verrat der Liberalen weitgehend aufgegeben wurde, darf nicht daran hindern, immer wieder nach Realismus und Tragfähigkeit des liberalen Konzepts zu fragen. Es ist festzustellen, daß der liberale Wunsch nach Ausgleich in Bayern – wie auch in den meisten anderen deutschen Staaten – an der wittelsbachischen Monarchie keine Grundlage hatte, daß aber umgekehrt ein entschiedeneres Auftreten gerade in den ersten Revolutionsmonaten ohne größere soziale Reibungsverluste bedeutende positive Folgen gehabt hätte. Es gab bei den Liberalen („Konstitutionellen") die Tendenz, daß der durchaus diskutable Wunsch nach Verständigung mit dem alten Regime in eine aggressive Haltung gegenüber der demokratischen Linken umschlug, daß die Abgrenzung gegenüber der Linken wichtiger war als die Abgrenzung gegenüber den bisherigen Regimen. Den anderen Eckpunkt formulierten – gesamtdeutsch gesehen – die mit der Fraktion Donnersberg locker koalierenden Redakteure der „Neuen Rheinischen Zeitung", die bei Beginn der Revolution die Ausrufung einer einheitlichen, unteilbaren deutschen Republik und die Einrichtung einer revolutionären Exekutive befürworteten. Die Neue Rheinische Zeitung war ein Blatt, dessen meinungsbildende Kraft auch in Bayern deutlich wurde. In der Spätphase der Revolution, bei den Wahlen zum Landtag und in der Reichsverfassungskampagne, zeigte sich, daß auch in der bayrischen Bevölkerung eine Mehrheit für entschiedene, weitgehende, ohne besondere Rücksicht auf die bestehende Monarchie vorzunehmende Veränderung des politischen Systems und der sozialen Verhältnisse bestand. Deren politische Führung, vorwiegend dem Kleinbürgertum entstammend, vermochte aber den Druck von unten nicht in einen entscheidenden Akt zum endgültigen Sturz des alten Regimes umzuwandeln.

Soweit es einer kleinen, bescheidenen Regionalstudie überhaupt zusteht und möglich ist, über so weittragende Fragen zu urteilen, so scheint es dem Verfasser vordringlich, die Ursachen an der Niederlage der Revolution zunächst bei der demokratischen Linken zu suchen. Die demokratische Linke in ihren verschiedenen Fraktionen hat die am weitesten gehenden, faktisch revolutionären Ziele angesteuert, sie war sich der Konsequenzen ihrer Ziele teilweise bewußt, scheiterte aber bei der Umsetzung. Es ist zu einfach, das Scheitern der Revolution auf die Stärke der Rechten, die Passivität der großen Masse oder den Verrat der Liberalen zurückzuführen. Die Liberalen wollten keine Revolution, ihnen ist das Scheitern der Revolution nicht in gleicher Weise anzulasten wie der demokratischen Linken, was natürlich nicht heißen soll, daß sie keine Schuld am Niedergang der Revolution hatten, sie liegt auf einer anderen Ebene. Entscheidend war, daß die Linke zu keinem einheitlichen, durchschlagenden politischen Konzept kam, daß sie in ihrer Zerfahrenheit und Wirrnis, wie sie sich vor allem auf dem zweiten Demokratenkongreß zeigten, keine Ausstrahlung auf die Volksbewegung haben konnte, in ihrer Mehrheit das Ausmalen abenteuerlichster Möglichkeiten – das taktische Bündnis mit den rechten Großdeutschen – zur Erreichung ihrer Ziele einem klaren revolutionären Schritt vorzog, und nach großen Worten in der Stunde der Entscheidung – wie der Abgeordnete Karl Vogt (Gießen) am 13. Mai 1849 in Nürnberg – versagte. Natürlich hat die Beschaffenheit der deutschen Linken ihre Ursachen, die näher zu untersuchen sind, das Scheitern oder Gelingen einer Revolution aber muß hauptsächlich aus den Handlungen und Handlungsbedingungen der revolutionären Partei heraus erklärt werden.

Diese Fragen gehen bereits über den Rahmen einer Regionalstudie hinaus, und Bayern ist nicht die ideale Region zur Untersuchung dieser Fragen. Trotzdem sollte es Anliegen einer Regionalstudie sein, die großen Trends im kleinen Bereich aufzuzeigen. Die vorliegende Studie will einen kleinen Beitrag dazu leisten.

1. Bayern im Vormärz: Verfassung und Verfassungswirklichkeit

In der zweiten Hälfte des 18. Jahrhunderts zeigten sich vorwiegend in den größeren Territorien des Deutschen Reiches erste Ansätze kapitalistisch-industrieller Wirtschaft, und die betreffenden Staaten nutzten sie nach dem Vorbild der westeuropäischen Länder zum Aufbau verhältnismäßig komplexer Bürokratien. Bayern nahm an dieser Entwicklung nur geringen Anteil. (Alt-)Bayern hatte in jahrhundertelanger Machtpolitik seine Kräfte verbraucht, und nur der natürliche Reichtum den Landes verhinderte einen allzu tiefen Fall, wie umgekehrt der umfangreiche Besitz der „toten Hand" (Kirche, Stiftungen) protoindustrielle Ansätze dämpfte. Die (später) neubayerischen Gebiete, Franken und Schwaben, mit ihrer ausgeprägten feudalen Zersplitterung befanden sich in einem Zustand der Stagnation, der allenfalls im Maingebiet und um Nürnberg einige Aufhellung erfuhr. Von Max III. Joseph (1745-1777) und Karl Theodor (1777-1799) unternommene Versuche, es den größeren und weiter fortgeschrittenen deutschen Staaten gleichzutun, versanken unter diesen Umständen im Sand und Schlamm der unteren Verwaltung; das Maierschaftsfristenmandat von 1779, das den Grundholden des Staates das Erbrecht sicherte und etwas Geld in die staatlichen Kassen brachte, war die einzige einigermaßen geglückte Reformmaßnahme dieser Zeit.

Mit dem Grafen Max von Montgelas fand sich unter der Regierung von Max IV. Joseph (1799-1825) eine Persönlichkeit, die als leitender Minister (1799-1817) fähig war, die Schubkraft der Französischen Revolution zum Aufbau einer komplexen, zentralen Bürokratie zu nutzen. Das bedeutete ebenso die Vollendung des Absolutismus („bürokratischer Absolutismus"), wie es gleichzeitig die Voraussetzung für diejenigen Reformen schuf, zu denen die in Napoleon personifizierte Französische Revolution drängte. So erfolgte sofort nach Montgelas' Amtsantritt 1799 der Aufbau einer nach dem Sach- (und nicht wie bisher nach dem Territorial-)prinzip arbeitenden Ministerialbürokratie, für deren Mitglieder durch ein sachdienliches Beamtenrecht (Staatsdienerpragmatik von 1805) brauchbare Arbeitsbedingungen geschaffen wurden. Mit diesem Apparat konnten nach und nach die einzelnen Reformmaterien angegangen werden, vom Ausbau der unteren Verwaltung über die Regelung der agrarisch-feudalen Verhältnisse bis zur Gestaltung der allgemeinen Daseinsvorsorge (Bildungswesen, Medizinalwesen u.ä.).

Die in Umfang und Auswirkung folgenreichste, allerdings nicht Montgelas direkt zuzuschreibende Veränderung ergab sich durch die Säkularisation von 1803. Sie führte die Kirche vom Stand eines Staates im Staate zurück auf eine staatlich handhabbare Größe, schichtete einen nicht geringen Teil des Bodens aus streng feudalen Bindungen in freiere und kapitalismustauglichere Formen um, und bedeutete ganz allgemein einen großen zivilisatorischen Fortschritt. Die angestrebte Aufsicht der Bürokratie über Gemeinden und Stiftungen wurde dagegen ein Fehlschlag. Auch blieb die feudale Verfassung im Agrarbereich vorherrschend. So sehr Montgelas bemüht war, feudale Auswüchse in diesem Bereich zu beschneiden, so blieb doch für neun Zehntel der bayerischen Bauern bis 1848 das grundherrschaftliche Verhältnis in irgendeiner Form bestimmend.[12a] daß sich der Anteil der zum Staat grundbaren und damit erbberechtigten Bauern erhöhte, während die Grundholden von Adel und Kirche in ihrem leibrechtlichen Verhältnis kein Erbrecht besaßen, ist eine der günstigen Veränderungen der Montgelaszeit. Im gewerblichen Bereich blieben trotz gegenläufiger gesetzgeberischer Bemühungen die „Realrechte" und damit ein zunftähnlich-feudaler Zustand erhalten. So war auch während und nach der Ära Montgelas ein maßvoll reformierter Feudalismus das vorherrschende gesellschaftliche Verhältnis in Bayern.

Daß die Verfassung von 1808, mit der die bisherigen Reformen zusammengefaßt – und in die napoleonische Neuordnung eingepaßt – werden sollten, nicht voll ins Leben trat, ist weniger bedeutsam als der Umstand, daß Montgelas zunehmend die eigenen Gesetze und Verordnungen revidieren mußte. Der Druck auf Montgelas steigerte sich in dem Maße, in dem Napoleon und mit ihm der Rheinbund, dem Bayern von 1806 bis 1813 angehörte, in Bedrängnis kamen. Vollends nach der Niederlage Napoleons formierten sich die Gegner Montgelas' aus dem Adel, der das latente Reformpotential der absolutistischen Bürokratie fürchtete, und der (katholischen) Kirche, die die Säkularisation und die Einordnung in das neue Staatskirchenrecht nicht verwinden konnte. Es waren weniger bürgerlich-liberale als konservative, restaurative Kreise, welche im Sommer 1814 in zeitlicher und inhaltlicher Nähe zum Wiener Kongreß die Einführung einer neuen Verfassung forderten.

Die nachnapoleonisch-nachrevolutionäre Neuordnung der deutschen Verhältnisse geschah auf dem Wiener Kongreß (Oktober 1814-Juni 1815) mit der am 8.6. paraphierten und am 10.6.1815 rechtskräftig unterzeichneten Deutschen Bundesakte und der Wiener Schlußakte vom 9.6.1815. Indem die Deutsche Bundesakte in die Wiener Schlußakte aufgenommen wurde, waren die „deutschen" Verhältnisse auch Gegenstand des internationalen Rechts. Die Deutsche Bundesakte begründete einen unauflöslichen Bund von 39 bzw. 41 souveränen deutschen Staaten, deren fast einziges Organ zu gemeinsamem Handeln die Deutsche Bundesversammlung (später allgemein Bundestag) war, eine Versammlung der Gesandten der deutschen Länder. Ausschließlich für die innere und äußere Sicherheit zuständig, wurde er vorwiegend ein Mittel der Repression.

Die im Herbst 1814 beginnenden Verfassungsberatungen, in deren Verlauf Montgelas Anfang Februar 1817 gestürzt wurde, hatten zwar als äußeren Anlaß die Staatsschuld[13] und die Notwendigkeit einer Rechtsvereinheitlichung in den unterschiedlichen bayerischen Territorien, der eigentliche Kern der Beratungen aber war der Ausgleich zwischen der unter Montgelas neu entstandenen Bürokratie und den ständisch-feudalen Kräften.

Im Ergebnis der Verhandlungen wurde am 26. Mai 1818 die Verfassung in Kraft gesetzt. Redaktionelles Vorbild war die „Charte constitutionelle" von 1814, die Verfassung der französischen Restauration. Da diese Verfassung die Ergebnisse der Französischen Revolution nicht übergehen oder aufheben konnte, enthielt sie – wie ihre bayerische Nachbildung – durchaus progressive Bestimmungen. Während aber die französische Verfassung von 1814 mit der von der Französischen Revolution geprägten gesellschaftlichen Wirklichkeit Frankreichs einigermaßen übereinstimmte, stand der von Frankreich übernommene Wortlaut in Bayern eher in Widerspruch zur nur mäßig reformierten spätfeudalen Wirklichkeit. Der Widerspruch wurde durch die der Verfassung anhängenden Edikte gelöst, die die Verheißungen der Verfassung, und vor allem ihrer Präambel, mit den Alltagsverhältnissen kompatibel machten. Natürlich war die Einführung eines geschriebenen Staatsgrundgesetzes ein gewisser Fortschritt, und derjenige politisch bewußte Teil der Bevölkerung, der nach den Befreiungskriegen gegen Napoleon die Einführung von Verfassungen wünschte, betrachtete sie als bedeutendes und zukunftweisendes Zugeständnis des bayerischen (und anderer) Landesherrn. So wurden die liberalen Potenzen der Verfassung zunächst für bare Münze genommen und einzuklagen versucht. Man mußte aber immer mehr erkennen, daß auf diese Verheißungen nicht zu bauen war: Die Zeitungen von 1848 sind voll von dieser Einsicht.

Trotz mancher großartigen Ankündigungen, vor allem in der Präambel, waren die eigentlich tragenden Elemente der Verfassung von 1818 Absolutismus (Monarch und Bürokratie) und Feudalismus (Adel und Kirche). Man kann dies als monarchisch-adlig-bürokratisches Kondominat[13a] bezeichnen, der Ausdruck „neuständischer Absolutismus" bringt das restaurative und repressive Moment vielleicht deutlicher zum Ausdruck.

Der Absolutismus wahrte seine Rechte durch das „monarchische Prinzip": „Der König ist Oberhaupt des Staats, vereiniget in sich alle Rechte der Staatsgewalt, und übt sie unter den von Ihm gegebenen in der gegenwärtigen Verfassungs-Urkunde festgesetzten Bestimmungen aus" (Tit. II § 1). Der Feudalismus bekam seine Garantie durch Tit. VII § 2 der Verfassung: „Ohne den Beyrath und die Zustimmung der Stände des Königreichs kann kein allgemeines neues Gesetz, welches die Freyheit der Personen oder das Eigenthum der Staatsangehörigen betrifft, erlassen, noch ein schon bestehendes abgeändert, authentisch erläutert oder aufgehoben werden."[14] Die Zustimmung und Zuneigung des Adels zur Verfassung von 1818 hat in dieser Bestimmung ihren Grund, denn sie schützte auch die feudalen Rechte, die als Eigentum des Adels galten; den ganzen Vormärz über wurde sie gebraucht, um die feudale Ausbeutung aufrecht zu erhalten. Auch viele andere Bestimmungen gaben dem Adel eine unangreifbare Stellung, so daß der Adel in der Verfassung von 1818 nicht nur einen „Scheinsieg", wie ein von einem bayerischen Historiker[15] geprägter und in der Forschung vielfach übernommener Ausdruck lautet, sondern einen zunächst sehr realen Sieg errang, und dieser Sieg heißt Restauration. Die beiden von der Verfassung vorgesehenen Kammern waren kein Parlament im modern-liberalen Sinn, sondern ständische Vertretungen, in denen der Adel eine unangreifbare Stellung hatte. Die Möglichkeiten des Bürgertums und besonders eines oppositionellen Bürgertums waren vielfach beschränkt, die Bauern waren, soweit sie nicht mindestens Erbrecht und eine gewisse Besitzgröße hatten, nicht vertreten.

Der irrigen Auffassung, es hätten in dieser Verfassung die Anhänger der nationalen und liberalen Ideen den Sieg davongetragen über die von Montgelas verkörperte Generation der Aufklärer und Reformer[16], ist längst entgegengetreten worden mit dem Hinweis, daß Montgelas' Nachfolger sich durchaus in dessen Spuren bewegten[17]. Es ist hinzuzufügen, daß sie in vielem – denn es war die Zeit der Restauration – sogar hinter ihn zurückgingen. Andererseits waren das Wahlrecht und die gesetzmäßige, allgemeingültige Fixierung staatlicher Prozeduren Einrichtungen, die der feudalen Gesellschaftsordnung tendenziell widersprachen. Sie waren durch die Revolution von 1789 europäischer Standard geworden, dessen Einführung in weniger entwickelten Ländern nicht unproblematisch, aber auch nicht unbedingt systemsprengend war. Große Teile des konservativen Lagers glaubten mit der Niederlage Napoleons auch die Niederlage und das Ende der Revolution gekommen und hielten derartige Verfassungselemente für ungefährlich, weil beherrschbar.

Die Verfassung von 1818 ist also kein Widerspruch zur Restauration, sondern sie ist die spezifische Form der Restauration, wie sie in den mittleren und kleinen Staaten Deutschlands Gestalt annahm. Anerkennung und Anwendung der Karlsbader Beschlüsse (1819), mit denen der österreichische Staatskanzler von Metternich die Restauration endgültig absichern wollte, stießen unter diesen Umständen seitens der bayerischen Regierung weniger auf substantielle als auf souveränitätsrechtliche Bedenken. Auch das Konkordat von 1817 gehört mit seiner recht großzügigen Bemessung kirchlicher Rechte zum Umkreis der restaurativen Regelungen.

1819 fand der erste Landtag statt. In dessen Zweiter Kammer fand sich eine kleine, vorwiegend bürgerlich-liberale Gruppe zusammen, die mit ihren Forderungen den Abstand zwischen der restaurativen Verfassung von 1818 und einer wirklich liberalen Konstitution markierte. Ihre Forderungen zielten nicht nur auf Verwirklichung einiger von der Verfassung ausgesprochener Prinzipien, sondern erweiterten diesen Katalog noch und waren identisch mit den dreißig Jahre später präsentierten Märzforderungen. Diese Forderungen waren von der Sache her geboten, und es besteht kein Grund, hinter ihnen „Profilneurosen"[18] zu vermuten, doch ist die abwegige Wortwahl nur die Folge der vorausgehenden abwegigen Beurteilung der Montgelas-Reformen und der Verfassung von 1818 durch denselben Autor.

Daß der bayerische Kronprinz Ludwig zu den Befürwortern der Verfassung von 1818 gehörte, wird in der Regel als Beleg für seine liberale Einstellung – und im Zirkelschluß als Beleg für die liberale Beschaffenheit der Verfassung – genommen. Nun war die Semantik des Wortes „liberal" schon damals ein weites Feld, das sich zwischen Schimpf und Anerkennung erstreckte. Ein Liberaler im präzisen politischen Sinn des Wortes, etwa im Sinne der Märzforderungen, ist Ludwig nie gewesen. Seine „Freundschaft" mit dem Würzburger Bürgermeister Behr war von Ludwigs Seite ein taktischer Zug, von Behrs Seite ein tragischer Irrtum. Die Stellungnahme des Kronprinzen (und nachherigen bayerischen Königs) Ludwig zu dem Verfassungsentwurf aus dem Jahr 1815 ist nicht nur in den zustimmenden, sondern auch und gerade in den abweichenden Passagen Ausdruck konservativ-ständischer Gesinnung. Im übrigen waren Begriffe wie „landständisch" oder „Verfassung" unklar und umstritten, bekanntlich sahen sich Metternich und Gentz zu einer amtlichen Klärung und Sprachregelung gedrängt. Die „modernen bürgerlich-konstitutionellen und die traditionellen ständisch-aristokratischen Momente all solcher Verfassungsforderungen lagen dabei vielfach noch ungeschieden nebeneinander"[19], und nicht selten innerhalb ein und derselben Person. Unter „Verfassung" und „Landständen" wurde – man denke an den Streit um das „alte" und „neue" Recht in Württemberg – sehr Verschiedenes verstanden, so daß den Zeitgenossen ein Bekenntnis zu Verfassung, Landständen und Liberalismus nur mit großer Vorsicht abzunehmen und die Diktion der Zeitgenossen vom nacharbeitenden Historiker immer mit großer Vorsicht zu betrachten ist.

Da der „Liberalismus" des Kronprinzen in den verhältnismäßig ruhigen Jahren um

1820 nicht auf die Probe gestellt wurde und sich mit einem schwärmerischen Nationalismus verband, blieb dieser Ruf erhalten, rief Hoffnungen wach und vermehrte sich, als Ludwig I. beim Regierungsantritt 1825 umfangreiche Vorhaben ankündigte. Bekanntlich hat sogar Heinrich Heine in diesen Jahren geglaubt, in München Arbeit und Heimat zu finden. Manche dieser Vorhaben, wie z.B. im Agrarbereich waren tatsächlich fortschrittlich, was aber letzten Endes davon verwirklicht wurde und übrig blieb, waren nur einige verfassungsrechtlich bedenkliche Eingriffe in die Behördenstruktur, und immer deutlicher kam – schon lange vor 1830/31 – der konservative Grundzug seiner Politik zum Tragen.

Die bürgerlich-liberale Opposition wurde, so sehr sie sich auch an den Buchstaben der Verfassung klammerte, mühelos durch administrative Maßnahmen aus dem Landtag hinausgedrängt. Ebenso wurden die antifeudalen, liberalen Potenzen der Verfassung von 1818 zurückgedrängt und die Karlsbader Beschlüsse (1819) verstärkten diese Tendenz. Während die Liberalen marginalisiert wurden, formierte sich auf der Gegenseite eine neue politische Kraft: Im ehemaligen Fürstbistum Würzburg hatte sich unter dem Klerus eine Bewegung entwickelt, die mit der Ordnung von 1789, vor allem aber mit der Säkularisation von 1803 keinen Frieden schließen wollte. Sie nannten sich die „Konföderierten" und traten seit 1814 deutlich in Erscheinung.[20] Sie waren die politisch-ideologische Stütze der Restauration und gewannen bald in Bayern den ihnen zeit- und ortsbedingt zustehenden Einfluß. Nicht zuletzt durch die Förderung seitens des bayerischen Kronprinzen verlagerte sich das Zentrum dieser Bewegung nach München, wo sie Einfluß auf das Konkordat von 1817 nahmen. Voll durchsetzen aber konnten sie sich nicht mit ihren Zielen, und so gingen sie in der Tegernseer Erklärung (1821) widerwillig einen Waffenstillstand mit dem Staat und seinem Religionsedikt ein, suchten aber im übrigen ihre Stellung auszubauen, bis schließlich Ludwig I. mit Eduard von Schenk einen Wortführer dieses Kreises 1828 zum Innenminister machte.

Von Schenk und den bayerischen König verband neben den Prinzipien von Gottesgnadentum und Legitimität auch die Vorstellung von der integralen Funktion der Religion im politischen Bereich. Ludwig I. hatte schon früher – entsprechend seiner restaurativ-reaktionären Einstellung – mit der Wiedereinrichtung von Klöstern begonnen, und von Schenk war gewillt, diese Vorhaben als Minister zu unterstützen. Die Klöster waren nicht nur Ort individueller Religionsausübung, sondern als Massenerscheinung eine der zentralen gesellschaftlichen Einrichtungen des Feudalismus, sie versorgten die für Arbeit und Fortpflanzung nicht notwendige Bevölkerung in standesgemäß angemessener Weise. Die Wiederherstellung des Klosterwesens durch den bayerischen Kronprinzen bzw. König war nicht so sehr der Versuch, gewisse Fehltritte während der Italienreise nach gewohnter Art durch Akte äußerer Frömmigkeit abzubüßen, sondern mehr Äußerung einer grundsätzlichen Orientierung an den gesellschaftlichen Verhältnissen des Feudalismus. Das Welt- und Wunschbild eines durch Religion befriedeten politischen Raums paßte sehr gut zusammen mit der Zustimmung zur feudalistisch-absolutistisch verengten Verfassung von 1818, unter solchen Voraussetzungen konnte sich der bayerische König nach wie vor als Verfassungsfreund fühlen. Was daneben einen fränkischen Feudalherrn (Franz Erwein Graf von Schönborn-Wiesentheid) aus Anlaß des zehnjährigen Bestehens der Verfassung in Gaibach eine Säule („Konstitutionssäule") errichten ließ, war nicht Begeisterung für einen liberalen Konstitutionalismus, sondern Klasseninteresse des Adels, der seine Rechte nach oben und unten in der Verfassung von 1818 gut gewahrt sah. Die rechtsrheinischen Altliberalen wie der Würzburger Bürgermeister Behr mußten hingegen ihre Hoffnungen, die sie auf die Verfassung setzten, wenige Jahre später bitter büßen.

Im realen politischen Raum aber häuften sich die Schwierigkeiten, die Pfalz wurde unruhig wegen Steuerüberlastung, und auch im rechtsrheinischen Bayern meldeten sich wieder die Bestrebungen nach voller Anwendung und Ausbau der bayerischen Verfassung.

Die französische Revolution vom Juli 1830 gab den liberalen und konstitutionellen Bewegungen im ganzen Gebiet des Deutschen Bundes Auftrieb. Im Königreich Sachsen, in Kurhessen, im Großherzogtum Hessen, im Herzogtum Braunschweig und im Königreich Hannover kam es im Herbst 1830 zu Unruhen, die sich bis zu Aufständen steigerten. Auch die bayerische Rheinpfalz wurde unruhig, und im übrigen Bayern begann sich eine kritische Presse bemerkbar zu machen. Ludwig I. war nicht bereit, von seiner absolutistischen Regierungsweise abzurücken. Er wandte sich an den Deutschen Bund um Hilfe, ließ militärisch-polizeiliche Vorbereitungen treffen und drängte den vorsichtig taktierenden, mehr romantisch-milden als scharfmacherischen Innenminister von Schenk zu hartem Durchgreifen im Pressewesen. Den verhältnismäßig harmlosen Studentenunruhen, die sich zwischen Weihnacht und Neujahr 1830 in München ereigneten, wurde mit aller staatlichen Macht begegnet. Die Wahlen zum Landtag (Dezember 1830) jedoch konnte man unter den gegebenen Verhältnissen nicht in gewohntem Maße beeinflussen, so daß sie eine oppositionelle Mehrheit ergaben. Mit zwei Maßnahmen versuchte der bayerische Absolutismus der Lage Herr zu werden: durch drastische Zensurvorschriften in der Presseverordnung vom 28. Januar 1831 und durch die rigorose Anwendung des § 44 der 10. Verfassungsbeilage (Edikt). Dieser Paragraph war eine der vielen Fallen, die der Absolutismus dem Liberalismus in der Verfassung von 1818 stellte, denn er machte die Ausübung des Mandats bei Beamten aller Ebenen von der Zustimmung des Königs abhängig und sah sachlich bedingte Unabkömmlichkeit als Grund einer möglichen Verweigerung vor. In fünf Fällen machte man in klarer politischer Absicht jetzt davon Gebrauch.

Der Landtag, vor allem die Zweite Kammer, ließ sich nicht einschüchtern. Die Zweite Kammer war nicht radikal, aber sie bestand darauf, daß der Wortlaut der Verfassung beachtet und ihr Sinn wenigstens nicht ins Gegenteil verkehrt würde. Sie erzwang die Rücknahme der Zensurverordnung und den Rücktritt des Innenministers und ließ von den königlich-ministeriellen Gesetzentwürfen nur durchgehen, was noch einigermaßen mit der Verfassung vereinbar war.

Als der Landtag am 29. Dezember 1831 entlassen wurde, war sehr wohl „für den gemäßigten Liberalismus“ eine „Schicksalsstunde vorübergegangen, ohne genutzt worden zu sein“. Dies war aber nicht die Schuld des Landtags und seiner liberalen Mehrheit, sondern ausschließlich Schuld des bayerischen Königs, der von seinem absolutistischen Kurs nicht lassen wollte und dessen „Verfassungsfreudigkeit, ja Verfassungsbegeisterung“[21] nie etwas anderes war als die Illusion, Absolutismus und liberalen Konstitutionalismus verbinden zu können.

Mit dem Ende des Landtags war aber die Unruhe noch nicht beseitigt. Vielmehr gelang in der Rheinpfalz mit dem „Hambacher Fest" vom 27. Mai 1832 die bis dahin größte Massenveranstaltung auf deutschem Boden, die sich für eine baldige und eingreifende Lösung der nationalen und konstitutionellen Frage aussprach. Im Umfeld der Hambacher Ereignisse begann sich eine demokratische Bewegung aus dem Liberalismus heraus zu entwickeln und abzuspalten, zu deren grundlegende Einsichten es gehörte, daß mit den überkommenen nachnapoleonischen Verfassungen kein demokratischer Staat zu machen sei und ein grundlegender Wandel in revolutionärer Form anzustreben sei. Da in der Pfalz die französische (Revolutions-)Gesetzgebung galt, war mit den gewöhnlichen juristischen Mitteln nicht dagegen anzukommen, es wurde Militär eingesetzt. Im rechtsrheinischen Bayern sorgte der seit Anfang 1832 amtierende Innenminister Ludwig Fürst von Oettingen-Wallerstein für bereinigte Verhältnisse. Mit im deutschen Vergleich durchaus bemerkenswerter Brutalität und Tücke wurde die liberale und nationale Bewegung niedergeschlagen. Gemäßigte Liberale wie der Würzburger Bürgermeister Joseph Behr und der Arzt und Publizist Gottfried Eisenmann wurden durch Terrorjustiz kaltgestellt, viele andere wurden mit Berufsverbot belegt, disziplinarrechtlich belangt oder beruflich benachteiligt.

Mit deutlich weniger Bedenken hinsichtlich der Souveränität stimmte Bayern nun den Repressionsmaßnahmen des Deutschen Bundes zu: Im Ergebnis einer fünfmonatigen Ministerkonferenz in Wien wurden am 12. Juni 1834 geheimerweise die Karlsbader Beschlüsse erneuert und erweitert, am 20. Juni 1833 war (wie 1819) eine Zentralbehörde zur Untersuchung aller gegen den Bestand des Deutschen Bundes gerichteten Bestrebungen aus Vertretern Österreichs, Preußens, Bayerns, Württembergs und des Großherzogtums Hessen gebildet worden. Nach und nach geriet Bayern in einen Zustand, in dem äußerlich die Verfassung noch aufrechterhalten wurde, während in Wirklichkeit mit diktatorischen Mitteln spätfeudale gesellschaftliche Verhältnisse am Leben gehalten wurden. So trat neben die politische Repression der 30er Jahre die soziale: die Gesetze von 1834 über Ehe, Berufsausübung, Aufenthalt und Versorgung im Notfall stabilisierten den spätfeudalen Zustand und erwiesen sich in Altbayern, dessen soziale Strukturen noch am wenigsten von kapitalistischen Unternehmungen untergraben waren, besonders wirksam mit der Folge, daß eine geringe Zahl von Eheschließungen und eine außerordentlich hohe Zahl unehelicher Geburten[22] kennzeichnend für das vormärzliche Altbayern wurden.

Die konfessionell-romantische Partei hatte mit ihren weitschweifigen Vorstellungen in der harten Praxis der Jahre um 1830 nicht bestehen können, aber sie war nicht untergegangen. Vielmehr war ihr Einfluß gewachsen, denn sie hatte einmalige königliche Begünstigungen mit Eifer ausgenutzt, so war über den „Verein zur Verbreitung guter Bücher" der Buchhandel Altbayerns völlig und der des übrigen Bayern weitgehend in ihrer Hand. Zu den Münchener konservativ-konfessionellen Intellektuellen gesellten sich Adelskreise, die aus praktisch-politischen Gründen noch nicht Frieden mit der Französischen Revolution geschlossen hatten, und so entstand eine politische Struktur, die als „fundamentalistische" Partei insofern zu bezeichnen ist, als sie aus grundsätzlichem Widerstand gegen die Moderne unter Verwendung einer irrationalistischen Theologie ein politisch hochwirksames Bündnis von Teilen der Oberschicht mit Teilen der unteren und untersten Schichten gegen die Mittelschichten als Träger der Moderne herstellte. Ihre Bestrebungen gingen in manchem, aber nicht durchgehend mit innerkirchlichen Bewegungen konform, nicht einmal die „ultramontane“[23] Bewegung war in ihrer Gesamtheit fundamentalistisch. In Karl (von) Abel fand diese Partei einen politischen Vordermann. Abel erwarb sich zu Beginn der 30er Jahre durch Äußerungen im Landtag den Anschein eines Liberalen. Er wurde der bayerischen Regentschaft in Griechenland (Vertrag vom 13. Februar 1832) als kenntnisreicher Verwaltungsjurist beigegeben, wegen einer Auseinandersetzung mit dem Grafen Armannsperg jedoch bereits 1834 wieder zurückberufen. Hier näherte er sich, vor allem über seine von einem ultramontanen Geistlichen vermittelte Heirat, dem fundamentalistischen Lager an.

Obwohl äußerlich die Lage durch militärische und juristische Mittel beruhigt war, konnte man nicht darauf vertrauen, die Revolution besiegt zu haben. Um so mehr mußte einen Autokraten wie Ludwig I. die fundamentalistische Vision eines von der Religion befriedeten Volkes faszinieren. 1837 berief er Karl (von) Abel zum Innenminister, und dieser war von Anfang an der führende Kopf der gesamten Ministerriege.

Bayern, nach Fläche und Bevölkerungszahl der drittgrößte deutsche Staat, war in einer unangenehmen Lage eingeklemmt. Der Abstand zu Österreich und Preußen war zu groß, um mit ihnen gleichgestellt, und der Abstand nach unten zu gering, um nicht doch zu den Mittel- und Kleinstaaten gerechnet zu werden. Mit Anspannung aller Kräfte und Hintansetzung vieler anderer Bedürfnisse betrieb Ludwig I. deshalb den Ausbau Münchens zu einer repräsentativen Hauptstadt, und er förderte auch die wirtschaftliche Entwicklung Bayerns durch den bayerisch-württembergischen Zollverein (1828) und durch den Beitritt zum Deutschen Zollverein (1834). Bayern brachte mit dem alten Börsenplatz Augsburg, mit dem hochentwickelten Metallgewerbe um Nürnberg, mit dem gut eingespielten Handelsgewerbe Mainfrankens, aber auch mit dem wachsenden Getreide-, Vieh- und Lebensmittelhandel Altbayerns gute Voraussetzungen mit, um im entstehenden nationalen Wirtschaftsraum mithalten zu können. In der Tat entstanden bald die ersten eindeutig der Industriellen Revolution zuzuordnenden Unternehmen. Die Schrannen von München, Erding und Straubing rückten zu den umsatzstärksten des Zollvereins auf und die Donau und die aufkommende Dampfschiffahrt wurden Weg und Mittel eines vor allem in den 40er Jahren aufstrebenden Agrarhandels. So wuchs auch Altbayern über den Agrarsektor in den Kapitalismus hinein.

Bezeichnenderweise erschien ab 1838 das „Regensburger Tagblatt“, das liberale Positionen vertrat, so weit es die Umstände zuließen und es in zehn Jahren auf immerhin 2.000 Abonnenten brachte. Schon zu Beginn der 30er Jahre war in Regensburg, basierend vorwiegend auf dem protestantischen Bevölkerungsteil der ehemaligen Reichsstadt, eine liberale „Zelle“ entstanden. Noch vor der Revolution erschien auch in Passau ein von einem Protestanten herausgegebenes, ebenfalls dem Liberalismus zuarbeitendes Blatt, das sich trotz aller Widerstände, die, wie beim Regensburger Tagblatt, vor allem vom katholischen Klerus der Umgebung kamen, halten konnte. Wie die kulturelle und gesellschaftliche Potenz des Bürgertums allmählich wuchs, zeigen auch die Sängerfeste: scheinbar unpolitische Veranstaltungen, die durch die Pflege nationalen Liedgutes, die repräsentative Darstellung bürgerlicher Lebenswelt und eigenständige kulturelle Tätigkeit jedoch die geschärfte Aufmerksamkeit der Behörden auf sich zogen. Vor allem in Regensburg[24] und Würzburg[25] fanden bedeutende Sängerfeste statt.

Trotzdem ist festzustellen, daß sich „während der Frühindustrialisierung", also bis 1848/49, „der Abstand, der Bayern von Sachsen, Preußen und den süddeutschen Mittelstaaten trennte", vergrößerte und daß Bayern auch im Bevölkerungswachstum unter dem Durchschnitt lag.[26] Dieses Nachhinken ging teils auf alte, langfristig wirksame Faktoren zurück, teils wurde es von dem fundamentalistischen Ministerium weiter verstärkt. Die Zeitgenossen haben die Schuld weitgehend dem Ministerium Abel zugeschrieben. Vor allem das Zurückstellen des Eisenbahnbaus zugunsten der vorwiegend ideologisch motivierten königlichen Kanalbaupläne wurde Abel später, als er wieder gewöhnliches Mitglied der Abgeordnetenkammer war, vorgehalten. Es ist jedenfalls unbestreitbar, daß die Vernachlässigung des Eisenbahnbaus als einer Schlüsseltechnologie weitreichende Folgen haben mußte,

Die vom Ministerium Abel mit Nachdruck betriebene Konfessionalisierung aller Lebensbereiche war um so wirksamer, als ihr die relative Rückständigkeit Bayerns im technisch-wissenschaftlichen Bereich entgegenkam. Vor allem unten, im lokalen Rahmen, zeigten sich die eigentliche Tendenz und Konsequenz des regierenden fundamentalistischen Ministeriums. Da sollten Volksschullehrer zwangsweise Sonntagspredigten hören, andernorts wurden sie zur monatlichen Beichte angehalten, bei der Besetzung naturwissenschaftlicher Lehrstühle wurde auf den katholischen Taufschein gesehen und die Soldaten wurden zum Sakramentenempfang angehalten. Eine „katholische" Geschichtswissenschaft, die in der Lutherischen Reformation die Urzelle des in Revolutionen sich nach und nach vollziehenden Niedergangs der Menschheit feststellte, wurde gefördert und auch die Naturwissenschaften suchte man wieder zur Magd der Theologie zu machen. Die Verzerrungen im Buchhandel wurden verstärkt. Mit aller Macht stellte sich die bayerische Regierung 1838 in dem Streit zwischen dem preußischen Staat und dem Kölner Erzbischof auf die Seite des letzteren. Görres und einige Zeitungen erhielten unbegrenzte Freiheit zur Äußerung fundamentalistischer Gedankengänge. Aufsehen und Empörung rief in ganz Deutschland der Befehl vom 14. August 1838 hervor, wonach auch protestantische Soldaten vor dem Sanctissimum (bei Prozessionen in Monstranzen und bei sonstigen Anlässen in einfachen Behältern mitgeführte Hostien, die nach katholischer – nicht aber protestantischer – Lehre den Leib des Religionsgründers Jesus enthielten) die Kniebeuge zu machen hatten.

Mit einer solchen Politik, die Bayern zu einer Vormacht des deutschen Katholizismus machen und aus seiner untergeordneten Stellung befreien sollte, machte sich das Ministerium beim bayerischen König beliebt und unentbehrlich. Im bayerischen Protestantismus fand diese Politik nur unzureichende Gegnerschaft, weil er selber, zumindest in den oberen Rängen, von fundamentalistischen Anfechtungen heimgesucht war. Die königlichen Klostergründungen und Ordenszulassungen wurden vom Ministerium eilfertig bedient. Im vormärzlichen Bayern unterstützten sie die Restauration durch die Verbreitung vormorderner Vorstellungen, während sie ihre traditionelle soziale Funktion, „Proletariat" zu vermeiden, bei dem zunehmenden Bevölkerungswachstum nur mehr unzureichend erfüllen konnten. Eine Flut religiöser Literatur überschwemmte das Land, der Kampf um die Köpfe wurde mit großer Intensität geführt. Es ging aber nicht nur um rechten Glauben und richtiges Wissen, die soziale Verankerung des regierenden Fundamentalismus zeigte sich in einer Verordnung aus dem Jahre 1840, welche die Möglichkeit der Ablösung bei den zum Staat grundbaren Bauern aufhob und damit den zu Adel und Kirche grundbaren Bauern den Anlaß zu ähnlichen Forderungen nahm.[27] Wenn sich während dieser Zeit im Gebiet der Fürsten Oettingen-Wallerstein[28] und in Niederbayern Beispiele dafür finden lassen, daß die Feudalherrn ihre Forderungen beträchtlich erhöhten, so ist dies kein Zufall, sondern Folge und Begleiterscheinung der fundamentalistischen Herrschaft. Die Verschärfung der Ausbeutung war gekoppelt mit zunehmender caritativer Fürsorge (Vinzenz-Vereine usw.), um die unteren Schichten an den Fundamentalismus zu binden. Diese Tendenzen als „Zuckungen" eines „in Agonie" liegenden Feudalismus[29] aufzufassen, mag angehen, sofern sich damit nicht die Vorstellung eines sich selbst auflösenden Feudalismus verbindet. Vom Standpunkt der Feudalherrn aus vertrug sich der beginnende Agrarkapitalismus sehr wohl mit der Ausübung feudaler Rechte, und es gab aus ihrer Sicht keinen Grund, sie abzuschaffen, wenigstens sah der fundamentalistische Flügel des Adels keinen Grund.

Die Bürokratie geriet während der Regierung Abel in weitgehende Abhängigkeit von der fundamentalistischen Partei, das in der Verfassung mühsam austarierte Gleichgewicht von Bürokratie und Landständen ging verloren. Der im „Verfassungsverständnis" von 1843 anläßlich einer Steuerfrage fixierte Stand der Dinge markiert das deutliche Übergewicht einer – wie sich wenige Jahre später anhand des sog. „griechischen Anlehens" herausstellte – völlig irregulär und verfassungsfern arbeitenden Bürokratie über die Abgeordneten beider Kammern.

Der Erfolg der Industriellen Revolution, die seit 1840 sich entfaltende nationale Bewegung und die allgemeine ideelle und politische Entwicklung der Zivilgesellschaft waren jedoch zu durchschlagend, als daß sich ein fundamentalistisches Ministerium auf Dauer halten konnte; auch Konservative hatten entweder durchgehend dem Fundamentalismus Widerstand geleistet oder wandten sich zunehmend von ihm ab. So formierte sich zunächst in der vom höheren Adel besetzen Ersten Kammer (Kammer der Reichsräte) der Widerstand. Der Umstand, daß in Bayern aus der adeligen Ersten Kammer mehr Opposition gegen die Regierung kam als aus der wenigstens zum Teil dem Bürgertum zugänglichen, aber durch administrative Kniffe und die bekannten gesetzlich fixierten Vorkehrungen weitgehend zum Spielmaterial der Regierung verkommenen Zweiten Kammer, ist bereits öfter registriert worden. So kam mancher gemäßigt Konservative – der spätere Märzminister Thon-Dittmer ist nur ein Beispiel dafür – zu einem liberalen Ruf. Es war aber nicht der Liberalismus im eigentlichen Sinne, sondern der durchaus dem Status quo[30] verpflichtete rationale Konservatismus, der in der Ersten Kammer das Sagen hatte und ab Mitte der 40er Jahre sich immer deutlicher zu Wort meldete. Auf dem Landtag von 1846 war der Widerstand aus der Ersten Kammer besonders stark. Zwar gelang es der fundamentalistischen Partei, in den von ihr beherrschten Gegenden Altbayerns und um Würzburg eine Bewegung von Kleinbürgern und Unterschichten zugunsten Abels zu betreiben, aber allein der entstandene Lärm war unangenehm, schadete dem Ruf des leitenden Ministers und überdeckte seine kleinen Erfolge. Der konservativen Grundhaltung der Opponenten entsprechend war der Aufstand gegen Abel trotz starker Worte allerdings recht zurückhaltend und folglich wirkungslos. Daß die bayerischen Kammern 1846 in der Eisenbahnfrage nicht ebenso handelten wie im Jahr darauf der preußische Vereinigte Landtag, der die Zustimmung zu den Regierungsvorlagen von Zugeständnissen in anderen Bereichen abhängig machte, ist später von den Liberalen selbstkritisch angemerkt worden.

Auch außerhalb der Kammern gab es seit einiger Zeit Unruhe. Die ausgesprochen konservative bayerische „Sozialgesetzgebung" hatte, vor allem durch die noch weitgehend an ständisch-feudalen Verhältnissen orientierten Gesetze zu Ansässigmachung und Verehelichung, entgegen ihrer Absicht eine „proletarische" Bevölkerungsgruppe der die üblichen Wege sozialer Integration durch Beruf und Heirat vorenthalten blieben, geschaffen und vom übrigen sozialen Verband abgesondert. Diese Bevölkerungsgruppe sammelte sich in den größeren Städten und bei umfangreichen Vorhaben wie Eisenbahnbauten, allein beim Festungsbau in Ingolstadt waren 7.000 Arbeiter beteiligt. Als in den 40er Jahren die Preise der Lebensmittel zu steigen begannen, verschlechterte sich ihre Lage zusätzlich.

Eine Welle von Hungerrevolten überzog in den 40er Jahren vor allem Altbayern[31], während in Franken im wesentlichen erst auf dem Höhepunkt der Teuerung (1847) die Hungerrevolten einsetzen. Daß die Münchener Revolte von 1844 zeitlich mit einer Hochzeitsfeier am königlichen Hof zusammenfiel, legte und legt die Annahme politischer Motive nahe. In Passau, durch Bischof Heinrich (von) Hofstätter eine Hochburg des Fundamentalismus, waren im Sommer 1844 bei den Sackträgern im Donauhafen Rufe wie „Nieder mit Abel!" zu hören; daß vordergründig nur der in Passau als Zollbeamter tätige Bruder des Ministers gemeint war, nahm den Rufen nichts von ihrer Brisanz. Im Sommer 1844 randalierten die Festungsarbeiter von Ingolstadt, in Feuchtwangen wehrten sich die Bauern gegen ihre Zwangsverpflichtung zum Straßenbau. Zwar fielen die Unruhen in anderen Ländern des Deutschen Bundes (Weberaufstand in Schlesien/Preußen) heftiger aus, für Bayern aber waren sie in Anbetracht des Selbstverständnisses der Regierung doch recht unangenehm. Die Annahme, daß hinter den – häufig als „Bieraufstände" verunglimpften – Unruhen auch in Bayern politisch-revolutionäre Tendenzen steckten, mußte um so mehr beunruhigen, als sich der Kreis der Hungernden rasch erweiterte. Er nahm zu durch die große Zahl der Leute mit geringem Einkommen, denen die steigenden Lebensmittelpreise schon eine einfache Sättigung zu einem unerhörten Luxus machten.

Die Verheißungen des Fundamentalismus auf ein friedlich wie eine Herde Schafe zu Füßen des königlichen Hirten lagerndes Volk hatten sich also nicht erfüllt, eine realistische Bestandsaufnahme zu Mitte der 40er Jahre und vor Beginn der Revolution war vielmehr ernüchternd. Bayern lag technisch-ökonomisch im Rückstand, vor allem aber hatte der Fundamentalismus die herrschenden Klassen und Schichten gespalten und damit geschwächt[32], während er die übrigen Klassen und Schichten nur teilweise binden konnte.

Der bayerische König merkte, daß er sich verrannt hatte. Er suchte die Schuld natürlich nicht bei sich, sondern beim Minister, schon 1845 waren die ersten distanzierten Äußerungen des Monarchen über Abel zu vernehmen. Als zu Neujahr 1847 die kirchlichen Angelegenheiten aus dem Innenministerium ausgegliedert und zu einer selbständigen Abteilung gemacht wurden, nahm die Öffentlichkeit dies als Schwächung Abels und als Anfang vom Ende seines Ministeriums. Die fundamentalistische Politik brachte Bayern zunehmend in Gegensatz zu den protestantischen, wirtschaftlich führenden Ländern, und es war nicht abzusehen, wie Bayern ohne Sturz des verantwortlichen Ministers seinen Kurs ändern konnte. Die Tage des Ministeriums Abel waren also gezählt.

Zu diesem Zeitpunkt hatte allerdings bereits ein anderer Vorgang begonnen, in dessen Ablauf der Fundamentalismus sich selbst um seine Regierungsämter brachte.

2. Die Krise von 1847

2.1. Der Sturz des Fundamentalismus

Anfang Oktober 1846 kam unter falschem Namen eine gewisse Frau Gilbert[33] nach München. Sie übte den Beruf einer Tänzerin aus, führte den Künstlernamen Lola Montez und gab sich als Spanierin aus. Ihre Bekanntheit verdankte sie weniger der Kunst ihrer Beine als einigen Männerbekanntschaften, darunter Franz Liszt, so daß ein Hauch von Skandal ihre Person umgab. Nachdem die fundamentalistisch geführte Polizeibehörde Münchens in solchen Fällen sehr streng verfuhr, wäre es nicht überraschend gewesen, wenn sie keine Aufenthaltserlaubnis bekommen hätte und sofort ausgewiesen worden wäre.

Nun hatte sich aber der fundamentalistische Zirkel seinen Einfluß auf den bayerischen König immer auch dadurch gesichert, daß er den König mit erotischen Kontakten versorgte. So hatte der bayerische König eine lange Liste außerehelicher Verhältnisse abgearbeitet, und alle Welt wußte das: Der junge Georg Büchner im fernen Hessen wußte es und sagte es derb („das Schwein, das sich in allen Lasterpfützen von Italien wälzte"), die in München akkreditierten Diplomaten wußten es und sagten es in fein gedrechselten Bonmots, und selbstverständlich wußten es auch die Münchener, aber sie sagten nichts, weil auch die Geistlichen und Minister nichts sagten. So wurde alter Übung entsprechend Lola Montez bald nach ihrer Ankunft mit dem König bekannt gemacht. Dieser war hingerissen, und eine große Liebe begann.

Lola Montez, die über eine für damalige Verhältnisse gute Ausbildung und einige Lebenserfahrung verfügte, hatte aber nicht die Absicht, sich in irgendwelchen Hinterzimmern der Residenz für ein paar Gulden schwängern zu lassen, sie wollte nicht nur nachts, sondern auch im Tagesablauf ihres Liebhabers eine Rolle spielen. Das war eigentlich recht vernünftig gedacht von der jungen Frau und verständlich, und wenn bis hierher jemand nicht korrekt gehandelt hat, dann ist es sicher nicht sie.

Eine öffentliche Rolle der königlichen Geliebten vertrug sich allerdings nicht mit der Logik eines fundamentalistischen Staates. Die anfängliche Zweckfreundschaft ging zu Bruch, beide Parteien hielten mit ihrer Meinung über einander nicht zurück und es kam zum Streit. Dabei konnte es keinen Augenblick zweifelhaft sein, wem sich, vor die Wahl gestellt, die königliche Gunst zuwenden würde. So versuchte die regierende Partei während des Winters 1846/47 mit allen und immer weniger guten Mitteln, den Einfluß der Tänzerin auszuschalten, aber alles mißlang, und ihr Einfluß auf den König wuchs, bis sie schließlich den Adelstitel verlangte. Selbstverständlich brachte es der König nicht übers Herz, ihr diesen Wunsch abzuschlagen. Die Nobilitierung setzte allerdings die bayerische Staatsangehörigkeit und diese die Anhörung – nicht Zustimmung – des Staatsrats voraus. Bei der Anhörung lehnte der Staatsrat ab.[34] Der König hatte jedoch mit der Anhörung seine Pflicht getan und war nun frei, dem Gesuch der Montez zu entsprechen. Lediglich zu Vollzug und Ausfertigung war die Mitwirkung des Außenministers notwendig. Der amtierende Außenminister (Otto Graf von Bray-Steinburg) verweigerte seine Mitwirkung, und bevor die Reihe an den Innenminister von Abel kam, richtete das gesamte Ministerium am 11. Februar 1847 eine Denkschrift („Memorandum")[35] an den König. Darin wurde der gegenwärtige Lauf der Dinge als zum Untergang der Monarchie führend hingestellt, in München sah man Anarchismus und Kommunismus wüten, sich selbst empfahl das Ministerium als Retter in der Not. Falls es aber seinen Kurs nicht fortsetzen könne – so die Drohung –,trete es zurück.

Die Drohung mit dem Rücktritt war ein gewagter Schritt. Die Annahme, sie sei das Ergebnis sittlicher Bedenken frommer Männer gewesen, ist undiskutabel weltfremd. Vielmehr standen Entscheidungen bevor, bei denen der Fundamentalismus nur verlieren konnte. Über den innerbayerischen Anlaß hinaus hat dabei eine Rolle gespielt, daß Preußen am 3. Februar 1847 mit den Februarpatenten einen Schritt getan hatte, der allgemein als Übergang zum Konstitutionalismus gewertet wurde. Wenn auf Seiten der Liberalen Enttäuschung über die Februarpatente geäußert wurde, dann geschah dies nur deshalb, weil man sich diesen Schritt in Erinnerung an das Verfassungsversprechen von 1815 etwas entschiedener vorgestellt hatte[36], daß sie ein erster, kaum umkehrbarer Schritt zu einer konstitutionellen Regierungsweise sein könnten, war hingegen die nicht unbegründete Befürchtung der Gegenseite. Der bayerische Kronprinz war mit einer preußischen Prinzessin verheiratet, das Einschwenken Preußens auf die konstitutionelle Bahn würde nicht ohne Folgen für Bayern bleiben. Bayern drohte – aus der Sicht der Fundamentalisten – dem preußisch-reformatorisch-konstitutionell-revolutionären Teufel ausgeliefert zu werden, wenn nicht ein aufrecht frommes Ministerium die Wacht an der Isar hielt. Der Anlaß war also bedeutend, und der Einsatz hoch.

Im übrigen war der bayerische König damals nicht das einzige deutsche Staatsoberhaupt, das außereheliche Beziehungen unterhielt. Daß es ausgerechnet in München darüber zu einer Affäre kam, bedarf der Erklärung, und zwar um so mehr, als moralisch-religiöses Empfinden zur Erklärung nicht ausreicht, weil die außerordentlich hohe Zahl unehelicher Kinder in München[37] eher die Annahme einer gewissen Unempfindlichkeit in diesen Fragen nahelegt. Daß von der Tänzerin Montez „Verstöße gegen Verfassung und Gesetze"[38] ausgegangen sein sollen, ist nicht belegt und nicht belegbar. Es wurden vielmehr die Irregularitäten der scheinkonstitutionellen, in Wirklichkeit aber absolutistischen Regierungsweise fortgesetzt, nur kamen sie jetzt einem anderen Personenkreis zugute.

Zur Überraschung aller entließ Ludwig I. die Minister. Georg Ludwig (von) Maurer, der schon im Staatsrat nicht mit der Mehrheit gestimmt hatte, erledigte nun die im Falle Montez notwendigen Formalitäten. Maurer hatte sich schon seit einiger Zeit als Gegner des Abelschen Regiments gezeigt, er dürfte den Schritt wohl mit politischer Überlegung getan haben. Daß er damit zugleich zum Minister der Justiz aufstieg, war einer der eher seltenen Fälle, in denen politische Überzeugungstreue zu persönlichem Erfolg führt. Da der ganze Vorgang sich in etwas trübem Licht abspielte, fiel es seinen Gegnern nicht schwer, Maurer des Eigennutzes zu verdächtigen. Andererseits haben ihn beachtenswerte Zeitgenossen wie der bayerische Sprachforscher Andreas Schmeller deswegen nicht scheel angesehen[39], im übrigen war manche Einbürgerung unter dem Regime Abel nicht weniger angreifbar. Daß Maurer in seinem Rechtfertigungsdruck den Ministerwechsel als Teil eines „Systemwechsels" ausgab, war allerdings eine Übertreibung, die nicht dadurch an Wahrheitsgehalt gewinnt, daß Ludwig I. aus naheliegenden, aber durchsichtigen Gründen diese Sprachregelung übernahm und manche Historiker ihm darin folgten. Ludwig I. suchte jedenfalls zunächst die Nachfolger, von Maurer abgesehen, durchaus im gewohnten, fundamentalistisch-konservativen Milieu. Nur weil sich diese Kreise verweigerten, kamen Leute zum Zug, die unter Abel als Vertreter eines gemäßigt-rationalen Konservatismus im zweiten Glied abgestellt worden waren wie Johann Baptist von Zenetti (Innenmin.) und Friedrich August von Zu Rhein (Finanzen).

Das unerwartete und schmähliche Ende eines der reaktionärsten Ministerien des deutschen Vormärz weckte Freude und Hoffnung. Das neue Ministerium wurde als „Ministerium der Morgenröte" begrüßt, Bücher und Broschüren befaßten sich mit der unerhörten Neuigkeit aus Bayern. Der preußische König Friedrich Wilhelm IV. drückte seine Freude zu Ludwigs „Sieg über das nächtliche Treiben der unwürdigen Jünger des spanischen Ignaz"[40] – gemeint sind die Jesuiten bzw. der politische Klerikalismus – aus, und wenn der Systemwechsel[41] auch nicht in Wirklichkeit bestand, so bestand er doch in der Hoffnung. Schon der Übergang vom Fundamentalismus zu einem aufgeklärten Konservatismus mußte als beträchtliche Änderung der politischen Verhältnisse erscheinen. In der ersten Euphorie erhielten auch gemäßigt Konservative wie der Freiherr von Closen die Möglichkeit, Vorschläge zu machen[42], die tatsächlichen Auswirkungen waren dann aber viel geringer als die erste Aufregung.

Die Freunde der Gefallenen mobilisierten Gegenwehr. Als Professor Lasaulx, ein führendes Mitglied des Fundamentalismus, bei einer Senatssitzung der Universität München den Antrag stellte, die Universität möge dem abgetretenen Ministerium ihre Anerkennung aussprechen, wurden er und andere Anhänger des Fundamentalismus gemaßregelt bzw. entlassen. Daraufhin fanden am 1. und 2. März 1847 Unruhen vor der Wohnung der Montez statt. Die polizeilichen Untersuchungen deuteten bei aller Verschleierung darauf hin, daß Anstifter und Ausführende katholische Studenten[43] aus dem fundamentalistischen Lager waren. Die Unruhen blieben aber auf einen engen Kreis beschränkt. Die breite Masse der Bevölkerung machte nicht mit, hatte sich noch keine Meinung bilden können, zu überraschend war die Entwicklung gewesen. Eine Münchener Studentenverbindung („Suevia") regte sogar an, dem König wegen der Entlassung der fundamentalistischen Professoren einen Fackelzug zu bringen.[44] Zu den Mitteln der Rache gehörte auch die Verbreitung des Memorandums unter Privatleuten wie auch in der Presse. Die neuen Minister bekamen zu Amtsantritt eine zusätzliche Fleißaufgabe, sie hatten die Verbreitung des seltsamen Schriftstücks zu verhindern.[45] Große internationale und nationalen Zeitungen – Times, Journal des Debats, Constitutionell, Altonaer Mercur, Bremer Zeitung, Weser Zeitung, Hamburger Boersenhalle, Koelner Zeitung, der Hamburger Correspondent und andere periodische Blätter – druckten nach und nach das Memorandum ab, im bayerischen Inland wurde es handschriftlich verbreitet. In Anlehnung an das Memorandum sah die Rhein- und Moselzeitung[46] in Bayern „Communismus, Radicalismus und Liberalismus" wüten, doch das war mehr fundamentalistische Ideologie als wirkliche Zustandsbeschreibung. Die Wirkung der fundamentalistischen Öffentlichkeitsarbeit war nicht bedeutend. Schon Mitte März glaubte das Ministerium feststellen zu können, daß „die öffentliche Meynung bereits einer wesentlichen, dem Interesse der Krone zusagenden Umstimmung entgegengeht", und riet zu „stillschweigendem Hinweggehen über die Sache, bezüglich deren bereits anfänglich die

Stimmungen sehr getheilt waren, wie solches die obschwebenden Zweifel über die Aechtheit des Dokumentes genügend andeuten", und die Regierung von Oberfranken meldete um diese Zeit, es sei „die große Masse der Bevölkerung mehr mit dem allgemeinen und täglich sich vergrößernden Nothstande, als mit politischen Ereignißen beschäftigt".

Der Fundamentalismus war also im Moment zu keinem Gegenschlag fähig. Seine Herrschaft war gebrochen, ob seine Macht damit insgesamt beseitigt war, mußte sich erst zeigen.

2.2. Das unsichere Gleichgewicht

Georg Ludwig von Maurer, als Mensch integer und als Wissenschaftler angesehen, konnte durchaus als Mann nach dem Geschmack des bayerischen Königs gelten. Er hatte sich mit dem germanischen Altertum beschäftigt, und für das Germanische und „Teutsche", sofern es zeitlich oder räumlich (Schleswig-Holstein) weit genug entfernt war, schwärmte Ludwig I. sehr stark. So schien Maurer einen guten Stand zu haben, und dies um so mehr, als die Gegenseite durch eine Politik feiner Nadelstiche den König in seiner Abneigung bestärkte.

Ein wesentlicher Teil der Arbeit des neuen Ministeriums lag im Bereich der Kirchen- und Schulpolitik. Die Auswüchse des Abelschen Regiments wurden beseitigt und die Kirche wieder in ein Arrangement mit dem Staat gezwungen. Die bildungspolitischen Maßnahmen fanden die bereitwillige Mitarbeit des Münchener Universitätsrektors Thiersch, der, weil Protestant, von den Fundamentalisten als Heide geschmäht wurde. Sehr weit gingen die Reformen auf kirchlichem Gebiet allerdings nicht, die prekäre Situation der Deutschkatholiken in Bayern wurde nicht wesentlich gebessert, am 30. Juli 1847 wurde von seiten des Königs sogar die Verbreitung des Namens Deutschkatholizismus verboten.[47] Den Opfern der vormärzlichen Terrorjustiz wurde Erleichterung, dann Aufhebung der Haft verschafft. Die Lockerung der Zensur war weniger eine Folge der Vorschriften als der Umstände: die Verhandlungen des preußischen Landtags mit ihren liberalen Forderungen, in bayerischen Zeitungen als Berichte erscheinend, konnte man nicht ohne weiteres zensieren. Umfangreiche Vorarbeiten zu einer Reform des Justizwesens wurden unternommen, ohne jemals dem Stadium der Verwirklichung nahe zu kommen.

Aufmerksam wurde von den politischen Lagern registriert, daß die neue bayerische Regierung in der Schweizer Angelegenheit neutral blieb, eine mächtige Partei hätte sich ein stärkeres Eingreifen zu Gunsten des katholischen Sonderbunds gewünscht.

Ab Mitte des Jahres rückte die Eisenbahnfrage in den Vordergrund. Bayern hatte bis zu diesem Zeitpunkt den Eisenbahnbau zugunsten des Kanalbaus hintangesetzt und verfügte deshalb nur über wenige Bahnlinien, von denen obendrein eine mehr militärischen als wirtschaftlichen Motiven ihre Entstehung verdankte. Der Übernahme des Eisenbahnbaus von staatlicher Hand (1843) hatte eher die Absicht zugrunde gelegen, den Eisenbahnbau einzufrieren als ihn voranzutreiben. Jetzt war der Nachholbedarf gegenüber anderen Ländern unübersehbar und unaufschiebbar. Die notwendigen Gelder mußten über den Landtag beschafft werden.

Dabei war nicht nur Eile geboten, sondern es war auch zu befürchten, daß die übliche Prozedur einer Landtagseröffnung mit Thronrede und ständischer Antwort unter den gegebenen Umständen eine ausufernde allgemeine politische Debatte erzeugte. Ludwig I. wollte deshalb in klarer Ablehnung weitergehender Reformen den Landtag als einen – was in der Verfassung allerdings nicht vorgesehen war – außerordentlichen und auf die Eisenbahnfrage beschränkten einberufen. Es war dies eine Kopie der preußischen Vereinigten Ausschüsse von 1842, die ebenfalls auf die bloße Beratung verkehrstechnischer Fragen beschränkt bleiben sollten. Der vom 20. September bis 30. November 1847 versammelte, im Jahr 1843 gewählte Landtag berief in seinen Ausschüssen und Präsidien die Vertreter des Fundamentalismus ab und ersetzte sie mit gemäßigt Konservativen und einigen gemäßigt Liberalen. Was dabei herauskam, war ein milder Adelsliberalismus, der den König nicht sonderlich beeindruckte, in der von zehn Jahren fundamentalistischer Herrschaft gezeichneten Öffentlichkeit trotzdem Hoffnungen auslöste. Zwar widersetzte sich der Landtag der königlichen Forderung nach einer auflagefreien Anleihe von 50 Millionen Gulden und bewilligte nur 20 Millionen; diese Summe wurde – anders als beim preußischen Vereinigten Landtag – nicht mit allgemeinpolitischen, sondern nur mit finanzpolitischen Auflagen verbunden. Es war aber nicht ganz zu verhindern, daß allgemeine politische Debatten aufkamen, einsichtige Konservative versuchten mit kleinen Reformen großen Veränderungen zuvorzukommen. Aber teils kamen die Kammern in diesen Angelegenheiten nicht zum eindeutigen Entschluß und zu nötiger Entschlossenheit, teils wies die Krone die Anträge zurück.

Während die Reformen ins Stocken gerieten, häuften sich die Probleme. Die 40er Jahre brachten den endgültigen Niedergang des alten Handwerks, soweit es noch auf der technischen Stufe des Feudalismus basierte, mit sich. Vor allem das Textilgewerbe, zum ersten Mal voll der industriellen Konkurrenz ausgesetzt, brach zusammen auf den Stand bloßer Hauswirtschaft. An Main und Donau führten die neuen Dampfschiffe zu Verwerfungen im Transportwesen. Trotz der in weiten Teilen Bayerns faktisch noch bestehenden Zunftverfassung des Handwerks gelang es einzelnen Meistern (Tischler, Schneider, Schuster), mit Rückgriff auf des Heer der Gesellen, denen der Aufstieg zur Selbständigkeit gesetzlich verwehrt war, sich zu Manufakturisten emporzuarbeiten, die nicht mehr bestimmte Aufträge für bestimmte Kunden abarbeiteten, sondern bereits Warenlager anlegten. Ihre billigeren Waren boten sie auf Märkten oder über Hausierhandel feil, und den kleineren Konkurrenten blieb nichts als die Beschwerde. Mit dem Aufschwung des Agrarhandels war eine Verödung der kleinen Märkte verbunden, das Getreide wurde nicht mehr von Bauern auf der nächstgelegenen kleinen Schranne dem lokalen Kleinbürgertum angeboten, sondern von gewerbsmäßigen Händlern gleich den großen Schrannen zugeführt. Den finanziellen Einbußen des Kleinbürgertums standen, durch Mißernten ausgelöst und durch nachfolgende Reaktionen des Handels verschärft, steigende Preise für Lebensmittel gegenüber, die 1847 den höchsten Stand erreichten. Die daraus entstehende Unzufriedenheit mit den Lebensverhältnissen erreichte zunehmend auch Teile der Staatsbürokratie wie die in der Regel dürftigst besoldeten unteren Beamtenränge und die Soldaten.

Dabei waren die Verhältnisse durchaus unterschiedlich. In Ober- und Niederbayern waren 1846 und 1847 die Ernten nicht schlecht, die Bauern profitierten von der Lage. München war in diesen Jahren insgesamt keine von Not und Elend gezeichnete Stadt. Die vom König geförderte Bautätigkeit, der Getreidehandel[48], einige aufblühende industrielle Unternehmungen, eine gut dotierte, zahlreiche obere Beamtenschaft und die ersten Anfänge des Tourismus brachten Geld in die Stadt. Zwar gab es Armut bei den unteren Schichten, sie hielt sich aber in Grenzen. Im ganzen muß man sich München als nicht reiche, aber behäbig saturierte Stadt auch in diesen Jahren vorstellen, und so waren die Armutsunruhen zu dieser Zeit nur mäßig. Damit bildet München eher eine Ausnahme. Im niederbayerischen Straubing, einer Kleinstadt mit ebenfalls bedeutendem Getreidehandel, aber ohne die günstigen Bedingungen einer Residenzstadt, mußten die Stadtbehörden feststellen, daß von den 2.000 Familien fast die Hälfte als bedürftig war.[49] Die Oberpfalz, seit dem Niedergang des Montangewerbes ein traditionelles Notstandsgebiet mit dürftiger Agrarproduktion, litt hingegen deutlich unter den steigenden Preisen. Auf dem Lande blieb es weitgehend ruhig, aber in Regensburg kam es 1847 zu ersten Hungerunruhen. Aus Schwaben berichtete das (liberale) Augsburger Anzeigeblatt, die Ernte des Jahres 1847 sei gut gewesen, allerdings seien im folgenden Winter die Fleischpreise sehr angestiegen. Die Ursache sieht das Blatt in der Ausfuhr nach England.[50] Auch im gewerblich höher entwickelten Nürnberger Raum wird es 1847 unruhig. Es sind weniger die allgemeinen Schwankungen des kapitalistischen Marktes und seiner Großbetriebe, sondern mehr die Verwerfungen der kleinbürgerlichen Produktion, die hier zu Not und Elend führen. Während im vormärzlichen Bayern gerade mal sechs Aktiengesellschaften entstanden, zählte man 1850 in Preußen bereits 123; die bayerischen Zeitungen melden um 1847/48 keine schwerwiegenden Zusammenbrüche von Firmen bzw. Banken.

Katastrophal sah es hingegen dort aus, wo anhaltender Feudalismus und beginnender Kapitalismus aufeinanderstießen. Das war vor allem in Franken der Fall, wo die Sitte der Teilung bei Vererbung zu einer Proletarisierung der bäuerlichen Besitzgrößen geführt hatte, während in Altbayern der bäuerliche Besitz in der Regel ungeteilt vererbt wurde. Viele dieser kleinen Landwirtschaften sicherten nur in guten Erntejahren die eigene Ernährung und noch seltener darüber hinaus gehenden Gewinn. Die Zustände, die Pfarrer Popp aus dem Dorf Guttenberg in Oberfranken im Februar 1847 nach München meldet, sind sozusagen die Kehrseite der Münchener Ludwigsstraße, die es bei aller Würdigung der monarchischen Kunstförderung nicht aus dem Auge zu verlieren gilt.[51]

Popp berichtet von einem Dorf, von dessen 253 Familien ca. 100 ganz arm sind, 69 sind nicht viel besser dran, 46 haben „zu schwimmen und zu waten ..., um durchzukommen" und nur 10 Familien sind so gestellt, daß sie andere unterstützen können, ohne aber einem Elend dieses Ausmaßes abhelfen zu können. Die meisten Dorfbewohner sind arme Weber, Maurer, Tagelöhner, Spinner und Händler. Bisher waren Kartoffeln ihre vorwiegende, wenn nicht ausschließliche Nahrung. Seit die Vorräte aufgezehrt sind, leben viele von Kleie, in Wasser ohne Salz und Schmalz aufgekocht. Andere erbetteln faule Kartoffeln, reiben und dörren sie, mit etwas schwarzem Mehl vermischt, und essen sie als Klöße oder weichen sie wieder in Wasser auf und verzehren sie als Brei. Kadaver gelten ihnen als Delikatesse. Nachts wimmern die Kinder in Betten, die nichts weiter sind als Haufen getrockneten Laubes, am Tag sitzen sie in zerlumpten Kleidern, mit geschwollenen Gesichtern und blauen Lippen in der Schule, und hernach betteln sie bis tief in die Nacht hinein. „Es ist vorgekommen, daß Hühner, der einzige Reichtum der Wohlhabendsten unter ihnen, vom Ofen, worauf sie sich geflüchtet, vor Kälte und Hunger tot herabgefallen sind." In manchen Familien gibt es für mehrere Kinder nur ein Paar Schuhe und ein Bett.[52] Zwar meint der Pfarrer, es sei nicht wahrscheinlich, daß es eine noch ärmere Gemeinde in Oberfranken gebe; aber es ist umgekehrt auch nicht wahrscheinlich, daß solche Zustände nur eine kleine Insel in einem Meer der Seligkeit sind. Es ist eher zu vermuten, daß solche Zustände weit verbreitet waren in denjenigen Teilen Frankens, die noch unmittelbarer, von keiner Verfassung gemilderter feudaler Ausbeutung und Unterdrückung unterlagen.[53]

Der Landtag[54] rührte nicht an solche Verhältnisse. Er verbrauchte seine Zeit mit weitläufigen Debatten über die Eisenbahnanleihe, und als er Ende November nach Hause geschickt wurde, weinte ihm niemand nach.

Auch das Ministerium war verschlissen. Es hatte in den Augen des Monarchen seine Sache gegenüber dem Landtag nicht gut gemacht, ihn zu wenig straff geführt. Zudem drängte die – inzwischen zur Gräfin von Landsfeld geadelte – Montez auf ein neues Ministerium, das den Umgang mit ihr zu seinen Amtsgeschäften machen sollte, denn das amtierende hatte sich dazu nicht bereit finden können.

Die Montez-von Landsfeld hatte sich nach den Unruhen von Anfang März zunächst ruhig verhalten. Auch ihre fundamentalistischen und klerikalen Gegner hielten eine Zeit lang still, weil sie sich nicht einig waren. So verteidigten Bamberger Domherren den König[55], während andere klerikale Kreise schon heftig gegen das sündige Paar agitierten. Im Mai 1847 bezog die Montez ein verhältnismäßig kleines, aber feines Haus in der Münchener Barerstraße. Im Sommer 1847, als die Verleihung des Adelsprädikats schon in greifbarer Nähe stand, machte sie durch exzentrisches Verhalten erneut von sich reden, wobei ihr Verhalten und die Reaktionen ihrer Umgebung sich gegenseitig aufschaukelten. Im Juni 1847 wurde sie auf der Durchreise nach Bad Brückenau in Bamberg unfreundlich empfangen, Jugendliche malträtierten ihre Kutsche. Die Behauptung der Liberalen, es steckten klerikale Kreise als Anstifter dahinter, hat gute Gründe, und deren Zeitung[56] bestätigte das auch. Einige Bamberger Bürger, der politischen Mitte angehörend, suchten sich und die Stadt beim König zu entschuldigen, dieser verlangte aber eine Entschuldigung seitens der Stadtverwaltung. Dort hatten demokratische Kräfte bereits einen gewissen Einfluß. Sie verhinderten eine zügige Entschuldigung und verhalfen der Sache zu beträchtlichem, für den König unangenehmen Aufsehen. In Würzburg kam es im August zu weiteren aufsehenerregenden Vorfällen. Als die Montez-Landsfeld im Herbst wieder nach München kam, regte sie durch exzentrisches Verhalten erneut die Leute auf. Nächtens wurden überall in der Stadt Zettel mit spitzen Bemerkungen und Spottversen gegen den Monarchen und seine Geliebte angebracht. Die Parolen auf diesen Zetteln sind zum großen Teil unpolitisch und das Ergebnis von Bigotterie, Fremden- und Frauenfeindlichkeit. Einige Zettel weisen immerhin auf das soziale Mißverhältnis des neuen Montez-von Landsfeldschen Hofstaates gegenüber der herrschenden Not hin, ohne dabei den König – als den eigentlich Verantwortlichen – zu erwähnen, und nur wenige sind insofern revolutionär, daß sie den Skandal als das Ergebnis einer längst überflüssigen Monarchie hinstellen.[57]

Es drängt sich die Frage auf, was die junge Frau zu ihrem eigenartigen und ungeschickten Auftreten veranlaßt hat. Ganz sicher war sie keine herumreisende Edelprostituierte, und als Person ist sie nicht weniger ernst zu nehmen als der bayerische König und ihre fundamentalistischen Widersacher; von einer „moralisch minderwertigen Frau"[58] zu sprechen, ist ein Nachklang fundamentalistischen Treibens. Auch ist es nicht angebracht, einen ihrer Bekannten einfach als „obskuren Lola-Schützling"[59] abzutun, es haben sich auch respektable Personen wie der Münchener Nationalökonom und Statistiker Friedrich Benedikt Wilhelm (von) Hermann, der spätere Abgeordnete Münchens zur Nationalversammlung, mit ihr abgegeben. Man muß sie wohl als Frau sehen, die sich auf dem langen Weg der Emanzipation etwas verrannt hatte.[60] Der Fürst von Leiningen, der auf Grund seiner gesellschaftlichen Stellung die Personen und Darsteller des vor aller Welt laufenden Dramas kannte, war im November 1847 zu der Auffassung gekommen, die „Sig. Lola" habe „sich in den Kopf gesetzt, Pompadour oder Maintenon zu sein"[61]; sie wollte also eine Art zweiter Königin mit allen Rechten sein. Es war ihr Pech, daß außer dem König von Bayern zu dieser Zeit niemand mehr eine Pompadour oder Maintenon haben wollte. Wer sich aber diesem Anspruch widersetzte, konnte schon mal eine Ohrfeige bekommen. Daß es meist kleine Leute traf, die sie damit gegen sich aufbrachte, scheint sie nicht begriffen zu haben. Daß das Verhalten der Bevölkerung aus ihrer Sicht – man kann nicht sagen, daß sie mit den Anfeindungen begann – nicht freundlich war, muß man ihr wohl auch zugestehen. Vieles an der öffentlichen Empörung war darüberhinaus bloße Geschäftemacherei, indem die ganze Aufregung gute Gelegenheit bot, biedermeierlich gedämpfte Pornografie mit gutem Gewinn unter die Leute zu bringen.[62]

Zweifellos war die Empörung bei gewissen Teilen der Bevölkerung echt, denn das Leben der Montez-von Landsfeld stand in aufreizendem Gegensatz zu den dürftigen Lebensverhältnissen der Vielen. Ludwig I. hatte im Rechnungsjahr 1846/47 persönlich 100.992 fl. für seine Geliebte aufgewendet[63]: das entsprach ungefähr 17 Ministerjahresgehältern oder dem Jahreseinkommen von ein paar hundert Lehrern, auch den Erzbischof von München-Freising hätte man immerhin fünf Jahre davon bezahlen können. Gleichzeitig war die Empörung kurzsichtig, denn im wesentlichen hatte sich, was das Verhalten des bayerischen Königs wie die allgemeinen Machtverhältnisse angeht, nichts geändert.

Immerhin hielt der bayerische König zu ihr. Mit allen Mitteln versuchte er ihr gesellschaftliches Ansehen zu heben, und zu diesem Zweck gestattete er auch die Bildung einer neuen Studentenverbindung, die am 26. Juli 1847 unter dem Namen „Alemannia" ins Leben trat. Es ist nun beileibe nicht so, daß die existierenden – also staatlich zugelassenen – Studentenverbindungen mit besonderer Berechtigung die neue Verbindung ablehnten. Sie waren hauptsächlich Karrierevereine mit konservativen Neigungen[64], und ein Unterschied bestand lediglich darin, daß statt des Alten Herrn der herkömmlichen Verbindungen bei den Alemannen sozusagen eine Alte Frau die Karriere besorgte. Selbstverständlich muß man annehmen, daß das Verhalten der „alten" Verbindungen auch damit zu tun hatte, daß nun manche erträumte Karriere in Gefahr schien, weil die neue Verbindung die besseren Beziehungen hatte. So gewann die Montez-von Landsfeld auch auf diesem Weg keinen Zuwachs an gesellschaftlicher Reputation, und daß sie erotische Beziehungen zu Mitgliedern der Alemannia unterhielt, war für sie der einzige Gewinn bei der ganzen Sache. Vielmehr brachte bei der nach wie vor restriktiven Handhabung des Verbindungswesens die aus sehr durchsichtigen Gründen erfolgte Zulassung der Alemannen auch diejenigen Studenten gegen Montez-von Landsfeld auf, die nicht so ohne weiteres mit den Fundamentalisten gemeinsame Sache machen wollten. Am 25. August 1847, zu König Ludwigs Geburtstag, erhielt die Montez das Adelsdiplom. Die „gute" Gesellschaft verweigerte nach wie vor jeden Kontakt zur Montez-von Landsfeld, die amtierenden Minister hatten sich bei Amtsantritt ausgebeten, nicht mit ihr verkehren zu müssen. Nur ein ziemlich kleiner Kreis war es, der aus unterschiedlichen Motiven zu ihr hielt, und auch das liberal-demokratische Lager Münchens und darüber hinaus[65] scheint gespalten. Während bei Hoffmann und Campe, dem Verlag der Jungdeutschen, 1847 ein Buch (Erdmann) erschien[66], das die Montez engagiert verteidigte, beteiligten sich in München Studenten von ähnlicher politischer Richtung wie die Jungdeutschen am Sturm gegen die Montez. „Populär, weil sie die herrschsüchtige Geistlichkeit etwas gedemütigt" hat, wie eine Korrespondenz[67] in der „Deutsche-Brüsseler Zeitung", einem Blatt deutscher Vormärzemigranten, besagt, war sie in München wohl nur bei wenigen. Die Meldung zeigt aber recht deutlich die politischen Fronten des Skandals auf.

2.3. Die Revolte der Fundamentalisten

Das Ministerium der Morgenröte hatte auf dem Landtag von 1847 keine gute Figur gemacht, vor allem in den Augen des bayerischen Königs hatte es versagt. Die Konkurrenten drängten, der rührige Fürst Oettingen-Wallerstein fühlte vor, und der bayerische König war nicht abgeneigt. So kam es Anfang Dezember zur Bildung eines neuen Ministeriums. Die Montez-von Landsfeld versuchte die Wahl auf ihr genehme Kandidaten zu lenken, was ihr nicht schwer fiel, aber auch nicht die einzige Entstehungsursache des neuen Ministeriums war. Ausersehen wurden Fürst Ludwig von Oettingen-Wallerstein und der als Direktor bei der Regierung von Niederbayern in Landshut amtierende Franz (von) Berks. Letzterer hatte seit einiger Zeit in aller Öffentlichkeit Umgang mit der Montez-von Landsfeld gepflogen und stand ihr nun als Gesellschafter im Ministerrang zur Verfügung; die ersehnte gesellschaftliche Anerkennung schien zum Greifen nah.

Die Rechnung ging aber nicht auf. Oettingen-Wallerstein „war als Innen- und Polizeiminister aus den 30er Jahren in nicht guter" und von Berks als „Denunziant liberaler Kollegen in ausgesprochen schlechter Erinnerung".[68] Keine Seite erwartete von einem solchen Ministerium etwas Gutes. Eine Presseverordnung von 16. Dezember 1847, die dem Ministerium bei den Liberalen Ansehen verschaffen sollte, verfiel nicht zuletzt wegen der merkwürdigen Art ihrer Bekanntmachung – sie wurde zunächst nur mündlich und auszugsweise bekanntgegeben – deren öffentlicher Kritik und Ablehnung.[69] Andere Reformvorhaben kamen nicht mehr voran, obwohl Reformbedarf an allen Ekken und Enden bestand. Im Januar 1848 hatte Ludwig I. in Vorbereitung des bevorstehenden regulären Landtags bei den Ministerien ein Verzeichnis der von ihnen beabsichtigten bzw. notwendig erscheinenden Gesetzentwürfe angemahnt, das Innenministerium meldete jedoch nur Gesetzentwürfe zu einer bescheidenen Reform des Wahlrechts.[70] Nach der bisherigen Regelung war es möglich, mit geringster Stimmenzahl als Ersatzmann eines verhinderten Abgeordneten in den Landtag zu kommen, 1822 war dies einem Ersatzmann mit nur einer einzigen Stimme (aus annähernd 100) gelungen; auch aus konservativem Blickwinkel war dies eine sehr mangelhafte Regelung. Mehr als eine Beschneidung solch äußerster Mängel hatte das Ministerium nicht im Sinn.

Vor allem brachte es Innenminister von Berks, der durch besondere Ergebenheit gegenüber der königlichen Geliebten hervorstach, mit sich, daß nun auch Kreise, die am fundamentalistischen Treiben keinen Anteil nehmen wollten, gegen Montez-von Landsfeld und ihren ministeriellen Ritter Stellung bezogen. Der Wunschkandidat der Montez-Landsfeld vermehrte nicht ihr Ansehen, sondern die Zahl ihrer Gegner. Die Besetzung ausgerechnet des Innenministeriums mit einem Mann, dem alle politischen Lager nichts als Verachtung entgegenbrachten, und das groteske Verhalten des bayerischen Königs vertieften die Spaltung des konservativen Lagers und führten zu einer vorübergehenden und teilweisen Lähmung der staatlichen Macht. Dies betraf nicht nur die obersten Ränge: Im Frühjahr 1847 wurde der dem fundamentalistischen Lager zugehörige Münchener Polizeidirektor von Pechmann, der in die erfolglosen Intrigen gegen Lola verstrickt war, ausgewechselt; die Nachfolger kamen von Anfang an schief ins Bild und hatten wenig Ansehen und Durchsetzungsvermögen. Damit entstand jene Situation, in der die aufsehenerregenden Münchener Ereignisse vom Februar 1848 möglich wurden, die als Revolution mißdeutet wurden. Die mühelosen, überraschend schnellen Erfolge dieser scheinbaren Revolution waren nur das Ergebnis einer vorübergehenden, zufälligen, extremen Situation, die in der momentanen Zerstrittenheit und dadurch bedingten Schwäche der konservativen Kräfte, nicht aber in der Stärke der revolutionären Partei bestand. Unter von Abel war gewissermaßen die Kutte das Symbol der bayerischen Staatsmacht, und es bildete sich eine breite, aber klar umrissene Gegnerschaft heraus. Als die Kutte durch einen flatternden Unterrock ersetzt wurde, war (fast) alles dagegen aber es war eine Gegnerschaft in einer nebensächlichen, wenn nicht gar lachhaften Angelegenheit.

So war es im Dezember 1847 noch keine Verharmlosung[71], wenn der Regierungspräsident von Oberbayern keinen Grund zur Beunruhigung sah und außerordentliche Maßregeln ablehnte. Mit polizeilichen oder gar militärischen Mitteln war im übrigen gegen die gesellschaftliche Macht der Montez-Gegner[72] und ihre Handlungsmöglichkeiten schlecht anzukommen.

Unter diesen Umständen wurde es den unterschiedlich orientierten Gruppen der Studenten der Münchener Universität möglich, das Versammlungsverbot zu umgehen, ohne daß die Polizei einschreiten konnte. Sie veranstalteten Versammlungen an der Universität, organisierten gesellschaftliche Unternehmungen wie z.B. Schlittenfahrten zu bekannten Ausflugszielen in der Umgebung Münchens, und wenn am Ende solcher Veranstaltungen Professor Zuccarini, ein ehemaliger Burschenschafter, eine Ansprache hielt, dann zeigt das, daß auch die liberal-demokratischen Studenten die Umstände zu nutzen wußten.

Die fundamentalistische Partei merkte, daß sich hier etwas anbahnte und mitbewegte, was nicht in ihrem Sinne war. So erschien im Januar 1848 in der Mainzer Zeitung „Der Katholik" ein Bericht über eine gesellige Veranstaltung in der Menterschwaige, einem beliebten Ausflugslokal nahe München, der – wieder einmal – unter den Münchener Studenten Kommunismus und Anarchismus am Werk sah. Das war von der Sache her völlig abwegig, doch sollte unter Rückgriff auf Formulierungen des Memorandums suggeriert werden, daß das Ministerium die Lage nicht im Griff hatte, und nebenbei sollte der Hieb auch die liberalen Studenten treffen. Den Liberalen war jedoch das amtierende Ministerium immer noch lieber als ein fundamentalistisches, und so erfuhr der Angriff des „Katholik" in den dem Liberalismus nahestehenden Blättern Widerrede und Zurechtweisung.[73] Die mit den Auseinandersetzungen um den sogenannten Heiligen Rock von Trier beginnende Gegnerschaft zwischen Liberalismus und Demokratie einerseits und dem vorwiegend von seinem fundamentalistischen Flügel repräsentierten Katholizismus andererseits verfestigte sich in diesen Pressefehden.

Die erstaunlichste Figur war in dem ganzen Tohuwabohu der bayerische König. Als er im Januar 1848 mit sich zu Rate ging, kam er zu dem Ergebnis, das er auch schriftlich fixierte[74], daß seine Geliebte wohl an ihrem Hund mehr Interesse habe als an ihm und er durch sie in aller Öffentlichkeit gedemütigt werde, aber er hielt an seiner Passion fest und suchte seine „Lolitta" und ihren Kreis zu fördern. Er war zu diesem Zeitpunkt nicht in der Lage, die Regierungsgeschäfte wahrzunehmen, und das Ministerium an seiner Seite ebenfalls nicht. So nahmen die Dinge ihren Lauf.

Im Zuge der Bemühungen, der Gräfin Landsfeld zu gesellschaftlicher Anerkennung zu verhelfen, nahm Innenminister von Berks am 16. Januar 1848 an einem Festkommers der Studentenverbindung Alemannia im feinen Bayerischen Hof teil und stellte in seiner Rede diese Studentenverbindung als Vorbild für die Jugend hin.[75] Die Rede brachte die Gemüter in Wallung, vor allem die Überfrommen und Hochedlen sahen die Unzucht zum Vorbild der Jugend ausgerufen und waren empört. Auf der anderen Seite brachten einige Zeitungen[76] teils durch ministeriellen Druck, teils durch freiwillige Anpassung, freundliche oder neutrale Berichte von dem Ereignis. Es ist eben nicht so, daß ganz Bayern gegen Montez-von Landsfeld stand. In München aber, wo sich die konservative Mehrheit, die ihre alte, diskrete Monarchie wieder haben wollte, und eine winzige, aber agile, republikanische Minderheit zusammenfanden, entfaltete die Rede eine gänzlich unbeabsichtigte Wirkung. Die bedeutende „Augsburger Allgemeine Zeitung" setzte in einem späteren Bericht[77] (vom 15. und 16. Februar), der auf den Rektor der Universität München (Thiersch) zurückging und von vielen anderen Blättern als zutreffend bezeichnet und übernommen wurde, mit diesem Ereignis den Anfang vom Ende der Affäre Montez-von Landsfeld an. Ab jetzt verschärfte sich der studentische Widerstand, den konservativ-klerikalen Studenten trat das bisher von den Karlsbader und Wiener Beschlüssen zum Schweigen gezwungene liberal-demokratische Studentenpotential, das nach dem Sieg der Märzrevolution in mehreren neuen Verbindungen öffentlich auftrat, an die Seite.

Es war auch nicht nur die Empörung über einen fragwürdigen Minister, welche die Studenten nun in Bewegung brachte. Die liberalen Zeitungen hatten in den Neujahrsnummern recht zuversichtlich die Lage beurteilt. „Die Zeit der Reaktion ist vorüber", hatte der Nürnberger Kurier im Leitartikel der Neujahrsnummer stehen, und natürlich stand da auch: „In seiner Verfassung, in dem verfassungstreuen Sinne seines Monarchen hat es (Bayern – der Verf.) alle Garantien der Wohlfahrt“, aber es folgte dieser notgedrungenen Schönfärberei ein Katalog von Vorschlägen zur Verbesserung der Verfassung, der ziemlich genau den bald öffentlich vorgebrachten Märzforderungen entsprach.[78] Die Niederlage des fundamentalistischen Sonderbunds in der Schweiz, die Bewegungen in Frankreich und Italien ließen revolutionär orientierte Kräfte Hoffnung schöpfen: Hier lagen die Motive der linken, liberalen und demokratischen Studenten.

An der Universität begann man die Alemannen dadurch zu ächten, daß man die Vorlesungen verließ, an denen sie teilnahmen; noch versuchte die Universitätsleitung, die Studenten, welche dabei führend in Erscheinung traten, zu bestrafen. Da starb am 29. Januar Joseph Görres. Görres hatte das Ansehen, das er in der ersten Lebenshälfte durch sein Eintreten für die nationale Sache erworben hatte, durch seine spätere Entwicklung nicht verloren. Die liberal-demokratische Presse zeigte immer noch Respekt, wenn sie auch in ihren Nachrufen den irrationalistischen Grundzug seiner zweiten Lebenshälfte nicht verschwieg. So suchte die fundamentalistische Partei wie das gesamte kirchliche Lager seine Beerdigung als eine große Demonstration zu gestalten und durch Görres zu zeigen, wer auf ihrer Seite und zu ihrer Fahne stand, während zur selben Zeit der König hinter einem flatterhaften Unterrock herlief. Den Zug mit seiner Leiche gestaltete man zu einem großen Ereignis, jedes Wort am Grabe wurde zu einer politischen Manifestation. Einen in dieser Absicht geplanten Fackelzug zu seinem Grab verbot die Polizei, und gegenüber dem Sohn des Verstorbenen beging sie einige Ungeschicklichkeiten. Auch jetzt war es nicht so, daß ganz München die Beerdigung zu seiner Herzensangelegenheit gemacht hat, mehrere – vorwiegend liberale – Zeitungen berichten, daß die (genehmigten) studentischen Verbindungen nur vereinzelt an der Beerdigung teilgenommen hätten; doch wirkten die massenpsychologischen Mechanismen in diesem Falle eher zu Gunsten der fundamentalistisch-kirchlichen Partei.

Sofort nach der Beerdigung setzten die Unruhen an der Universität wieder ein. Am 4. Februar waren sie bereits recht deutlich, dann bremsten Wochenende und Sonntagsruhe vorübergehend den Ablauf. Am 7. Februar mußte der Minister Oettingen-Wallerstein – er war für das Kultusressort zuständig – zur Beschwichtigung an die Universität geholt werden. Am 8. Februar kam es dann zu einem erheblichen Zwischenfall in der Stadt: Einer der Studenten der Alemannia, ein Graf von Hirschberg, war auf dem Wege zur Stammkneipe der Alemannia, dem Café Rottmanner am Hofgarten, mit einem anderen Studenten zusammengestoßen und hatte dabei den Dolch gezogen. Daß er „durch Verhöhnung provoziert“[79] und nach den tagelangen Auseinandersetzungen gereizt war, muß ihm zugute gehalten werden. Sein Verhalten war angesichts der Umstände nicht unverständlich, und es lag im Grunde nichts weiter gegen ihn vor, als daß er Mitglied der Alemannia war. Die Gegner der Alemannen forderten jedoch das Einschreiten der Polizei gegen von Hirschberg und die übrigen Alemannen. Daß diese nichts unternahm, wurde als weiterer Beweis für die Willfährigkeit der Polizei gegenüber der königlichen Geliebten angesehen und förderte die allgemeine Aufregung. Als Montez-von Landsfeld sich zu ihren im Café Rottmanner ausharrenden Freunden durchschlagen wollte, wurde sie von der Menge abgefangen und bedroht. Sie flüchtete in die Theatinerkirche, faßte sich aber wieder und begab sich zusammen mit einem Alemannen, sich und ihn mit Pistole und Dolch schützend, in die Residenz. Am selben Tage beantragten Polizei, Regierungspräsidium und Innenministerium eine Erhöhung der Truppenstärke für München.

Am 9. Februar wurde die Schließung der Universität München bekanntgegeben, gerüchteweise war von einer vollständigen Verlegung nach Landshut die Rede; die Studenten hatten demzufolge München bis Mitte des übernächsten Tages zu verlassen. 1830 hatte derselbe Befehl schnell gewirkt und die Ruhe wieder hergestellt. Diemal wirkte er auch, aber in anderer Weise. Der Befehl berührte die Interessen zahlreicher Münchener Familien, die Wohnungen und Zimmer an Studenten vermieteten. Die wirtschaftliche Bedeutung der Universität bzw. der Studenten war seit 1830 eher gewachsen – 500.000 bis 700.000 Gulden kamen nach Angaben zeitgenössischer Berichte durch die ungefähr 1.600 Studenten in die Stadt[80] –, aber die treibenden Kräfte und die politischen Umstände waren diesmal andere, und so führte der Befehl nicht Ruhe herbei, sondern trieb die Bevölkerung in die Arme der Fundamentalisten. Kultusminister Oettingen-Wallerstein, der vorher die Schließung der Universität bekannt gegeben hatte, sucht am Abend angesichts der verworrenen Lage sein Heil in der Flucht und reichte ein Rücktrittsgesuch ein.[81]

Am Vormittag des 10. Februar veranstalteten die Studenten einen Abschiedszug durch die Stadt. Sie zogen zuerst vor das Haus des Rektors Friedrich Thiersch und von da vor das Kultusministerium, wo sie ohne erkennbaren Grund von der Polizei angegriffen wurden. Der Direktor der Münchener Polizei, Hauptmann Baur-Breitenfeld, stand in dem Ruf, seinen Posten der Montez-von Landsfeld zu verdanken, so daß das Vorgehen der Polizei sofort ihm (und „ihr") angelastet wurde. Einige Studenten wurden bei dem ziemlich brutalen Überfall verwundet, in unzutreffender Weise war auch von Toten die Rede, so daß die Stimmung noch mehr aufgeheizt wurde. Aus nichtigem Anlaß hatte sich die Monarchie zu einem Zeitpunkt, an dem das Nahen einer wirklichen Revolution schon erkennbar war, mit Blut befleckt.

Auf 13 Uhr desselben Tages waren die Gemeindekollegien (Magistrat und Gemeindebevollmächtigte) zu einer außerordentlichen Sitzung einberufen worden. Schon von morgens an hatten Versammlungen und Beratungen auf dem Rathaus stattgefunden. Als sich um 13 Uhr die Gemeindekollegien[82] einstellten, versammelten sich vor dem Sitzungszimmer im Rathaus über 1.000 Bürger. Das ging über das Erlaubte hinaus, aber der wegen (vermutlich vorgetäuschter) Erkrankung des ersten Bürgermeisters amtierende zweite Bürgermeister Kaspar von Steinsdorf mußte die Versammlung dulden.

Nach einer kurzen Beratung brach um 14 Uhr die aus fünf Mitgliedern der Gemeindegremien bestehende Deputation auf. Es ging ihr unter Ausschluß anderer Aspekte vor allem darum, die Wiedereröffnung der Universität zu erreichen. Unterdessen debattierte die zurückbleibende Bürgerversammlung über „politisch weit wichtigere Themen" wie Ministerverantwortlichkeitsgesetz, Vereidigung des Militärs, Änderung des Gemeindewahlrechts, öffentliche Sitzungen der Gemeindegremien und Stellung der Polizei zu Magistrat. Es ging also „in den Auseinandersetzungen dieser Tage" zwar „primär und vor allem" – aber nicht ausschließlich – „um die Person der Lola Montez und ihren Einfluß, zweitens ... um die Entfernung der Lolamontanen von der Universität und deren Wiedereröffnung, drittens ... um den Rücktritt Baur-Breitenfelds und die

Wiederherstellung einer geachteten Gendarmerie“; überall drangen – dafür sorgten die fortschrittlichen Elemente – die politischen Implikationen des Skandals um Montez-von Landsfeld durch. Die versammelten Bürger hatten sich zunächst nur für die Wiedereröffnung der Universität, den Rücktritt des Gendarmeriekommandanten Baur-Breitenfeld und die Entfernung der Montez-Landsfeld ausgesprochen und dies den Deputierten als Leitlinie mitgegeben. Nachdem sich die Deputation auf den Weg gemacht hatte, kamen Ministerverantwortlichkeit, Verfassungseid des Militärs und Fragen der Gemeindeordnung zur Sprache. Es ist möglich, daß demokratisch-republikanische Teilnehmer solche Fragen aufwarfen, eine Beschneidung der ministeriellen Macht mochte momentan aber auch den Fundamentalisten ein wünschenswertes Ziel sein, Träger und Motive dieser Debatte bleiben einigermaßen anonym. Es setzte sich aber die bürgerlich-konservative Richtung durch, die beiden ersten Themen wurden schnell „von den Bürgern selbst als nicht hierher gehörig beseitigt“, und Kaufmann Rosipal, ein gemäßigt Konservativer, kündigte die Vorlage einer Adresse zum Gemeindewesen an.[83]

Da der König die Deputation nicht empfing, kam sie um 15 Uhr schon wieder zurück. Die Bürgerversammlung, die beim ersten Mal noch davon abzubringen war, die Deputation zu begleiten, war nun nicht mehr zu halten. Während eine Deputation der Gemeindegremien noch als legal gelten konnte, war die Begleitung durch eine große Menschenmenge schon illegal. Doch nahmen es das konservative Bürgertum und die fundamentalistischen Hintermänner in Kauf, revolutionäre Mittel zu gebrauchen, um ihren Willen durchzusetzen. Der zweite Bürgermeister von Steinsdorf, der an diesem Tag mehr als König, Minister und Bürokraten das Gesamtstaatsinteresse vertrat und in diesem Sinne Regie führte, versuchte die Situation zu retten, indem er, Legalität und Illegalität bürokratisch fein trennend, im Fiaker mit der um zwei Personen erweiterten Deputation[84] zur Residenz fuhr, während die Bürgerversammlung, mittlerweile auf 2.000 Mann angewachsen, nach zehn Minuten zu Fuß in geordnetem Zug folgte.

Die Zeitungen hatten sehr zurückhaltend über die Vorgänge in München berichtet. Die Ursache lag wohl nicht mehr hauptsächlich im Respekt vor der Zensur, schon eher in der Befürchtung, dem derzeitigen Regime unangenehm aufzufallen und dadurch Vergünstigungen einzubüßen; vor allem aber war es nicht schwer, das fundamentalistische Theater zu durchschauen. So schreibt der „Nürnberger Kurier“, das Leitorgan des fränkisch-bayerischen Liberalismus, im Zusammenhang mit den Vorgängen vom 8. Februar: „Daß zu diesem zwecklosen Verfolgen der immerhin vereinzelt genug dastehenden kleinen[85] Verbindung, die von den übrigen Verbindungen ohnehin isoliert ist, kein triftiger Grund vorhanden, ja daß dieses aufreizende Benehmen (nicht) bloß für die beteiligten Beleidiger, sondern auch nach anderen Seiten hin von schlimmen Folgen sein könnte, wird von allen Unbefangenen eingesehen und befürchtet.“[86] Wenn in dem ersten Teil des Zitats vor allem die Abscheu vor dem fundamentalistisch-katholischen Pöbel aller Klassen und Schichten, der noch jede königliche Liaison geduldet hatte, wenn sie nur in der gehörigen Stille und mit abschließender Beichte vollzogen wurde, zum Ausdruck kommt, so deutet der zweite Teil auf die liberale Angst vor der Ausweitung der Unruhen zu der befürchteten großen Revolution hin. Auch die in Augsburg erscheinende „Deutsche constitutionelle Zeitung“, ein liberal-demokratisches Blatt mit Fenner von Fenneberg als leitendem Redakteur, hatte – und der Nürnberger Kurier übernahm die Stelle – in den Münchener Unruhen „bedauerliche Excesse“[87] gesehen. Als sie wenig später meldete, daß der im Zusammenhang mit der Affäre Montez-von Landsfeld in die Provinz abgeschobene Münchener Polizeidirektor von Pechmann den Aufstieg vom kleinen Provinzbeamten im Gebirge seinen Beziehungen zum Berchtesgadener Propst verdanke[88], war das vermutlich ein gezielter Hinweis darauf, daß das Zustandekommen erstaunlicher Karrieren nicht nur und nicht erst eine Erscheinung der Montez-von Landsfeld-Zeit war. Das „Münchener Tagblatt“ wagte noch am 11. Februar zu schreiben: Nun sei vor ein paar Tagen die Erbitterung gegen eine vom König genehmigte Studentenverbindung „auf eine für den ruhigen und besonnenen Theil der Einwohnerschaft höchst bedauerliche Weise zum Ausdruck gekommen, so daß zur Abwendung von offenbaren Pöbel-Excessen“ Militär und Gendarmerie eingesetzt werden mußten. Ohne „auf Grund und Ungrund, ohne auf Recht und Unrecht in dieser Sache einzugehen, theilen wir nur die Ansicht, welche von jeher unter dem gebildeten Theile einig dahin ging: daß solche, welche ihr vermeintliches Recht durch Gassen-Tumulte demonstrieren und somit gleichsam durch Aneiferung des niedrigsten Pöbels Rechte erzwingen wollen, nie im Rechte sind“ und sich „der Gesittete und Gebildete mit Abscheu abwendet“ vor solchen Szenen der „Pöbels-Lust“.[89] Die Zeitung mußte sich für solche Sätze bei den Aufgebrachten beider Seiten entschuldigen, was aber nicht ausschließt, daß sie recht hatte[90], bemerkenswert ist die Äußerung in jedem Fall. Auch die Passauer Zeitung behandelte die Angelegenheit erkennbar zurückhaltend und drückte, wo es wegen des etwas schwierigen Umfeldes nicht anders ging, durch Übernahmen aus anderen Zeitungen ihre Meinung aus.[91] Der Vorwurf, die Studenten reagierten „maßlos“, wurde immerhin so ernst genommen, daß einige Studenten sich nachher in einer Erklärung rechtfertigten.[92]

Es ist also nicht so, daß ganz München oder gar ganz Bayern in Montez-von Landsfeld den Dreh- und Angelpunkt der gesamten politischen Welt sah und von ihrer Entfernung das Heil der Welt erwartete.

Während die Bürger still vor der Residenz warteten, wurde die Deputation vier Mal abgewiesen. Auf Vermittlung des den Fundamentalisten nahestehenden Prinzen Luitpold und seiner (österreichischen, betont katholischen) Gemahlin kam schließlich die Audienz zustande, bei der König Ludwig jedoch ablehnend reagierte. Trotzdem deutete der zweite Bürgermeister den aufs Rathaus zurückkehrenden Bürgern eine baldige Lösung in ihrem Sinne an. Tatsächlich kam wenig später der Innenminister von Berks ins Rathaus und kündigte die Wiedereröffnung der Universität zum Sommer an, der ruhige Rückzug der Bürger ins Rathaus wurde als Grund des königlichen Sinneswandels angegeben. Auf die nach wie vor bestehenden Forderungen der Rathausversammlung nach Absetzung des Gendarmeriekommandanten Baur-Breitenfeld und Ausweisung der Montez-Landsfeld sowie der Alemannen zu antworten, hatte von Berks keine Vollmacht. Die Plakate, mit denen die Wiedereröffnung der Universität bekannt gegeben wurde, gaben 18.30 Uhr als Zeitpunkt der Genehmigung an.[93]

Wie diese Wendung zustande kam, ist im einzelnen nicht bekannt, klar sind hingegen die Gründe: Eine mit ungefähr 1.600 Studenten verhältnismäßig große Universität wie München ließ sich in Zeiten zunehmender Bedeutung wissenschaftlicher Forschung auch auf allerhöchsten Wunsch nicht mehr verschieben wie ein Hühnerstall, gravierende politische und wirtschaftliche Folgen waren zu erwarten, obendrein war die Verfassungsgemäßheit des Aktes fragwürdig.[94] Auch hatten der überwiegende Teil der königlichen Familie und die höhere Bürokratie den Wunsch, das ganze Abenteuer zu beenden und selbst von Berks wagte an diesem Tag nicht mehr für seine Gönnerin einzutreten. Gemäßigt Konservative wie die in München akkreditierten Gesandten fürchteten, das Verhalten des Königs, das sie ebenfalls verurteilten, mindere das Ansehen der Monarchie in einem Maße, daß unter den gegebenen, bereits vorrevolutionär labilen Zuständen eine Revolution die unvermeidliche Folge sei. Eine „Tollheit" sei das Verhalten des Königs von Bayern, meinte der preußische Minister des Äußeren[95], und zwar eine revolutionäre, weil sich das Königtum dabei durch die Verletzung seiner Würde selbst zugrunde richte. So gab es keinen anderen Ausgang der Sache als die Rücknahme der Schließung. Der Monarch war an diesem Tag so isoliert, daß der Innenminister und der Regierungspräsident von Oberbayern eigenmächtig die Ablösung Baur-Breitenfelds verfügen konnten. Daß sich dieser Vorgang dann doch etwas komplizierter verlief und erst am 27. März mit dem Ruhestand für Baur-Breitenfeld endete, hängt mit der allgemeinen Verworrenheit zusammen.

Das Zugeständnis beruhigte die Rathausversammlung, die sich gegen 20 Uhr auflöste, stellte sie aber nicht völlig zufrieden. Hingegen randalierten in nicht recht klarer Motivation Gesellen und Lehrlinge vor dem Haus der Montez-von Landsfeld und vor dem Gebäude der Polizei. Die Aussage des zwar abgelösten, aber noch nicht völlig entamteten Baur-Breitenfeld, auch Studenten hätten sich beteiligt und die Eigentümer der umliegenden Häuser hätten die Randale unterstützt, ist nicht von der Hand zu weisen und sie legt die Annahme nahe, daß es nach wie vor politisch bewußte Kräfte – aus welchem „Lager" auch immer – gab, welche die Entfernung der Montez-von Landsfeld betrieben. Daß die an diesem Abend Verhafteten später, in der Revolution, nicht mehr aktenkundig wurden[96], deutet, wenn auch mit einiger Unschärfe, darauf hin, daß hier nicht eigentlich revolutionäre Kräfte am Werk waren.

Die nicht sehr bedeutenden Unruhen zeigten jedenfalls, daß das Problem noch nicht gelöst war, solange der eigentliche Gegenstand des Anstoßes noch in der Stadt war. Am Morgen des 11. Februar berieten, während wieder Leute aus den unteren Schichten vor dem Haus der Montez-von Landsfeld in der Barerstraße randalierten, Reichsräte mit dem Ziel, den König zur Ausweisung seiner Geliebten zu veranlassen; unter den Reichsräten waren Anhänger des Fundamentalismus und „gewöhnliche" Konservative. Auf dem Rathaus dirigierte gleichzeitig der zweite Bürgermeister eine weitere Bürgerversammlung, die sich für Ausweisung der Montez-von Landsfeld und unverzügliche Fortsetzung des Vorlesungsbetriebs aussprach. Der dreifache Druck erzwang um 10 Uhr eine Ministerratssitzung, in der die Anliegen der Bürgerversammlung genehmigt wurden; um 10.30 Uhr erschienen die Minister (Oettingen-Wallerstein, Beisler, Berks und Heres) im Rathaus und gaben die Entscheidung bekannt. Anschließend marschierten die Bürger erneut, diesmal vom Minister Berks geführt, vor die Residenz und jubelten der königlichen Familie zu. Vor dem Akademiegebäude[97] fand eine Kundgebung statt, in der die Studenten dem Magistrat für seinen Einsatz dankten. Unterdessen floh Montez-von Landsfeld aus ihrem belagerten Haus und verließ in halsbrecherischer Fahrt München.[98] Graf Arco-Stepperg, der nächste Verwandte des Fundamentalisten Maximilian von Arco-Valley[99], jagte höchstpersönlich ihrer Kutsche nach, um sich von ihrer tatsächlichen Flucht zu überzeugen.

Der fundamentalistische Adel triumphierte.[100] Genau ein Jahr nach dem Memorandum hatte er die Urheberin seiner Schmach besiegt und entfernt. Die Geschlagenen des Februar und März 1847, die entlassenen Minister und Professoren, waren bei den Februarunruhen 1848 äußerlich nicht beteiligt.[101] Sie hatten sich so weit im Hintergrund gehalten, so daß der Vorgang nach außen hin als Ergebnis einer allgemeinen Volkserhebung gelten konnte. Der Fundamentalismus war wieder oder immer noch eine starke politische Macht in Altbayern mit zahlreichen Verbündeten in Franken und Schwaben, eine Wiedereinsetzung in ministerielle Rechte schien ihm nur eine Frage der Zeit. Er hatte das Kleinbürgertum und die Unterschichten so im Griff, daß er revolutionäre Mittel benutzen konnte, um die Gegenrevolution zu betreiben. Anders als die gemäßigt Konservativen ignorierte er die europaweit aufscheinenden Anzeichen der Revolution und spielte verwegen mit ihrem Instrumentarium. Völlig grundlos war eine solche Haltung nicht, hatte sich doch sogar das revolutionär-linke Lager für den Fundamentalismus gebrauchen lassen: Das Münchener Tagblatt mußte sich von seinem Bericht distanzieren, als Beschwerdeführer tritt neben dem zum fundamentalistischen Lager zählenden Studenten G. Meßmer der in der demokratischen Bewegung aktive Student Julius Knorr[102] auf.

Andere liberale und demokratische Blätter wie die erwähnte „Deutsche constitutionelle Zeitung" sahen nun plötzlich den tiefen Sinn der vorher verabscheuten Vorgänge, ebenso der Nürnberger „Kurier".[103] Der Erfolg der fundamentalistischen Revolte war so überwältigend, daß die liberal-demokratischen Kräfte es, statt der fundamentalistischen Demagogie entgegenzutreten, vielfach vorzogen, sich ihm anzuschließen. Daraus entstand dann die Legende vom revolutionären München, die später manche Enttäuschung bereitete. Sogar der Fränkische Merkur, der die Sache eigentlich ziemlich genau erfaßte, fand Anfang März bei einer Betrachtung über den abgelaufenen Monat[104] viel Abträgliches an des bayerischen Königs holder Maid. Er hatte damit nicht unrecht, trotzdem waren die Standpunkte und Motive der Münchener und des Fränkischen Merkur politisch völlig verschieden.

Aus lauter Siegesfreude warf nach der Vertreibung der Montez Graf Arco-Valley, der Wohltätigkeit auf der einen Seite[105] mit exzessiver Ausnutzung der Feudalrechte auf der anderen Seite verband, 5.000 Gulden für die Armen von München aus; die Absicht war, die unteren Schichten fester an den Fundamentalismus zu binden. Der preußische Gesandte in München, in dessen Augen die Februarrevolte „véritablement une révolution" war, empfand diese Geste als Ungeschicklichkeit, die den König in seiner Meinung, es handle sich um eine Parteiintrige, nur bestärken mußte, was in der Tat auch geschah. Er wußte also, wie vielfältig man die Sache sehen konnte.[106] Durch „Proskriptionslisten"[107], in denen man ohne allzu große Genauigkeit die Anhänger der Montez und sonstige Mißliebige und „Heiden" aufführte, suchten die Fundamentalisten die Bevölkerung nochmal für sich zu mobilisieren. Eine der umlaufenden Listen hatte sogar den Herzog Max aufgenommen. Die „Augsburger Postzeitung", eines der fundamentalistischen Organe, verlangte die Aufnahme Abels in das Ministerium Wallerstein[108]: so stark fühlte man sich wieder. Die bedeutende Augsburger Allgemeine Zeitung[109] dagegen rüffelte die

Augsburger Postzeitung, die jetzt „sehr heftig" werde, aber die Regierung werde, da nun „mancher Vorwand zur Entstellung ihrer Motive entschwunden ist", durchaus nicht ablassen von ihrem Gang des Fortschritts. Auch die Liberalen[110] hielten zu Wallerstein. Hingegen dürfte ein Demonstrationszug[111] von mehreren hundert Soldaten und Handwerkern, der sich am 21. Februar Spottlieder über den Innenminister Berks singend durch die Straßen Münchens bewegte, angesichts des Fehlens eigentlich revolutionärer Parolen eher dem fundamentalistischen Umkreis zuzuordnen sein.

Die Montez hatte noch am Nachmittag des 11. Februar versucht, verkleidet in die Stadt zurückzukehren, doch war sie von einer Wirtin erkannt, aber nicht aufgebracht worden, und hatte es daraufhin für geraten gefunden, die Stadt wieder zu verlassen. Sie quartierte sich dann für die Nacht, zusammen mit einigen Angehörigen „ihrer" Studentenverbindung in der Schloßwirtschaft Blutenburg (bei München), wurde vom Wirt aber gemeldet und von Gendarmen an die Grenze nach Lindau gebracht.

Durch die Entfernung seiner Geliebten gedemütigt, wollte der König nicht auch noch das Ministerium sich nehmen lassen. Er sah in den Vorgängen – durchaus zu Recht – Machenschaften der Fundamentalisten und schlug zurück, Graf Arco-Valley erhielt wegen seiner Spende Hofverbot. Damit stockte die fundamentalistische Revolte. Denn dafür, daß der Herr Graf ungehindert zu Hof gehen dürfe, war keine Massenbewegung zu inszenieren, der edle Mann erntete vielmehr Spott, als er in Zeitungsinseraten der Welt sein Leid mitteilte. Bei den Proskriptionslisten endete auch die fragwürdige Bereitschaft des revolutionären Lagers, sich an der von den Fundamentalisten gebotenen Gelegenheit zu beteiligen; durch eine Erklärung der Universität und der Studentenverbindungen traten ihnen die liberalen und gemäßigten Kräfte entgegen.[112]

Umgekehrt begann das Ministerium, das „Unterholz" des Fundamentalismus etwas zu lichten, indem es gegen das von ihm geförderte Konventikelwesen einschritt. Als das Ministerium – nach einer Sitzung am 16. Februar – die Aufhebung einer Niederlassung des Redemptoristenordens in Altötting verfügte, kam viel Zustimmung: „Es wird Licht", kommentierte die Deutsche constitutionelle Zeitung.[113] In einem anderen Blatt erinnerte sich jemand aus diesem Anlaß „des Tages, an welchem nach hereingebrochener Dunkelheit ein bayerisches Dampfschiff, von Österreich heraufschwimmend, am Landungsplatze von Passau seine schwarzen Passagiere entlud. Die bischöflichen Glocken hallten dumpf zusammen, aber das Volk stand schweigend am Ufer und einzelnes Pfeifen gellte durch die Finsternis. Jetzt übertönt die Donnerstimme der öffentlichen Meinung allen Glockenklang. Alle aufgeklärten und uneigennützigen Freunde eines freien Volkes, einer starken Regierung und des religiösen Friedens freuen sich über das Ende der Pseudojesuiten, die aus religiösen Staats-Bürgern büßende Betbrüder machen wollten." Auch er schließt mit dem Ruf: "Es wird Licht! Gelobt sei Gott!"[114]

Diese Maßnahmen verschärften die Risse und Spannungen im konservativen Lager und machten es fast wehrlos gegenüber der einsetzenden Revolution. Der Behauptung aber: „Nur die Februarunruhen machen es erklärlich, daß mit verhältnismäßig geringem Kraftaufwand im März Riesenerfolge erzielt wurden"[115], ist in Haupt- und Nebensatz zu widersprechen. Weder wurden im März 1848 in Bayern Riesenerfolge erzielt, noch waren es die Februarunruhen an sich, welche großartige Wirkungen erzeugten. Die Münchener Februarunruhen haben nichts mit der beginnenden bürgerlichen Revolution zu tun, sie waren keine „revolutionäre Bewegung“[116], sondern – will man es polemisch-griffig formulieren – eher ein reaktionärer Klamauk, wobei allerdings der von den Fundamentalisten aufgewirbelte Staub auch den revolutionär-demokratischen Kräften Schutz und Deckung bot. Es sind dies jene von Doeberl angedeuteten, aber nicht namentlich genannten „geistigen Führer der Bewegung“, die Montez-Landsfeld nur zum Anlaß und die Bevölkerung nur zum Werkzeug genommen hätten, um „die Dinge nicht zur Ruhe kommen zu lassen“.[117] Doeberl meint damit die Demokraten, letztere sind dabei aber nie über die Rolle eines Anhängsels hinausgekommen.

Hingegen stimmt sehr wohl, was ein Zeitgenosse sagte, daß die „Stärkung der Krone und nicht ein Angriff auf die Monarchie“, ein konservatives Anliegen also, hinter „dem Einverständnis von Reichsrat und Münchener Bürgerschaft, hinter der gemeinsamen Opposition von Adel und Bürgertum“[118] stand. Die Münchener Februarunruhen waren zwar ein Teil der Vorgeschichte der Revolution von 1848, aber sie hatten ein gegenrevolutionäres Anliegen, waren eine Demonstration gegenrevolutionärer Macht. Während der ganzen Februarunruhen wurden kaum politische Parolen entwickelt und ausgebracht, es ging immer nur gegen die Geliebte des Königs und gegen die Person eines mit ihr verbündeten Ministers: das war keine Revolution, sondern eine Revolte der antiliberalen, konservativen Kräfte. So ist das Urteil eines Metternichschen Geheimagenten in einem Bericht vom 14. Februar 1848 uneingeschränkt zutreffend: „Ich habe diese gefahrlose Revolution von Anfang bis zu Ende in den Straßen mit angesehen und die Verblendung eines Monarchen beklagt, der ein solches Volk bis zur äußersten Erbitterung reizt. Und doch war in der ganzen Bewegung der drei Tage keine Spur revolutionärer Gesinnung, kein aufrührerischer Ruf ertönte.“[119] Einen politischen Sinn hatten die Ereignisse gleichwohl: sie waren die Reaktion der Fundamentalisten auf den Verlust der Macht. Mit zielstrebiger Demagogie nutzten die Fundamentalisten die Schwächen der Gegenseite, bei ihrer sozialen Stellung war es ihnen ein Leichtes, das von ihnen – dem in München residierenden Hochadel und Teilen des Klerus – in vielfältiger Weise abhängige, unpolitische Kleinbürgertum und untere Schichten gegen ihre Gegnerin zu mobilisieren. Nur am Rande kamen innerhalb dieses Vorgangs revolutionäre Kräfte zu Wort.

Es dauerte einige Zeit, bis den Zeitgenossen die tatsächlichen Triebkräfte dieses vielschichtigen Vorgangs bewußt wurden. Im Frühjahr 1849, als die „Riesenerfolge“ des März 1848 auf ihre wirkliche Bedeutung zusammengesunken waren, dämmerte manchem die Wahrheit. Bei der Erinnerung an das vergangene Jahr, schreiben die gemäßigt liberalen Münchener „Neueste Nachrichten“, „drängt sich uns unwillkürlich der Gedanke an ein Marionettenspiel auf, dessen Drähte aber Adel und Geistlichkeit in Händen halten; der Adel war es, der da wühlte gegen Lola Montez, nicht weil durch dieselbe aller guten Sitte und Moral ins Gesicht geschlagen wurde, nein, weil man durch sie gezeigt, wie leicht sich eine Gräfin machen läßt; – die Clerisei predigte gegen L. M. nicht als Kämpferin für die öffentliche Moral, nein, weil sie das eine Gute zu Wege gebracht, daß sie die schwarze Macht gebrochen; – zu feige, sich selber zu empören, kam zu ihrem Heil die Schließung der hohen Schule, und die Bürger, die bisher in der Tasche nur die Faust gemacht, wurden in der Furcht – ihre Wohnungen nicht mehr vermieten zu können usw. – das willige Werkzeug in den Händen der Privilegierten.“[120]

Das einzige Blatt, das einigermaßen rechtzeitig die Situation erfaßte, war der demokratische Fränkische Merkur. Als im März 1848 der Montez-von Landsfeld die bayerische Staatsangehörigkeit auf nicht weniger groteske Weise genommen wurde, als sie diese erhalten hatte, notierte er: „Ist Gräfin Landsfeld allein die Schuldige? Welche Verbrechen gegen die Gesetze des bayerischen Staats hat sie denn eigentlich begangen? Und wenn, wer hat sie zu allem dem induziert? Wie werden intellektuelle Urheber und Helfershelfer gestraft?" Zwar seien die Zustände untragbar und eine Schande für Bayern, ihre Vertreibung eine verständliche, jedoch allein nicht ausreichende Reaktion der Bevölkerung gewesen. „Die Geschichte des Aufenthalts der Gräfin Landsfeld, die Möglichkeit ihres Thuns und Treibens, ihre Erhebung, ihr Sturz und die Maßnahmen gegen sie – welch ein gewaltiger Stoff reichlichen Nachdenkens für alle ehrlichen Politiker und Patrioten."[121]

Wenn die Münchener Februarereignisse hauptsächlich ein Werk der fundamentalistischen Partei waren, dann ist es nicht unwahrscheinlich, daß einige Vorgänge, die eine Verbindung und Überleitung von den Februarereignissen zu den Märzeignissen herzustellen scheinen, in Wirklichkeit[122] auch auf das fundamentalistische Lager zurückgehen. Die Lage der Unterschichten bot vielfältigen Anlaß zu sozialem Protest, der in seiner diffusen Erscheinungsform von den Fundamentalisten auch zur Destabilisierung des verhaßten Ministeriums mißbraucht werden konnte. So scheint vor allem jene Demonstration[123] vom 21. Februar, bei der es wieder nur gegen den „Lolaminister" von Berks ging, von dieser Seite bewerkstelligt. Auch die sich häufenden Versammlungen der Studenten sind wohl nicht nur dem anwachsenden oppositionell-revolutionären, sondern ebenso dem fundamentalistischen Lager zuzuschreiben. Nicht einmal die auf die Rathausversammlung zurückgehende und beim Kaufmann Rosipal zur Unterschrift aufliegende Petition[124] um Öffentlichkeit der Sitzungen des Kollegiums der Gemeindebevollmächtigten und um Änderung des § 41 der Gemeindewahlordnung ist nicht ganz aus diesem Zwielicht[125] herauszuhalten: die Beschränkung auf zwei so spezielle – bei so vielen, ungleich näher liegenden – Forderungen nimmt sich in diesen Zeiten zunehmender Unruhe etwas eigenartig aus und läßt Parteitaktik als Hintergrund vermuten.

Der § 41 der bayerischen Gemeindewahlordnung ist im übrigen eines der vielen Beispiele, wie durch einfache Gesetze die Verfassung eingeschränkt wurde. Er sah vor, daß bei den Urwahlen nur Wahlmänner aus dem jeweiligen Wahlbezirk (d.h. Gemeinde oder Stadtteil) gewählt werden konnten, und verhinderte damit das Entstehen von überregionalen Parteistrukturen. Im Vormärz hatte er – wie auch eine parallele Regelung im Landtagswahlgesetz – faktisch vor allem gegen oppositionelle, liberale Parteien gewirkt. Bei der führenden Stellung, welche die Fundamentalisten in München durch die Februarunruhen eingenommen hatten und welche sie in einigen anderen Landesteilen beanspruchen zu können glaubten, hatten sie von einer solchen Wahlrechtsänderung nichts zu befürchten, sie hätte durch die Bündelung der Stimmen wohl eher gewonnen. Die Forderung nach öffentlichen Sitzungen nur der Gemeindebevollmächtigten, nicht aber der gesamten Gemeindevertretung (Magistrat und Gemeindebevollmächtigte) ließ noch viele Möglichkeiten geheimer Abmachungen zu, konnte aber bei der Kontrolle liberaler Gemeindebevollmächtigter gute Dienste leisten. Auch der Umstand, daß die treibenden Personen wie z.B. der Kaufmann Rosipal eher zum konservativen Lager gehören, ansonsten aber weitgehend anonym bleiben, drängt nicht zu der Auffassung, hier sei der reine und unverfälschte Liberalismus am Werk gewesen.

Nachdem die Urheberin des Bösen vertrieben war, kehrte wieder Ruhe ein, soweit es bei den allgemeinen Umständen noch möglich war. Nach Revolution sah es jedenfalls nicht aus, was die (Passauer) Donau-Zeitung aus München meldete: Gemütlichkeit sei wieder in München eingekehrt, und die „Festschmäuse" gingen voran.[126] Und so sehr sich die Fundamentalisten auch bemühten, einen wesentlichen Erfolg konnten sie nicht mehr verbuchen. Die Entwicklung ging in eine andere Richtung.

3. Die Revolution der Bürger

Es entsprach dem in den 40er Jahren erreichten Stand der Entwicklung in der Zivilgesellschaft, die politischen Verhältnisse neu zu ordnen; auch in Bayern war, wenn auch in geringerer Ausprägung, einiger Grund dafür vorhanden. Weder die Reformen der Ära Montgelas noch die Verfassung von 1818 mit dem auf ihr fußenden Gesetzeswerk hatten eine diesem Stand entsprechende Veränderung des politischen Systems bewirkt, und es war in den wenigen Monaten von 1848/49, in denen eine zensur- und repressionsfreie politische Debatte möglich war, eine durchgängig von demokratischer, aber auch liberaler Seite ausgesprochene Überzeugung, daß die Verfassung von 1818 der Aufgabe, die politischen Verkehrsformen aus spätfeudalen Verhältnissen in eine zeitgemäße Form zu transformieren, nicht gerecht geworden ist. Die notwendigen Veränderungen betrafen einmal die politischen Verkehrsformen selbst, also die Einführung von modernen, dem Grundsatz der individuellen Freiheit verpflichteten Verfassungen („liberal-konstitutionelle" Frage), wie auch einer neuen Definition des territorialen Geltungsbereichs dieser politischen Organisation („nationale" Frage).

Die Lösung der nationalen Frage schien leichter und anziehender als die Verfassungsfrage. Nach einigen eher abstakten oder dilettantischen Bemühungen im 18. Jahrhundert hatte die Französische Revolution eine umfangreiche Beschäftigung mit der nationalen Frage ausgelöst, und zwar hatten zunächst romantische Intellektuelle eine stark an der mittelalterlichen Vergangenheit orientierte Idee eines einigen, großen Deutschland entwickelt, bevor die napoleonische Vorherrschaft über Europa die nationale Idee auch als praktische Frage erwies. Seitdem hatten alle politischen Lager immer wieder Gelegenheit gefunden, die nationale Frage auf die jeweils eigene Art zu behandeln.

Auch Ludwig I. war der nationalen Idee gewogen, soweit sie nicht eine Beschränkung seiner eigenen Stellung nach sich zog. Als in Schleswig-Holstein ein Fall heranreifte, der die nationale Frage direkt betraf, duldete und förderte er Bekundungen des nationalen Wollens. So konnte am 5. September 1846 ohne nachfolgende Sanktionen in Nürnberg eine „Ermunterungsadresse" an die „wackeren deutschen Brüder in Schleswig-Holstein" geschickt werden. Ein Jahr später konstituierte sich hier ein bayerisches Zentralkomitee für Sammlungen zu Gunsten des von der dänischen Krone gemaßregelten Professors Carl Georg Christoph Beseler. Ein entsprechender Spendenaufruf vom 1. November 1847[127] fand in allen größeren Städten Bayerns Beachtung und auch in München wurde eine Benefizveranstaltung für Beseler abgehalten; Singvereine und Liedertafeln waren die bevorzugten, weil einzig erlaubten Mittel der nationalen Manifestationen. Ludwig I. sympathisierte auch mit Ansichten des Augsburger Nationalökonomen Friedrich List, ohne deutlich praktische Folgen daraus zu ziehen.

Schwieriger war es in der konstitutionellen Frage vorzugehen. Hier stand lange die Zensur im Wege. Seit Neujahr 1848 brachte der Nürnberger Kurier in einer Reihe von Artikeln die vielfachen Mängel der politischen Zustände in Bayern zur Sprache. Er kritisierte den Landtagsabschied von 1847 – also die königlich-ministerielle Antwort auf die vom Landtag gestellten Anträge – als „Verfassungsverletzung".[128] In mehreren

Artikeln wies er auf die irregulären Verhältnisse im Anstellungs- und Beamtenwesen hin. Eingehend befaßt er sich mit der vom Ministerium Maurer eingeleiteten, jedoch längst ins Stocken geratenen Justizreformen, er befürwortete eine Erweiterung des Wahlrechts und die Einführung der Einkommensteuer und gab zu bedenken, daß „Kronrechte" zwar einem Monarchen zustehende Vorrechte, aber immerhin auch „Rechte", also gesetzliche Ordnung, und kein Anlaß für Willkür seien.[129] Die Beschreibung des gegenwärtigen und des gewünschten Zustands in kleinen Artikeln entsprach ebenso der immer noch in Rechnung zu stellenden Macht der Zensur wie der liberalen Forderung nach gemäßigtem Fortschritt durch Reformen. Die Auffassung, die Verfassung von 1818 sei insgesamt einer Revision zu unterziehen, kündigte sich in diesen Beiträgen an, wurde aber erst im Verlauf der Revolution deutlich ausgesprochen. Viele Artikel des Nürnberger Kurier wurden in mehreren Zeitungen, auch altbayerischen (z.B. Passauer Zeitung), nachgedruckt. So entstand über die Presse ein erster (partei-)politischer Zusammenhang, der allerdings mehr intellektueller Natur war. Eine liberale Partei als festgefügte Personengruppe, die von den Märzforderungen zu gemeinsamem Handeln zusammengehalten wurde, gab es in Bayern zu Beginn der Revolution nicht. Hingegen gab es eine Reihe von Personen – darunter auch Adelige –, die durch ihr Auftreten gegen den Fundamentalismus zu einem liberalen Ruf gekommen waren, sich während der Revolution aber meist als gemäßigt Konservative erwiesen.

Bayern war also nicht ganz unvorbereitet, als am 24. Februar Sturz der Monarchie und Ausrufung der Republik in Paris den Anstoß zur deutschen Revolution gaben. Am 27. Februar erreichten die Meldungen München und sickerten von da ins Umland, vom gut informierten Handelsplatz Frankfurt aus drangen sie am Main entlang in die fränkischen Landesteile ein. Die Meldung aus Paris verhieß für Deutschland einen inneren Umbruch und beträchtliche äußere Verwicklungen.

Eine der ersten und bedeutsamsten über den lokalen Rahmen hinaus gehenden Reaktionen war ein Aufruf des Nürnberger Kurier. „Ein ernstes Wort zur ernsten Zeit" richtete er am 2. März an seine Leser, es ist dies die erste umfassende Äußerung des bayerischen Liberalismus. Sie geht von der außenpolitischen Situation aus: „Im Westen hat ein furchtbarer Wetterstrahl eingeschlagen, Europa wankt – Nord und Ost erdröhnt unter der Wucht ihrer schreitenden Heerscharen ..." Das ist nicht wörtlich zu nehmen, noch gab es keine marschierenden Truppenmassen, weder vom unruhigen, mit sich selbst beschäftigten Frankreich aus, noch andernorts, vielmehr war es eine Anspielung auf den grundsätzlichen Konflikt zwischen dem republikanischen Frankreich und den gegenrevolutionären Mächten Österreich und Rußland, der einen Krieg wahrscheinlich machte. „Und Krieg wird werden, machen wir uns darüber keine Illusionen", heißt es einige Zeilen später in der Erwartung, daß dieser generelle Konflikt zum Ausbruch kommt. „Volk und Regierung müssen Hand in Hand gehen, wenn nicht der Staat beim ersten Kanonendonner zusammenstürzen und alle Ordnung unter seinen Trümmern begraben soll" – das ist die liberale Folgerung aus der entstandenen Lage. Dabei wird eine Lösung der nationalen Frage ebenso angemahnt wie die Bereinigung der verfassungspolitischen Fragen. In dem skizzierten weltweiten Konflikt dürfe Deutschland nicht mehr ein Spielball der Mächte sein, nicht mehr für „des Zaaren wankende Krone" und auch nicht für „Metternichs Pläne" und deren „Kabinettspolitik" sollen deutsche Truppen eingesetzt werden. „Deutschland wird fortan nur für Deutschlands Ehre und für deutsche Interessen kämpfen!“

Praktisch bedeutet das die Konstituierung einer autonomen deutschen Nation mit entsprechenden staatlichen Einrichtungen. Im Zuge des liberalen Kompromisses, des Hand-in-Hand-Gehens von Volk und Regierung sollen die Einzelstaaten dabei nicht aufgelöst werden. Der Landtag soll zusammengerufen werden, und zwar umgehend, denn die Lage ist drängend. Da aber die Zweite Kammer des Landtags, „unter Abels eminentester Machtanwendung gewählt“, fast zur Hälfte aus nur mit ein paar Stimmen gewählten Ersatzleuten besteht, solle er nur ein Wahlgesetz beraten, dann abtreten und dem neugewählten das weitere Geschäft überlassen. Ohne daß es in Worte gefaßt wird, bedeutet ein solches Vorgehen schon einen gewissen Bruch mit dem Bayern von 1818, und ganz unrevolutionär ist ein solches Vorhaben nicht, faktisch läuft sie auf einen konstituierenden Landtag hinaus. Bayern soll aber nicht aufgelöst werden: „Dann aber wird Bayern nicht nur in Ruhe dem nahenden Sturm entgegensehen, sondern es wird auch ein Wort mit im Rathe der Völker zu sprechen haben; denn eine Nation, fest in sich und einstimmig mit ihrer Regierung, legt ein größeres Gewicht in die politische Waagschale als jene Kolossen, die auf einem Vulcan stehen und ihre eigenen Völker am meisten fürchten müssen.“

So einflußreich das Wort des Nürnberger Kurier auch war, entscheidender waren die Taten, und die geschahen zunächst in München.

3.1. Die Märzereignisse in München

München mußte nach dem Eintreffen der Nachrichten aus Paris eine entscheidende Rolle zufallen, denn es war die größte Stadt Bayerns, war Sitz der wesentlichen Behörden und Institutionen, und es war auch Zentralort der immer noch mächtigen fundamentalistischen Partei.

Auswärtige Zeitungen berichteten schon in den letzten Februartagen von kleinen Versammlungen auf Straßen und öffentlichen Plätzen und von Diskussionen in den Gasthäusern[130] als Reaktion auf die Nachrichten aus Frankreich, Spektakuläres ließ noch auf sich warten. Erst am Abend des 2. März, von anonymen Aufrufen vorbereitet, fanden erhebliche Unruhen statt. Diese richten sich hauptsächlich gegen das Domizil des Innenministers von Berks, aber auch gegen Polizeistationen und ähnliche Einrichtungen.[131]

Daß an diesem Abend sich die Wut wieder einmal gegen den verhaßten „Hurenminister“ richtete, kam dem Grafen Bernstorff, dem preußischen Gesandten in München, so vertraut vor, daß er in seinem Bericht wieder und immer noch hauptsächlich die „ultramontanen“ Truppen am Werk sah. Ganz so ausschließlich beherrschten sie nicht das Feld, aber immerhin berichtet auch ein Zeitungskorrespondent von München aus nach Hause[132], man habe einen Trupp Randalierer Hochrufe auf den Grafen Arco-Valley ausbringen hören – Graf Arco-Valley und seine Leute hatten natürlich keine Revolution im Sinne. Die „andere“ Seite, welche der Republik ihr Hoch zurief, waren weitgehend anonym bleibende Gruppen von Arbeitern, Gesellen, Tagelöhnern und Studenten, welche die Monarchie zu erschüttern hofften.

Es waren vergleichsweise harmlose Vorgänge, die sich in den Straßen Münchens abspielten, aber die angespannte Lage verstärkte ihre Wirkung. Noch am selben Abend entstand in einem kleineren Kreis[133] eine Petition mit den Märzforderungen, die am nächsten Tag im Rathaussaal von allem, was in München Rang und Namen hatte, diskutiert und unterzeichnet wurde. Minister von Berks verließ an diesem Morgen München.

Es waren mehr Honoratioren als Revolutionäre, die sich auf dem Rathaus und in der Petition zu Worte meldeten. Sie konnten mit dem Bewußtsein auftreten, daß gewisse Veränderungen sowohl angesichts der Vorgänge von Paris wie auch angesichts der tatsächlichen Verhältnisse in Bayern unumgänglich waren; ein von den Umständen etwas zu Eile getriebener Konservatismus wie ein behutsamer Liberalismus konnten Hand in Hand gehen. So entstand ein Petitionstext, der in sehr zurückhaltender und für die Ausführung weite Spielräume zugestehender Weise die Märzforderungen stellte: Abschaffung der Zensur, Geschworenengerichte mit mündlichem und öffentlichem Verfahren, ein zeitgemäßes Polizeigesetz, eine Änderung der Wahlordnung zum Landtag, juristische Verantwortlichkeit der Minister, Beeidigung des Heeres auf die Verfassung und Vertretung am Bundestag. Die Petition[134] gab zu erkennen, daß auch die geringsten Zugeständnisse in den genannten Bereichen dem Monarchen wieder ein fügsames Volk verschafften. Die offiziöse, konservative Münchener politische Zeitung fand nichts dabei, die Petition am 4. März zu drucken. So fügsam allerdings wollten die Studenten nicht sein, sie verfaßten in der Universität eine eigene Petition, die sich in Inhalt und Diktion von der Rathauspetition deutlich abhebt. Zwar geht auch sie von der gefährlichen außenpolitischen Situation aus, sie plädiert aber deutlich für Frieden mit Frankreich, gegen eine Intervention und gegebenenfalls für eine Koalition mit Frankreich gegen Rußland, mit der Republik gegen den Absolutismus und sie verlangt, ohne den Bundestag noch zu erwähnen, ein deutsches Parlament und formuliert die übrigen Märzforderungen in demokratischer Radikalität.[135] Eines aber verbindet Rathaus- und Studentenpetition: die Nichterwähnung der Agrarfrage.

Natürlich konnte die Rathauspetition mehr Stimmen und Unterschriften auf sich vereinigen als die Studentenpetition. Auch Reichsräte unterzeichneten sie, und so konnte sie nach wenigen Stunden mit Tausenden von Unterschriften am Nachmittag des 3. März von einer Deputation[136] an den Hof gebracht werden. Wieder wartete auf dem Rathaus eine Bürgerversammlung auf die kommenden Dinge.

Die vier Deputierten wurden einige Tage später von den Münchenern mit Ehrungen bedacht. Zusammen mit ihnen wurde der aus der Pfalz stammende Advokatenkonzipist Dr. Ludwig Greiner[137] wegen seiner Rede in der Rathausversammlung geehrt.[138] Er hatte es vermocht, die Rathausversammlung „in Schach zu halten“, und wurde deshalb der Deputation nicht beigegeben. Diese fünf Personen zeichnen im verkleinerten Maßstab das politische Profil der Rathausversammlung nach. Während Dr. Greiner – in anderen Berichten wird auch Dr. Georg Hermann[139] als Diskussionsteilnehmer erwähnt – später im linksliberalen Spektrum auftrat und im Pfälzer Aufstand 1849 eine kleine Rolle spielte, war Zipperer Expedient des „Volksboten“, eines wüst antidemokratischen und antisemitischen Hetzblattes, mit dem das fundamentalistische Lager ab April 1848 seine Gefolgsleute sammelte. Er wird an anderer Stelle als „Buchhändler der Ultramontanen“[140] bezeichnet.

Dazwischen stand Karl Rosipal, 1849 als Mitglied im Kollegium der Gemeindebevollmächtigten bestätigt. Er war ein Exponent des gemäßigt konservativen Bürgertums, zeigte schon im Sommer 1848 deutlich antirevolutionäre Einstellungen und schloß sich dem rechten konstitutionell-monarchischen Verein an. Daß die beiden anderen Deputierten nach dem März 1848 nicht weiter in Erscheinung traten, deutet darauf hin, daß auch sie im ruhigen Strom des gemäßigten Konservatismus dahinschwammen. Es handelte sich bei der Deputation und den Wortführern der Rathausversammlung wohl um eine „oppositionelle Front“[141], aber sie war nichts weniger als einheitlich; mehr als in den anderen großen bayerischen und außerbayerischen Städten war hier das konservative, und weniger das liberale Element vertreten. Daß sich die Fundamentalisten auch in dieser Situation noch an führender Stelle beteiligten, ist auf den ersten Blick einigermaßen erstaunlich, aber doch wohl erklärlich: Noch war nicht entschieden, daß nach Frankreich auch in Deutschland die Revolution siegen würde. Sich an die Spitze der Bewegung zu stellen und damit eine Revolution zu verhindern, vielleicht auch die verlorene Macht wieder zu erringen, war eine unter den spezifischen Bedingungen Münchens bzw. Altbayerns nicht völlig absurde Spekulation. Die offensichtliche Beteiligung an diesem Tag macht im übrigen auch die Berichte über die Beteiligung der Fundamentalisten bei den Unruhen am Vorabend glaubhaft. Im übrigen paßten einige Märzforderungen gut in die Strategie der Fundamentalisten. Andererseits war es eben doch eine Fehlspekulation, denn insgesamt war die Revolution stärker, und anders als bei den Februarunruhen waren sie nicht mehr Herr des Geschehens. Das Verhalten der Fundamentalisten lief auf eine Spaltung der herrschenden Klassen hinaus und beschleunigte den Erfolg der Revolution.

So war der ganze erstaunliche Aufbruch in den ersten Märztagen, der München – scheinbar – an die Spitze der Revolution in Deutschland rückte, im Grunde Folge und Ursache von Mißverständnissen: Wohl behagten manche „Märzforderungen“ den Fundamentalisten, und die konservativen Bürger hofften, eine Revolution umgehen zu können.

Als die Deputation – sie war von keiner Menschenmenge begleitet – zur Residenz kam, war ihr schon vorgearbeitet worden: Der aufgeklärt konservative Fürst Leiningen hatte den König durch einen Brief gebeten, die Deputation vorzulassen. Die Zerfahrenheit der Staatsspitze, das weitgehende Ausfallen des Monarchen erlaubte solche Eingriffe formell nicht zuständiger, aber kompetenter Köpfe. So wurde die Deputation vorgelassen, aber Ludwig I. war nicht sehr entgegenkommend, selbst die formelle Entlassung des Ministers von Berks fiel ihm schwer, und von einer generellen Zustimmung zur Rathauspetition konnte keine Rede sein. Die Deputation erreichte schließlich im zweiten Anlauf die Einberufung einer neugewählten Ständeversammlung für den 31. Mai 1848.[142] Das bedeutete, daß die Entscheidung über die Märzforderungen und die Mitsprache der Bevölkerung faktisch ein volles Vierteljahr hinausgeschoben waren.

Zufriedenstellen konnte ein solches Angebot zu einer Zeit, wo überall ungefragt und ungehindert große Volksversammlungen zusammentraten und weitreichende Forderungen stellten, nicht mehr; die revolutionäre Logik sagte, daß man jetzt und nicht erst in einem Vierteljahr handeln müsse. Auch der Zweite Bürgermeister von München Kaspar von Steinsdorf, der die Bürgeradresse vom Vortag mit der Deputation überbracht hatte, kritisierte am 4. März in einem – angesichts der Ereignisse nicht mehr zum Tragen kommenden – Bericht über die Stimmung im Volk die „halben Maßnahmen" des Königs.[143] Gegen den königlichen Bescheid, den alten Landtag aufzulösen und Neuwahlen auszuschreiben, waren aber auch die Konservativen: Sie wollten keinen neuen Landtag, sondern den alten, den Abelschen.[144] Konservative und revolutionäre Logik kamen hier zu gleichen Ergebnissen.

Am nächsten Tag wurden auf dem Rathaus schärfere Töne angeschlagen, das Anwachsen revolutionärer Tendenzen, sichtbar durch das Auftauchen „deutscher", schwarz-rot-goldener Fahnen und radikalisierter Parolen, zwang den Hof zu einer Antwort. Noch einmal wurde von einer Deputation der Hof um Zugeständnisse angegangen, aber es kam zu keinem Ergebnis. Am frühen Nachmittag wurde Generalmarsch geschlagen, also Standrecht verhängt, gleichzeitig kam das Gerücht auf, Fürst Wrede sei Minister geworden.[145] Da stürmten vorwiegend proletarische[146], vereinzelt auch bürgerliche Kräfte das Zeughaus und bewaffneten sich. Schon standen sich reguläre Truppen und Aufständische am Promenadeplatz gegenüber. Die Lage entspannte sich durch die Meldung, daß die Kammern zum 16. März einberufen werden, die Aufständischen brachten ihre Waffen wieder ins Zeughaus zurück oder wurden entwaffnet, und das Regierungsblatt[147] brachte noch am selben Tage die entsprechende königliche Entschließung.

Der folgende Tag war – was im katholischen Bayern auch zu Revolutionszeiten ein in Rechnung zu stellender Sachverhalt ist – ein Sonntag. Die Konservativen benutzten ihn, um mit Flugblättern der Revolution das Wasser abzugraben.[148] Auch jetzt war für beide Seiten, Konservative und Revolutionäre, wieder übereinstimmend klar, daß die Einberufung der Stände nur einen Sinn hatte, wenn ihnen die Aufgaben vorgeschrieben waren. Eine Deputation an den Hof brachte kein Ergebnis, die revolutionäre Seite gab die Parole aus, am nächsten Tag mit „deutschen" Fahnen und mit Waffen auf die Straße zu gehen.

So wurde es am 6. März sofort wieder unruhig in Münchens Straßen. Immer mehr deutsche Fahnen mit den verbotenen Farben tauchten auf, und man begann sich wieder nach Waffen umzusehen. Da wurde gegen Mittag die königliche Proklamation[149] veröffentlicht. Sie bewilligte die in der Münchener Rathausadresse aufgestellten Forderungen in eingeschränkter Form.

3.2. Die Märzereignisse in den bayerischen Städten

So sehr die Vorgänge in der Haupt- und Residenzstadt die Aufmerksamkeit auf sich zogen und den Gang der Dinge bestimmten, so war andererseits der schnelle und leichte Sieg in München auch ein Ergebnis der landesweit einsetzenden revolutionären Bewegung.

Die eigentlich erste offene oppositionelle Bürgerversammlung Bayerns fand am 2. März in Nürnberg statt – ein Zusammenhang mit dem erwähnten Leitartikel im „Kurier" ist zu vermuten, aber nicht zu belegen. Während in München auf dem Rathaus eine weitgehend anonyme Versammlung mit einer sehr heterogenen Gruppe von Sprechern agierte, die im weiteren Verlauf der Revolution zerfiel, trat in Nürnberg eine stabilere politische Gruppierung auf. Wortführer war der Arzt Dr. Schwarz, der spätere Vorsitzende des „Volksvereins". Er lud mit Genehmigung des Magistrats für den Nachmittag des 2. März zu einer Versammlung im Goldenen Adler.

Bei der Eröffnung[150] wies Dr. Schwarz darauf hin, daß es jetzt gelte, sich gegen republikanische und kommunistische Bestrebungen zusammenzuschließen und sich auf die Seite von König und Eigentum zu stellen, ohne auf eigene zeitgemäße Forderungen zu verzichten. Als solche nannte er: allgemeine Wahlfähigkeit aller Bürger, unbedingte Preßfreiheit, öffentliches Gerichtsverfahren mit Geschworenen und Volksvertretung beim Deutschen Bunde. Dieser Katalog bewegte sich in Rahmen und Grenzen eines auf Ausgleich bedachten Liberalismus, in einigen Punkten geht er mit der Münchener Rathauspetition konform, in einigen (Wahlrecht und Pressefreiheit) geht er über sie hinaus. Dr. Schwarz war aber nicht unangefochten Wortführer der Versammlung, er mußte Widerspruch und Ergänzungen hinnehmen. „Viele Stimmen" sprachen sich gegen eine Vereidigung des bestehenden Heeres aus mit der Begründung, man wolle keinen Staat im Staate und keine Leute, die unter Umständen gegen diejenigen vorgingen, die sie bezahlten. Es waren anscheinend demokratische Elemente in der Versammlung präsent, welche die stehenden Heere abschaffen und ein Milizsystem einführen wollten.

Daß der Advokat Lindner, der später dem rechts-liberalen „Konstitutionellen Verein" beitrat, die im süddeutschen Raum meinungsbildende Mannheimer Petition vom 27. Februar[151], die immerhin bereits die sofortige Herstellung eines deutschen Parlaments verlangte, „unter lautem Beifall und Zuruf" vorlas deutet ebenfalls auf die Anwesenheit eines über einen Liberalismus des Mittelweges hinausgehenden Potentiales hin. Aus den Reihen der Anwesenden kam die Forderung nach bürgerlicher Gleichstellung aller Konfessionen einschließlich der Juden und nach Abfassung eines Polizeigesetzbuches; die Ständekammern wollte man sofort einberufen haben. Mit den Unterschriften der ungefähr 400 Teilnehmer bedeckt wurde die Petition auf den Postweg geben.

Auch die Nürnberger Versammlung war eine Honoratiorenversammlung, aber stärker als in München prägte hier ein entschiedener Liberalismus die Versammlung, und deutlicher trat ein über den Liberalismus hinausgehendes Potential hervor. Dessen Druck ist es wohl auch zuzuschreiben, daß am Nachmittag des 6. März eine zweite Volksversammlung[152] in die seit langem nicht mehr zu sakralen Zwecken gebrauchte Katharinenkirche einberufen wurde, die den Teilnehmerkreis und die Forderungen (Ministerverantwortlichkeit, Versammlungsfreiheit, allgemeine Landesbewaffnung) erweiterte.

Immerhin aber hatte Nürnberg das Ventil so rechtzeitig geöffnet, daß Unruhen nicht stattfanden. In Schwaben ließ die Befürchtung, die Zustände in den bereits recht unruhigen Ländern Württemberg und Baden könnten auch auf Bayern übergreifen, die Regierung von Schwaben schon am 3. März ein sorgenvolles Schreiben an das Innenministerium richten. Am Abend des 4. März wurde dann in Augsburg eine Volksversammlung auf dem Rathausplatz einberufen. Während in Nürnberg der Bürgermeister und mit ihm das neuständische Establishment mehr im Hintergrund agierte, trat in Augsburg der Bürgermeister, durch einen gemäßigt-liberalen Ruf einigermaßen legitimiert, als Einberufer und Leiter auf. Etwas deutlicher noch als in München und Nürnberg wird hier die Treue gegenüber dem Königshaus betont, der Katalog der Forderungen ist ungefähr gleich mit dem der beiden anderen Städte; 2.000 Unterschriften unterstützten die Petition.[153] Noch blieb es in den kleineren Städten Schwabens ruhig und in Kempten und Nördlingen, den späteren Mittelpunkten der Revolution, kam trotz einiger Bemühungen noch keine Petition zustande.

In Erlangen kam es am Abend des 5. März zu vermutlich von demokratisch-republikanischen Studenten ausgelösten Unruhen. In Bayreuth fand am 4. März eine Bürgerversammlung statt, eine Adresse an den Magistrat mit den üblichen liberalen Märzforderungen wurde verfaßt, von über hundert Honoratioren unterzeichnet und dem Bürgermeister übergeben.[154] Am folgenden Tag wurden von meist jugendlichen Demonstranten die Bürger ziemlich nachdrücklich aufgefordert, als Protest gegen politische Finsternis Lichter in die Fenster zu stellen.[155] Ernstere Unruhen finden in Aschaffenburg statt: hier, im Einflußbereich einer sehr unruhigen Nachbarschaft, gelang es den lokalen Honoratioren nicht mehr, die Unruhen zu unterdrücken, einige Stützen der alten Ordnung bzw. Unordnung wurden verjagt.[155a] In Würzburg sind es zunächst die Studenten, die aktiv werden, und in den ersten Märztagen[156] entstand eine Studentenverbindung mit dem symbolträchtigen und erinnerungsschweren Namen „Germania". Die Neue Würzburger Zeitung verbreitete in ihrer Ausgabe vom 6. März einen Forderungskatalog, der am 7. März einer insgesamt noch recht maßvollen Petition[157] zugrundegelegt wurde. Bald mit über tausend Unterschriften versehen, wurde sie von einer Delegation nach München gebracht, am 14. März geschah die feierliche Übergabe. Am 11. März beschloß eine allgemeine Studentenversammlung in Würzburg die Bewaffnung[158], es wurden 8 Kompagnien mit je 40 Mann gebildet, die allerdings nicht so sehr die revolutionäre Erhebung als vielmehr die Verhinderung einer solchen im Sinne hatten.

Außerhalb Würzburgs bestand um diese Zeit schon ein recht selbstbewußtes politisches Leben. Nach einer am Abend zuvor getroffenen Verabredung versammelten sich in Orb auf ein Glockenzeichen hin am 10. März abends die Bürger im Rathaus, „um sich über städtische Interessen, namentlich die Wiedereinführung der magistratischen Verfassung zu berathen". Der Stadtvorsteher Philipp Schneider wurde abgesetzt, das Landgericht bestätigte den Beschluß, auch der „längst gehaßte" Waldhüter Prehler, der Bürodiener und die vier Feldhüter wurden entlassen; eine zweite Versammlung sollte die übrigen Angelegenheiten bereinigen. Der neue Ortsvorsteher und sein Schreiber verwahrten sich in einer Erklärung gegen „eine revolutionäre Färbung" der Vorgänge.[159] In Lohr stellte man am 12. März einen Ausschuß zur Beratung einer Petition an den Magistrat auf. In Volkach versammelten sich am 13. März die Bürger im Gasthof zum Schwan, auch von Zeilitzheim kamen Teilnehmer. Man beschloß eine Petition an den König, um „Erleichterung der drückenden Abgaben und Verbesserung der bürgerlichen Verhältnisse" und „Wiedereinführung der magistratischen Verfassung" zu erreichen.[160] In Remlingen wurde um diese Zeit herum berichtet, „daß dort eine Adresse an die Kammer der Abgeordneten verbreitet werde", die den Kreis der üblichen Forderungen weit überschritt. In Königshofen bildete sich eine bewaffnete Formation, bei der nicht mehr recht auszumachen ist, ob der Schwerpunkt auf bürgerlichem Selbstschutz oder revolutionärer Erhebung liegt.[161]

In Regensburg hatten am Vormittag des 6. März Bürgermeister, Magistrat und Gemeindebevollmächtigte eine Petition an den König gerichtet, in der sie um Einberufung eines Reformlandtags und – immerhin – eines „allgemeinen deutschen Parlaments" baten.[162]

Die liberalen Petitionen von Nürnberg, München und Augsburg hatten Forderungen nach deutlichen Reformen des politischen Systems erhoben, der Monarchie und dem souveränen Einzelstaat aber antirevolutionäre Treue bekundet. Von der Forderung nach gesellschaftlichen Veränderungen, als deren drängendste Seite sich die Agrarfrage darstellte, nahm man Abstand.

Anders dagegen die Bamberger Petition. Ein fünfköpfiges Komitee[163] berief auf den Nachmittag des 4. März eine Versammlung im Schießhaussaal ein, so lange hatte es immerhin gedauert, bis man den von Westen her einsickernden Nachrichten trauen und sich aus der Deckung wagen konnte. An der Spitze des Komitees stand der Rechtsanwalt Nikolaus Titus, ein Burschenschafter und Junghegelianer. Ihm und seinen Freunden war es gelungen, für seine demokratischen Ideen Vertrauen und Anhängerschaft in der Bevölkerung zu finden, wobei ihm der Umstand zugute kam, daß in Bamberg kein strahlend im Glanz der Industriellen Revolution aufsteigendes Bürgertum sein Ansehen beeinträchtigte. So hielt sich die Petition[164], deren Entwurf wohl auf Titus zurückgeht, nicht lange auf mit Beteuerungen antirevolutionärer Treue gegenüber der Monarchie. Ausführlich und eindringlich werden die Grundsätze der Moderne, wie sie in der Großen Französischen Revolution durchgesetzt wurden, auf die Gegenwart angewendet. Vor allem tritt die Petition als Vertreterin des Vierten Standes auf, einer unterhalb des Bürgertums anwachsenden recht- und besitzlosen Masse.

Unter Berufung auf das „Brudervolk in Baden"[165] werden an Forderungen vorgebracht: Vollkommene Preßfreiheit, Gewissens- und Lehrfreiheit sowie gleiche Berechtigung aller Konfessionen, Ministerverantwortlichkeit, Vereidigung des Militärs auf die Verfassung, Aufhebung aller feudalen Lasten, persönliche Freiheit, Vertretung des Volkes beim Deutschen Bunde, Einführung eines Milizsystems zur Verteidigung, gerechte Besteuerung mit Einführung einer progressiven Einkommensteuer als erstem Schritt, gleiche Chancen in der Bildung, Ausgleich des Mißverhältnisses zwischen Arbeit und Kapital, Geschworenengerichte, volkstümliche Staatsverwaltung, und Abschaffung aller Vorrechte. Das ist nun schon eine demokratische Republik, die in diesen Punkten angestrebt wird. Adressat der Petition ist deshalb auch nicht der Monarch, sondern der Stadtmagistrat, der bei aller derzeitigen Unvollkommenheit der unmittelbarste Vertreter der Bürger ist. Dieser wird gebeten, „daß er auf geeignetem Wege die Zusammenberufung der Stände des Reichs behufs unserer Rechtsbefriedigung veranlassen werde": hier wird nichts erbeten, sondern eine Bürgervertretung soll das Zusammentreten der obersten Bürgervertretung veranlassen, damit allgemein zustehendes Recht verwirklicht wird. Ein um mehrere Liberale vergrößertes Komitee wurde gewählt, das in Zukunft für Volksversammlungen zuständig sein sollte. Der Versuch eines Domklerikers, durch eine Predigt der Entwicklung entgegenzutreten, wurde von diesem Komitee zurückgewiesen.[166]

Nach und nach griff die Unruhe auch auf die kleineren Städte und auf das Land über. In ganz vorsichtigen Schritten probte man die Freiheit, so erhielt z.B. in Eggenfelden der in oppositionellem Ruf stehende Freiherr von Closen dieser Tage eine Ehrung.[167] Vor allem in Unterfranken, wo das Beispiel Westdeutschlands und Hessens wirkte, gingen spontaner Aufstand und bewußter politischer Wille erste Verbindungen ein. Bevor sich das voll auswirkte, traf die Meldung von der königlichen Proklamation ein.

3.3. Ein Zwischenlösung: Die Proklamation vom 6. März

So zurückhaltend das Auftreten der Revolution in Bayern zunächst auch war, bei der Gespaltenheit des konservativen Lagers und der geringen Einsetzbarkeit der Truppen[168] – der Führung wie der Mannschaften – blieb nichts übrig als nachzugeben. Mit einem Heer, in dem die Rekruten keine Uniform besaßen, die Gewehre noch uralte Feuerschlösser hatten und sich vier Mann ein Bett teilen mußten, war kein Staat zu halten. Mehr als alle anderen hatte in diesen Tagen Fürst Leiningen auf konservativer Seite den Gang der Dinge bestimmt, und zwar weniger durch seine drei Briefe an den bayerischen König als durch seinen Entschluß, den bayerischen Kronprinzen zum Verlassen Würzburgs und zur Rückkehr nach München zu veranlassen. Seine spätere Behauptung, er habe vor und nach der Proklamation durch sein Hinwirken auf die Abdankung Ludwigs I. Max II. – „da er ohne allen Zweifel samt dem Papa abgesetzt und Luitpold zum König ausgerufen worden wäre“[169] – den Weg zum Thron gebahnt, hat viel Wahrheit an sich. Im übrigen sind die Vorbehalte Leiningens gegenüber der Ministerverantwortlichkeit[170] Anlaß genug, bei seiner üblichen Beurteilung als „liberal-konservativ“ vor allem das zweite Wort zu betonen; seinen Zeitgenossen galt Leiningen als Liberaler, was ihn kurz auch an die Spitze der ersten Frankfurter Reichsregierung brachte. Dem Fürsten Wallerstein blieb dann die Ausarbeitung der Proklamation[171] vorbehalten.

Die Proklamation gibt sich äußerlich als direkte Antwort auf die Münchener Rathauspetition. Sie beginnt mit der Zusage, den Landtag zum 16. März einzuberufen. Da Neuwahlen bis dahin nicht möglich waren, sollte also der alte Landtag zusammentreten. Es folgt die Ankündigung der Gesetzentwürfe, die dem Landtag zur Beratung vorgelegt werden sollen, betreffend die Ministerverantwortlichkeit, die Freiheit der Presse, die Wahlen zum Landtag, die Einführung von Schwurgerichten, die Verhältnisse der Staatsdiener und die Lage der jüdischen Bevölkerung. In dem folgenden Absatz gibt die Proklamation zu erkennen, daß der König nach wie vor Herr des Verfahrens bleiben will: „Ich“, der König also, ordnet die schleunige Abfassung eines Polizeigesetzbuches an, „Ich“, der König also, bleibt oberster Befehlshaber des Heeres und ordnet die Beeidigung „Meines“ Heeres auf die Verfassung an, und „Ich“, der König, läßt die Zensur außer Anwendung treten. Der ganze Abschnitt ist eine Darstellung des monarchischen Prinzips mit stilistischen Mitteln. Bei der anstehenden Lösung der nationalen Frage will die Monarchie vorangehen, indem sie sich für die „schleunige Revision der Bundes-Verfassung“ und Vertretung der deutschen Nation am Bund einsetzt.

Viele der Ankündigungen gaben der schließlichen Verwirklichung einen weiten Spielraum, andere waren enthüllend konservativ. So wird die Zensur nicht einfach abgeschafft – sie tritt nur außer Anwendung, momentan und aus welchen Gründen auch immer. Wenn nun im Jahr 1848 nach dreißigjährigem Bestehen der Verfassung ein Gesetz die „verfassungsmäßige Verantwortlichkeit der Minister“ feststellen soll, so ist zu fragen, ob denn bisher keine solche Verantwortlichkeit festgestellt wurde oder bestanden hat; aus der vielgesichtigen Verfassung von 1818 mit ihrem Dualismus zwischen eigentlicher Verfassung und den beiliegenden Edikten konnte unter Umständen ein sehr überraschendes Ergebnis herausgefiltert werden. Auch über „vollständige Preßfreiheit" konnte man sehr unterschiedliche Ansichten haben. Und was immer die „Verbesserung" im Wahlrecht sein sollte: eine „Stände-Wahl-Ordnung", also eine Wahl nach wie bisher ständischer Gliederung sollte es bleiben. Es ist geradezu selbstverständlich, daß die Agrarfrage, die Bauernbefreiung, in der Proklamation nicht erwähnt wird. Auch das Recht der Gesetzesinitiative fand keine Erwähnung, der jüdischen Bevölkerung, deren Teilnahme an der Märzbewegung in München wie in anderen Orten in den Zeitungen betont wurde, wurde nur ganz allgemein eine „Verbesserung" ihrer Lage in Aussicht gestellt. Ziemlich deutlich aber, und eigentlich unverlangt, stellte die Proklamation den Beamten als den Stützen des Regimes Wohltaten in Aussicht.

Gleichzeitig mit der Beratung der Proklamation wurde auch der Beschluß gefaßt, den wegen seines Auftretens in den vormärzlichen Landtagen als liberal geltenden Regensburger Bürgermeister Gottlieb von Thon-Dittmer als Minister einzusetzen. Die Entscheidung dafür will Ludwig I. noch vor Lektüre der Augsburger Allgemeinen Zeitung, die an diesem Tag Thon-Dittmer als Minister vorschlug, getroffen haben.[172] Die eigentliche Entscheidung aber hatte, wie der König nachher grollend feststellte[173], Oettingen-Wallerstein getroffen, der schon Tage vorher den Kontakt zu Thon-Dittmer hergestellt hatte.

Die Proklamation des bayerischen Königs vom 6. März war ein Versuch, entscheidenden revolutionären Veränderungen durch eine rechtzeitige, halbe Annäherung zuvorzukommen. Sie war ein Produkt des Übergangs und trug die Vieldeutigkeit einer Übergangslösung an sich. Die Konservativen nahmen sie als Beleg einer tatsächlichen, vollendeten Revolution, alle konservativen Manifeste der Revolutionszeit berufen sich auf die Proklamation vom 6. März und führen sie als Beleg für die Zeitgemäßheit und Zukunftstauglichkeit der Monarchie an. Der spätere König Max II. wehrte sich, als die Vorlage eines Gesetzentwurfs in einer ihm nicht genehmen Materie verlangt wurde, mit der Begründung[174], es sei ein solches Gesetz nicht in der Proklamation vorgesehen. Wenn Gustav Diezel[175] ein Jahr später urteilte, mit der Proklamation habe die Monarchie einen „Rechtsboden für die Reaktion" geschaffen, hat er damit nicht unrecht.

In vielen Kirchen wurden Dankgottesdienste abgehalten; vor allem fiel auf, daß in Passau Bischof Hofstätter, von Gegnern und Freunden allgemein als einer der Führer der ultramontan-fundamentalistischen Partei betrachtet, einen feierlichen Gottesdienst aus diesem Anlaß hielt. Die Liberalen und das städtische Bürgertum betrachteten die Proklamation wenigstens als Garantie einer kommenden neuen politischen Ordnung, als verbale Anerkennung des Wandels, und so wenig all diese Begeisterung eigentlich Grund im genauen Wortlaut der Proklamation hatte, so war doch die mit ihr verbundene, fast überall verbreitete Annahme, es bestehe durch sie im wesentlichen schon eine neue Ordnung, auch ein Fakt von politischer Bedeutung. So löste die Proklamation, als sie bekannt wurde, sofort Freude und Befriedigung im Bürgertum aus: in einer diffusen Stimmungslage glaubte man eine Revolution durchgeführt und sie gleichzeitig vermieden zu haben. Man illuminierte und feierte[176] und viele bayerische Städte richteten Gruß- und Dankesworte an die Münchener. Zu einer Broschüre zusammengefaßt[177], lasen die Münchener mit Wonneschauern das Lob ihrer Taten. Städte, die es noch nicht gewagt hatten, in einer Petition die Märzforderungen vorzubringen, überhäuften nun die Münchener mit Lob. Das frühzeitige – scheinbare – Nachgeben eines Monarchen fand sogar außerhalb der Landesgrenzen Anerkennung. Die Bewohner von Plauen drückten dem bayerischen König für das Zugeständnis einer „Vertretung der deutschen Nation am Bunde" in der „ewig denkwürdigen, ein Buch der Geschichte Deutschlands bildenden" Proklamation „Begeisterung" und „Bewunderung" aus. Auch der Magistrat von Hof schickte die im Voigtländischen Anzeiger vom 15. März abgedruckte Adresse an die Regierung von Oberfranken, diese leitete die Nachricht weiter an das Ministerium in München.[178]

Im Unterschied zu den Konservativen sind die Liberalen später von der Proklamation abgerückt und haben sie nicht mehr als Beginn einer wesentlichen Veränderung betrachtet.

Nur von demokratischer Seite[179] wurde die Lage von Anfang an anders gesehen. Der Fron einer aufmerksamen Lektüre unterzogen sich damals vor allem der Fränkische Merkur und die um ihn versammelten Bamberger Demokraten und sie warnten vor den Hintertüren und Fallstricken in den Formulierungen der Proklamation. In Bamberg hatten sich Magistrat und Gemeindebevollmächtigte der Volkspetition vom 4. März angenommen und sie, begleitet von einer eigenen, die Volkspetition etwas entschärfenden Fassung am 6. März, noch vor Bekanntwerden der Proklamation, nach München weitergegeben. Sie hatten an den Katalog der programmatischen Forderungen die „allerunterthänigste Bitte" angefügt, „A. die Stände des Reiches schleunigst einzuberufen und ihnen a) ein neues Wahlgesetz im obigen Sinne, b) ein Gesetz über die Befreiung der Presse von jeder Präventivmaßregel und c) ein Gesetz über eine vollständige Volksbewaffnung zur Berathung und Zustimmung vorzulegen. B. Die Gesetzentwürfe bezüglich der übrigen oben aufgeführten Vorschläge *unverzüglich* bearbeiten zu lassen, damit sie, wo möglich, *sämmtlich* der *nächsten* Ständeversammlung vorgelegt werden können ..."[180] Nicht nur in Bamberg fand die Auffassung, daß ein neu gewählter Landtag an die Stelle des bestehenden, von der Regierung handverlesenen, treten solle, breite Zustimmung. Es war dies allgemein die Auffassung des liberalen und demokratischen Teils der bayerischen Bevölkerung und nicht nur[181] einiger Zeitungen, und sie beinhaltete auch eine kritische Distanz gegenüber der Proklamation vom 6. März.

Andererseits wäre es einseitig, die Proklamation nur als Rechtsboden der Reaktion zu betrachten. Im Zusammenhang der Ereignisse wurde sie überwiegend als eine Verbeugung vor der Revolution aufgefaßt, als Anerkennung ihrer Grundsätze, wobei man auf den genauen Wortlaut und den möglichen Hintersinn nicht achtete. In der Weite des Landes, wo man erst nach und nach dahinter kam, welch merkwürdige Revolutionäre in München am Werk waren, verstand man sie vor allem in diesem Sinn und bestärkte die Münchener mit zustimmenden Adressen. Insofern ist es schon richtig zu sagen, Ludwig I. habe „mit dem Erlasse vom 6. März Verpflichtungen übernommen, die mit seinen Grundsätzen, seinem politischen Glaubensbekenntnis in Widerspruch standen".[182]

Als die Proklamation in Bamberg dann die unverhohlene Freude des Adels auslöste und damit ihre Zweideutigkeit sichtbar machte, war dies für die Bamberger Demokraten ein Alarmzeichen; sie beriefen eine neue große Volksversammlung für den 10. März ein. Es war diese Versammlung keineswegs „in erster Linie eine Sympathiekundgebung für die Bürger Münchens"[183], sondern im Gegenteil der Versuch, über die „Münchener"

Zustände hinaus vorzustoßen zu einer wirklichen demokratischen Umgestaltung. In 17 Punkte gegliedert legen die Bamberger Demokraten ihre Ziele dar. Der vorherrschenden Stimmung Rechnung tragend vermieden sie revolutionäres Pathos und zeigten sich nachgiebig. Zwar hatte die Petition vom 4. März immerhin 1.018 Unterschriften erhalten, aber das war noch keine überwältigende Mehrheit, es war nach wie vor geboten, durch kluges Auftreten die Basis in der Volksbewegung zu verbreitern.

In der neuen Petition[184] wurde erstens ein demokratisches Wahlrecht gefordert mit der Einschränkung auf selbständige Einwohner. Man berief sich dabei auf eine Aufstellung aus dem Jahr 1843, wonach den ungefähr 1.000 Wählern aus Adel, Klerus und Universitäten nur 1.206 Wähler mit gleichem Wahlrecht aus der übrigen Bevölkerung gegenüberstehen. Zweitens wird ein erweitertes Initiativrecht verlangt, wobei „zeitgemäße Abänderungen" der Verfassung von 1818 als „unerläßlich" bezeichnet werden – es wird also ein ziemlich weit gehendes Initiativrecht angestrebt. Es folgen die aus der Petition vom 4. März bekannten Forderungen, wobei im Falle der Ministerverantwortlichkeit und der Vereidigung des Heeres die unzureichende Version der Proklamation angezeigt wird. Es wird auch wieder die Beseitigung aller feudalen Lasten gefordert, aber zugleich die Möglichkeit des Ablösung, also ein gewisser Ausgleich mit den Feudalherrn zugestanden. Der durch die Proklamation entstandenen neuen Lage Rechnung tragend, wird nun angestrebt, der Landtag möge „die Aenderung des Wahlgesetzes, Preßfreiheit, Gewissens- und Lehrfreiheit, Verantwortlichkeit der Minister, Beeidigung des Militärs auf die Verfassung, Gewährleistung der persönlichen Freiheit, Amnestie und allgemeine Volksbewaffnung als diejenigen Anforderungen, welche als Grundlage aller andern betrachtet werden müssen", verwirklichen, die *„durchgreifende* Heilung" der Zustände aber dem nächsten Landtag überlassen. Ausgerechnet aus dem kleinen Dinkelsbühl ging eine Petition an den König, die zwar den Dank für die Proklamation aussprach, gleichzeitig aber auch die Hoffnung ausdrückte, „daß der Landtag auch jene Punkte, von denen die Proklamation keinen erwähnt, nicht minder aber in dem hoffenden Herzen des Volkes leben, in Erfüllung bringen wird".[185]

Die Äußerungen der Demokraten gingen aber in der allgemeinen Begeisterung unter, vorherrschend war die Ansicht, der Wandel der politischen Verhältnisse sei bereits eingetreten oder trete mit Sicherheit ein. So bremste die Proklamation die städtisch-bürgerliche Bewegung, wobei die Angst vor einer tiefgreifenden Revolution dieser unangemessen wohlwollenden Aufnahme der Proklamation Vorschub leistete; nur ausnahmsweise (im nordwestlichen Unterfranken mit der revolutionären Beeinflussung aus Baden und Hessen und in Bamberg) setzte sie sich einige Tage fort. Ganz abstellen konnte die Proklamation die städtisch-bürgerliche Bewegung nicht, aber sie reduzierte sie immerhin so weit, daß sich kein revolutionäres Zentrum in Bayern herausbildete, nicht einmal eine das ganze Staatsgebiet übergreifende einheitliche Bewegung entstand. Ungefährdet überstand die bayerische Monarchie so die kritische zweite Märzdekade, auch die wenig belastbare Armee blieb von ernsthaften Prüfungen verschont, mehr als lokale Einsätze vor allem in ländlichen Gebieten mußte sie nicht absolvieren.

Immerhin wurde – und das zeigt, daß die Proklamation vom 6. März eben nicht nur, oder wenigstens nicht von Anfang an, der Rechtsboden der Reaktion war – in den der Proklamation folgenden Tagen im ganzen Land die Vereidigung des Heeres auf die

Verfassung durchgeführt; kein Truppenteil konnte sich dem Akt direkt entziehen. Doch gab es in der Presse vielfach Beschwerden, daß die Vereidigung hinter Kasernenmauern und unter Ausschluß der Öffentlichkeit stattfand.

Die Monarchie dachte zu diesem Zeitpunkt noch nicht an eine durchgreifende Änderung. Daß die Proklamation nach Franken ausgerechnet von Dr. Ernst Zander, einem bekannten Mitstreiter der fundamentalistisch-ultramontanen Partei, im Sonderzug, dessen Lokomotive mit den blau-weißen Farben geschmückt war[186], nach Franken überbracht wurde, zeigt, daß auf der mittleren Ebene die Trennung der fundamentalistischen Kreise von Regierung und Hof nicht so vollständig war, wie es nach außen hin schien. Thon-Dittmer amtierte provisorisch, sein Einfluß auf das tatsächliche Geschehen war gering. Der König agierte hektisch und wirr, die Entlassung Oettingen-Wallersteins am 11. März hatte mehr persönliche als politische Motive. Oettingen-Wallerstein versuchte ungeachtet der Entlassung politisch zu wirken. Angeblich[187] suchte er den bekannten Pfälzer Vormärzoppositionellen Willich nach München zu holen. Aus dem Gewirr der öffentlichen Überlegungen dringt deutlich die mahnende Stimme des Fränkischen Merkur, daß man bis jetzt außer Versprechungen noch nichts gewonnen habe.

Gerüchte über eine Rückkehr der Montez-von Landsfeld führten gegen Mitte März wieder zu Unruhen. In deutlicher Übereinstimmung berichten alle liberalen und demokratischen Blätter, die Unruhen gingen auf ultramontan-adelige – also fundamentalistische – Anstiftung zurück.[188] So schwer solche Behauptungen zu beweisen sind, sie scheinen nicht unplausibel. Die Lage beim Zusammentritt der Ständekammern – der Sitzungsbeginn war nach einer Meldung des Nürnberger „Korrespondent" zunächst für den 19. oder 20. März geplant – zu destabilisieren, um eine mit der Proklamation angebahnte, aber noch nicht verwirklichte Entwicklung zu blockieren, ist ein durchaus nachvollziehbares Motiv. Die Differenzen innerhalb der königlichen Familie einschließlich der fundamentalistischen Neigungen des Prinzen Luitpold[189] mochten den Anker solcher Hoffnungen abgeben und die in Wien ausbrechenden Unruhen den Anlaß, denn es war – aus dieser Sicht – höchste Zeit, wieder zu „geordneten" Verhältnissen zurückzukehren und die Regierung einem Monarchen zu entwinden, der in einer Traumwelt außerhalb von Raum und Zeit lebte.

Die Montez war in der Nacht des 8. März nochmal nach München zurückgekehrt und hatte zuerst eine durchaus verläßliche Freundin aufgesucht. Der beim Wecken der Schlafenden verursachte Lärm war aber nicht unbemerkt geblieben, die Nachbarn kannten die Kontakte der Besuchten und waren nicht lange im Zweifel über die Besucherin, die Behörden wurden alarmiert. Wohl kamen der König und die Montez noch einmal zusammen, aber ihr Bleiben war natürlich unmöglich, und sie wurde wieder abgeschoben, ohne daß der Vorfall erhebliche Weiterungen nach sich zog. Von da an bestand nur mehr brieflicher Kontakt zwischen den beiden, täglich schrieb der bayerische König seinen Brief an die ferne Geliebte.

Eine Woche später gingen wieder Gerüchte um, die Montez sei in der Stadt. Die Annahme, daß diese Gerüchte bewußt ausgestreut wurden, liegt nahe, weil der Briefwechsel zwischen dem Paar kein Treffen, nicht einmal einen Versuch dazu belegt. Ludwig hatte kurz vorher einen anonymen Brief erhalten: er sei verloren, hieß es darin, seine Absetzung stehe bevor[190]; anscheinend wollte man ihn einschüchtern. Unruhige

Tage lösten die Festtage nach der Proklamation ab. Die Abgeordneten kamen nach München, sie waren begleitet von Delegationen, die ein Gedankengut mitbrachten, das in München sehr schrill klang. Auch trafen die ersten Meldungen vom Wiener Aufstand ein. Mehr im Hintergrund wirkende, allenfalls in der Umgebung des Kaufmanns Rosipal zu lokalisierende Kreise in München versuchten mit einer neuen Petition einer Radikalisierung entgegenzuwirken. Daß das ehrwürdige Schriftstück aus den ersten Märztagen überholt war, war jedem Einsichtigen klar. Die neue Petition, an der sich sehr deutlich die über die Proklamation hinausgehende Entwicklung ablesen läßt[191], lag zur Unterzeichnung im Rathaussaal auf.

In diese Situation trafen die Meldungen von der Rückkehr der Montez ein. Leute aus den unteren Schichten, nun in bemerkenswerter Übereinstimmung vom bayerischen König als „Canaille“ und vom demokratischen Fränkischen Merkur als Gesindel bezeichnet, randalierten. Thon-Dittmer, der neue „Vorsitzende des Innenministeriums“, wie ihn Ludwig I. bezeichnenderweise nannte, setzte nun, um die Ruhe wiederherzustellen, am 17. März die Ausbürgerung der Montez durch. Das königliche Dekret, das in zarter Rücksichtnahme die Ausbürgerung mehr andeutete als feststellte, wurde ohne Zustimmung des Monarchen durch einen ministeriellen Zusatz ergänzt, der mit unfreundlicher Offenheit besagte, daß die gute Frau verhaftet würde, sollte sie sich nochmal in Bayern sehen lassen.

Am selben Tage wurde auch die fundamentalistische Agrarverordnung von 1840 zurückgenommen, das war ein erstes – trotz allem erstaunlich spätes – Zugeständnis an die bäuerliche Bewegung, aber es zeigte, daß nun die Dinge endgültig in Fluß kamen. Am folgenden Tag fanden in München nochmal undurchsichtige Vorkommnisse statt. Fast alle liberalen – vor allem fränkischen – Zeitungen[192] verwiesen auf hochverräterische Aktivitäten der Fundamentalisten, denen man weiter nachzugehen versprach, was dann aber im Drang der Ereignisse unterblieb. Der Rathaussaal wurde auf Initiative der Märzkoalition[193] geschlossen, und als die Pfälzer Delegation am nächsten Tag ihre Adresse überreichen wollte, stand sie vor verschlossenen Türen. Mit den Illuminationen war es aus, in München kehrte die Angst vor einer wirklichen Revolution ein.[194]

An all dem hatte der bayerische König kaum mehr Anteil, die Ereignisse gingen über ihn hinweg. Seiner Geliebten deutete er an diesem Tag in einem Brief zum ersten Mal den Rücktritt an.[195]

Das bedeutendste Ergebnis dieser letzten Montez-Unruhen war die Rückkehr des fundamentalistischen Polizeidirektors von Pechmann – „der es mit der Ultrakirchlichen Parthey gehalten“, wie Ludwig I in einem Signat grollte – von Landshut an seine alte Stelle nach München; vorgeschlagen hatte ihn Thon-Dittmer.[196] Wie in der Sache, so kam auch bei den von den Zeitungen angekündigten Nachforschungen nichts mehr heraus, denn neue, größere Ereignisse forderten Aufmerksamkeit: der revolutionäre Aufbruch in Wien und Berlin, und der Aufstand der Bauern.

4. Die Revolution der Bauern

Die Meldungen aus Paris lösten im westlichen Deutschland fast zeitgleich mit der bürgerlichen Bewegung und den proletarischen Aufständen den Aufstand der Bauern aus, vielfach gingen sie sogar Hand in Hand. Das Einfallstor nach Bayern waren die Besitzungen des Fürsten Leiningen, der bei aller Wendigkeit schon zu nehmen wußte, was ihm als Grundherrn zustand. Über den Leiningenschen Besitz Amorbach drang der bäuerliche Aufstand in Bayern ein, ging den Lauf des Main hinauf und breitete sich im Lande aus.

Die bayerischen Bauern hatten bereits in den 40er Jahren auf dem Rechtswege[197] versucht, ihre Lage zu verbessern. Unter den obwaltenden politischen Verhältnissen hatten sie allerdings wenig Erfolg, in Teilen verschlechterte sich ihre Lage sogar, weil die Feudalherrn ihre Rechte bei der günstigen Agrarkonjunktur und der noch günstigeren politischen Konjunktur noch strenger nutzten. Dabei war die Lage der bayerischen Bauern sehr unterschiedlich, was die Entstehung einer einheitlichen und damit wirkungsvollen bäuerlichen Front erschwerte; unterschiedlich waren die ökonomischen wie die rechtlichen Verhältnisse. Im südlichen Bayern – Altbayern und Schwaben – herrschte bei im allgemeinen günstigen Boden- und Witterungsverhältnissen eine mittlere Besitzgröße vor, welche die Extremfälle des konjunkturellen Verlaufs ein wenig abpufferte sowie die Folgen der feudalen Ausbeutung etwas abmilderte. In Nordbayern-Franken hingegen war Kleinbesitz weit verbreitet.

Im Westen Deutschlands rief die Nachricht von der Pariser Revolution die Bauern zeitgleich mit den Bürgerlichen zum Aufstand. Es kam hier vielfach zu gemeinsamen Aktionen, die sich über Hessen nach Bayern ausweiteten, vor allem über Amorbach, einen Besitz des Fürsten Leiningen, drang die bäuerliche Bewegung auf bayerischen Boden vor. Hier an der nordwestlichen Ecke Bayerns, im Raum Amorbach und Miltenberg, kam es bereits in den ersten Märztagen zu Unruhen, in denen bäuerliche wie „proletarische" Anliegen zum Ausdruck kamen. Neben den bäuerlichen Aufstand gegen die Feudalherrn trat der Aufstand der Armen, die mit wildem Holzeinschlag, freier Jagd und Plünderungen ihre Lebensbedürfnisse etwas großzügiger als üblich besorgen wollten.[198] Vom 7. bis zum 10. März befand sich der Schwerpunkt der bäuerlichen Unruhen zwischen Odenwald und Rhön, dann brachen auch im nordöstlichen Bayern, in der Gegend zwischen Lichtenfels und Kronach in Oberfranken, Unruhen aus. In der Nacht von 12. auf 13 März zogen im Raum zwischen Kronach und Lichtenfels Gruppen von 400-500 Mann umher. Auch hier standen bäuerlicher Aufstand und Hungerrevolte nebeneinander. Die Bauern zwangen, zum Teil mit Gewalt, die Feudalherrn zum Verzicht auf ihre Rechte und brannten, um ihren Forderungen Nachdruck zu verleihen, einige Schlösser nieder, die Armen plünderten die Vorräte meist jüdischer Händler. Wenn zutrifft, was gerüchteweise umging, daß nämlich die Aufständischen durch Beschädigung der Eisenbahnschienen den Zuzug von Truppen verhindern wollten, dann wuchs der Aufstand bereits über die Spontaneität des Anfangs hinaus. Zu gemeinsamen Aktionen von Stadtbewohnern und Bauern kam es aber nicht. In einem Fall nutzten die Bauern, bevor das Militär mit einiger Mühe der Lage wieder Herr wurde, die Gelegenheit, ihre Anliegen zu verdeutlichen, ein Flugblatt der Bauern der Herrschaft Spät- und Guttenberg fand weite Verbreitung in Bayern und gelangte sogar nach Berlin in die Spalten der Vossischen Zeitung. „1. Wir erkennen sie nicht mehr als unsere Gutsherrschaft an, versagen ihr daher jeden Dienst, jede Leistung, jede Abgabe und jede Forderung aller Art; 2. Machen auch wir an sie keinen Anspruch mehr in Beziehung auf Leistungen jeder Art.“[199] Die Bauern forderten hier ein sofortiges und vollständiges Ende des Feudalismus, bemerkenswert ist ihr entschlossener Verzicht auf die gelegentlich zur Verteidigung feudaler Verhältnisse hervorgekehrte Schutzfunktion feudaler Verhältnisse.

Erst später, als die Aufstände schon niedergeschlagen waren, brachten zwei Petitionen aus dieser Gegend (Veitlahm, Küps) die bäuerlichen Anliegen und Verhältnisse zur Sprache. Verfasser ist vermutlich der unter vormärzlichen Verhältnissen nicht in den Staatsdienst gelangte Jurist Friedrich Müller[200] in Schmeilsdorf. Es werden Beispiele feudaler Unterdrückung und Ausbeutung angegeben: In der Freiherrlich von Künsbergschen Gutsherrschaft in Oberlangenstadt mußten „einzelne Grundbesitzer (Bauern – der Verf.) als Gartenarbeiter der Gutsherrn das ganze Jahr hindurch unentgeltlich oder doch nur gegen einige Kreuzer Gegenleistung Dienste leisten“. „Viele Grundholden“, darunter diejenigen der Redwitz'schen Gutsherrschaft in Wildenroth, mußten „von hier nach Würzburg fahren, um für die Gutsherrschaften Wein zu holen, so bald sie es wollen; oder wenn nicht, eine harte Summe zahlen ... – Also 60 Stunden Wegs soll der arme, schwer bedrängte Landsmann für den gutsherrlichen Keller und für den Herrentisch umsonst machen!“ Wohl unter Anleitung Müllers wurden weitreichende politische Forderungen erhoben nach Entmachtung des Adels und Herstellung demokratischer Verhältnisse. Abgesehen davon aber kam es zu keinerlei Versuchen, die Aufstände in eine politisch-revolutionäre Strategie einzubinden und eine dauerhafte militärische Gegenmacht zu schaffen.

Fränkische Feudalherrn – Graf zu Castell, Fürst Hohenlohe, Graf Giech, Erwin Graf von Schönborn-Wiesentheid und Freiherr von Frankenstein – wandten sich, als sie in München zum Landtag eintrafen, in einer Vorstellung an das Ministerium. Sie verlangten Vermehrung der militärischen Kräfte, Reaktivierung der Landwehr und Haftbarmachung der Gemeinden für entstehende Schäden. Ihre Vorstellung fand im Innenministerium stark beeinflußte, zwar eine freundliche Antwort, aber die praktischen Möglichkeiten waren beschränkt.[201] Im allgemeinen reichten aber die vorhandenen geringen militärischen Mittel aus, die Aufstände nach kurzer Zeit zu unterbinden. Zu einschneidenden Repressions- und Vergeltungsmaßnahmen, wie sie einzelne Feudalherrn forderten[202], hatte der Staat damals nicht die Macht. Das gegen Müller-Schmeilsdorf angestrengte, folgenlose Untersuchungsverfahren konnte diesen nicht hindern, öffentlich seine Meinung über „Korruption des Adels und der Bürokratie“ zu äußern.

Zu erheblichen bäuerlichen Unruhen kam es auch in der Umgebung von Kastl in der Oberpfalz.[203]

Neben den eigentlich bäuerlichen Petitionen riefen in ganz Bayern nichtadelige Gutsbesitzer und Großbauern in den Zeitungen der zweiten Märzhälfte die Bauern auf, den gemäßigten Weg stufenweiser Ablösung zu gehen.[204] Insgesamt war die Agrarfrage für die Liberalen und ihre Zeitungen kein anregendes Thema. Von vorneherein auf Ausgleich mit dem Adel bedacht, hatten sie Schwierigkeiten mit den roh radikalen Forderungen der Bauern. In den Zeitungen riefen nun Advokaten – in ihrer Mehrheit dem Liberalismus zugeneigtes Bürgertum – die Bauern auf, den gemäßigten, nichtrevolutionären Weg zu gehen und die Ablösung anzustreben. Immerhin machte der Münchener Advokat Ney[205] in seinen Aufrufen auf die politische Dimension der Agrarfrage mit der Bemerkung aufmerksam, die nicht erbrechtigen Bauern – also diejenigen, die ihre Höfe in Leibrecht, Neu- oder Freistift hatten – seien vom Wahlrecht ausgeschlossen.

Auch in Schwaben[206] wurden die Bauern unruhig. Zu zusammenhängenden, größeren Aktionen kam es aber nur im Bereich der Oettingen-Wallersteinschen Besitzungen im Ries und um Nördlingen.[207] Es dauerte auch länger, bis die bäuerliche Bewegung Tritt faßte, und von der zaghaften kleinbürgerlichen Bewegung in Nördlingen war zunächst keine Hilfe zu erwarten. Das fürstliche Haus genierte sich nicht bei der Wahrnehmung feudaler Rechte: arme Leute wurden barfüßig zu Treibjagden gezwungen. Kaum hatten sie sich hingesetzt, um auszuruhen und das in einem Tuch mitgebrachte Brot zu verzehren, wurden sie von den Jägern mit Peitschen wieder auf ihre Treiberposten gescheucht, die Bauern hatten sehr ungünstige Besitzrechte (Leibrecht und Herrengunst). Die Oettingen-Wallersteinschen Bauern waren die ganzen 40er Jahre über gezwungen, sich auf juristischem Wege gegen eine weitere Verschlechterung ihrer Lage zu wehren.

Als die Proklamation vom 6. März die bäuerlichen Anliegen überhaupt nicht erwähnte, war die Enttäuschung groß, aber sie gab den Anstoß zu einer breiten bäuerlichen Bewegung. Unter dem Einfluß des Bauern und Müllers Hauck von Alersheim im Gericht Harburg kam eine gemäßigte Petition zustande, welche von einer Deputation unter Führung Haucks am 13. März nach München gebracht wurde. Die Deputation kam ohne vorweisbares Ergebnis, nur auf den kommenden Landtag vertröstend, zurück. Darauf spaltete sich die bäuerliche Bewegung in einen gemäßigten und einen entschiedeneren Flügel. Gelegentlich kam es auch hier, wie in Franken, zu Ausschreitungen gegen jüdische Händler. In einem großen „Bauernlandtag"[208] erzwangen schließlich 205 Delegierte aus 65 Gemeinden die Zustimmung Oettingen-Wallersteins zu einer Reformgesetzgebung.

Immerhin konnte etwa zu diesem Zeitpunkt die bäuerliche Bewegung einen ersten generellen Erfolg verbuchen: Die fundamentalistische Agrarverordnung aus dem Jahre 1840 wurde am 17. März zurückgenommen.[209]

Allmählich erreichte die bäuerliche Bewegung auch Altbayern. Der zeitliche Verzug lag einmal an dem späteren Eintreffen der aus dem Westen kommenden Nachrichten, es dauerte eben, bis sie ihren Weg in die Einöden Niederbayerns gefunden hatten. Zum andern war der Anteil der zum Adel grundbaren Bauern nicht mehr hoch, nachdem mit der Säkularisation die zu Klöstern gehörenden Bauern überwiegend an den Staat gegangen, der nun für den größten Teil der Bauern Grundherr war. Somit fehlte – anders als in Franken und Schwaben – die Ansammlung gleicher Interessen und die Konfrontation mit einem konkreten Grundherrn als auslösendes Moment revolutionären Verhaltens. Auch war die soziale und ökonomische Situation der altbayerischen Bauern insgesamt besser als in Franken.

Es trifft aber keineswegs zu, daß die Bauern in Altbayern „ausgesprochen ruhig"[210] waren. In der Umgebung von München gingen bereits während der ersten Märzhälfte zahlreiche Petitionen um Verbesserung der Lage der Bauern zur Unterschrift um. Dem Herrn von Reigersbeuern setzten die Bauern der ganzen Umgegend zu, einzelne Landrichter wurden angegriffen und sahen sich zur Flucht gedrängt.

Wie in Schwaben hatten auch die niederbayerischen Bauern[211] in den 40er Jahren mit steigender Ausbeutung und Unterdrückung durch die Feudalherrn zu kämpfen. Vor allem im wohlhabenden Rottal hatten die Feudalherrn die Ausbeutung gesteigert. Hier herrschte – wie auch in den Oettingen-Wallersteinschen und fränkischen Grundherrschaften – das Leibrecht als Besitzform vor. Beim Leibrecht erkaufte der Bauer durch eine einmalige, verhältnismäßig hohe Abgabe („Laudemium“) das Besitzrecht für einen „Leib“, eine Person, auf Lebenszeit. Die Nachkommen konnten gegen ein neues Laudemium in der Regel den Hof erben, dadurch unterschied sich das Leibrecht von Neu- und Freistift. In den 40er Jahren wurden aber immer häufiger solche leibrechtige Güter eingezogen und neu verkauft. Während das Laudemium nur zwanzig Prozent des Wertes eines Hofes betrug, nahm nun der Grundherr durch Einzug und Verkauf den vollen Kaufpreis ein. Praktisch bedeutete das eine Änderung der Besitzform vom Leibrecht zu „Neustift“ bzw. „Freistift“, den beiden für die Bauern ungünstigsten, weil völlig ungesicherten Besitzformen. Die Bauern hatten sich bis 1848 vor Gericht ohne Erfolg gegen die Machenschaften der Grundherrn gewehrt. Daneben richteten sich ihre Beschwerden auch gegen die vielfachen ökonomischen Gängelungen, die mit der Grundherrschaft verbunden waren. Auch hinsichtlich der Waldnutzungsrechte und der Jagdrechte gab es erhebliche Auseinandersetzungen zwischen den Bauern auf der einen Seite und den staatlichen Beamten und den „privaten“, also adeligen und z.T. auch kirchlichen Grundherrn auf der anderen Seite. Auch die Eingriffe der Beamten in gemeindliche Belange werden von den Bauern beklagt.

In den fruchtbaren Tälern der Rott und der Vils fand die antifeudale bäuerliche Bewegung Niederbayerns ihre stärkste Ausprägung. Der Zorn der Bauern richtete sich vor allem gegen die Grundherrn Riederer von Paar (Schönau im Landgericht Eggenfelden), von Geldern (in Thurnstein bei Postmünster im Landgericht Pfarrkirchen) und Arco-Valley (Besitzungen in Birnbach im Landgericht Griesbach und im Vilstal). Man sei in Sorge wegen der vielfältig laut werdenden Äußerungen über die Grundherrn, in Versammlungen werde gegen jede fernere Abhängigkeit von den Grundherrn protestiert, tätliche Angriffe seien nicht mehr fern, hieß es in der Presse. Im Grunde strebten auch die Rottaler Bauern eine entschädigungslose Aufhebung der feudalen Lasten an.

Da andererseits der staatliche Machtapparat, dem in den kleinen Märkten und Städten Altbayerns keine bürgerlich-proletarische Erhebung zugesetzt hatte, noch weitgehend intakt war und Repressionen androhte, taten sich die Gemeindevorsteher des unteren Rottals zusammen. In einem gemeinsamen Beschluß luden am 20. März 31 Gemeindeverwaltungen zu einer Versammlung auf den 23. März, einem Donnerstag, in Engertsham (Landgericht Passau). In diesem Beschluß wurde auch der Passauer Bezirksgeometer Messert zur Teilnahme eingeladen. Messert war mit den Bauern auf Grund seiner beruflichen Tätigkeit bekannt und sympathisierte wohl auch im allgemeinen mit den Anliegen der Bauern. Die Einladung an Messert zeigt die Bedeutung bürgerlicher Intellektueller bei der politischen Entwicklung bäuerlicher Bewegungen. Daß im gegebenen Falle bei der Schwäche des bürgerlich-demokratischen Elements in Altbayern nur ein Beamter, der auf einen noch relativ stabilen Staatsapparat Rücksicht zu nehmen hatte, zur Verfügung stand, wurde wohl als Problem erkannt, die Einladung geschah mit dem Zusatz, man habe das Vertrauen, „daß, wenn auch wegen Rücksichten der *Bezirksgeometer* nicht kommt, doch jedenfalls der *Bürger* von Passau diesem allgemeinen Volksvertrauen genügen wird".[212]

Die Versammlung fand wie angekündigt am 23. März in Engertsham statt. Man beriet und verabschiedete eine aufschlußreiche Petition an die mittlerweile wenigstens pro forma zusammengetretenen Ständekammern. Sie besteht aus einem einleitenden Teil, der die bäuerlichen Verhältnisse im Rottal darstellt, und dokumentiert in einem zweiten Teil die markantesten Fälle feudaler Ausbeutung.[213]

Gleich eingangs der Petition klingt an, daß die Proklamation, die „so großartigen königlichen Geschenke" enthielt, ihnen, den leibrechtigen Bauern, noch nichts gebracht hat. Zu der hohen Abgabenlast sei in letzter Zeit der Umstand getreten, daß „unserer Nachkommenschaft das väterliche Anwesen nicht gesichert" ist. Demgegenüber beharren die Bauern darauf, daß ihnen nach Herkommen auch im Leibrecht ein zwar nicht vollständiges, aber immerhin weitgehendes Erbrecht zustehe, damit ihren Kindern als Erben die Früchte eines arbeitsreichen Lebens und aller Aufwendungen und Verbesserungen zukämen. Die Rottaler Bauern betrachten sich durchaus nicht als arm: „Unser arrondirter ökonomischer Zustand, unser angestrengter Fleiß, und der Himmel, der seinen Segen versöhnend über uns ausgießt, – schützte uns bisher vor gleichem Loose mancher anderen verarmten Gegend." Es wäre aber besser, wenn nicht das Heiratsgut, das ein Eheteil bei der Heirat mitbringt, darauf verwendet werden müßte, „die Herrschaft zu befriedigen", also die „in der Neuzeit auf eine fast unerschwingliche Höhe" gestiegenen Laudemien zu zahlen. Entgegen weiterreichenden Bestrebungen schlägt die Petition einen Kurs des Ausgleichs ein. Es wird gebeten, die leibrechtigen Güter sollten ohne weitere Entschädigung in erbrechtige umgewandelt, davon das Laudemium nach dem Durchschnitt der drei letzten Laudemialfälle berechnet und eine über königliche, also staatliche Kommissare abzuwickelnde Ablösung ermöglicht werden. Es werden im Anhang als Beleg und Beispiel für die hiesigen Verhältnisse 17 Fälle angegeben, in denen Bauernanwesen von den Grundherrn eingezogen wurden: es handelt sich um zwei Fälle aus dem Bereich des Grafen Taufkirchen, um mehrere Fälle aus der Graf Arco'schen (Valley) Herrschaft Bayerbach und einige weitere Fälle aus der Umgebung. Sie zeigen alle außerdem eine enorme Steigerung der Laudemien.

Die Petition richtete sich formell an den König, wurde aber doch dem Landtag zugeleitet. Mit ca. 1.500 Unterschriften ging sie Ende März nach München. Ihre – sowie die einiger in diesem Umkreis entstehender Broschüren[214] – politische Ausrichtung, so weit sie im vermutlich auf den Geometer Messert zurückgehenden Wortlaut zum Ausdruck kommt, steht in einigem Widerspruch zu Meldungen über die Erbitterung der Bauern. Doch scheint in ihr durch, daß – infolge der vorangegangenen „guten" Jahre mit den hohen Getreidepreisen – wenigstens im Rottal die Lage der Bauern nicht so schlecht war, daß sie eine umfassende revolutionäre Erhebung provozierte.

Die bäuerliche Bewegung hatte in ihren unterschiedlichen Formen einen wesentlichen Anteil an dem vorläufigen Sieg der bürgerlichen Revolution; sie eröffnete gewissermaßen eine zweite Front gegen den regierenden Absolutismus. Sie für wichtiger selbst als die bürgerliche Bewegung zu nehmen, wäre allerdings übertrieben. Die bäuerliche Bewegung verfügte nicht über die umfassende politische Programmatik mit verallgemeinerungsfähigen Zielen, vielmehr war sie sogar in den die eigene Sache betreffenden Zielen unsicher. Auch die bäuerliche Revolution blieb auf halbem Wege stehen, eine entscheidende Konfrontation zwischen Staatsmacht und Bauern unterblieb teils wegen der bäuerlichen Haltung, teils wegen des absehbaren staatlichen Entgegenkommens. In der schichtenspezifischen Ausformung der Ziele aber zeigen sich Parallelen zur bürgerlich-städtischen Entwicklung: in den südlichen Bezirken Bayerns mit ihrer vorherrschend mittelbäuerlichen Bevölkerung waren die Ziele und Formen des Aufstandes gemäßigter als im kleinbäuerlichen Franken.

Die verbliebenen kirchlich-pfarrlichen Feudalherrschaften waren, weil sie auch verhältnismäßig selten waren, kein Ziel von offenen Angriffen. Hingegen gab es viel Konfliktstoff im Verhältnis Bauern und Grundherrn (Staat, Private) bei den Nutzungsrechten. Das Recht der Waldnutzung war streng geregelt. Es gab in Franken sogar Fälle, in denen die Grundherrn das Recht des sommerlichen Beerensammelns in den großen (Gemein-)Wäldern, die sie zuvor an sich gebracht hatten, gegen Geld vermieteten. Das Recht der Bauern und Landleute, Streu und Holz aus den staatlichen oder grundherrlichen Wäldern zu holen, war nicht nur wegen des Eigennutzes der Eigentümer, sondern auch wegen des Wachstums der Bevölkerung und der Ausdehnung der Viehhaltung zum Streitobjekt geworden. Nachdem das Streurecht im Vormärz immer restriktiver gehandhabt worden war, entlud sich im Frühjahr in immer neu aufkommenden lokalen Unruhen der Zorn der Landbevölkerung.[215]

Später, im fortschreitenden Frühjahr und beim Aufgehen der Saaten, wehrten sich die Bauern, auch die niederbayerischen, wenn die Feudalherrn in gewohnter Weise ihr Jagdrecht wahrnehmen wollten.

Es war am allerwenigsten die – häufig als Begründung genannte – beginnende Feldarbeit, welche im Frühjahr 1848 die bäuerliche Bewegung abflauen ließ; so urtümlich waren die Verhältnisse auf dem Land nicht mehr. Es lag vielmehr an der auf eine tendenziell siegreiche Revolution gegründeten Erwartung brauchbarer Regelungen durch Landtag und Nationalversammlung, an der staatlichen Repression und es fehlte vor allem an einer Verzahnung von städtisch-bürgerlicher und ländlich-bäuerlicher Revolution.

5. Die „indirekte" Revolution

Gottlieb Freiherr von Thon-Dittmer kam am 7. März in München an und übernahm am 8. März die Geschäftsführung des Innenministeriums. Er war zunächst nur in provisorischer Eigenschaft Minister. Wenn tatsächlich in Bayern ein Neuanfang im Gefolge der Proklamation stattfinden sollte, so mußte dies auch in einer umfassenden personellen Erneuerung der Ministerien zum Ausdruck kommen – eine Schwalbe, umgeben von den Resten gefallener Ministerien, ergab noch keinen Sommer. Die Nachbarländer Württemberg und Baden bekamen um den 9. März ihre „Märzministerien". Die Wünsche nach einem angemessenen, vollständigen Ministerium gingen durch alle Zeitungen von der „überparteilichen" großen Augsburger Allgemeinen Zeitung bis zum Fränkischen Merkur. Letzterer sah in dem Ausbleiben eines tauglichen Ministeriums nur einen weiteren Beweis, daß man mit der Proklamation vom 6. März nur Versprechungen erhalten hatte, die allesamt noch der Einlösung bedurften. Auf kleiner Flamme wurde die bürgerlich-städtische Bewegung fortgesetzt. In großen – Nürnberg, Bamberg, Bayreuth – und kleinen Städten (z.B. München-Vorstadt Au) betrieb man offen die Absetzung der Bürgermeister und Beamte, deren Diensteifer vor den Rechten der Untergebenen nicht haltgemacht hatte, taten gut daran, sich reisefertig zu halten.

Hinter den Kulissen arbeitete das Arrangement der alten Mächte. In mehreren Besprechungen versuchte der Regierungspräsident von Mittelfranken[216] Mitte März mit Behörden, Zeitungen und rechten Liberalen die Lage zu beruhigen. Mit Sonderaufträgen zu Straßenbauten und für notleidende Gewerbe befriedete man die Notleidenden, um neue Ausbrüche zu verhindern.

Nur Ludwig I. führte sein autokratisches Regiment fort. Durch die Montez-Landsfeld-Affäre von seinen gewohnten Beratern getrennt, agierte er wirr und hilflos. Den einen liberalen Minister glaubte er leicht händeln zu können, die anderen ignorierte er, den Fürsten Oettingen-Wallerstein, der ihm mit der Proklamation einen großen Dienst erwiesen hatte, entließ er am 11. März, es bestand kein arbeitsfähiges Gesamtministerium. Einer eigenständigen Arbeit des neuen Ministers stellte er sich in den Weg, dem Ruf nach der Einsetzung eines kompletten, arbeitsfähigen Ministeriums aus durchaus konservativen Politikern wie Graf Giech und Baron Rotenhan widersetzte er sich. In der Außenpolitik beanspruchte er nach wie vor volle Entscheidungsbefugnis – wenn auch kaum noch etwas mit dem König ging, so ging auch nichts gegen ihn. Gegenüber der Mission Gagern bewahrte Ludwig I. in bemerkenswerter Klarheit seinen konservativen, am Deutschen Bund orientierten Standpunkt.[217] Bei der weitgehenden Zerrüttung der Staatsspitze konnten die gegenrevolutionären Strategien und Bemühungen zwar die Konfrontation etwas abschwächen, aber keinen entscheidenden Widerstand leisten.

Mitte März, als der Landtag zusammentreten sollte, kam es wieder zu Unruhen in München. Sie waren von der gleichen doppelbödigen Art wie die vorausgehenden. Aus allen Landesteilen waren nicht nur Petitionen eingegangen, einzelne Städte sandten Deputationen, auch die Abgeordneten kamen in Begleitung von Delegationen, die als Propagandisten der neuen Zeit München in Aufregung versetzten. Es war klar, daß die Entwicklung über die zahme Münchener Petition von Anfang März hinweggegangen war.

Am 15. März versammelten sich wieder „Bürger und andere Männer des öffentlichen Vertrauens“ beim Weinwirt Ott, um eine Petition zu beraten.[218] Am 16. März kam es zu einer stürmischen Versammlung auf dem Rathaus, deren Gegenstand die neue Adresse war. Sie war ein neuer Versuch tendenziell konservativer Kreise, der nun offensichtlich mit Macht einsetzenden Revolution entgegenzuwirken. Gleichzeitig gingen Gerüchte über eine Rückkehr der Montez-Landsfeld um. Nach ihrem kurzen Aufenthalt am 8./9. März hatten die Behörden nichts über ihren Verbleib verlauten lassen, was die Gerüchtebildung ungemein förderte. So glaubte man auch Mitte März die Montez wieder in München. Privathäuser wurden mit äußerster, einer Demolierung gleichkommenden Gründlichkeit durchsucht, das Polizeigebäude wurde verwüstet. Die Berichte stimmen darin, daß es vorwiegend proletarische Kräfte waren, die an diesem 16. März randalierten, politische Parolen und Motive sind nicht greifbar. Es ist dem Briefwechsel zwischen Ludwig und Montez nach auszuschließen, daß letztere in diesen Tagen in München war. Die Unruhen, nicht zu Unrecht von den Liberalen als fundamentalistische Machenschaft beargwöhnt[219], absorbierten noch einmal die Aufmerksamkeit, der Landtag und die Gesandtschaften aus anderen Städten kamen bei dem Trubel nicht zu Wort und ein letztes Mal konnte der Fundamentalismus die Münchener Szene wesentlich beeinflussen.

Um der Sache ein Ende zu machen, erkannte Thon-Dittmer – er wurde bei dem Versuch, die Menge zu beruhigen, durch einen Steinwurf verletzt – der Montez-Landsfeld auf rechtlich durchaus fragwürdige Art[220] das Indigenat ab, entließ den amtierenden Münchener Polizeidirektor und holte den vor einem Jahr entfernten, den Fundamentalisten nahestehenden von Pechmann zurück.[221] Die königliche Familie war so weit zerfallen, daß man vor allem auf Seiten der Fundamentalisten eine Mitregentschaft des Prinzen Luitpold und seiner österreichischen, betont katholischen Frau Gemahlin anstrebte, um dadurch die Thronfolge des weniger an den Katholizismus gebundenen Kronprinzen zu umgehen.[222]

Ludwig I. gab später in seinem Tagebuch[223] zu verstehen, daß diese beiden von Thon-Dittmer ungefragt vorgenommenen Akte ihm endgültig die Lust am Regieren verleidet hätten. Das mag wohl sein, aber es ist nicht bedeutsam: Die eigentlich entscheidende Wendung hatte sich inzwischen in Wien und Berlin ergeben. Die Niederlage, die der Absolutismus hier zwischen dem 13. und 15. März (Wien) und am 18. März (Berlin) hinnehmen mußte, entzog auch dem absolutistischen Regiment des bayerischen Königs den Boden. Vorher hatte er noch den Landtag auf seine Weise eröffnen wollen: Die Zeremonie, ihr Ort und der Ablauf, war ein Politikum, und Thon-Dittmer hatte den König in einem seiner ersten Schreiben am 11. März auf diesen Punkt hingewiesen.[224]

Ursprünglich, nach 1818, wurde die Eröffnung der Landtage im Ständehaus in der Prannergasse vorgenommen. Der König suchte dabei das Ständehaus auf und drückte durch diese Geste den von der Verfassung von 1818 herbeigeführten vorläufigen Ausgleich zwischen der Bürokratie und den Ständen aus. Später, in den Jahren der Reaktion, wurde die Zeremonie in die Residenz verlagert, die Stände mußten zum Zeichen der Unterwerfung die Residenz aufsuchen. Ludwig I. wollte auch nach dem 6. März die Eröffnung der Ständeversammlung wie in den letzten Jahren vornehmen. Da mußte der Minister im Schreiben vom 17. März schon deutlicher werden: Es sei „bei der großen

Mehrheit der Mitglieder der Kammer der Abgeordneten der Wunsch laut" geworden, es möge die Eröffnung der Versammlung im Ständehaus, und nicht im Thronsaal stattfinden, und er fügte hinzu, es sei andernfalls „ein förmlicher Bruch zwischen den Ständen und der Regierung" zu erwarten. Bis zum 18. März bestand Ludwig auf seiner Vorstellung, sein Signat endete mit der barschen Bemerkung, er wünsche hierüber nichts weiter zu hören. Noch am selben Tag strich er eigenhändig diese Sätze durch und schrieb kleinlaut darunter: „Im Ständehaus soll dieses Mal die Eröffnung stattfinden."

Seit dem 15. März suchte der fränkische gemäßigt-konservative Freiherr von Rotenhan den bayerischen König täglich auf, um ihn mit der wahren Lage vertraut zu machen; insbesondere wies er auf die neue Münchener Petition hin, die nun entscheidend über die Proklamation vom 6. März hinausging. Die Möglichkeit und zunehmend die Notwendigkeit eines Thronwechsels rückte in den Mittelpunkt der Gespräche. Ludwig I. hatte im Vormärz die liberale und demokratische Opposition auf eine Art und Weise verfolgt, die jeden Vergleich mit anderen deutschen Ländern aushält, aber er war wohl nicht der Mensch, der mit einem Blutbad seine Herrschaft aufrecht erhalten hätte. So gab der Berliner Aufstand vom 18. März, der perspektivisch aufzeigte, wohin eine unverändert absolutistische Regierungsweise führte, das Zeichen zum Rücktritt. Die in München an diesem Tag stattfindenden fundamentalistischen Unruhen waren mehr eine persönliche Demütigung als eine ernstzunehmende politische Aktion. Am 18. März gingen die Gedanken des Monarchen und der Wunsch des Ratgebers schon in dieselbe Richtung. Persönlich gedemütigt und politisch geschlagen, dankte Ludwig I. am Mittag des 19. März im engsten Kreise ab.[225] Der Vormärz ist in Bayern damit endgültig zu Ende.

Am Abend des 20. März 1848 wurde die Abdankung bekanntgegeben, sein ältester Sohn trat als Maximilian II. die Nachfolge an. Die vor allem in München weit verbreitete Angst (eine Art „grande peur"), der Thronwechsel stelle die bisherigen „Errungenschaften", insbesondere die Proklamation, in Frage und führe nun doch noch in die Wirren einer Revolution hinein, ist eine Nebensächlichkeit von hoher Aussagekraft. Man sah in München den Gang der Dinge immer noch hauptsächlich vom monarchischen Verhalten bestimmt, das eigentlich revolutionäre Element in München war schwach, und ein wenig zeigte sich darin auch die Einstellung der Bevölkerung, die Ludwig I. mit all seinen Schwächen mehr schätzte als seinen kalten und glatten Nachfolger.

Auf zweifache Weise war nun eine liberale und demokratische Entwicklung einzuleiten: durch die Gesetzgebung und den Landtag, und durch eine Änderung der Bürokratie.

Am 21. März führte Freiherr von Rotenhan, ein gemäßigt konservativer Vertrauter der Monarchie sowie des amtierenden Innenministers, Gespräche mit Vertretern der Zweiten Kammer; auf Grund dieser Gespräche wurde ein Ministerium zusammengestellt. Das am deutlichsten als Liberaler erkennbare Mitglied des neuen Ministeriums war der Pfälzer Protestant und Jurist Karl Friedrich Heintz. Mit der auf die Französische Revolution unmittelbar zurückgehenden Gesetzgebung in der bayerischen Rheinpfalz vertraut, war er ein entschiedener Verfechter einer entsprechenden Reform in Bayern. Innenminister Thon-Dittmer und Finanzminister Gustav Freiherr von Lerchenfeld, beide ausübende Feudalherrn, waren auf einer politischen Linie, die vom Boden eines gemäßigten Konservatismus wie eines gemäßigten Liberalismus aus gleichmäßig gut erreichbar war. Hermann von Beisler, bis dahin Verweser des Justizministeriums, wurde Kultusminister. Nach liberal aufschäumender Jugend war er bereits an den Toren des konservativen Lagers angekommen. Der provisorische Minister des königlichen Hauses und des Äußeren Klemens August Graf von Waldkirch war deutlich konservativ wie auch der am 29. April 1848 als Nachfolger endgültig im Amt bestätigte Camillus Otto Graf von Bray-Steinburg. Letzterer war übrigens in Berlin geboren und begann dort einen Lebenslauf, der im Gegensatz zu seinen bayerischen Standesgenossen zu einer gewissen Aufgeklärtheit bei konservativem Grundton führte. Der am 5. April bestellte Kriegsminister Carl Weishaupt war ein Mann der Ordnung, der eine feste verfassungsmäßige Ordnung hochadeligen Hofintrigen durchaus vorzog.

Das neue Ministerium kam mit Zustimmung des Königs zustande, nicht gegen ihn. Im obersten Kreis der Macht hatte sich eine Umgruppierung vollzogen, die den neuen Verhältnissen Rechnung trug, aber nicht eigentlich revolutionär war. In den nachgeordneten Rängen fanden keinerlei Veränderungen statt.

Am 21. März wurde der Pfälzer (Frankenthal) Rechtsanwalt Friedrich Justus Willich, ein durch mehrjährige Mitgliedschaft in der Zweiten Kammer bekannter, gemäßigt liberaler Oppositionspolitiker, zum neuen bayerischen Gesandten am Deutschen Bundestag ernannt. Die Ernennung erfolgte auf Vorschlag des neuen Ministeriums[226] und ging indirekt auf den Deutschen Bund zurück, der in einem Aufruf vom 7. März aufgerufen hatte, die Einzelstaaten sollten „Männer des Vertrauens" zur Reform des Deutschen Bundes schicken. Willich löste den bisherigen Gesandten von Gasser ab. Die Instruktion[227], die man Willich mitgab, sah zwei Kammern vor, die Bundesfürsten sollten kollektiv die Exekutivgewalt wahrnehmen, für den Kriegsfall war die Möglichkeit einer engeren Zentralgewalt vorgesehen: das war allerdings keine sehr fortschrittlich-liberale Instruktion, da täuschten sich die Liberalen, wenn sie von der Person Willich auf die Instruktion[228] schlossen. Für die Kommission der 17 Vertrauensmänner, mit der der Bundestag seine Reform betreiben wollte, wurde der liberale Präsident der bayerischen Kammer der Abgeordneten Karl Kirchgeßner ernannt. Da er faktisch unabkömmlich war, wurde er am 23. April durch Conrad von Cucumus ersetzt.[229]

Das Ministerium des 21. März war ein sehr gemäßigt konservativ-liberales Ministerium, ein Vergleich mit den Märzministerien anderer deutscher Länder fällt etwas unvorteilhaft aus. Zudem blieb der eigentliche Kern der Ministerialbürokratie unverändert. Vielleicht wäre ihm in Zusammenarbeit mit einem durch Nachwahlen personell verbesserten Landtag eine deutliche Reformpolitik möglich gewesen. Neben dem Ministerium stand aber gemäß der Verfassung und der Instruktion von 1825 der Staatsrat, ein jede Gewaltenteilung aufhebendes, in Judikative und Exekutive hochbedeutendes und in der Legislative den beiden Kammern des Landtags mindestens gleichrangiges Organ. Dieses wurde Ende März, Anfang April mit einem deutlich fundamentalistischen Implantat stabilisiert, so daß in der 26köpfigen Versammlung[230] neben einigen wenigen Liberalen eine breite Mitte aus bürokratischem Konservatismus und ein kräftiger fundamentalistischer Riegel, darunter die brutalsten Büttel des vormärzlichen Regimes, saßen. Bei der vielfältigen Abhängigkeit des Ministeriums vom Staatsrat hatte Thon-Dittmer von Anfang an schlechte Karten. Das in der Presse aufkommende Unbehagen über die Ernennungen zum Staatsrat war nicht unbegründet. Deutlicher und früher als in anderen Ländern wagte hier die Gegenrevolution ihre ersten Schritte. Hinter den Kulissen gewann auch bald Karl von Abel neben aufgeklärt-konservativen Beratern wieder Einfluß.[231]

Mit den Veränderungen an der Spitze der Ministerien konnte die neue Monarchie den Eindruck erwecken, es habe sich tatsächlich etwas gewandelt. Außer dem Wechsel an der Spitze blieb aber alles beim alten. Es lag wohl ebenso außerhalb von Thon-Dittmers Gesichtsfeld[232] wie außerhalb seiner Macht, entscheidende Veränderungen im Personal der Bürokratie durchzusetzen. Es hatte keine Revolution den alten Machtapparat besiegt, man fügte sich unbeschädigt dem Gang der Dinge.

Die Veränderungen gaben andererseits der Monarchie große propagandistische Möglichkeiten. Mit geschwellter Brust konnte sie am folgenden Tag den Landtag eröffnen. Zwar fand die Eröffnung im Ständehaus statt, aber das alte Zeremoniell wurde unverändert beibehalten. Auch wurde noch einmal die Sitzordnung der Abgeordneten durch das Los[233] bestimmt; die Verlosung der Plätze war die im Vormärz praktizierte Methode, Fraktionsbildungen zu erschweren. Die Thronrede[234], eine Art Regierungsprogramm, begann geschickt mit Bekenntnissen zum Konstitutionalismus und dem Versprechen einer Amnestie, führte dann die Reformgesetze auf, die dem Landtag zur Beratung vorgelegt werden sollten, und schloß mit der von der Entwicklung längst überholten Parole einer „Vertretung des Volkes am Bunde“, das neue Ministerium schien der Beweis des Reformwillens zu sein. Das war tatsächlich so „geschickt arrangiert“[235], daß es nach Täuschung aussah. Es wurde zwar die Aufhebung der adeligen Grundherrschaft, nicht aber der adeligen Gerichtsbarkeit angekündigt.[236] Wie weit dies Versehen oder Absicht war, war nicht zu erkennen, der jüdischen Bevölkerung wurde nur Reformen des Kultus, nicht aber ihrer bürgerlichen Verhältnisse in Aussicht gestellt.[237]

Jedenfalls fand die Thronrede ein zwiespältiges Echo in der Öffentlichkeit. Die harmlosesten Kreise wie Thon-Dittmers Regensburger Freunde stellten zusätzliche Forderungen[238], die (zweite) Münchener Petition, eine Art von bayerischer Gesamtpetition, ging weit über die Proklamation und die Thronrede hinaus[239], die Zeitungen von entschiedenem Liberalismus drückten ihre Ablehnung deutlich aus.[240] Der allgemeinen Stimmung Rechnung tragend nahm die Zweite Kammer die Forderungen der Öffentlichkeit in ihre Antwortadresse an den Thron vom 27. März auf, darunter so wichtige wie die Erweiterung der Gesetzesinitiative der Kammern, die Aufhebung der gutsherrlichen Gerichtsbarkeit und Aufhebung des ausschließlich dem Adel zustehenden Jagdrechts.

Die Veränderungen im bayerischen Staatsapparat in der zweiten Märzhälfte, vom Rücktritt Ludwigs I. bis zur Berufung des neuen Ministeriums, waren nicht Ausdruck der Stärke der revolutionären Partei, sondern Folge der Schwäche der gegenrevolutionären Partei. Es war „nirgends Rückhalt und Unterstützung für eine entschieden reaktionäre Politik“ zu finden, das bayerische Militär war nicht einsatzfähig: „In Bayern konnte die revolutionäre Bewegung sich nicht zuletzt deshalb erfolgreich durchsetzen, weil sich das Militär nicht als verläßliche Stütze des monarchische Prinzips bewährte.“[241] Aber was bedeutet es schon, sich gegen ein schlafendes oder abwesendes Heer durchzusetzen? Geschickt setzten Regierung oder lokale Behörden ihre Mittel ein, um durch Notstandsarbeiten die unteren Schichten zu beruhigen und revolutionärer Verlockung zu entziehen. So waren zum Beispiel durch den Rücktritt Ludwigs I. die Arbeiten am Siegestor eingestellt worden, was eine Menge Handwerker erwerbslos machte. Am 9. April richtete Max II. ein entsprechendes Schreiben an Thon-Dittmer.[242]

Wieder aber fielen außerhalb von Bayern Entscheidungen, die die Entwicklung vorandrängten.

6. Bayern und die nationale Frage (I)

Die zahlreichen nationalen Aufstände an den Rändern Europas zu Beginn des Jahres 1848 nahmen dem am 12. Februar in der badischen Zweiten Kammer eingebrachten Antrag des Liberalen Bassermann auf „Vertretung der deutschen (Nation) Ständekammern am Bundestage“ etwas von seiner Überraschung, nicht aber von seiner Bedeutung. Mit dem Nebeneinanderstellen von Nation und Ständekammern, von Neuem und Altem, drückte der Bassermannsche Antrag Ziel und Weg, Inhalt und Methode des Liberalismus aus. Als die europäische Ordnung gemäß dem Wiener Kongreß von 1815, die im wesentlichen eine monarchische Ordnung war, durch die Pariser Revolution der Republikaner eine entscheidende Stütze verlor, war auch für Deutschland der Weg zur Lösung der nationalen Frage offen.

Am 5 März fand in Heidelberg die erste freie nationale Versammlung auf deutschem Boden statt. Fünf bayerische Liberale[243], vier aus der Pfalz und einer aus Franken, beteiligten sich daran. Die 51 Teilnehmer der Heidelberger Versammlung kamen vorwiegend aus dem südwestdeutschen Raum, die Liberalen beherrschten die Versammlung. In einer Erklärung bezeichnete sie – das ging schon über den Bassermannschen Antrag hinaus – „die Versammlung einer in allen deutschen Landen nach der Volkszahl gewählten Nationalvertretung“ als „unaufschiebbar“. Ein Ausschuß mit sieben Mitgliedern wurde eingesetzt, um die notwendigen Schritte einzuleiten. Wenn auch die Vorstellungen und Ziele der Heidelberger Versammlung noch recht zaghaft waren, so war das Zusammentreten der Versammlung und ihre Entscheidung für ein nationales Parlament doch ein revolutionärer Schritt, der durch die breite Volksbewegung Legitimation und Wirkung erhielt.

Am 12. März trat der Siebener-Ausschuß zusammen. Karl Theodor Welcker und Heinrich von Gagern bestimmten seine Wirksamkeit nicht zuletzt dadurch, daß sich der pfalzbayerische Advokat Willich (der einzige „Bayer“ im 7er-Ausschuß) zusammen mit Stedtmann und Binding gegen von Itzstein und Römer auf ihre Seite stellte.[244] Der bedeutendste Beschluß war, auf den 30 März 1848 eine nationale – erst im Nachhinein als „Vorparlament“ bezeichnete – Versammlung nach Frankfurt (Main) einzuberufen.

Das alte Regime versuchte auszuweichen. Der Bundestag in Frankfurt, der in den 33 Jahren seines Bestehens alle nationalen und liberalen Bestrebungen unterdrückt hatte, rief am 1. März das „deutsche Volk“ auf, die Bahn des gesetzlichen Fortschritts nicht zu verlassen. Am 3. März stellte es den Regierungen die Aufhebung der Zensur frei – die bayerische Proklamation vom 6. März folgte mit der Nichtanwendung der Zensur dieser Linie. Am 10. März kam vom Bundestag der Aufruf an sämtliche (Bundesländer-)Regierungen, „Männer des allgemeinen Vertrauens“ zum Bundestag zu schicken, damit sie bei der Revision der Bundesverfassung mitwirkten. So verspätet und durchsichtig das Verhalten des Bundestages auch war, die Liberalen, welche die revolutionäre Seite des Heidelberger Beschlusses sehr wohl erkannten, gingen auf das Angebot ein. Sie glaubten die monarchischen Nachholeifer gegen die Revolution unterstützen zu müssen und hielten dies für den sichersten Weg zum Gelingen der von ihnen angestrebten Reformen. In der schwierigen Lage, eine umfassende Veränderung des politischen

Systems ohne Revolution bewerkstelligen zu wollen, akzeptierten sie auch sehr bald mehrheitlich den Gedanken der Vormacht Preußens über Deutschland, wenn ihnen auch das Verhalten Preußens zunächst verwehrte, dieses Ziel offen anzugehen.

Ludwig I. hatte in den letzten Tagen seiner Regierungszeit in seiner Angst vor Einbußen an Souveränität alle effektiven Schritte in Richtung nationaler Einheit abgelehnt. Zwar hatte die Proklamation vom 6. März eine „Vertretung der deutschen Nation am Bunde“ und Bayerns Eintreten für eine entsprechende Revision der Bundesverfassung in Aussicht gestellt, aber das war mehr eine Beruhigungsformel als eine wirkliche Handlungsvorgabe. Als am 7. März Österreich und Preußen zu einem Kongreß der Landesregierungen („Fürstenkongreß“) nach Dresden einluden, kam aus Bayern strikte Ablehnung. Während der noch amtierende Außenminister Oettingen-Wallerstein das unrealistisch Irrwitzige des Metternich-Radowitsch'schen Projektes in drastischen Worten beschrieb[245], verfolgte Ludwig I. in auffallendem Gegensatz zu seinem sonstigen wirren Gehabe eine sehr klare konservative Linie: „... nicht in Dresden, in Frankfurt, wo der Bundestag, sind die Bundessachen zu verhandeln.“ Das war nicht eine aus Ärger über Zurücksetzung entstandene Animosität gegenüber Dresden, sondern eine grundsätzliche Entscheidung für den alten Zustand mit dem Frankfurter Bundestag als zentraler Einrichtung, der ihm bisher weitestgehende Souveränität gesichert hatte.

Mit Preußen stand Bayern wegen dessen Äußerungen zur Proklamation ohnehin zur Zeit nicht gut.[246] So verwies denn auch die am 12. März – einen Tag nach Oettingen-Wallersteins Entlassung – an Preußen und Österreich gehende ablehnende Antwort „nach der Bundesversammlung, die allenfalls durch Abordnung anderer Geschäftsmänner verstärkt werden könnte“. Vermutlich ist damit auf die „Vertrauensmänner“ des Bundestages angespielt, die in den konservativen Denkspielen als Retter in der Not Bedeutung gewannen.

Während so eine gegenrevolutionäre Maßnahme ein schnelles Ende fand, kam von liberaler Seite ein Vorstoß. Die Brüder Heinrich und Max von Gagern, in der Bevölkerung wegen ihres Auftretens im Vormärz sehr angesehene Liberale, wollten, um die revolutionären Potenzen des Heidelberger Beschlusses nicht zum Tragen kommen zu lassen, die Fürsten zum frühest möglichen Zeitpunkt in die liberale Strategie einbinden und zur Zusammenarbeit mit dem Siebener-Ausschuß zu bewegen. Ihr Programm war ein deutscher Bundesstaat mit einem frei gewählten deutschen Parlament und föderalistischer Kompetenzaufteilung unter preußischer Führung. Bayern als größtem der kleineren Staaten kam in diesen Überlegungen die Rolle zu, bei der Einordnung in diese neue Struktur voranzugehen gegen das preußische Zugeständnis, durch eine Konstitution seine inneren Verhältnisse zu reformieren.

Mittlerweile zu führenden Ämtern aufgestiegen, erhielten die Brüder von Gagern von ihren Landesherrn, denen wegen der geringen Bedeutung ihrer kleinen Territorien eine unsichere Zukunft drohte und denen deshalb an einer schnellen Bereinigung der Situation unter preußischer Führung gelegen war, den Auftrag zu einer diplomatischen Mission, die über Baden und Württemberg, welche beide zustimmten, nach München führte. „Der König von Bayern war ein Gegner des Heidelberger Programms wegen seines demokratischen Charakters und seiner Gefahr für das monarchische Prinzip“, aber er war auch „Gegner des Gagernschen Programms“.[247] So hielt Ludwig I. den Diplomaten des Liberalismus, als er ihr „Promemoria“ und die sonstigen Begleitschreiben[248] gelesen hatte, entgegen: „Die Wahl zur Nationalvertretung sowohl als die Kompetenz derselben habe sich nach den bereits beschworenen Landesverfassungen zu richten und dürfte sich vorderhand nicht auf Gegenstände erstrecken, deren Erledigung schon durch die Landesverfassungen bestimmt sei", und „alles müsse nur durch und mit dem Bunde, und zwar am Mittelpunkt in Frankfurt geschehen; ... nichts dürfe außerhalb der Bundesversammlung erledigt werden." Das war wiederum die konservative Position, die am Wesentlichen – und das waren die einzelstaatliche Verfassung und der Deutsche Bund – nichts geändert haben wollte.

Die Instruktion an die bayerische Bundestagsgesandtschaft vom 16. März wie auch die Antwort an die Gagernsche Abordnung[249], die der neue provisorische Minister des Äußeren Graf von Waldkirch mit Zustimmung des Monarchen ergehen ließ, beinhalteten eine Ablehnung der Gagernschen Pläne. Wenn nun in diesem Zusammenhang behauptet wird, daß sich Ludwig I. dabei „streng an die Proklamation vom 6. März" hielt[250], dann trifft das sehr wohl zu, aber in ganz anderer, entgegengesetzter Weise, als es dort gemeint ist. Die Proklamation vom 6. März sollte hinter dem Anschein von Entgegenkommen alles beim alten lassen, und die Antwort auf die Gagernsche Anfrage schlug lediglich neue Formen für die alten Machtverhältnisse vor, sie ist eindeutig gegenrevolutionär. Insofern stehen die beiden Dokumente vom 16. März und die Proklamation vom 6. März durchaus auf ein und demselben Boden.

Unter einer „Vertretung der deutschen Nation am Bunde", wie sie die Proklamation versprach, verstand man längst anderes und mehr, als der bayerische Monarch zugestehen wollte: Die Instruktion an die bayerischen Gesandten lehnte eine eigene Wahlordnung zu der nationalen Vertretung am Bund ab. Die künftige allgemeine deutsche Nationalvertretung sollte aus den Delegierten der einzelstaatlichen Kammern bestehen, denen die Gesandten der Einzelstaaten als Regierung gegenüberstehen sollten, der Einzelstaat mit „ständischer Verfassung" sollte der eigentliche Souverän bleiben, die Verwendung des programmatischen Begriffs „ständisch" steht durchaus in der konservativen Tradition der Proklamation. Die Instruktion, die noch auf den Fürsten Oettingen-Wallerstein zurückgeht und ein weiteres Mal dessen taktisches Geschick zeigt, läßt allerdings eine Erweiterung des Bundeszweckes, und damit eine gewisse technokratisch-bürokratische Reform des Deutschen Bundes, zu: Schutz der Nationalität und der einzelstaatlichen Verfassungen, Gesetzgebung zu Straf-, Zivil- und Handelsrecht und eine allgemeine deutsche Wehrverfassung sollten demnach zur Kompetenz des Bundes gehören, das Bundespräsidium sollte mit angemessenen Befugnissen abwechselnd von den größeren Staaten Deutschlands wahrgenommen werden.

Eine Wende in den politischen Vorstellungen des bayerischen Königs waren diese Dokumente also nicht. Daß man am folgenden Tage der Mission doch noch einen bayerischen Gesandten mitgeben wollte, war nur eine „in Rücksicht auf die prekäre Lage des Königtums"[251] erfolgte taktische Wendung. Es ist gut vorstellbar, daß die Verzweiflung des rational-konservativen Freiherrn von Rotenhan, der in diesen Tagen einer der wichtigsten Gesprächspartner des Monarchen war, sich darauf bezog.

Als die Mission am nächsten Tag, vor der Abreise, noch mitteilte, sie werde dem preußischen König die Kaiserkrone antragen, gelang den bayerischen Verantwortlichen noch schnell eine ausweichende Antwort. Die Ereignisse in Berlin am 18. März erledigten zunächst diesen Verhandlungspunkt. Der preußische König selbst half dann der bayerischen Monarchie aus der Gefahr: Um die Niederlage vom 18./19. März auszugleichen erließ, Friedrich Wilhelm IV. am 21. März eine Proklamation, der zufolge er sich an die Spitze des konstitutionellen Deutschland stellen wolle, ein Umzug durch die Straßen Berlins, bei dem der König mit den „deutschen Farben", dem bisher verbotenen Schwarz-Rot-Gold, drapiert war, sollte diese Absicht verdeutlichen. Der Erfolg der Aktion war in Berlin mäßig, in den anderen deutschen Ländern von Sachsen bis Bayern rief das makabre Schauspiel Entrüstung hervor. In München verbrannte man Bilder des preußischen Königs in den Straßen und vor der preußischen Gesandtschaft, in drei „Adressen"[252] suchte man die Sache zu bereinigen; die erste ging an den bayerischen König, die zweite an die „Brüder in Wien", die dritte an die „Bürger und Bewohner" Berlins. Der erste Brief lehnt recht deutlich das Vorhaben des preußischen Königs, sich zum Oberhaupt Deutschlands zu machen, ab mit der Begründung: „Unser Nationalparlament entscheide über Form und Inhalt der Centralgewalt ..." Es ist diese deutliche Äußerung nicht so sehr der Ausdruck eines revolutionären Antimonarchismus, sondern es steht eine sehr vielschichtige, tendenziell konservative und vor allem partikularistische Strömung hinter diesen Dokumenten, die von der Ablehnung der Vorherrschaft Preußens zusammengehalten werden. Zu der Deputation, die am 28. März Max II. den Brief übergab, gehörten die Herren „Haenle, Reschreiter, Roettger und Rosipal": Während in der Deputation das fundamentalistische Element – man vergleiche die Namen der Deputation vom 3. März – nicht mehr vertreten ist, taucht der Name des späteren Vorsitzenden des Bürgervereins (Haenle) auf. Auch hierin zeigt sich die Veränderung gegenüber dem München von Anfang März, die Fundamentalisten waren nicht mehr auftrittsfähig. Das liberale Element Münchens stellt aber nur einen Teil der Aktiven und tritt nur in Verbindung mit einer konservativen Mehrheit (Reschreiter, Roettger, Rosipal) auf. Die Leute, die die Bilder des preußischen Königs verbrannten, waren nicht jenes revolutionäre „Volk", das sich am 4. März bewaffnet hatte, um den Märzforderungen Nachdruck zu verleihen. Distanziert und etwas ratlos berichtete der Korrespondent des Fränkischen Merkur von den ihm in jeder Hinsicht fremden, „gutgekleideten" jungen Leuten, die Bilder des preußischen Königs verbrannten und dann in Ruhe und Ordnung auseinandergingen.[253] Hier zeigte sich zum ersten Mal, daß das Münchener Bürgertum im wesentlichen doch gemäßigt konservativ und partikularistisch eingestellt war. Man versteht diesen Vorgang wohl besser als Demonstration des konservativen Lagers denn als revolutionären Akt und als Beleg für die Kontinuität des Konservatismus in München.

Der königliche Hof konnte Ereignissen wie diesem entnehmen, daß seine Sache nicht ganz schlecht stand, aber er verhielt sich vorsichtig. Mit besonderer Aufmerksamkeit wurden am 28. März die Abgeordneten des Landtags vom König in Audienz empfangen, was Eindruck auf die kleinbürgerlichen Abgeordneten zu machen nicht verfehlte. An der Feldherrnhalle wurde Ende März in einem feierlichen Akt neben der bayerischen die deutsche Fahne aufgezogen, wobei wie zufällig der alte und der neue Monarch teilnahmen. Daß die Farben in der Reihenfolge Schwarz-Gold-Rot angeordnet waren, mag heraldisches Besserwissen oder Bedürfnis nach eigener Note[254] gewesen sein, wahrscheinlicher ist, daß es auf Täuschung der Öffentlichkeit angelegt war.

Der Thronfolger dachte in nationalpolitischen Fragen nicht viel anders als sein Vater. Das Programm der Gagern-Partei mit dem preußischen Bundesoberhaupt lehnte er im Gespräch mit dem preußischen Gesandten in München Graf Bernstorff ab, auf Grund der Beratung durch den ehemaligen Minister Oettingen-Wallerstein wies er auch eine Fürstenkammer als Erste Kammer einer zukünftigen Reichsverfassung zurück. Die ehemals selbständig-„souveränen" Territorialherrn wie Oettingen-Wallerstein waren anderen Staaten eingegliedert („mediatisiert") und mit Ersten Kammern getröstet worden, die Befürchtung, daß mit einer Fürstenkammer derselbe Vorgang auf höherer Stufe stattfände, war nicht unbegründet, und die aus leidvoller eigener Erfahrung erwachsene Sensibilität des Fürsten Oettingen-Wallerstein traf das Richtige. Das von den Eskapaden des zurückgetretenen Königs erschütterte Bayern auch nur eventualiter für einige Jahre an die Spitze des Reiches zu stellen, hielt umgekehrt der preußische Gesandte für eine „Ironie".[255]

Die Bevölkerung Bayerns sprach sich im allgemeinen für eine engere nationale Bindung aus, wie diese zu gestalten wäre, blieb zunächst offen. Die führende Zeitung Würzburgs schlug Ende März nacheinander den Kaiser von Österreich und den König von Bayern als Reichsoberhaupt vor.[256] Die Zustimmung zu einem preußischen Oberhaupt war vor allem in fränkischen Städten und vereinzelt in Schwaben anzutreffen.

Am 31. März eröffnete der Heidelberger Professor Mittermaier, einer der führenden Juristen des Liberalismus im Vormärz, das „Vorparlament" in der Frankfurter Paulskirche. Die Entwicklung war aber über das Heidelberger Maß hinausgegangen, revolutionäre Akte waren in Städten und auf dem Land geschehen, der Liberalismus war nicht mehr die einzige politische Richtung. Eine vielschichtige demokratische Bewegung hatte sich zu formieren begonnen. Sie strebte nicht nur weitergehendere Veränderungen als der Liberalismus an, sie mißtraute auch der Verständigungsbereitschaft von Einzelpersonen, Klassen und Schichten, die in der Gewohnheit des Herrschens und privilegierter Verhältnisse gelebt hatten. So kam es im Vorparlament zu tiefgreifenden Auseinandersetzungen.

Den Beratungen sollte ein vom Siebenerausschuß entworfenes Programm zugrunde gelegt werden, das ein Bundesoberhaupt mit (dem Parlament) verantwortlichen Ministern, eine Vertretung der Einzelstaaten und eine aus Urwahlen hervorgegangene Vertretung des Volkes vorsah. Heerwesen, Außenpolitik, Gerichtswesen und Handel sollten auf einheitliche Grundlagen gestellt werden. Das war ein liberales Programm, das bei aller Rücksichtnahme auf bestehende Verhältnisse deutlich über die Konzessionen der einzelstaatlichen Monarchien hinausging. Die Zielvorstellungen des Liberalismus, wie sie im Vormärz entstanden waren, hatten hier, gefördert von der beginnenden Revolution, eine feste Form gefunden. Dabei hatte der vom Siebenerausschuß repräsentierte Liberalismus nie die Fühlung mit dem alten Regime ganz aufgegeben: Vor der Eröffnung des Vorparlaments hatte der Siebenerausschuß zusammen mit Ausschüssen des Bundestages das Programm beraten, er war sogar bereit, die Einberufung einer konstituierenden Nationalversammlung den reformierten Bundesbehörden zu überlassen.

Über 500 Abgeordnete waren im Vorparlament versammelt, 141 kamen aus Preußen, der größte Teil kam aus Südwestdeutschland. Bayern war mit 44 Abgeordneten[257] vertreten. Davon waren einige als Abgeordnete größerer Städte in eigens einberufenen Versammlungen bestimmt worden: Eisenmann in Nürnberg[258], Titus in Bamberg und Wittmann und Schönecker in Würzburg. In München war der aus den Ereignissen von Februar und März bekannte Kaufmann Rosipal vom Ausschuß angeschrieben worden, er hatte sich aber nicht entschließen können, der Einladung zu folgen. Hingegen machte sich eine größere Zahl von Mitgliedern der Ersten und Zweiten Kammer auf den Weg. Es waren darunter neben den gemäßigt liberalen auch verhältnismäßig viele entschieden konservative Personen, denen mehr daran lag, revolutionäre Schritte zu behindern als sie zu fördern. Die Verhandlungen der Kammern wurden unterbrochen, der Massenaufbruch der Kammermitglieder Richtung Frankfurt war fast eine gezielt konservative Aktion.

Das Vorparlament war faktisch ein revolutionäres Organ, aus keinem Gesetz oder Zustand des alten Regimes ableitbar; auch die nächst anstehenden Aufgaben – die Schaffung nationaler Institutionen – waren revolutionär. So war es nur folgerichtig, ein Organ zu schaffen, das die Revolution repräsentierte und weiterführte: eine Revolutionsregierung, gestützt von einem revolutionären Parlament. Das lief auf eine weitgehende Entmachtung bis hin zur Abschaffung der einzelstaatlichen Monarchien hinaus.

Die Demokraten und Republikaner aber taten sich angesichts der liberalen Vormachtstellung schwer, dies zu verwirklichen. Ein Antrag des Badener Demokraten Struve nach Abschaffung der Monarchien wurde abgelehnt, auch der Antrag des Kölner Demokraten Raveaux auf Permanenz des Vorparlaments unterlag ebenfalls deutlich. Das war nicht überraschend bei der Zusammensetzung des Vorparlaments. In der breiten Öffentlichkeit, „an der Basis", war die Lage nicht so eindeutig. Gegenüber der gesellschaftlichen Macht des Liberalismus hatten demokratische Kräfte und Programme nur einen bescheidenen Platz erringen können. Das entschiedenste und umfassendste demokratische Programm, das zu diesem Zeitpunkt existierte, aber nur unzureichend bekannt war, kam unter kommunistischer Flagge daher: die 17 Forderungen des Bundes der Kommunisten. Entgegen der Botschaft der Flagge war es kein kommunistisches, sondern ein radikales demokratisch-republikanisches Programm, das die Zusammenfassung und Fortführung der bisherigen revolutionären Schritte durch die Ausrufung einer unteilbaren deutschen Republik vorschlug. Daß ein solches Programm in einem so gemäßigt liberalen Blatt wie der Bayreuther Zeitung abgedruckt wurde[259], zeigt, daß der Spielraum der öffentlichen Diskussion außerhalb des Vorparlaments ziemlich groß war.

Es gab zu diesem Zeitpunkt in Deutschland deutlich eine linke Mehrheit, die das neue Regime unterstützte, und wenn auch in den Institutionen der Liberalismus überwog, so war doch das demokratische Element sehr stark an der Basis. Der Austritt Friedrich Heckers aus dem Vorparlament und seine anschließender Putsch waren der demokratischen Sache wenig dienlich. Daß Heckers Ansehen trotz der politischen Fragwürdigkeit seiner Aktion sehr hoch war, zeigt ein weiteres Mal die Stimmung an der Basis. Unter diesen Verhältnissen nahm der Bundestag am 2. April die vormärzlichen Ausnahmebeschlüsse zurück, die am Zustandekommen der Beschlüsse beteiligten Bundestagsgesandten zogen sich zurück.

Am 3. April endete das Vorparlament, und ein vom Vorparlament gewählter Ausschuß aus 50 Mitgliedern übernahm die Arbeit. Der Ausschuß war wiederum von einem konservativen Liberalismus geprägt bei einer kleinen demokratischen Minderheit; diese Mehrheit bestimmte den Lauf der Dinge. Dabei war das Wahlergebnis fast mehr eine Folge banaler Fakten als politischer Kräfteverhältnisse: Die republikanisch-demokratische Minderheit, die den Versammlungsort verlassen hatte, war beim Wahlakt nicht zugegen, so daß sie auch nicht gewählt werden konnte. Ein Zeitgenosse und Teilnehmer schob die konservative Schlagseite des 50er Ausschusses wesentlich diesem äußeren Umstand[260] zu und setzte das Vorparlament, das noch deutlich „das Prinzip der Volkssouveränität proklamiert"[261] hatte, deutlich ab von dem Ausschuß, der sich überwiegend von „einem Vertrauensdusel, daß an eine Reaktion nicht zu denken sei"[262] habe leiten lassen. In den zwischen dem 50er Ausschuß, dem 17er Gremium und dem Bundestag laufenden Gesprächen versuchten die Liberalen ihren Kurs durchzusetzen. Die Regierungen konnten unter diesen Umständen daran gehen, ihre Macht in einem ersten Schritt zu konsolidieren.

Andererseits war die Sache der Demokratie, die auf eine weitgehende Entmachtung der Fürsten, auf welchem Wege auch immer, aus war, noch nicht verloren. Das Programm des Siebenerausschusses war nicht zur Beratung gekommen und schon gar nicht als Grundlage des weiteren Vorgehens angenommen worden, es enthielt aber noch demokratische Optionen. Auch war das Wahlrecht weitgehend demokratisch und der Wahlakt eine Angelegenheit des Vorparlaments und nicht des Bundestags. Eine grundsätzliche Entscheidung für die konstitutionelle Monarchie hatten die Liberalen noch nicht erreicht. Es sprach für die Stärke der demokratischen Bewegung, daß sich gleich am 4. April ein „demokratisches Central-Komitee für die Wahlen zur konstituierenden Versammlung" bildete, zu dessen 15 Mitgliedern auch der Bamberger Abgeordnete Titus gehörte.[263] Sein 13 Punkte umfassendes Programm beinhaltete die allgemein verbreiteten demokratischen Forderungen nach Abschaffung stehender Heere und Bildung einer Volksmiliz, Beseitigung aller politischen und sozialen Privilegien und Aufhebung der feudalen Lasten, Einführung einer gerechten (Progressiv-)Besteuerung und Aufhebung des Mißverhältnisses zwischen Kapital und Arbeit. Zur Regelung der nationalen Frage war ein Föderativstaat aus „Reichskreisen" vorgesehen. Das war trotz der ausgesprochenen Ablehnung der weiteren Fürstenherrschaft – im Vergleich zu der Forderung nach der sofortigen Ausrufung einer einheitlichen, unteilbaren deutschen Republik – eine halbe Lösung, der die entscheidende Auseinandersetzung mit den Fürsten auf die Bildung der Reichskreise verschob.

Das Ergebnis des Vorparlaments war etwas zwiespältig. Um so mehr sah die Gegenseite sich ermutigt.

Unter Umgehung des Ministeriums wurde am bayerischen Hof der „Entwurf von Grundzügen einer nationalen deutschen Bundesverfassung"[264] ausgearbeitet. Er beruhte auf der Vereinbarungstheorie und strebte in seinen 36 Artikeln und einer beiliegenden 19seitigen Erklärung die Bildung eines dritten Deutschland („Triasidee") neben Österreich und Preußen an. Es sollte die deutschen Mittelstaaten zusammenfassen, wobei Bayern als deren größtem die Führung zufiel, was gleichzeitig diesem Plan das bedeutendste Hindernis in den Weg stellte. Der im wesentlichen auf Dahlmann zurückgehende Verfassungsentwurf der siebzehn Vertrauensleute beim Bundestag war am 1.

Mai in München bekannt geworden. Am 2. Mai wurde der „Entwurf" bekannt gegeben. Er sollte dem Dahlmannschen Entwurf entgegentreten und deutete – zusammen mit der politisch motivierten Abberufung Willichs (27.4.) und dessen Ersatz durch Freiherrn Karl von Closen – ziemlich offen auf gegenrevolutionäre Absichten der bayerischen Regierung. Am 9. Mai wurde der Entwurf dem Freiherrn von Closen zugesandt und damit zu offizieller bayerischer Politik gemacht. Sogar dem fürstenfreundlichen Eisenmann, der ihn bei von Closen einsah, war der bayerische Entwurf zu partikularistisch[265], von den Liberalen wurde der Entwurf im großen und ganzen als Gegenstück zum Projekt der Nationalversammlung empfunden und abgelehnt.[266] Ebenso hatte auch die Triasidee zunächst wenig Anhänger. In der Publizistik überwog im Frühjahr 1848 das Eintreten für eine gesamtdeutsche Lösung mit einer einheitlichen Reichsführung, die man sich mitunter als mehrköpfiges Direktorium (statt einer Einzelperson), in der Regel aber als monarchisch vorstellte. Die bayerische Gegenrevolution aber hatte damit ihr nationalpolitisches Programm geschaffen und vorgelegt.

7. Volksbewegung, Nationalversammlung und Landtag

7.1. Die Wahlen zur Nationalversammlung

Sofort nach dem Ende des Vorparlaments begann der Wahlkampf. In verkleinertem Maßstab und mit regionalen Verschiebungen wiederholten sich hier die Frontstellungen und Zielsetzungen des Vorparlaments, und im Zuge dieser Auseinandersetzungen formierten sich nach und nach politische Lager, manchmal in groben Blöcken nach Konservativen, Liberalen und Demokraten geordnet, manchmal in blockübergreifenden Koalitionen. Es war ein mühsamer Anfang, denn nach den Jahren der vormärzlichen Repression konnten die Liberalen und Demokraten nur wenig auf vorhandene Strukturen zurückgreifen, während das dichte Milieu der Beamten und auch des Klerus bereits eine Vorstufe politischer Formierung darstellte und in diesem Sinne vom Konservatismus auch erfolgreich benutzt wurde. Immerhin bot der Wahlkampf zum ersten Mal Gelegenheit zu öffentlicher politischer Betätigung, die nun einen deutlichen Aufschwung nahm, der nach dem Zusammentreten der Nationalversammlung wieder etwas abflachte. Von einer „Massenpsychose“[267] ist jedoch trotz des lebhaften Einsatzes aller Parteien beim Wahlkampf nichts zu bemerken.

Spätestens mit Beginn der Wahlen fand der Aufbau der Bürgerwehren und Freikorps seinen Abschluß. Diese waren im März in allen größeren und in vielen kleinen Städten entstanden, in den Universitätsorten bildeten die Studenten eigene Wehren. Sie beriefen sich zum großen Teil auf das demokratische Recht der „Volksbewaffnung“, worunter man eine – im Prinzip auch vom Liberalismus angestrebte – Wehrverfassung meinte, die den Mißbrauch durch einen Einzelnen/Fürsten erschweren sollte. Bei der Anfang März einsetzenden Bildung militärischer Strukturen durch Zivilisten entstand aber keine durchgängige Volksbewaffnung, sondern eine vom Kleinbürgertum getragene und vom Mittelstand[268] geleitete militärische Formation, von der die Unterschichten weitgehend ferngehalten wurden. Diese Zivilistentruppen waren der militärische Arm des Liberalismus, der sich gegen eine Weiterführung der Revolution ebenso richtete wie gegen eine Rückkehr zum absolutistischen Vormärz.

Als Friedrich Hecker und Gustav von Struve nach dem Vorparlament zum Aufstand riefen, stellten sich die mittlerweile aufgestellten Freikorps in Bayern in aller Regel als Stützen der Status quo dar. Hecker und Struve hatten die nicht geringe Enttäuschung über den Ausgang des Vorparlaments zunächst zu einem Vorstoß genutzt, der die Entscheidung des Vorparlaments aushebeln sollte. Am 5. April richteten sie an die badische Regierung die Aufforderung, durch unverzüglich im ganzen Land einzuberufende Volksversammlungen eine Entscheidung über Monarchie oder Republik herbeizuführen. Die badische Regierung wandte sich in der nicht unberechtigten Annahme, ihr Bestand sei dadurch gefährdet, an den Bundestag und erhielt von ihm Hilfe durch das VIII. Bundeskorps, das aus Truppen der umliegenden süddeutschen Staaten (Bayern, Hessen, Württemberg) bestand, die Liberalen hießen diese Maßnahme gut und stellten sich auf die Seite der Regierung. Diese unvermutete, starke und entschlossene Gegnerschaft verleitete Hecker und Struve zu einem Aufstand. Am 12. April erließen sie von Konstanz aus einen Aufruf zur Beteiligung am Marsch auf die badische Hauptstadt. Ihre Landsleute zeigten aber nicht die erhoffte revolutionäre Spontaneität, und zwei Wochen später war der Aufstand zusammengebrochen. In seinen psychologischen Folgen der Sache der Demokratie eher abträglich, führte der Aufstand auf der anderen Seite zu einem gewissen Kult um die Person Heckers.

Spätestens mit der Rückkehr der Teilnehmer am Vorparlament begann der Wahlkampf. München lag unter der Vorherrschaft eines liberal-konservativen Konsenses im Zeichen der Abwehr gegen die Revolution. Das fundamentalistische Lager war aus diesem Konsens ausgeschieden und in die Isolation abgedrängt, es war jedoch nicht untätig: Am frühesten bemühte sich die äußerste (fundamentalistische) Rechte um eine geschlossene Organisation, man konnte auf die bisherigen, von den Märzereignissen unberührten Strukturen und Kontakte zurückgreifen. Neben der Augsburger Postzeitung stand ihr ab Anfang April im „Volksboten“ ein Organ zur Verfügung, das geschickt den Unpolitischen spielend und harmlose Alltagsdinge besprechend, auf die Eigenart der fundamentalistischen Klientel – der unteren Schichten – zugeschnitten war. Das Blatt wurde verschiedenen Meldungen zufolge sehr freigebig verteilt und vom Grafen Arco-Valley finanziell unterstützt. Seine Einflußmöglichkeiten waren aber zunächst sehr beschränkt. Ein „Manifest der Ultramontanen“ ist noch sehr bescheiden[269] und begnügt sich mit der Forderung, den Lehrstuhl des verstorbenen Görres nicht an Fallmerayer zu geben, es ist mehr eine individuelle Äußerung zu einem singulären Problem als ein Parteiprogramm.

Die Historisch-politischen Blätter, das eigentliche Theorieorgan des Fundamentalismus, fanden erst allmählich zu richtungweisenden Beiträgen, aus diesem Kreise kamen die wichtigen Anstöße zur Bildung einer ultrakonservativen Partei. Während die Historisch-politischen Blätter sich zu taktischen Überlegungen fähig erweisen, dringt aus dem Volksboten und der Augsburger Postzeitung von Anfang an die Ablehnung von Revolution und Demokratie. In keinem anderen Blatt wird zu dieser Zeit der Bamberger Demokrat Titus so häufig erwähnt wie im Volksboten und der Augsburger Post. Das Vorparlament zeigte den konservativen bzw. reaktionären Kräften, daß sie ohne Gefahr öffentlich agieren konnten, und der Heckerputsch war gut geeignet, sich den Liberalen als Helfer in der Abwehr der „Anarchie“ zu empfehlen; sie konnten im Augenblick nichts Besseres tun, als für das „Bestehende“ einzutreten, und das war nicht wenig.

Mitte April entschärfte der gemäßigte Konservatismus der Bürokratie durch die formelle Gewährung einer Amnestie für „Märzvergehen“, die faktisch längst vollzogen war, die Konfrontation und erweckte den Eindruck von Entgegenkommen. Die Amnestie mußte um so mehr als Zeichen guten Willens gelten, als die fundamentalistische Seite dagegen war.[270] Überhaupt ist die fundamentalistische Partei in diesen Tagen dadurch zu erkennen, daß, wenn überhaupt jemand, dann sie ein gewaltsames Einschreiten gegen die Revolution befürwortet. Dennoch fielen die grundsätzlichen Entscheidungen gegen sie, und es gelang ihr nur ein paar abgelegene Dörfer mit dem Argument, das Ablösungsgesetz benachteilige die Besitzer der „freien“, nicht feudal gebundenen Höfe, zu beeindrucken und zu Unterschriften unter Petitionen zu bewegen. Daß freieigene Höfe, weil sie abgabenfrei waren, höher im Preis standen, war eine Folge des

Feudalwesens, dessen Abschaffung auf dem Wege des Ablösungsgesetzes angesagt war. Die demagogische Argumentation stellte einen ernstgemeinten Versuch dar, die Abschaffung des Feudalwesens zu verhindern. Ein Potential für den Fundamentalismus war ferner vor allem im technisch rückständigen Gewerbe vorhanden, so verlangten die Tuchmacher von Tirschenreut (Opfz.) den Austritt aus dem Zollverein[271], weil die durch ihn verbreitete Fabrikware sie ruinierte. In Niederbayern traten einige Feudalherrn, vermutlich in Kontakt mit fundamentalistischen Kreisen, bald wieder recht selbstbewußt und unbeeindruckt auf, der Schriftführer der Engertshamer Bauernversammlung mußte sich gegen Angriffe des Adels wehren.[272] Auch in Bamberg, wo die politischen Lager sich am deutlichsten differenziert hatte, meldete sich frühzeitig eine fundamentalistische Rechte mit unrealistischen Vorschlägen für eine gewaltsame Niederschlagung der Revolution zu Wort.[273] An der Wahl zur Nationalversammlung nahm die äußerste Rechte bereits mit einem von Dr. Döllinger verfaßten Wahlaufruf und einer 92köpfigen Kandidatenliste[274] teil.

Die übrige, gemäßigte Rechte fand im „Constitutionell-monarchischen Verein“ eine passende Organisation. Der Verein konstituierte sich in München am 2. April 1848. Das Vorparlament drängte die Konservativen zur Sammlung, und schon seit März hatte man die Gründung vorbereitet. Da zunächst die Wahlen im Vordergrund standen, hielt sich der Verein als solcher zurück, mit konservativen Parolen war zu diesem Zeitpunkt keine Wahl zu gewinnen. Am 20. April erschien sein Programm.[275] Die Berufung auf die Proklamation vom 6. März und auf die Vorzüge der monarchischen Reformtätigkeit ist der in zeitbedingte Vorsicht eingepackte konservative Kern des Programms. Sitz und Lokal des Vereins war anfangs die Gastwirtschaft Gmähle. Der Verein litt anfangs unter Mitgliedermangel, und von den Gründern – Juwelier Keyhl, Eisenhändler Rosenlehner und die Advokaten von Nibler, Hierneiß, von Seybold und Simmerl – konnte nur Hierneiß größere politische Bedeutung gewinnen. So trat der Verein bei der Wahl nicht eigens hervor, seine Mitglieder scheinen sich sowohl bei den Fundamentalisten wie auch mit rechten Liberalen im „Ottschen Klub“ zusammengetan zu haben. Umgekehrt war der Ottsche Klub wohl auch eine Urzelle des Konstitutionell-monarchischen Vereins. Eine endgültige Satzung gab er sich erst am 20. Mai.[276]

Jene „Anzahl Bürger, Ständemitglieder und Notabeln der Stadt“[277], die am 17. April 1848 beim Weinwirt Ott zusammentraten, um ein Wahlprogramm zu entwerfen und eine Wahlliste zu erstellen, waren wohl dieselben, die schon bisher das Lokal bevorzugt zu Beratungen aufgesucht hatten. Der Wirt und Weinhändler Ott war auch einer der leitenden Offiziere der Münchener Landwehr. Bei Ott hatten sich seit Anfang März die gehobenen Kreise Münchens zu Beratungen versammelt und hier entstand auch die zweite Münchener Adresse. Vom Volksmund als der Ottsche Klub bezeichnet, war er als eine Art überparteilicher Versammlung bei konservativem Übergewicht bereits eine feste Einrichtung.[278] Am 17. April traten diese Kreise zu den Wahlvorbereitungen zusammen. Die Teilnehmer der Versammlung können nicht benannt werden, doch zeigt die Kandidatenliste, daß es sich im wesentlichen um ein Bündnis von gemäßigt Konservativen mit rechten Liberalen handelt. Die Münchener Liberalen konnten sich noch nicht freischwimmen vom gemäßigten Konservatismus. Die Grundlage des Bündnisses war der Wille zur Beibehaltung der konstitutionellen Monarchie und zur Durchführung einer mäßigen Reformpolitik. Das Programm, soweit es in seinem „Aufruf an die Wähler am Lande" und dem „Aufruf an die Wahlmänner" greifbar ist, wurde von der linksliberalen Konkurrenz als tendenzlos, widersprüchlich, zu allgemein, als weder kalt noch warm kritisiert[279], und das ist ein noch immer annehmbares Urteil.

Der Ottsche Klub versuchte – deshalb die „Weite" seines Programms – durch die Aufnahme bestimmter Kandidaten – des nachmaligen Münchener Abgeordneten Ministerialrat von Hermann und des Juristen Dr. Hermann – in seine Liste sich einen linksliberalen Touch zu geben, aber seine eigentliche Identität bezog er daraus, daß er ein tendenziell konservativer Bund gegen Republikanismus und Fundamentalismus war, nicht wenige seiner Mitglieder gehörten dem Constitutionell-monarchischen Klub an oder waren, wie der Ministerialrat Dr. Daxenberger, ausgewiesene Konservative.[280] Diese Taktik sicherte ihm auch den Wahlerfolg in München. Die Liste mit den 106 Kandidaten für die Nationalversammlung war an sich wahltechnisch ohne Bedeutung, sie sollte nur dem Umland eine grobe Orientierung über den aus seiner Sicht wählbaren Personenkreis geben. Die eigentlich wahlentscheidende Aktion des Klubs war seine Wahlmännerliste: er schlug für jeden der 42 Münchener Urwahlbezirke Wahlmänner vor und verhinderte damit eine Zersplitterung der Stimmen. Finanzielle Mittel standen ihm anscheinend genügend zur Verfügung. Sein letztendlicher Erfolg – seine Kandidaten Fallmerayer[281] und von Hermann wurden gewählt, der Bauhofklub, aber auch die Fundamentalisten, gingen leer aus – beruhte weniger in seinen Aufrufen und seiner breitgefächerten Kandidatenliste[282] als in der gezielten Vorbereitung der Urwahlen durch Wahlmännervorschläge für jeden einzelnen Urwahlbezirk.

Der Wahlkampf bestand also in München darin, daß der gemäßigte Konservatismus sich in dem Ziel der Erhaltung der konstitutionellen Monarchie mit dem gemäßigten Liberalismus traf und diesen in seinen Kampf gegen weiterreichende politische Ziele integrierte, wie sie der linksliberale Bauhofklub vertrat. Die Kandidatur und Wahl linksliberaler Kandidaten bedeutete nicht, daß München eine „linke" Stadt war. München war weder im Februar, noch im März, noch im April 1848 eine links dominierte Stadt, die Linke kam in München, wie sich ein Jahr später bei der Reichsverfassungskampagne deutlich zeigte, nie über den Stand einer qualifizierten Minderheit hinaus, gewisse Abweichungen im Frühjahr 1848 waren mehr das Ergebnis des den konservativ-liberalen Block zum Lavieren zwingenden gesamtdeutschen als der lokalen politischen Situation.

Gleich in den ersten Apriltagen wurde in München ein „Verein zur Besprechung vaterländischer Angelegenheiten" gegründet. Auch er ist wohl aus der Ottschen Küche hervorgegangen. Es ist der erste jener Vereine, die sich nach den Erschütterungen durch das Vorparlament und den Heckerputsch die Bewahrung der konstitutionellen Monarchie und die Abwehr weiter gehender demokratisch-republikanischer Tendenzen zur definitiven Aufgabe machten. In der Gründungsversammlung am 3. April wurde ein provisorischer Ausschuß bestellt, der die Wahl des endgültigen Ausschusses mit 24 Mitgliedern[283] durchzuführen hatte. Dieser Ausschuß ist politisch noch sehr weit gefaßt, er geht von Linksliberalen (Dr. Greiner, Prof. Lindemann) über die liberale Mitte (Leo Hänle) bis ins konservative Lager (Mitglieder des Constitutionell-monarchischen Vereins wie Schulze, Rosipal, Seidl, Keyhl und Beilhack) hinein und wird wegen eben dieser Breite auch bald auseinanderbrechen, wovor ihn auch der nur bedingt zutreffende, selbstgewählte Name „Volksverein" nicht bewahren konnte. Anscheinend hatte bei allen politischen Richtungen anfangs das Bestreben vorgeherrscht, im Schulterschluß aller nicht-absolutistischen und nicht-feudalen Kräfte die anstehenden Veränderungen durchzusetzen; das dauerte aber nicht lange. Eine eigentliche Vereinsstruktur hat sich über den Ausschuß hinaus nur ganz undeutlich herausgebildet, man kann sagen, daß der Ausschuß mit einigen Erweiterungen der Verein war und die ihn wählende Versammlung nichts weiter als eine der üblichen Volksversammlungen.

Am 5. April wurde bei einer von ihm einberufenen Versammlung nach den endgültigen Ausschußwahlen eine Petition für Öffentlichkeit der Sitzungen der Kammer der Reichsräte in Vorschlag gebracht. Die Versammlung konnte sich, obwohl dieses Anliegen auch von vielen Pressestimmen unterstützt war, noch nicht zu deren Verabschiedung entschließen, wobei die vorgebrachten Gründe eine absichtsvolle Rücksichtnahme auf Adel und regierende Kreise erkennen lassen. Der Verfasser der Petition[284] war der Professor Lindemann[285], dessen Liberalismus immerhin so deutlich ausgeprägt war, daß sein Name auf einer der von den Fundamentalisten zusammengestellten „Proskriptionslisten" stand. Daß die Petition überhaupt besprochen wurde, war jenem Teil des politischen Spektrums zu verdanken, der in der Versammlung, nicht aber im Ausschuß vertreten war.

Da inzwischen die Beratungen des Landtags zum Wahlgesetz begonnen hatten, richtete der Ausschuß an den Landtag ein „Promemoria". Er plädierte in dieser Denkschrift für ein recht eingeschränktes Wahlrecht. Dies rief erheblichen Unmut hervor, der sich in der nächsten Versammlung am 12. April Luft machte. In dieser Versammlung[286] wurde zuerst das Ergebnis der Wahl zum Ausschuß bekanntgegeben, der sein Amt drei Monate ausüben sollte und, in vier Sektionen aufgeteilt, die Aufgabe hatte, „Anträge entgegenzunehmen, das monarchisch-constitutionelle Prinzip aufrecht zu erhalten, die Verwirklichung der am 6. März durch Erlassens k. Proklam. gewonn. Errungenschaften zu erstreben, den Rechtszustand zu fördern etc." Dann kam aus der Versammlung gleich der Protest gegen das Promemoria, das als zu restriktiv zurückgewiesen wurde; andere Versammlungsteilnehmer verteidigten das Promemoria. Dies führte zu einer ausgiebigen Diskussion darüber, ob der Ausschuß berechtigt sei, im Namen der Versammlung zu sprechen. Dabei war entscheidend, ob sich die Versammlung insgesamt als „Volksverein" bzw. „Verein zur Besprechung vaterländischer Angelegenheiten" oder als Volksversammlung mit mehreren unabhängigen politischen Richtungen verstand.

Fast zur gleichen Zeit, noch vor dem 7. April[287], entstand der „Bauhof-Klub", eine nach dem Gründungslokal[288] benannte „Partei", in der sich der linke Liberalismus und demokratisch-republikanische Tendenzen zusammenfanden. Man muß sich die Vorgänge in München Anfang April so vorstellen: Es gab mehrere politische Aktivitäten und Gruppen in München, die nebeneinander[289] arbeiteten. Der Volksverein hatte zuerst zu einer Volksversammlung geladen und beanspruchte dabei den Vorsitz. Als andere „Vereine" entstanden, beanspruchten diese gleiche Rechte in einer immerhin öffentlichen Versammlung. So konnte es nicht ausbleiben, daß sich in der Versammlung im Zweibrükkensaal am 12. April jemand – vermutlich ein Mitglied des Bauhofklubs – mit der Meinung zu Wort meldete, es müßten „politische Klubs" gebildet werden, „um die Wirksamkeit der Versammlung zu sichern, in diesen (den Klubs – der Verf.) könnten Gegenstände behandelt und in der größern Versammlung Berichte abgestattet werden". Die Stoßrichtung des Antrags lief darauf hinaus, dem Bauhofklub Rederecht in der Versammlung des Volksvereins zu erwirken. Wenn anerkannt war, daß in der Versammlung mehrere politische Klubs bzw. Richtungen existierten, dann konnte der Ausschuß des „Volksvereins" nicht mehr als alleiniger Sprecher und Leiter der Volksversammlung auftreten.

Man beließ zwar in dieser Versammlung dem (Volksvereins-)Ausschuß noch den Vorsitz, er verlor aber auf Grund seiner eigenen politischen Zwiespältigkeit[290] an Einfluß und löste sich nach einer oder zwei weiteren Sitzungen (am 13. und 19. April[291]) auf. Vermutlich kehrte er in den Schoß des Ott'schen Klubs zurück, während der Bauhofklub in den Vordergrund trat. Er beherrschte die nächste Volksversammlung[292], die am 15. April stattfand, mit seinen Forderungen zum Wahlrechtsgesetz. Als Ergebnis der Versammlung ging am 21. April eine Petition, die sich gegen das im bayerischen Landtag entstehende Wahlgesetz wandte, an den sog. Fünfzigerausschuß in Frankfurt (Main), der mit der Ausführung der Beschlüsse des Vorparlaments beauftragt war[293], und löste dort heftige Debatten aus.

Den im Bauhofklub vertretenen „Staatsdienstaspiranten, Literaten, Studenten, Künstlern, Gelehrten, Arbeitern, dem Militär etc." ging es darüber hinaus um mehr. Die eigene Stellung soll zu der einer Vorhut des Linksliberalismus in Bayern ausgebaut werden; dies geht aus einer Broschüre des im Bauhofklub auftretenden Publizisten Carl Riedel[294] hervor. Gleichzeitig und in Folge dieser linksliberalen Tendenz verfolgte und diskutierte er den Plan, es möchte auch in Bayern ein konstituierender Landtag stattfinden, um eine deutliche Zäsur gegenüber dem vorherigen Regime zu setzen. Der Hinweis in der Wahlrechtspetition auf „unsere (bayerischen – der Verf.) Kammern, in ihrer Mehrzahl die Ueberbleibsel des vorigen Systems" zeigt diesen Zusammenhang. Eine große vom Bauhofklub durchgeführte Volksversammlung am 18. April blieb bei dieser politischen Linie und stellte die Kandidaten für die Wahl auf.[295]

Die Forderung nach einem neuen Landtag war eine Forderung, die Linksliberalismus und Demokratie in ganz Bayern stellten. Aber im altbayerisch-münchenerischen Umfeld klang sie schriller als in den übrigen Landesteilen, und so erhielt der Bauhofklub eine Aufmerksamkeit in der Berichterstattung, die weit über seine tatsächliche Bedeutung hinausging. Doch melden, wenigstens im April, die meisten Berichte um die 500 Versammlungsteilnehmer – und gleichzeitig starke Anfeindungen.

Die vom Bauhofklub aufgestellten oder erwünschten Kandidaten gehörten überwiegend dem linksliberalen, zum Teil auch dem demokratischen Lager an, bezeichnenderweise sollte auch Ludwig Feuerbach als Kandidat gewonnen werden. Die vom Vormärz her bekannten pfälzischen Liberalen, die Münchener Linksliberalen und über ganz Bayern verstreute Oppositionelle fanden auf der Liste Platz, Personen wie Universitätsrektor Thiersch, der Würzburger Strafrechtsprofessor Edel und (der spätere, damals noch als liberal geltende bayerische Minister) von der Pfordten lagen jenseits – rechts – der bauhöfischen Toleranzschwelle[296] .

Am 15. April trat das bayerische Wahlgesetz in Kraft. Damit begannen die eigentlichen Wahlvorbereitungen in den Behörden und Parteien. Am 18. April wurde das Wahlmanifest[297] des Bauhofklubs beraten, es trägt vorwiegend linksliberalen Zuschnitt. Am gleichen Tag fand auch eine Volksversammlung in der Vorstadt Au statt.[298] In einer gut besuchten Veranstaltung[299] am 24. April stellten sich einige seiner insgesamt 52 Kandidaten einer großen Versammlung vor.

In Schwaben führte vor allem Augsburg Wahlkampf. Eine bedeutende Versammlung fand am 24. April in Günzburg statt. Eine Delegation aus Augsburg reiste an, es ging in dieser Versammlung anscheinend darum, das ländliche Schwaben vor den linken Versuchungen aus den westlichen Nachbarländern zu bewahren. Insgesamt konnte sich ein gemäßigter Liberalismus gegen links und rechts gut behaupten.

In Franken gehen die Liberalen mit den Vereinsgründungen und der Vorbereitung des Wahlkampfs voraus. Geringer als in Altbayern ist hier die Macht der Konservativen, etwas deutlicher entfaltet sich ein linker Liberalismus, und in kleinen Gruppen zerstreut geht die Demokratie durch das Land.

Den Wahlkampf der Liberalen in Franken bestritt im wesentlichen Gottfried Eisenmann. Sein Ansehen als Opfer des vormärzlichen Regimes war überragend. Als er zum Vorparlament in Frankfurt eintraf, wurde er festlich empfangen, er stand im Frühjahr 1848 auf der Höhe seines Ruhms, und eine glänzende Zukunft schien ihm bevorzustehen. Bei den Beratungen des Vorparlaments war er ein viel beachteter Redner, aber es zeichnete sich auch schon ab, daß er ziemlich allein stand oder alleinstehen wollte. Nun stürzte er sich, nachdem er schon im März zusammen mit dem fränkischen Konservativen von Rotenhan einer Sammlungsbewegung zugunsten der konstitutionellen Monarchie vorgearbeitet hatte, in den Wahlkampf, obwohl er eigentlich zum Mitglied des Fünfzigerausschusses gewählt worden war.

Auf Eisenmanns Betreiben war schon in den ersten Apriltagen in Nürnberg ein Ausschuß zur Agitation für die konstitutionelle Monarchie[300] gebildet worden. Es ist aber nicht so, daß erst Eisenmann politisches Leben nach Nürnberg gebracht hätte. Nachdem eine Bürgerversammlung am 12. März vorausgegangen war, erklärten die Gemeindebevollmächtigten am 13. März, Bestelmeyer – der langjährige vormärzliche Fassadenoppositionelle Nünbergs – könne zwar sein Landtagsmandat ausüben, aber ihr Vertrauen habe er nicht mehr. Um diese Zeit schrieb der Nürnberger Kurier: Angesichts der baldigen Eröffnung der Kammern möge krank werden, wer sich seinen Aufgaben nicht mehr gewachsen fühle.

Bei der Rückkehr aus Frankfurt machte Eisenmann in Würzburg Station. Hier war nach Beschluß einer Bürgerversammlung vom 28. März – dieselbe Versammlung hatte auch die Abgeordneten zum Vorparlament gewählt – die Wahl eines Ausschusses für Organisation und Leitung der Volksversammlungen mit 15 Mitgliedern[301] angeregt worden. Die Wahl wurde dann am 4. und 5. April durchgeführt und brachte ähnlich wie in München ein Ergebnis, das alle politischen Richtungen vom rechten bis zum linken Liberalismus berücksichtigte. In der großen Volksversammlung vom 6. April – sie mußte wegen Besucherandrangs aus dem Saal ins Freie verlegt werden – wurde die Gründung eines Wahlkomitees vorgeschlagen, man beließ es aber bei dem einen Ausschuß.

Im wesentlichen galt die Versammlung der Kandidatenvorstellung. Eisenmann stellte sich hier als Kandidat für die Nationalversammlung vor, er fand aber bereits Widerspruch, und zwar vor allem durch den Rechtskonzipisten Gottfried Widmann, ebenfalls ein Opfer des vormärzlichen Regimes. Eisenmann hatte zu diesem Zeitpunkt seine „Ideen“ zu einer zukünftigen deutschen Verfassung und einen Bericht über das Vorparlament und seine Stellung darin vorgelegt. In den „Ideen“ schlug er einen föderativen Bundesstaat vor mit einem Kaiser an der Spitze, der in fünfjährigem Wechsel von Preußen, Österreich und Bayern gestellt werden und in Nürnberg, Bamberg oder Regensburg residieren sollte. Außerdem trat er für ein strenges Zensuswahlrecht ein. In seinem, mit Hilfe der Behörden verbreiteten Bericht aus dem Vorparlament, rief er zur Sammlung der Konstitutionellen auf, um den Republikanern das Wasser abzugraben. Die Gründung eines demokratischen Komitees in Frankfurt, darunter der Bamberger Anwalt Titus, war soeben auch von den Würzburger Zeitungen gemeldet worden.

Mit solchen Ideen fand Eisenmann im allgemeinen Zustimmung und Hilfe seitens der Liberalen und – weil Eisenmanns Konstitutionalismus äußerst gemäßigt war – der Konservativen, doch in der Versammlung stieß Eisenmann sofort auf Widerspruch. Widmann sprach sich „mit Offenheit“[302] gegen Eisenmann, seine Kaiseridee und seine Wahlrechtsvorstellung aus. Widmann fand einigen Anklang, aber auch sehr starken Gegendruck seitens der sich formierenden Liberalen. Zunächst mußte sich Widmann wegen seines Verhaltens im Vorparlament rechtfertigen. Am Tage nach der Versammlung gab er zusammen mit Schönecker eine Erklärung[303] ab, der zu Folge ihr Austritt aus dem Vorparlament sich auf die „Epuration“ des Bundestages[304] und nicht auf die Einführung der Republik bezogen habe.

Der konservativ-liberale „Korrespondent von und für Deutschland“, ein Nürnberger Blatt von überregionaler Bedeutung, wandte sich gegen Widmann und Schönecker in einem Artikel, der von der etwas wankelmütigen Würzburger Lokalpresse[305] übernommen wurde: Die stärkeren Bataillone standen auf Seite der Liberalen. Die Parteinahme des „Korrespondenten“, der auch in der Folgezeit mit abstrafenden Bemerkungen alles meldete, was die Grenzen eines konservativen Liberalismus überschritt, war wohl Ergebnis jener Abmachungen vom März 1848, mit denen der Regierungspräsident von Mittelfranken, die Revolution einzudämmen versuchte. Schönecker gab denn auch bald zu verstehen, daß er nicht kandidieren werde.[306]

In den Tagen nach der Versammlung entstand, wohl unter Mithilfe Eisenmanns, die „Gesellschaft der Freunde der konstitutionellen Monarchie“, deren vorläufiger Ausschuß Mitte April Programm und Statuten veröffentlichte.[307] Wenn eines ihrer Vorstandsmitglieder, der Rechtsanwalt Zorn, von der „Gesellschaft“ sagte, Parteien im eigentlichen Sinne gebe es in Würzburg noch nicht[308], so deutet das darauf hin, daß sie im wesentlichen ein Bündnis reformwilliger Konservativer und gemäßigter Liberaler gegen fundamentalistischen und republikanischen Radikalismus war. Doch war der Widerstand – er kam unter anderem in zahlreichen Leserzuschriften in der Neuen Würzburger Zeitung zum Ausdruck – gegen die verhältnismäßig konservative Tendenz Eisenmanns inzwischen so stark, daß die Konstitutionellen in ihrem Programm erklärten, sich einsetzen zu wollen für „konstitutionelle Monarchien, ganz verschieden von denen, wie sie seither in Deutschland bestanden sind“. Damit nahmen sie auf den demokratischen Willen zu einer deutlichen Veränderung Rücksicht.

Der Aufwand, den die Liberalen im Falle Würzburgs betrieben, deutet darauf hin, daß sich hier eine linksliberal-demokratische Formation herauszubilden begann, mit der als qualifizierter Minderheit zu rechnen war.[309] Der organisatorische Vorsprung der Liberalen war aber, seit sich die „Gesellschaft" gebildet hatte und sich am 17. April mit dem Komitee zur Leitung der Volksversammlungen zum eigentlichen Wahlkomitee vereinigt hatte, uneinholbar. Davon und vom (indirekten) Wahlrecht begünstigt, bekam Eisenmann eine überwältigende Mehrheit von 110 Stimmen gegen 10 für Widmann und 6 sonstige. Die politische Wirklichkeit war wohl nicht so eindeutig wie das Wahlergebnis.

Einen Stützpunkt hatte Eisenmann auch im Schweinfurter Versammlungskomitee. Im westlichen Unterfranken (Miltenberg, Aschaffenburg) bemühte er sich wohl ebenfalls um Einfluß, aber hier war die aus den Nachbarländern kommende politische Strömung schon sehr ungünstig für ihn.

In Unterfranken, vor allem im Landgericht Haßfurt und in Schonungen, machten sich während des Wahlkampfs militant katholische, fundamentalistische Gruppen bemerkbar. Der dortige Landrichter muß kein „Mann der alten Schule" und Anhänger des Staatskirchenrechts gewesen sein, wenn er gegen deren Selbstbewaffnung einschritt.[310]

Zur Wahlzeit suchte das Würzburger Wahlkomitee seinen Einfluß auf ganz Unterfranken auszudehnen und seine Kandidaten in einem eigenen Aufruf bekannt zu machen.

Bamberg war seit dem Sommer 1847 in den Augen der Regierung und der Monarchie unangenehm auffällig, und von März 1848 an hatte Bamberg immer die „schlimmsten" Erwartungen erfüllt. Dabei spielte wohl auch eine Rolle, daß die Kirche seit spätestens 1847, seit den Vorkommnissen wegen der Montez, in einiger Distanz zu den staatlichen Stellen stand und als konservative Ordnungsmacht ausfiel. Nicht nur die durchgehenden Erfolge Titus' und seiner „Partei" bei den Versammlungen, sondern auch andere Erfolge mahnten. Es gelang den Demokraten, am 26. März die Vereidigung der Landwehr auf die Verfassung empfindlich zu stören; es war die dahinter stehende Absicht der Demokraten, die Landwehr eben nicht auf die bestehende Verfassung vereidigen zu lassen. Trotz aller Bemühungen konnte der Regierungspräsident von Oberfranken die Angelegenheit nicht ganz in Ordnung bringen: als die Zeremonie zwei Wochen später nachgeholt wurde, nahmen die Landwehrmänner „in großer Zahl"[311] – aber nicht alle! – teil.

Auf den 10. April war in Bamberg eine Versammlung – es war die vierte große Volksversammlung – einberufen worden, die schon im Vorfeld große Aufregung bei den Behörden[312] auslöste, weil Zuzug aus den umliegenden Landgemeinden erwartet wurde. In Bamberg waren die Demokraten immer noch in der Vorherrschaft. Advokat Titus war Mitglied im demokratischen „Central-Komitee" für die Wahlen zur Nationalversammlung, Bamberg war also ein Ort, um den es zu kämpfen galt. Unangemeldet kam Eisenmann mit Begleitern auf dem Bamberger Bahnhof an, er suchte sofort die Versammlung in der Dominikanerkirche auf, ließ seine Broschüren verteilen und erhielt in fairer Weise Rederecht. Das Auftreten des berühmten Mannes schmälerte die Wirkung, die sich die Demokraten von dieser Veranstaltung für sich erwartet hatten. In einem über mehrere Nummern sich hinziehenden Bericht suchte der Fränkische Merkur den Vorgang durch angestrengte Erinnerung und Nachforschung zu klären. Nach der ersten Verwirrung kam dann doch die Zuversicht auf, die Wirkung des Besuches könne nicht allzu groß gewesen sein. Immerhin war es wohl eine Folge der Eisenmannschen Intervention, daß am 13. April von einer Versammlung im Erlanger Hof ein monarchisch-konstitutioneller Verein gegründet und ein neuer Ausschuß für Volksversammlungen gewählt wurde: „endlich" sei man „von der republikanischen Bevormundung befreit", wurde den Freunden in Würzburg mitgeteilt.[313]

Die Fronten zwischen Demokraten und Liberalen traten nun schärfer hervor, von einer „Spaltung" der Bürgerschaft ist nun die Rede.[314] Der Ausschuß, der im März die Volksversammlungen einberufen hatte, galt nun schon als Jakobinerklub.[315] In Wirklichkeit bestand die demokratische Partei Bambergs nur aus 20 bis 30 Mann, „denen freilich das Gros des Volkes (nicht Bürger) bisher blindes Vertrauen schenkte", obwohl man ihnen, vor allem seitens der „niederen Bürgerklasse", Irreligiosität vorwarf. Da es „den bessern Bürgern" jedoch an „Rednern, Energie und Zusammenhalt"[316] fehlte, beherrschten die Demokraten auch weiterhin das Feld, im neuen Ausschuß für Volksversammlungen bekamen sie wieder eine Mehrheit[317] und eine „Bekanntmachung" ist wohl als eine Art Gründungsdokument eines demokratischen Vereins zu verstehen, dessen erste Ansätze sich bereits im März zeigten. Kleinere Vorfälle wie Prügeleien zwischen politischen Gegnern (der Fall Silbermann[318]) und die Unruhen am Wahltag in Folge der Nachricht, Koburger Flößer wollten Bamberg stürmen, zeigen die Polarisierung und die Stärke der Demokraten. Der Arzt am Krankenhaus Dr. Brendel trat in Broschüren und öffentlichen Erklärungen gegen Eisenmann auf. Das in Bayreuth gegründete Wahlkomitee für Oberfranken[319], das unter liberaler Leitung stand, hatte hier nichts zu melden.

Dann wandte sich Eisenmann Nürnberg zu. Auch hier sammelten sich die Konstitutionellen um ihn. Es waren meist – die Advokaten Lindner und Korte und der spätere Abgeordnete zur Nationalversammlung Krafft sowie dessen Ersatzmann Kalb – Burschenschafter wie Eisenmann, die für ihn auftraten. Auf demokratischer Seite entstand am 12. April[320] der „Politische Verein". Gustav Diezel, Redakteur beim „Korrespondenten von und für Deutschland", und der seit zwei Jahren am Krankenhaus tätige Dr. Lunckenbein waren die Sprecher des Vereins. Diezel, vorher Redakteur beim Nürnberger „Korrespondenten von und für Deutschland", gründete wenig später mit Hilfe von Kommanditisten den „Freien Staatsbürger", der über den Verein hinaus eine Leserschaft eroberte und bald Einflüsse der Neuen Rheinischen Zeitung zeigte. Daß in der dritten Versammlung[321] des Politischen Vereins 300 Personen anwesend waren, besagt nicht viel, denn es waren auch Gegner der demokratischen Richtung darunter. Lunckenbein trat einige Zeit als Kandidat des Politischen Vereins gegen Eisenmann[322] auf, zog dann aber seine Kandidatur zurück. Daß das Verhalten des Politischen Vereins „skrupellos"[323] war, ist eine unsinnige Übertreibung.

Eisenmann wurde in den Magistratssitzungen vom 5. und 6. April zum Ehrenbürger erhoben und erhielt dadurch eine kaum angreifbare Vorzugsstellung. Das Anfang März gebildete Versammlungskomitee wurde mit dem beginnenden Wahlkampf neu gewählt und auf 18 Mann erweitert. Fast das ganze politische Nürnberg, soweit es nicht dezidiert konservativ war, war darin vertreten, aber die Mehrheit lag doch eher bei den Liberalen. Am 7. April hatte in Nürnberg eine Bürgerversammlung[324] stattgefunden. Advokat Lindner, später Mitglied im Konstitutionellen Verein, hatte die Versammlung durchgeführt und geleitet. Anscheinend – die Berichte sind nicht sehr ausführlich – hatten Teilnehmer der Versammlung eine umfangreiche Petition zur Genehmigung und Verabschiedung vorlegen wollen. Die weiterreichenden, entschiedeneren Forderungen redete Lindner der Versammlung aus mit dem – bezeichnenden – liberal-konstitutionellen Argument, die fraglichen Punkte seien „theils durch die Proklamation vom 6. März, theils durch die Zusicherungen in der Thronrede des Königs Maximilian" erledigt. Es wurde schließlich eine Petition verabschiedet, die ein Wahlrecht verlangte, das wenigstens genau so weit gehen sollte wie der Entwurf des Wahlgesetzes für den preußischen konstituierenden Landtag. Die übrigen Forderungen werden – immerhin – mit einem Hinweis auf die Petition, „welche von München (Mitte März – der Verf.) aus an die Kammer ergangen", summarisch erwähnt. Man überschritt damit auch in Nürnberg den von der Proklamation vorgezeichneten engen Kreis. Der eigentliche Betreiberkreis der Petition dürfte im noch unorganisierten linksliberal-demokratischen Spektrum Nürnbergs zu suchen sein.

In einer weiteren Versammlung in der Nürnberger Ägidienkirche (11. April) trat Eisenmann auf und konnte sich gut behaupten[325], aber mit der Gründung des Politischen Vereins entstand ihm ein starker Gegner. Von dieser Versammlung wurde auch ein neuer Ausschuß gewählt, der ein Wahlprogramm[326] veröffentlichte („Offene Erklärung" vom 23. April). Darin dominierten die Liberal-Konstitutionellen, aber sie mußten dem demokratischen Potential sehr weit entgegenkommen, um es einbinden zu können, und listeten – die wachsende Bedeutung des Politischen Vereins wird hier indirekt erkennbar – alle demokratischen Programmpunkte in allerdings abschwächenden Formulierungen auf. Neben den Fragen der politischen und rechtlichen Ordnung nahm das Programm auch zur nationalen Frage Stellung: eine konstitutionelle Monarchie und keine Republik soll das neue Deutschland werden, aber seinem Oberhaupt soll neben der Volkskammer und der Fürstenkammer keine gesetzgebende, sondern nur die vollziehende Gewalt zukommen. Ein kurzer Rückblick von diesem Programm auf die Proklamation vom 6. März zeigt drastisch die Dürftigkeit der letzteren.

Faktisch geht dieses Programm schon auf Distanz zu Eisenmann, der eben noch in einer Broschüre die Kaiseridee und recht enge innenpolitische Ansichten vertreten hatte. So war es wohl kein Zufall, daß die Mittelfränkische Zeitung, das Blatt der kleinen Bürger und Handwerker, in unmittelbarem Anschluß an dieses Programm den Artikel „Eisenmann oder nicht Eisenmann" veröffentlicht, der zunächst die eigenen, eher linksliberalen Ziele angibt: keine Republik, sondern Monarchie, „doch keine, die Zwietracht säen würde. Jeder weiß, was die Ständekammern in Deutschland gewirkt haben, wie die Regierungen sie reden ließen, wieder nach Hause schickten, um – *ihre Rathschläge nicht zu befolgen.* Soll unser deutsches Parlament wieder eine solche Ständekammer werden, die viel Geld verschlingt und nichts wirkt?" Und da es eben nicht so werden solle wie früher, sei auch Eisenmanns Kaiserplan nicht sonderlich empfehlenswert. Der Nürnberger Kurier ließ zu dieser Zeit vermehrt den Würzburger Eisenmanngegner Widmann zu Wort kommen. Einen Tag vor den Urwahlen kam es in Nürnberg zu Unruhen mit ungeklärtem Hintergrund. Diese Unruhen und die geringe Beteiligung bei den Wahlen sind wohl Ausdruck erheblicher ungelöster politischer Spannungen.

Fürth stand im Frühjahr 1848 ebenfalls deutlich unter Herrschaft des Liberalismus.

Das Wahlkomitee, das Mitte April gebildet wurde, wollte die Wahl „auf freisinnige aber constitutionell-monarchische Männer" lenken, das Fürther Tagblatt stand – was sich bald ändern sollte – deutlich unter ihrem Einfluß.[327]

In Schwaben wurde „die Gemeinsamkeit der liberalen Interessen"[328] – d.h. die Einheit der gegen die vormärzlichen Zustände bestehenden Front – noch nicht auseinandergerissen durch eine offene Spaltung in Liberale und Demokraten. „Wahlkomitees", in denen die gesamte vormärzliche Opposition ohne Trennung in Parteien auftritt, herrschen hier vor, von Augsburg über Lindau und Kempten bis Nördlingen.[329] Die jeweils lokal beherrschende Persönlichkeit bestimmte hier, welchen Stand innerhalb des liberalen Spektrums der Ort einnahm. Die Parteienbildung unterblieb in Schwaben wohl auch deswegen, weil der konservative Gegner, straff geführt vom katholischen Klerus, hier die verschiedenen Richtungen des Liberalismus zusammenpreßte.

In Altbayern gab sich der Bauhofklub-Verein für Volkswohl wohl Mühe, über München hinaus zu wirken. Vielleicht sind gewisse Vorgänge in Landshut als Spuren seiner Wirksamkeit zu deuten, weiter erstreckte sich seine Wirksamkeit aber nicht. Sein gelegentlich durchscheinendes Bemühen, als Zentralverein der Opposition von ganz Bayern aufzutreten, hatte keinen Erfolg, nicht einmal im Bezirk Oberbayern konnte er etwas erreichen. Das Bestreben, von den Hauptstädten der Regierungsbezirke aus die Wahlen zu organisieren, war in ganz Bayern anzutreffen. Doch gelang es keiner der verschiedenen politischen Richtungen bzw. „Parteien", sich bereits im Frühjahr 1848 überregional oder gar landesweit zu formieren. Am ehesten läßt sich den Konservativen eine überregionale Organisation nachsagen, indem der Klerus ihm überwiegend wohlwollend zur Seite stand und seine enorme soziale Bedeutung gelegentlich im Wahlkampf und bei der Wahl ausspielte; ganz selbstverständlich nahm der Bischof von Passau, einer der Vorkämpfer des konservativen Katholizismus, an den Wahlvorbereitungen teil. Ende April fand in Deggendorf[330] eine aus ganz Niederbayern besuchte Versammlung statt. Der Teilnehmerkreis ist nicht genau zu erkennen, das Wahlergebnis – der zum Fundamentalismus gehörende Münchener Professor Lasaulx – deutet auf eine konservativ dominierte Versammlung hin. Bei den Wahlen wurde schließlich mehrfach von einer überproportionalen Beteiligung des Klerus berichtet.

In ganz Bayern war also die Wahl bereits ein überregionaler Vorgang; man versuchte in jedem Fall, den lokalen Rahmen zu verlassen. Es kamen aber nur sehr vorläufige Verbindungen zustande. Vor allem in Altbayern waren die bürokratisch-konservativen Verbindungen dominant.

Das Vorparlament[331] hatte das direkte Wahlverfahren empfohlen, die letzte Entscheidung aber den Einzelstaaten überlassen. Aus den Vorgaben des Vorparlaments und des Bundestages wurde ein Regierungsentwurf angefertigt und am 11. April den Kammern vorgelegt. Das Ergebnis der Beratungen erhielt am 15. April die Zustimmung des bayerischen Staatsrates und Gesetzeskraft. Neben dem Verfahren legte das Gesetz die Termine fest: den 25. April für die Urwahlen und den 28. April für die Abgeordnetenwahl.

Das bayerische Wahlgesetz trug deutlich konservative Tendenz.[332] Es war nicht geheim – die Wahlzettel mußten die Unterschrift der Wähler tragen – und nicht gleich, da das Wahlrecht an die Bezahlung einer direkten Steuer gebunden war. Der damit verbundene Ausschluß einer nicht unerheblichen Bevölkerungsgruppe hat das Wahlergebnis ebenso beeinflußt wie das indirekte Verfahren.

Bayern hatte 70 Abgeordnete[333] zu wählen. Zur Wahl dieser Abgeordneten wurde ein Verfahren angewendet, das vom Vorparlament modellhaft in den Zahlen des Jahres 1842 vorgestellt wurde: Bei der damaligen Bevölkerungszahl Bayerns von 3.560.000 sollte der Abgeordnete (mit zwei Ersatzleuten) einen Wahlkreis von 50.000 Personen vertreten; die Wahlen sollten so durchgeführt werden, daß in 2.000 Personen erfassenden (Ur-)Wahlbezirken jeweils 500 Personen einen Wahlmann stellten. Nach diesem Modell trafen – Bayern hatte 1848 4.504.874 Einwohner – auf einen Wahlkreis bzw. einen Abgeordneten durchschnittlich 63.448 Personen, auf einen (Ur-)Wahlbezirk somit mehr als 2.000 Personen und auf einen Wahlmann mehr als 500 Personen. Ein Zeitgenosse schätzte die Zahl der bayerischen Wahlmänner auf 8-9.000.[334]

Die Zahlen für München[335] sind gut belegt. Für München legte man mit Ausschluß des kasernierten Militärs 92.000 Einwohner zugrunde, es wurden deshalb zwei (verhältnismäßig kleine) Wahlkreise eingerichtet: München I hatte in 29 Wahlbezirken 125 Wahlmänner, München II in 13 Wahlbezirken 59 Wahlmänner zu wählen. (Zum Vergleich: Die Stadt Würzburg stellte 48 Wahlmänner, Erlangen 22, Bayreuth 36.) Bei 92.000 Einwohnern war es nach damaliger Situation realistisch, ungefähr 35 Prozent als Männer wahlfähigen Alters anzunehmen, das waren im Falle Münchens (errechnet) 33.608 Männer. Die vom städtischen Rentamt vorgelegte Liste der Steuerpflichtigen enthielt aber nur 8.983 Namen. Es ist auf Grund mehrfacher Nennung (in einer Ministererklärung und einer Pressenotiz) davon auszugehen, daß diese Zahlen (33.608 und 8.983) stichfest sind. Demnach war nur ein Viertel der männlichen Bevölkerung Münchens wahlberechtigt, was bei der großen Zahl von nicht wahlberechtigten Nichtselbständigen in einer Residenzstadt (Dienerschaften usw.) durchaus vorstellbar ist.

In München[336] haben in den beiden Wahlkreisen 6.901 Urwähler (7,5% der Gesamtbevölkerung) an den Urwahlen teilgenommen, das war bei der Zahl der Wahlberechtigten (8.983) eine relativ hohe Wahlbeteiligung. In Nürnberg[337] beteiligten sich bei insgesamt 50.460 Einwohnern 4.436 Personen an den Urwahlen, das waren 8,8% der Gesamtbevölkerung. Die Urwahl nahm hier „einen kläglichen Verlauf".[338] Es gab organisatorische Schwierigkeiten, die Urwähler wählten bei dem allgemeinen Durcheinander meist die vom Magistrat aufgestellten Wahlkommissare und ihre Beisitzer als Wahlmänner, die ihrerseits einstimmig Eisenmann wählten; angeblich hat nur die Hälfte der Wahlberechtigten an der Wahl teilgenommen. In diesem Falle einfach nur „politische Unreife jener Zeit" zu sehen, greift zu kurz. Die mangelnde Wahlbeteiligung kann auch von der Unzufriedenheit mit den Mängeln der Prozedur und dem Fehlen einer Alternative herrühren. Eisenmann war schon längere Zeit vor der Wahl im Ansehen gesunken, demgegenüber waren die demokratischen Kräfte nicht in der Lage, eine personelle Alternative aufzubauen. Bezeichnenderweise kam es am 24. April, am Tag vor der Urwahl, zu erheblichen Unruhen[339] in Nürnberg, die ein Menschenleben kosteten. Es ist denkbar, daß diese Unruhen angestiftet waren, um durch eine Demonstration drohender Anarchie die Wähler zu beeinflussen, es ist aber auch möglich, daß sie die autonome Äußerung eines Personenkreises (Gesellen, Unterschichten) waren, die sich mit einer politischen Entwicklung konfrontiert sahen, auf die einzuwirken sie keine Mittel hatten und so zu diffus-gewaltsamem Protest griffen. Jedenfalls konnte der „Politische

Verein“ damit nicht in Verbindung gebracht werden. Eisenmann, mehrfach gewählt, nahm schließlich das Mandat von Würzburg an.

Über viele Wahlen, vor allem in Straubing, wurde im nachhinein, wenn auch ohne Erfolg, geklagt. Es besteht kein Grund zu der Annahme, daß die Verhältnisse in München und Nürnberg untypisch waren. Der Legitimität der Wahl zur ersten deutschen Nationalversammlung und besonders ihrer Mehrheit stellen diese Umstände kein gutes Zeugnis aus. Zu der geringen Zahl der Wahlbeteiligten kam noch der Umstand, daß nicht wenige Abgeordnete erst im zweiten oder dritten Wahlgang von einer nur mehr äußerst geringen Wählerzahl gewählt wurden.[340]

70 Abgeordnete wurden auf diese Weise in Bayern (einschließlich Pfalz) gewählt[341]; 21 Ersatzleute mußten nachrücken, so daß insgesamt 92 Bayern die Paulskirche aufsuchten. Ein Abgeordneter Bayerns kam aus Baden: der wegen seines Antrags berühmte Buchhändler Friedrich Daniel Bassermann. Stadtprozelten hatte ihn gewählt. Ihre soziale Zusammensetzung[342] macht die Gruppe der bayerischen Abgeordneten nicht zu einem Symbol der Freiheit: Nimmt man zu den 26 eigentlichen Beamten von Staat und Gemeinden, den 11 Lehrern und Professoren und 5 Geistlichen, die an sich schon über die Hälfte der Abgeordneten ausmachen, noch die in halb-staatlicher Stellung stehenden 17 Advokaten und 3 Ärzte, so bleiben insgesamt noch 9 Abgeordnete in staatsfreier beruflicher Position, wobei neben den 2 Redakteuren, den 2 Kaufleuten bzw. Gewerbetreibenden 5 Landwirte anfallen, denen allerdings auch der Adel zugehört. Ihre politische Zuordnung ergibt ein Übergewicht von Konservativen und Liberal-Konservativen[343].

Einigermaßen auffallend war das Münchener Wahlergebnis: zwei (links-)liberale Abgeordnete durchbrachen die lange Reihe konservativer Münchener und oberbayerischer Mandatsträger. Es war dies ein indirekter, aber eben nur indirekter Erfolg des Bauhofklubs, dessen Aktivität als Platzhalter der Revolution die Konservativen und Liberalen für einige Zeit zu allerhand Zugestandnissen und Manövern drängte. Doch ist weder die Kategorisierung der beiden Abgeordneten ganz einfach, noch ist der Rückschluß von ihnen auf ihre Wähler ohne weiteres möglich. Der Münchener Abgeordnete Professor von Hermann schloß sich zwar dem linksliberalen Württemberger Hof an[344], der für Eigenständigkeit und Vorrang der Nationalversammlung eintrat. Sein tatsächliches Verhalten[345], sein ständiges Fühlungnehmen mit dem bayerischen Hof, seine Intimität mit der Rechten im Verfolgen großdeutscher Ziele und seine von der rechten Mitte gelobten Vorschläge weisen ihn, sofern ihm überhaupt ein politischer Charakter zuzuschreiben ist, eher der gemäßigten Rechten zu. In späteren Lebensjahren wandte er sich deutlich den Konservativen zu. Professor Fallmerayer war, als er aufgestellt wurde, berühmt, aber nicht wegen seiner politischen Richtung. Als sensibler Kopf nahm er die Notwendigkeit politischer Veränderungen wahr und engagierte sich nach Maßgabe seiner Kräfte dafür. Als seine Seite unterlag, blieb er aus menschlichem Anstand der Sache treu, ein politischer Kopf und markanter Exponent einer politischen Richtung war er nicht.

Insgesamt herrschte in München diffuses politisches Milieu vor. Wenn die Wahlmänner des Wahlkreises München I ihrem Abgeordneten von Hermann bei der Abreise nach Frankfurt die „Aufrechterhaltung der monarchischen Regierungsform mit einer freisinnigen Verfassung, welche den Rechten und Pflichten des Volkes und ihres Fürsten die gebührende Haltung gibt", als politische Richtlinie nahelegen, so war dies noch eine Formel aus der antidemokratisch-antirepublikanischen Rhetorik des Wahlkampfs. In einer zweiten Adresse setzten die Münchener Wahlmänner den 50er Ausschuß von ihrer Ergebenheit gegenüber der konstitutionellen Monarchie in Kenntnis, eine dritte Adresse sprach sich gegen den badischen Aufstand aus. In allen drei Manifestationen[346] der Münchener Wahlmänner sind liberale und konservative Tendenz kaum zu unterscheiden bei dem alles übertönenden Untergrund des Antirepublikanismus.

7.2. Der Reformlandtag

Nach dem Ende des Vorparlaments begann die eigentliche Arbeit des am 22. März eröffneten Landtags. Sie war dem Druck der kaum geschwächten Bürokratie und des konservativen Blocks einerseits und der noch aktiven Volksbewegung andererseits ausgesetzt. Seine politische Legitimität wurde immer wieder angegriffen. Vor allem der auf den 22. Mai zusammenberufene konstituierende preußische Landtag und die Tatsache, daß er unter den fragwürdigen Bedingungen des Jahres 1843 gewählt worden war, wurden ihm vorgehalten. Durch Ausbessern der ärgsten Schäden suchte die Regierung seine Glaubwürdigkeit zu verbessern. So wurde die im Vormärz aus politischen Gründen um drei Mandate herabgesetzte Zahl der pfälzischen Abgeordneten wieder in den ursprünglichen Stand versetzt und damit das liberale Lager verstärkt. Anfang April wurde unter dem Eindruck des Vorparlaments und einiger Äußerungen aus Bayern[347] die Kammer der Reichsräte für die Öffentlichkeit geöffnet.
Der Wunsch nach einem neuen Landtag war trotzdem groß und nicht nur auf randständische Radikale beschränkt. „Ein großer Teil der Abgeordneten ist der Ansicht, daß der dermalige Landtag sich lediglich mit einem Wahlgesetz beschäftigen sollte, damit die Ständeversammlung aufgelöst und eine neue Wahl nach dem neuen Wahlgesetze stattfinden könne."[348] Der Fränkische Merkur betrachtete den Landtag als Ergebnis von „Corruption und Minoritätswahlen" und vermutete die Absicht der Regierung, durch die alten Kammern den alten Zustand aufrechtzuerhalten, es gebe auch einige Abgeordnete wie den Abgeordneten (von) Scheurl, der sich in das Spiel der Regierung prächtig einfüge.[349] Meinungen dieser Art zogen sich durch die gesamte liberale Presse, der Pfälzer Abgeordnete Georg Jakob Stockinger, später als Abgeordneter der Nationalversammlung Mitglied der linksliberalen Gruppe Westendhall, nahm sich, darüber heftig befehdet von den Konservativen, dieses Wunsches in der Kammer an, und der zweite Präsident der Abgeordnetenkammer griff ihn wenig später erneut auf, aber die Liberalen waren nicht entschlossen und die Demokraten nicht stark genug, um die Wahl eines neuen Landtags zu erzwingen.

Dem mageren Angebot der Thronrede hatte die Zweite Kammer am 27. März in ihrer Antwort an den Thron ein erweitertes Reformprogramm gegenübergestellt; öffentliche Äußerungen[350] hatten die Kammer dazu gedrängt. Die Zweite Kammer verlangte eine Erweiterung ihrer Möglichkeiten in der Gesetzesinitiative, Aufhebung der gutsherrlichen Gerichtsbarkeit und des faktisch ausschließlich Adeligen zustehenden Jagdrechts, und Gewährleistung der unbedingt notwendigen Freiheitsrechte. Das Ministerium mußte Zugeständnisse machen, die Versammlungsfreiheit wurde denn auch in einer Erklärung des Justizministers umgehend als faktisch bestehend anerkannt. Das Presserecht fand ziemlich früh eine vorläufig befriedigende Regelung, schließlich war die Forderung nach Pressefreiheit einer der am weitesten verbreiteten Märzforderungen. Die Verhältnisse ließen im übrigen eine Handhabung der Zensur nicht im alten Maß zu, aber die demokratische Presse mußte sehr bald feststellen, daß die Pressefreiheit nur halb war. Und jenseits der Zensur wurden von Regierungsseite bald Mittel gefunden, um den Buchstaben des Gesetzes in seiner Auswirkung zu schmälern.

Obwohl die Kammer der Abgeordneten dem öffentlichen Druck hatte nachgeben müssen, entsprach die Kammeradresse bei weitem nicht den Forderungen der Zeit. Der Fränkische Merkur, damals die bedeutendste Stimme der Demokratie in Bayern, hat in einem bemerkenswerten Artikel[351] die Sache auf den Punkt gebracht: „Die Adresse der bayerischen Abgeordnetenkammer ist nicht geeignet volle und wahre Befriedigung im Lande hervorzurufen. Zwar sind in derselben verschiedene Wünsche ausgesprochen, welche in der Thronrede entweder absichtlich vergessen oder ganz verzwickt ausgedrückt worden sind, die Hauptsache aber, eine zeitgemäße Umgestaltung der Verfassung, ist auch hier übergangen worden.“ Der Artikel hebt vor allem hervor, daß das ganze Budgetrecht der Verfassung angesichts des hohen Anteils indirekter Steuern an den Staatseinkünften und der den Kammern fehlenden Möglichkeit, die Bewilligung von Steuern an Bedingungen zu knüpfen, weitgehend „eine Illusion ist“.

Das Ministerium versuchte dem Gebot der Stunde zu gehorchen. Als erstes arbeitete Thon-Dittmer einen Entwurf zum bayerischen Landtagswahlrecht aus. Wie weit dabei der Gedanke beteiligt war, wegen baldiger Landtagsauflöung werde es bald gebraucht, ist nicht festzustellen. Der Entwurf löste die ständische Bindung der Wahl auf, behielt aber Zensus, öffentlichen und indirekten Wahlmodus bei. Der Kampf um dieses Gesetz dauerte den ganzen Landtag über an. Der König sowie fundamentalistische Kreise in Staatsrat und Kammern bekämpften den Entwurf, und wenn sich in der Tendenz immerhin Thon-Dittmer durchsetzte, dann lag das mehr am Bundeswahlgesetz als an den Verhältnissen in Bayern. Die Fundamentalisten konnten unter den seit März gegebenen Umständen nur mehr hinhaltenden Widerstand leisten, eine parteimäßige Dichte erreichten sie nicht mehr. Es war verständlich, daß Thon-Dittmer einen Kompromißentwurf vorlegte, aber die Liberalen wollten eigentlich schon etwas mehr.

Vor allem verband sich die Wahlrechtsfrage auch mit der Frage der Bestellung und Stellung der Ersten Kammer, denn deren Auflösung bzw. Umwandlung war ein von der Demokratie bis weit hinein in liberale Kreise verfochtener Grundsatz. Besonders von dieser Seite kam viel Kritik: „Die Beibehaltung der Adelskammer, oder die Hervorrufung neuer ähnlicher Institute, halten wir in dieser Zeit, wenn nicht für unmöglich, doch jedenfalls für eine sehr gewagte und bedenkliche Sache.“[352] Was den eigentlich gemäßigten Nürnberger Kurier solches und ähnliches[353] schreiben ließ, war die heftige demokratische Kritik am Wahlgesetz in Bayern selbst, zum andern setzte der konstituierende Landtag in Preußen einen Maßstab. Der Fränkische Merkur hatte „größte Entrüstung“ über das entstehende bayerische Wahlgesetz, und die Mittelfänkische Zeitung hatte den Artikel durch Nachdrucken in Nürnberg bekanntgemacht.[354] Tatsächlich wich das bayerische Gesetz zur Wahl der Nationalversammlung von den vom Vorparlament aufgestellten Grundsätzen ab.[355] Das am 4. Juni 1848 als Ergebnis der Beratungen von

Staatsrat und Kammern endgültig sanktionierte Gesetz führte nicht „ein ausgesprochen fortschrittliches“[356] Wahlrecht ein, wohl aber markiert es deutlich den Übergang vom neoabsolutistischen Staat zur konstitutionellen Monarchie.

Ähnlich schwierig war der Weg des Initiativgesetzes.[357] Bisher war das Recht, Gesetzentwürfe einzubringen, ausschließlich Sache von Monarch und Regierung, und der Staatsrat war eine sehr wichtige Station beim Zustandekommen eines Gesetzes. Wenn während der Beratungen zum Initiativgesetz in der Presse Artikel gegen den Staatsrat[358] erschienen, so war dies eine Art flankierende Maßnahme zu Gunsten eines für die Kammern erweiterten Initiativrechtes, und wieder übernahm die Mittelfränkische Zeitung[359] einen kritischen Artikel des Fränkischen Merkur zum Entwurf des Initiativgesetzes. Das Bestreben, das Initiativrecht zu ändern und nicht nur zu schönen, war so verbreitet, daß es sogar in der Zweiten Kammer durch den linksliberalen Abgeordneten Stockinger zur Sprache gebracht wurde. Als dieser das Initiativrecht auf alle Verfassungsartikel mit Ausnahme des Tit. II § 2 ff. aber mit Einschluß des Tit. II § 1, der das monarchische Prinzip beinhaltete, auszudehnen beantragte[360], standen weniger demokratisch-republikanische Motive dahinter als liberale. Die Gründung eines deutschen Bundesstaates mußte die monarchisch-einzelstaatliche Souveränität einschränken und modifizieren, im übrigen wollte Stockinger wie die Liberalen einen Ausgleich mit den Monarchen. Als Thon-Dittmer in der Kammerdebatte die Auffassung vertrat, Stockinger verlasse mit seinem Antrag „den Standpunkt der konstitutionellen Monarchie“ und stelle sich auf den „Standpunkt der Demokratie“, hatte er selbst sich schon weit vom Standpunkt des Liberalismus entfernt. Der „Gesetz-Entwurf bezüglich der ständischen Initiative“, im wesentlichen von Thon-Dittmer konzipiert, hatte schon früh liberale Kritik[361] gefunden.

Das dritte, für die neue konstitutionelle Ordnung wesentliche Gesetz war das Ministerverantwortlichkeitsgesetz. Die Minister sollten im liberal-konstitutionellen Staat unter Kontrolle des Landtags stehen, und zwar im strafrechtlich-disziplinarrechtlichen wie auch im politischen Sinne. Kernstück in der Ministerverantwortlichkeit war die „Gegenzeichnung“: alle königlichen Verfügungen sollten die Unterschrift des Ministers tragen, um eigenmächtige Maßnahmen des Königs auszuschließen. Die Vorschriften der Verfassung von 1818 waren nur sehr unscharf, in der Praxis unter Ludwig I. hatte sie keine Bedeutung. Thon-Dittmer, der die bisherige Praxis kannte, hatten schon im eigenen Interesse den guten Willen, die Stellung zu klären und zu festigen. Seinem ersten Gesetzentwurf aber „provozierende Liberalität“ auf Grund von „revolutionären Bestimmungen“[362] zuschreiben zu wollen, trifft weit daneben. Seine wesentlichen Punkte – materielle Sicherstellung bei Rücktritt bzw. Entlassung, Ministerprovisorium nur als äußerster Notfall, Rücktrittsrecht und Möglichkeit der Anklage „für jede vorsätzliche zum Nachtheile des öffentlichen Wohles getroffene oder zugelassene Amtshandlung“[363] – stellten unverkennbar die ärgsten vormärzlichen Mißstände ab und waren konstitutionelle Selbstverständlichkeiten. Er ließ aber der Krone immer noch einen – gegenüber dem Landtag weit überwiegenden – Einfluß auf die Ministerien, teils durch positive Bestimmungen wie der, daß die Minister aus dem Staatsrat zu berufen seien, teils durch das Fehlen positiver Bestimmungen über das Verfahren der Ministeranklage. Trotzdem traf auch dieser Gesetzentwurf auf Widerstand. Der Monarch bemängelte unter dem

Einfluß seiner Berater die materielle Sicherstellung der Minister und die Tendenz zu politisch-parlamentarischer Verantwortlichkeit, die in der – zwar möglichen, aber wenig aussichtsreichen, immerhin aber unangenehmen – Anklage wegen Verletzung des öffentlichen Wohles enthalten war. Thon-Dittmer mußte einen neuen Entwurf ausarbeiten, der einiges aus dem ersten Entwurf zurücknahm, dafür aber das Verfahren der Ministeranklage enthielt.

In der Öffentlichkeit waren die Schicksale der Thon-Dittmerschen Entwürfe nicht unbekannt geblieben. Es ging hier um einen Kernpunkt liberal-konstitutioneller Forderungen, und der bisherige, vormärzliche Zustand war unhaltbar. In Bayern hatten in den 15 Jahren von 1832 bis 1847 – das waren allerdings, ebenso wie die folgenden, „besondere" Jahre, insofern ist diese Gegenüberstellung[364] etwas fragwürdig – nur 16 Minister amtiert, in der Zeit von 1847 bis 1849 hingegen rotierten 27 Minister, und von den 14 Ministern der Zeit von März 1847 bis zum Regierungsantritt Max II. – das ist ein aussagefähigeres Faktum – waren nur drei definitiv eingesetzt. Daß hier Handlungsbedarf bestand, war so offensichtlich, daß auch eher konservative Mitglieder des Gesetzgebungsausschusses wie der Strafrechtsprofessor Edel und der Freiherr von Closen[365] die Notwendigkeit eines Gesetzes von einiger substantieller Bedeutung einsahen. Die von der ministeriellen Selbstzensur stets am Rande des Ungenügens angesiedelten Gesetzentwürfe hatten in der liberalen Öffentlichkeit Kritik hervorgerufen. Ziemlich genau zu der Zeit, als der Gesetzentwurf zur Ministerverantwortlichkeit den Kammern vorgelegt wurde, fragte der Nürnberger Kurier[366] in einem Leitartikel („Die neue Zeit") etwas ironisch, ob nicht im März eine Revolution stattgefunden habe und ob das Ministerium davon wisse.

Der königliche Widerstand dauerte trotzdem an und war erst gegen Ende der Landtagssitzungen auf eine bezeichnende Weise zu beenden: Thon-Dittmer berief sich auf die noch nicht besiegte Revolution. Eine Nichtgenehmigung würde „die Ruhe des Landes gefährden, den dermaligen Zustand Bayerns trüben" und die „zurückgekehrte Gesetzlichkeit aufs Neue in Frage"[367] stellen. Das schließlich sanktionierte Gesetz hat mit seinen Regelungen eine Zäsur gegenüber dem Vormärz gesetzt und in rechtschaffener Bescheidenheit einer am Parlament orientierten Regierungsweise den Boden bereitet.[368] Daß das Gesetz durch gleichzeitige permanente und systematische Zusammenarbeit mit dem Kabinettsekretariat umgangen wurde, ist die andere Seite.

Zu den grundlegenden Gesetzen des Jahres 1848 gehörten auch die Agrargesetze. Es war der gewaltsame, revolutionäre Aufstand der Bauern im März 1848, der eine Lösung der Agrarfrage unumgänglich machte. Die Frage bestand darin, wie die noch beträchtlichen Reste des Feudalismus überwunden werden konnten von einer Gesellschaft gleicher und freier Produzenten. Die Antworten gruppierten sich in zwei Richtungen: Der liberale Weg sah die Aufhebung der bisherigen Lasten (Dienste und Abgaben) gegen Entschädigung der Feudalherrn vor, während der demokratische Weg auf eine möglichst schleunige und möglichst vollständige Aufhebung aller Lasten abzielte. Der liberale Weg war nicht zufällig, er war strukturell vorgegeben durch das liberale Konzept eines Ausgleichs mit den bestehenden – feudalen – Gewalten. Es gibt – was weiter nicht überraschend ist – viele Belege dafür, daß die Bauern der demokratischen Lösung zuneigten. Da aber in den Kammern und im Ministerium der Liberalismus in verschiedenen Schattierungen vorherrschte, hatten die entsprechenden Gesetzentwürfe entsprechende Färbung. Daß Thon-Dittmer als Feudalherr in der Sache Partei war, ist nur ein Nebenaspekt.

Der bäuerliche Aufstand war so vehement gewesen, daß mit der Erarbeitung der Gesetzentwürfe[369] sehr bald begonnen wurde. Am 10. und 11. April wurden sie von Thon-Dittmer unter Beiziehung des Professors für Ökonomie und Statistik (und Münchener Abgeordneten) Hermann ausgearbeitet und lagen am 19. April im Staatsrat der Beratung zugrunde. Während die grundherrliche Gerichtsbarkeit und kleinere persönliche Dienste und Abgaben im wesentlichen ohne Entschädigung aufgehoben wurde, sollte der Kern der bäuerlichen Lasten, die auf Haus und Boden liegenden Lasten, unter verhältnismäßig ungünstigen Bedingungen ablösbar werden. Man verrechnete die bäuerlichen Abgaben, bei kleineren jährlichen Abgaben angefangen bis zu den selteneren, aber hohen Besitzwechselabgaben, zu einem durchschnittlichen Jahresbetrag, dessen Verrechnung mit dem Faktor 18 das (fiktive) Kapital des Grundherrn darstellte, das vom Bauern nach dem Verfahren von Zins und Tilgung abgezahlt (abgelöst) werden sollte. Über eine zu gründende staatliche Bank („Grundrentenablösungskasse") sollten die Zahlungen abgewickelt werden. Der Faktor 18 war sehr hoch, und so war es kein Zeichen von Liberalismus, daß der Staatsrat zustimmte. Er erhöhte seinerseits die Höhe der von der Bank an den Grundherrn zu zahlenden Entschädigung auf den Faktor 20, die Erhöhung ging zu Lasten der steuerzahlenden Allgemeinheit.

Die Beratungen in den Kammern fanden vom 8. bis 12. Mai statt, zu einer Zeit also, in der die gegenrevolutionären Kräfte sich wieder sammelten. Der Gesetzentwurf fand mit seiner Rücksichtnahme auf die Feudalherrn eine überwiegend zustimmende Aufnahme, das Fehlen entschieden antifeudaler und demokratischer Kräfte in der Kammer erleichterte es den Feudalherrn, Vergünstigungen durchzusetzen in der Art, daß Fristen und Termine zu ihren Gunsten geändert wurden. Widerstand fand der Gesetzentwurf weniger von den Liberalen der Kammer als von einigen Städten wie Augsburg und Nürnberg, deren Sozialwesen (Armenfürsorge und Krankenpflege) noch auf feudaler Basis dotiert war – auch dies ein Hinweis auf vormoderne Relikte in Bayern. An diesem Punkte hakte auch der Widerstand von Teilen des katholischen Klerus ein, der über die Pfarreien noch bedeutende feudale Rechte innehatte; der Widerstand verband sich in unscharfer Trennung mit einer grundsätzlichen fundamental(istisch)en Gegnerschaft gegen die Ablösung. Insgesamt erhielt aber auch dieser Gesetzentwurf die Zustimmung der Kammern. Die Bauern selbst reagierten vor allem in Franken mit „Enttäuschung und Unzufriedenheit".[370]

Von einiger Bedeutung war auch der Eingriff ins Steuerwesen. Bisher hatte der Staat einen unangemessen hohen Teil seiner Steuern als indirekte Steuern eingenommen, was nicht nur den unteren und mittleren Teil der Bevölkerung unangemessen belastete, sondern auch die Kontrolle der Kammern erschwerte. Finanzminister von Lerchenfeld fand eine üble Lage des Finanzwesens vor: Der Reservefond für außerordentliche Militärbedürfnisse in Höhe von 2 Millionen Gulden war unauffindbar, das Anlehen des letzten (außerordentlichen) Landtags hatte nur einen Teil (4,6 Millionen) der erwarteten 20 Millionen eingebracht. Der Finanzminister wie der Landtag verzichteten darauf, die Mißwirtschaft des alten Regimes an den Pranger zu stellen. Ein Einkommensteuergesetz nach dem Prinzip der Progression legte die Grundlage für ein wenigstens im Grundsatz alle Staatsangehörigen gleich erfassendes Steuerrecht, nachdem das bisherige Steuerrecht noch nach ständisch-feudalen Kriterien angelegt war. Die Anpassung an ein modernes Justizwesen war ebenfalls fällig. Justizminister von Heintz legte einen Grundlagenentwurf vor, die weitere Beratung sollte von den Ausschüssen vorgenommen werden.

Am 4. Juni 1848 schloß der Landtag, mit dem Landtagsabschied[371] vom 4. Juni wurden die beratenen Gesetze in Kraft gesetzt.

In all diesen Gesetzen hatte der Landtag zwar eine gewisse „Umstellung auf den gegenwärtigen Stand der Dinge" geleistet und eine Grundlage „für die Arbeit einer neu zu wählenden parlamentarischen Körperschaft"[372] gelegt. Aber vom Standpunkt des konsequenten Liberalismus aus gab es bei Betrachtung der Wirksamkeit des Reformlandtags vor allem „zerstörte Hoffnungen" und „erfüllte Befürchtungen" zu registrieren, der Ausdruck „Reaktion" mußte in den Wortschatz aufgenommen werden.[373] Die Forderung nach einer wirklichen „Reform des Staats-Grundgesetzes und des Gemeinde-Edikts" blieb weiterhin Bestandteil liberaler Programme.[374]

Die Liberalen und noch mehr die Demokraten hatten den Landtag mit ihrer Kritik begleitet. Als die anfängliche Forderung nach einem konstituierenden Landtag von der Realität überrollt wurde, markierten sie die einzelnen Fehler und Nachgiebigkeiten des Landtags gegenüber dem alten Regime. Der Nürnberger Kurier begrüßte das Ende des Landtags und wünschte manches seiner Mitglieder nie mehr sehen zu müssen.[375] Ein Bewußtsein von der Kläglichkeit der Ergebnisse drang am Ende der Sitzungen sogar bei äußerst gemäßigten Liberalen durch. So schrieb die Regensburger Zeitung, Thon-Dittmers Heimatzeitung, nachdem sie Reformbereitschaft und Arbeitsleistung des Landtags gewürdigt hatte, ein „genialer Staatsmann" hätte sich nicht begnügt, „die nächsten Nothdürftigkeiten an Gesetzen zu beschaffen, sondern er hätte die Verfassung als ein kosmisches Ganzes" aufgefaßt und einer umfassenden Revision unterzogen.[376] Das Fürther Tagblatt bedachte sein Ende mit milder Ironie: „Die Gesetzgebungsmaschine steht stille."[377] Aus entgegengesetzten Motiven bedachte der fundamentalistische „Volksbote" den Landtag mit demselben Vokabular. Als die Gesetze dann nach und nach im Druck vorlagen, gab es reichliche Kritik: „Das längst erwartete Gesetz über Schwurgerichte und deren Einrichtung ist nunmehr erschienen, aber wie vorauszusehen, höchst unbefriedigend ausgefallen, indem es, wie fast alle übrigen bayerischen Gesetzesvorlagen, den Stempel unseliger Halbheit an der Stirn trägt."[378]

Nach und nach wurde den bayerischen Oppositionellen, vor allem auch im Vergleich mit dem preußischen Landtag, bewußt, wie billig man sich hatte abspeisen lassen. Der bayerische Liberalismus war nicht anders als der anderer Länder, er hatte nur früher und deutlicher Gelegenheit, seine mißliche Lage festzustellen. Eine wirkliche Veränderung, eine Revision oder gar ein Neubau der Verfassung konnte durch den von den Liberalen angestrebten Kompromiß mit dem alten Regime allein nicht geleistet werden, nur eine konsequente Zusammenarbeit mit der linken, demokratischen Volksbewegung konnte zu einem Ergebnis führen.

7.3. Volksbewegung und Parteien

Bayern, innerhalb der Revolution von 1848/49 ein eher konservatives Land, wies im Vergleich mit den anderen deutschen Ländern in diesem Zeitraum die höchste Zahl an Unruhen auf.[379] In der Tat zieht sich eine fast ununterbrochene Kette von Vorkommnissen durch die Monate der Revolution. Häufig handelte es sich um Wirtshausraufereien von Soldaten untereinander oder von Soldaten und Zivilisten, einmal randalierten Soldaten in Bamberg, als ihre vielgeliebte Regimentsdame ohne Angabe von Gründen von der Polizei[380] eingezogen wurde. Sowohl wegen massenhaft aus Not verübtem Wild- und Holzdiebstahl als auch gegen bäuerliche Jagden wurde wiederholt Militär eingesetzt. Es ist zu vermuten, daß einige dieser Unruhen, vor allem die Soldatenraufereien, auf gegenrevolutionäre Anstiftung zurückgingen, ein einfaches Zusammenzählen von äußerlich gleichen Ereignissen mit so unterschiedlichem Hintergrund führt wohl nicht zu brauchbaren Ergebnissen. Andererseits begannen vor allem im fränkischen Raum ab Mai die Kundgebungen der Bauern wieder aufzuleben[381]; ganz ausgesetzt hat die bäuerliche Bewegung nie. In ihrer Gesamtheit sind diese Vorgänge wohl Ausdruck einer Fülle von Problemen, Bedürfnissen und Mangelerfahrungen, die keinen Kontakt zu politischen Aktivitäten fanden und sich deshalb in – politisch meist kontraproduktiver – Randale äußerten.[382]

Zwischen der spontanen, ursprünglichen Volksbewegung einerseits, der intakten, aber momentan nur beschränkt handlungsfähigen Gegenrevolution andererseits entfaltete sich im Sommer 1848 in steter Anlehnung an die seit dem 18. Mai tagende Nationalversammlung das System der Parteien. In dem Vorgang gehen Erstarken der konservativen und Ausdifferenzierung der liberalen und demokratischen Parteien bis hin zur Entstehung von Arbeiterorganisationen nebeneinander her.

Die Märzrevolution hatte die bürokratischen Strukturen und das Heer kaum angetastet. Die gesellschaftliche Macht des Adels, seine Verbindungen und sein Herrschaftswissen, blieben erhalten. Die Kirchen zeigten anfangs nur ausnahmsweise, auf welcher Seite sie standen, sie waren uneins über die Märzereignisse. Der hochkonservative Ignaz von Döllinger begrüßte Ende März in den Historisch-Politischen Blättern die Märzereignisse und Märzforderungen als in keiner Weise der Kirche schädlich, er begrüßte sie nicht als Ziel, sondern als brauchbare Mittel kirchlicher Tätigkeit.[383] Andere kirchliche Kreise konnten sich nicht zu dieser souveränen Taktik durchringen. Die spätere Klage des zum fundamentalistischen Kreis gehörenden, im Zuge der Montez'schen Händel nach Bamberg ins Archiv abgeschobenen Constantin von Höfler, der Klerus habe 1848 keine Rolle gespielt, stimmt und stimmt auch wieder nicht, denn die Macht des Klerus hob sich wegen widersprechender Anschauungen manchmal gegenseitig auf, und gemessen an den Ansprüchen eines Fundamentalisten war der Einfluß des Klerus tatsächlich gering. Bei etwas ausgeglichenerer Betrachtungsweise wird man angesichts der mindestens 11 kirchlich-konservativen von den insgesamt 70 bayerischen Abgeordneten sagen können, daß Klerus und Kirche nicht gänzlich einflußlos waren.[384] Die aus dem Vormärz herrührenden konfessionell-politischen Spannungen waren in Orten mit gemischter Bevölkerung (Augsburg, Regensburg) erhalten geblieben und bildeten eine Grundlage weiterer Aktionen. Das zu Jahresbeginn von mehreren Zeitungen gemeldete

Vorgehen des katholischen Klerus gegen das (liberale) Regensburger Tagblatt deutet sehr wohl auf koordiniertes, fast parteimäßig organisiertes Handeln des Klerus hin. Die Pfarrer der Diözese Würzburg[385] wurden später per Circular aufgefordert, sich an den Wahlen zur Nationalversammlung zu beteiligen.

Das eigentliche Zentrum der konservativen bzw. gegenrevolutionären Tendenzen war der königliche Hof. Seine Hilfsmittel und Strukturen waren unbeschädigt erhalten geblieben und bildeten den natürlichen Anlaufpunkt aller konservativen Tendenzen. Zunächst übte er sich in freundlichen Gesten: So etwa beim Empfang der Abgeordneten in der Residenz am 28. März. Schon die Thronrede hatte eine Amnestie angedeutet, am 30. März wurden Behr und Eisenmann rehabilitiert[386] und teilweise entschädigt, und die März-„Sünden" wurden durch eine allgemeine Amnestie vergeben. Bei dem Aufziehen der deutschen (schwarz-rot-goldenen) Fahne an der Feldherrnhalle am 31. März erschienen in absichtlicher Zufälligkeit der abgedankte und der amtierende Monarch und gaben sich zustimmend und leutselig.

Durch eine Verordnung vom 25. März 1848 erhielt der Ministerrat eine festere Stellung. Dies und die Nachricht, daß die Stellung des königlichen Kabinettsekretariats verändert werde, machte den beabsichtigten „sehr günstigen Eindruck"[387], denn bis dahin waren die Anträge der Ministerien in allen Regierungsangelegenheiten und vor allem auch alle Anstellungen im Staatsdienst über das Kabinettsekretariat gelaufen. In Wirklichkeit ging der alte Betrieb unverändert weiter. und als im Herbst die größte Gefahr abgeklungen war, täuschte man mit Hilfe der abtretenden Märzminister die Öffentlichkeit, indem man der Öffentlichkeit eine königliche Verordnung vorwies, welche das Kabinettsekretariat auf Privatangelegenheiten des Königshauses beschränkte, während ihm durch einen Geheimvertrag für die nächsten Jahrzehnte eine starke Position im Staatsapparat gesichert wurde.[388]

Während die Konservativen sich bemühten, die Revolution als das Werk landfremder Agitatoren hinzustellen, waren es vorwiegend landfremde Experten, deren sich der Hof bediente, um aus dem gröbsten herauszukommen. Die Ideologie, die er vorsichtigerweise zu dieser Zeit gebrauchte, war der „Liberal-Konservatismus", eine Art Zeitgeistphilosophie, die konservatives Handeln mit fortschrittlich klingenden Phrasen drapiert. Die Brüder August und Friedrich Rohmer[389] boten sich als deren Propagandisten zur Beratung des Hofes und zur Beeinflussung der Öffentlichkeit durch Broschüren an, wurden aber als zu leicht befunden. Demgegenüber konnten der Staatsrechtslehrer Johann Caspar Bluntschli[390] und der Historiker Wilhelm Dönniges ihren Platz behaupten, indem sie ein notwendiges Korrektiv zu den fundamentalistischen Beratern – von Abel stand bereits ab April wieder auf gutem Fuß bei Hof[391] – darstellten und den Hof immer wieder auf den Boden der neuzeitlichen Realitäten brachten. Sie waren vor allem für die Beratung in der „Außenpolitik" zuständig, und die trat in Gestalt der nationalen Frage an Bayern heran. Mit dem „Entwurf von Grundzügen" hatte man auch hier einen Rechtsboden der Reaktion geschaffen.

Große Anstrengungen unternahm die konservative Seite, um das Militär wieder einsatzfähig zu machen. Eine der bemerkenswertesten Zurüstungen der Gegenrevolution war der Armeebefehl[392] von Mitte April, der das etwas verlotterte bayerische Heer wieder auf Vordermann brachte. Doch ließen sich in der Kürze der Zeit und unter den gegebenen Umständen die Truppen nicht völlig verläßlich machen.

Mit der Übernahme der Münchener Politischen Zeitung, die seither den Namen Neue Münchener Zeitung führte und mit einem bezahlten Regierungsvertreter[393] ausgestattet wurde, war ein weiterer Schritt auf dem Wege zur Konsolidierung der Gegenrevolution geschehen. Daß das „Märzministerium" der Schimherr der Zeitung wurde, ist Ausdruck einer Entwicklung, in deren Verlauf das Märzministerium seine liberalen Potenzen verlor und sich der Gegenrevolution anpaßte: Das, was es wollte, war nicht mehr liberal, und das, was es nicht wollte, konnte es nicht mehr verhindern. Ein von der Öffentlichkeit als „Regierungserklärung" angesehener Artikel vom 1. Juli 1848 erinnert nur mehr insofern an den März 1848, als seine Formulierungen sehr blumig und luftig sind: „ein einiges, großes und freies, in seiner Einheit starkes und Ehrfurcht gebietendes Deutschland, hervorgehend aus dem innigsten Anschluß seiner Stämme aneinander" meinte eine von (Stammes-)Fürsten regiertes Deutschland. Immerhin bedeutete dieser Vorgang auch, daß sich im Regierungslager ein gemäßigter Konservatismus gegenüber der äußersten fundamentalistischen Rechten durchgesetzt hatte.

Die Nationalversammlung trat am 18. Mai 1848 in der Frankfurter Paulskirche zusammen. Der erste Vorgang von grundsätzlicher politischer Bedeutung fand am 27. Mai statt. Der konstituierende preußische Landtag, der am 22. Mai zusammengetreten war und in einem ungeklärten Verhältnis zur Nationalversammlung stand, hatte den Kölner demokratischen Abgeordneten Franz Raveaux zu dem Antrag veranlaßt, „daß, solange die Sitzungen unserer Versammlung dauern, von keinem anderen Staate eine gesetzgebende Versammlung einberufen werden möge". Man konnte darin eine anderslautende Formulierung für den vom Vorparlament aufgestellten Grundsatz des „Einzig-und-allein (durch die Nationalversammlung)" sehen.

In einer den Antrag etwas entschärfenden, auf den Abgeordneten Werner zurückgehenden Fassung stellte daraufhin die Nationalversammlung „als das aus dem Willen und den Wahlen der deutschen Nation hervorgegangene Organ zur Begründung der Einheit und politischen Freiheit Deutschlands" fast einstimmig fest, „daß alle Bestimmungen einzelner deutscher Verfassungen, welche mit dem von ihr zu gründenden allgemeinen Verfassungswerke nicht übereinstimmen, nur nach Maßgabe des letzteren als gültig zu betrachten sind – ihrer bis dahin bestandenen Wirksamkeit unbeschadet". Ungeachtet der in den Details der Formulierung steckenden Nachgiebigkeiten gegenüber den einzelstaatlichen Monarchien sprach dieser Beschluß den Vorrang der Nationalversammlung vor allen andern Körperschaften jedweder Art aus und fand deshalb fast ungeteilte Zustimmung in der politischen Öffentlichkeit, mit Ausnahmen der Konservativen. Der Beschluß vom 27. Mai war gewissermaßen die verbale Grundsteinlegung der Paulskirchenversammlung, er war die logische und faktische Voraussetzung ihrer Arbeit.

Eine Adresse aus Würzburg antwortete auf den Beschluß vom 27. Mai. Sie war die erste Reaktion aus Bayern auf einen Beschluß der Nationalversammlung. „In dem großen, die wichtigste Vorfrage entscheidenden Momente Ihrer Sitzung vom 27. Mai haben Sie mit ruhmvoller Einigkeit und mit der ganzen imposanten Würde des Gegenstandes die Anerkennung des Prinzips der deutschen Volkssouveränität ausgesprochen und damit den rechten Grundstein zur deutschen Einheit, zu dem hohen Berufe Ihrer ferneren Thätigkeit gelegt", heißt es eingangs.[394]

Im Streit darüber, was dieser Beschluß offen ließ, formierten sich aus dem Gewirr der zur Wahlzeit gebildeten Vereine die Parteien.

7.3.1. Der Liberalismus

Die meisten liberal-konstitutionellen Vereine stellten nach Ablauf der Wahlen wenigstens äußerlich ihre Tätigkeit ein. Mit der Nationalversammlung hatten die Liberalen ein wesentliches Ziel erreicht. Insofern war es natürlich, daß sie sich zurückhielten und gespannt den Auftritt der Nationalversammlung abwarteten. Im übrigen stellten die Wahlmänner eine Vorfeldorganisation der Liberalen dar. Trotzdem blieb ihnen die unumgängliche Arbeit, funktionsfähige Verbindungen und Strukturen aufzubauen, nicht erspart, die Parteibildung in der Paulskirche zwang sie dazu.

Am 29. Mai gründeten die Nürnberger Liberalen endgültig einen „Konstitutionellen Verein"[395]. Wenn auch einige Namen in dem ungefähr 200 Mitglieder umfassenden Mitgliederverzeichnis aus dem Kleinbürger- und Gewerbestand kommen, so war es im wesentlichen doch das „bessere" Nürnberg, das sich bei den Konstitutionellen einfand. Der Verein stand dem rechten Zentrum der Nationalversammlung, der Partei Heinrich von Gagerns, nahe, seine Gründung geht im wesentlichen aus dem Umkreis des Nürnberger Abgeordneten Dr. Kraft und seines Ersatzmannes, des Stadtgerichtsassessors Kalb[396] hervor. Das Gründungsdatum legt die Vermutung nahe, daß die Debatten um den Raveaux-Wernerschen Antrag, die das revolutionär-demokratische Potential der Nationalversammlung erneut deutlich machten und zeigten, daß über die Frage der endgültigen staatlichen Gestalt Deutschlands noch nicht die letzte Entscheidung gefallen war, den Anstoß zur Vereinsgründung gegeben hatten, was weiter den Schluß gestattet, daß hier ein politisch wacher und kompetenter Liberalismus am Werke war. Zielsetzung des Vereins war „das Prinzip der vollsten politischen Freiheit innerhalb der gesetzlichen Ordnung unter dem Hauptgrundsatz der const.-monarchischen Staatsauffassung".[397]

Am 12. Juni hielt der Nürnberger Abgeordnete Dr. Kraft eine Versammlung[398] ab. Er berichtete über die Parteien und die Arbeit in den Ausschüssen und verteidigte die Nationalversammlung gegen „den Vorwurf der Unthätigkeit". Wenn in den nächsten Versammlungen „die Frage der Vollziehungsgewalt" und damit „der Grundstein des ganzen Gebäudes" zur Beratung kommen werde, dann werde alles „darauf ankommen, daß die Souveränetät in den Händen des Volkes verbleibe, daß die Fürsten *moralisch gezwungen* werden, in allen Stücken diese anzuerkennen, oder im Falle sie dieß verweigern, dargethan sein würde, daß sie es mit dem Wohle ihrer Völker nicht gut meinen und daher mit Waffengewalt sogar bekämpft und besiegt werden müßten". Die Rhetorik des Abgeordneten, der sich dabei öffentlich als „ bei dem linken Zentrum, also bei der volksthümlichen Seite" stehend bezeichnete, zielte darauf ab, dem im Entstehen begriffenen Volksverein ein wenig Wasser abzugraben und das alte Regime mit Worten zur Nachgiebigkeit zu drängen, bevor eine radikale Entwicklung einsetzte.

In Windsheim entstand Mitte Juni ein Verein, der trotz der Knappheit der Berichterstattung sich dem gemäßigt-liberalen Lager zurechnen läßt.[399] In Bayreuth machte sich zunehmend der am 10. Mai gegründete Patriotische Verein bemerkbar, dem der dortige Rabbiner Dr. Aub zugehörte; die übrigen Mitglieder, so weit sie bekannt sind, reihen ihn ebenfalls in die Reihe der konstitutionell-liberalen Vereine ein. Die bayerischen Juden waren vor allem in Mittelfranken, aber auch in München[400], ein wesentlicher Teil der liberal-demokratischen Bewegung. Der Patriotische Verein organisierte, ebenfalls mit Dr. Aub, wenig später eine Sammlung für die deutsche Flotte[401], er arbeitete eifrig mit am Entstehen einer landesweiten Verbindung der Konstitutionellen und stimmte auch dem Beschluß der Nationalversammlung vom 5. September[402] zu. In Erlangen – es war eine Universitätsstadt mit vielen Professoren – traten gleich drei liberale Vereine auf. Hier setzten die Liberalen in einer Volksversammlung eine Adresse gegen demokratische Bestrebungen[403] durch: rührige demokratische Studenten dürften der lokale, und die Bildung linker, demokratischer Fraktionen in der Paulskirche der allgemeinpolitische Hintergrund dieser liberalen Äußerung sein. Sie ist eines der vielen Beispiele für eine bewußt gegen die demokratische Linke haltende Politik der Liberalen. So entstand zunächst in Mittelfranken ein kompakter liberaler Block. Wie schwierig die nationale Frage zu lösen sein würde, wußte man noch nicht. Als im März 1848 zum ersten Mal die Lösung der nationalen Frage durch die preußische Vorherrschaft zur Sprache kam, mahnte der Nürnberger Kurier – verglichen mit den Reaktionen in München muß man sagen: immerhin – zum Abwarten[404], das spätere Einschwenken der mittelfränkischen Liberalen auf den kleindeutschen Kurs ist hier schon angelegt.

Unter maßgeblicher Beteiligung der Behörden[405] wurde in Bamberg am 6. Juli ein neuer liberal-konstitutioneller Verein gegründet, der Vorläufer vom April war eingegangen. Der Aufschwung des „Liberalismus" war in Bamberg – im Unterschied zu Nürnberg – vor allem ein Werk der Behörden. Nach Unruhen unklarer Herkunft und Motivation war der amtierende Stadtkommissar, ein wohlmeinender älterer Herr, Anfang Mai durch einen scharfen, jüngeren Nachrücker, den Landrichter Ihl, ersetzt worden. Hauptsächlich dieser betrieb die Gründung, nachdem er vorher die Mißhelligkeiten zwischen Klerus und Bürgertum durch eine freundliche Geste gegenüber dem Bischof abgebaut hatte. Zur Gründungsversammlung kamen 200 Teilnehmer, später berief sich der Verein auf 1.000 eingeschriebene Mitglieder. Es war keine selbstbewußte „Bourgeoisie", die sich in diesem Verein sammelte, sondern eher Kleinbürgertum und ein in ökonomischer Abhängigkeit sich befindender Personenkreis, kaum daß man ein paar Advokaten als Sprecher und Vorstände fand.

Der neue Verein nahm sich den Kampf gegen den Abgeordneten Titus vor. Dieser hatte vor der Wahl versprochen, sich im Mandat seiner Wähler für die konstitutionelle Monarchie einzusetzen, und war dann – was als Widerspruch empfunden wurde – der Fraktion Donnersberg beigetreten. Auf Betreiben des Konstitutionellen Vereins hielten 63 Wahlmänner Titus in einer Erklärung vor, er sei entgegen seiner Zusage, für die konstitutionelle Monarchie einzutreten, der republikanischen Fraktion Donnersberg beigetreten und gehe in allen Abstimmungen mit ihr, er möge zurücktreten.[406] Gegen den schwäbischen Abgeordneten Haggenmüller – einen Linksliberalen von der Westendhall – wurde hauptsächlich von der Rechten derselbe Versuch unternommen. Da sich aber in beiden Fällen keine (Wahl-)Männermehrheit gegen die Abgeordneten mobilisieren ließ, überstanden beide den Vorgang ebenso wie der Aschaffenburger Abgeordnete

Dr. Müller, der sich lediglich eines einzelnen Rechtsaußen[407] erwehren mußte. Das Einschwören der Vereinsmitglieder und der Einwohner von Bamberg auf die Mehrheit der Nationalversammlung war das Grundanliegen des Vereins. In einer Adresse drückte der Verein der Nationalversammlung seine vollste Ergebenheit aus, und der Stadtkommissar nahm es persönlich in die Hand, sie an den Ort der Bestimmung abzuschicken.

Ende Mai berichtete Joseph Edmund Jörg, ein heranwachsender Parteigänger der fundamentalistischen Partei und später einer der Wortführer der Bayerischen Patriotenpartei, an seinen politischen Ziehvater, den Abgeordneten Ignaz von Döllinger, nach Frankfurt, München werde immer ultramontaner und liege „in wahrer Sabbathsruhe", nur Schwaben sei etwas unruhig – zwei Monate später kann er ähnlich berichten.[408] Im Kern trafen diese Beobachtungen zu. München war oder wurde wieder überwiegend konservativ, die Vorherrschaft des liberal-konservativen März-Milieus ging zu Ende.

Gegen Ende Mai, als er sich eine Satzung gegeben hatte, trat in München der Constitutionell-monarchische Verein als gemäßigt konservativer und partikularistischer Verein deutlicher hervor. Der Nürnberger Kurier nannte ihn schlicht „Klub für Reaktion"[409] – diese Spitze sollte man sich merken, sie markiert die Differenz zwischen höfisch-konservativem Scheinliberalismus und tatsächlichem bürgerlichen Liberalismus. Daß der Bürgerverein „stark klerikal gefärbt"[410] war, läßt sich nicht belegen; hingegen war der Constitutionell-monarchische Verein zur äußersten Rechten hin durchlässig. Zu seinem Unglück waren ihm die Münchener Abgeordneten wenig Hilfe: Fallmerayer war ein guter Mensch, aber schlechter Politiker, und von seinem Kollegen von Hermann läßt sich zwar nicht das genaue Gegenteil sagen, aber die hinter seiner Vielseitigkeit und Wandlungsfähigkeit steckende eigentliche Identität ist nur schwer greifbar. Mit dem Abgeordneten Fallmerayer hatte der Bürgerverein während der ganzen Paulskirchenzeit nur wenig Verbindung, der Abgeordnete von Hermann sagte ihm mehr zu.

Deutlicher werden die Münchener Verhältnisse in einem Vorgang, der München den ganzen Juni über beschäftigte: Der Abgeordnete Fallmerayer (München II) hatte sich keiner Fraktion angeschlossen, hielt es aber eher mit dem liberal-linken Lager, und hatte so von seiner Umgebung harte Worte über Bayern vernehmen müssen. Irritiert teilte er seinem Freund und Kollegen Professor Georg Michael Thomas nach München mit, die bayerischen Abgeordneten seien in einer „sehr peinlichen Stellung", „weil man bei ihnen Sonderbestrebungen voraussetze". Als mögliche Gründe einer solchen Beurteilung der bayerischen Abgeordneten durch ihre Kollegen führte er die Abschiedsaudienz der oberbayerischen Abgeordneten bei Max II., den bayerischen Entwurf einer Reichsverfassung, Presseartikel und ganz allgemein die Haltung des offiziellen Bayern an.

Der Brief wurde bekannt, und die zu Fallmerayer haltenden Wahlmänner von München II ergriffen die Initiative, um ihm den Rücken zu stärken. In einer Versammlung[411] in der Vorstadt Au wurde unter dem Vorsitz des Prof. Thomas eine zustimmende Adresse an Fallmerayer bzw. die Nationalversammlung entworfen. Es entstand aber sofort ein Gegenentwurf. In einer gemeinsamen Sitzung der Wahlmänner der beiden Münchener Wahlbezirke, wobei hauptsächlich die von Kaufmann Rosipal geführte Mehrheit der Wahlmänner aus München I als Gegner des Au'er Entwurfs auftrat, kam es zu einem Patt der zwei Antwortentwürfe. Rosipal und seine Anhänger, die Mehrheit im Wahlkreis

München I, waren durchaus für bayerische Sonderinteressen. Sie erhielten Hilfe durch einen Brief ausgerechnet des Abgeordneten von Hermann, der die bayerischen Abgeordneten in Frankfurt „in der befriedigendsten Lage" sah und von öffentlichen Schritten abriet. Der konservative Landrichter von Mecheln (von Unterfranken, wo er sogar für die Nationalversammlung kandidiert hatte, ans Landgericht Au versetzt), der immer in Kontakt mit der Regierung stand, nutzte die Gelegenheit, um diplomatisch einen Verzicht auf eine Antwort vorzuschlagen. Die Minderheit der Wahlmänner, die meisten von ihnen aus dem Wahlkreis München II, brachte unter Führung des Accessisten Lößl schließlich doch noch eine Ansprache an die Nationalversammlung zustande, die den Sonderinteressen absagte: Der großen Zukunft der deutschen Einheit „müssen alle Sonderinteressen freudig zum Opfer gebracht werden".

Zu diesem Zeitpunkt beginnt die Vorherrschaft des liberal-konservativen Blockes schon zu zerbröckeln, das konservative Element regte sich: „In wundersamem Eifer laufen die schwarzen Röcke hier wieder hin und her und suchen die Bürger abzuhalten, die neulich berührte Adresse nach Frankfurt zu unterschreiben. Sie machen ihnen weis, als würde in Folge derselben Gewerbefreiheit eingeführt werden", und gegen den Bürger Rosipal, der in März und April „an der Spitze der hiesigen Bewegung" gestanden habe, sei demonstriert worden, weil er sich im Zusammenhang mit der Adresse sehr „retrograd" geäußert habe.[412] Mehrere Tausend (6.000?) Unterschriften begleiteten schließlich die Adresse nach Frankfurt.

Das erste Hervortreten partikularistisch-konservativer Tendenzen nutzte die fundamentalistische Partei zu einer eigenen Adresse[413], wobei man die Empfänglichkeit der Münchener für ihre Parolen zudem durch die vorhergegangene prunkvolle Fronleichnamsprozession gesteigert glaubte. Die Unterschriftensammlung auf dem Rathaussaal am 21. Juni wurde aber mit großem Nachdruck – neben anderen war das frühere Bauhofklubmitglied Wagner, ein Rechtskonzipient, daran beteiligt – beendet, und aus Franken kamen scharfe Worte.[414] Ungeachtet des vorwiegend religiös ausgerichteten Inhalts hielt man die Adresse für eine Demonstration der äußersten, gegenrevolutionären Rechten. Nebenher fanden einige unbedeutende Unruhen statt, als deren Urheber bzw. Akteure sich später zwei Schuster- und ein Schlossergeselle herausstellten; es handelte sich um kleine „Konzerte" vor den Wohnungen von Rosipal[415] und Pfarrer Ramoser. An letzterem rieb sich mehr die enttäuschte Hoffnung als berechtigter Zorn: Ramoser hatte bei den Parlamentswahlen in der Öffentlichkeit ein gutes Wort für den Abgeordneten bzw. Kandidaten Fallmerayer eingelegt, später äußerte er sich ablehnend gegenüber fundamentalistischen Tendenzen. Insgesamt aber neigte er doch spürbar dem konservativen Spektrum zu.

Die Vorgänge um die „Fallmerayer-Adresse" zeigen vor allem die Abwesenheit eines organisierten Liberalismus. Es mag der aus der Sicht des Liberalismus schmähliche Verlauf der Adreßangelegenheit wie auch das Wiedererstarken demokratischer Tendenzen den Anstoß gegeben haben, daß der Liberalismus Ende Juni mit einem „Bürgerverein für Freiheit und Ordnung" auch in München Fuß faßte.[416] Es gelang dem Verein, etwas Profil zu gewinnen. Daß er von der Lokalpresse, vor allem den Münchener Neuesten Nachrichten, wohlwollend wahrgenommen und bei dem Mangel an politischen Ereignissen in München fast über Gebühr und Verhältnis herausgestellt wurde, darf nicht darüber hinwegtäuschen, daß im stillen Hintergrund die konservativen Vereine stärkere Bataillone sammelten.

Außerhalb Münchens kam es in Altbayern – Landshut, Passau Regensburg – nur zu kurzlebigen Versuchen, liberale Vereine aufzubauen. Bemerkenswert ist immerhin eine deutlich für nationale Einheit plädierende Petition aus Garmisch. Hier im Oberland hatten die Anfänge des Tourismus die Geister etwas angeregt. In Schwaben kam es nur zu einer Ausdifferenzierung des Liberalismus mit wachsendem Gewicht des linken, mit der Demokratie halbwegs verträglichen Flügels.

Nun war die Aufgabe, die gleichgearteten lokalen bzw. regionalen Vereine zu Parteien zusammenzufassen. Eine erste überregionale Versammlung liberaler Vereine fand am 2. Juli in Leipzig statt, daran war kein bayerischer Verein beteiligt, auch an den Tagungen in Kösen und Halle war Bayern nicht vertreten. Auf dem Berliner Kongreß der Liberalen am 22.-24. Juli nahmen bereits zwei Vertreter des Konstitutionellen Vereins Nürnberg (Dr. Pfaff und Rektor Lochner, ein im Vormärz gemaßregelter Burschenschafter) teil, der Münchener Bürger-Verein erklärte seine Abwesenheit mit Terminschwierigkeiten.[417] In Bayreuth fand der Kongreß kritische Aufmerksamkeit.[418] Es wurde nicht gleich eine Einigung erzielt, aber die Bemühungen liefen im Anschluß an den Berliner Kongreß weiter.

Eine Sternstunde der Liberalen war die Bestellung des Reichsverwesers. Lange und harte Debatten waren vorausgegangen, bis schließlich auf Vorschlag des Parlamentspräsidenten Heinrich von Gagern der habsburgische Erzherzog Johann am 29. Juni 1848 zum Reichsverweser gewählt wurde. Als Haupt einer provisorischen Zentralgewalt sollte er die antirevolutionäre Entwicklung absichern und gleichzeitig ohne sonderliche Beschädigung des fürstlich-einzelstaatlichen Einflusses das notwendige Minimum von Zentralgewalt herstellen und der nationalen Einheit vorarbeiten.

Die Nationalversammlung in Frankfurt hatte sich seit Anfang Juni, beginnend mit dem Antrag des Abgeordneten Ludwig Simon auf Wahl eines Ausschusses „zur Begutachtung der Anträge wegen Bildung einer provisorischen Zentralgewalt", mit der unumgänglichen Aufgabe befaßt, neben die Legislative eine Exekutive zu stellen und vor allem auch deren Spitze – Reichsministerium und Reichsoberhaupt – zu bestimmen. Für die liberale Mehrheit schlug Professor Friedrich Christoph Dahlmann, der vor allem durch seine Unterstützung der schleswig-holsteinischen Unabhängigkeitsbewegung gegenüber Dänemark und als einer der „Göttinger Sieben" bekannt und angesehen war, ein Dreierkollegium vor: drei von den deutschen Regierungen zu bestimmende und von der Nationalversammlung durch einfache Abstimmung zu legitimierende Persönlichkeiten sollten die Stelle des Reichsoberhauptes einnehmen. Die Liberalen hofften, die Fürsten eher zum Mitmachen zu bringen, indem sie ihnen die Auswahl der Direktoriums überließen, statt ihnen einen Kandidaten vorzuschreiben und durch die dadurch ausgelöste Rivalität der verletzten Eitelkeit der Zurückgesetzten den Weg zu blockieren, außerdem umgingen sie selber die nicht angenehme Aufgabe, die Kandidaten zu benennen.

Eine innere Logik verband die Personalfrage mit der sachlichen Frage der Stellung des Direktoriums gegenüber der Nationalversammlung: ein von den einzelstaatlichen Monarchien bestelltes Direktorium war weniger leicht dem Willen und der Verantwortlichkeit gegenüber der Nationalversammlung zu unterwerfen. So lehnte die Linke Pläne dieser Art ab. Sie, vor allem Robert Blum und Wilhelm Adolf von Trützschler forderten „eine Regelung, die die Gewähr bot, daß die vorläufige Zentralgewalt für die Frankfurter Nationalversammlung jederzeit kontrollierbar und ersterer die Möglichkeit weitgehend verwehrt blieb, Sonderinteressen zu verfolgen"[419] – das war die demokratische Position. Im übrigen war beiden Seiten klar, daß das Provisorium den Gang der weiteren Entwicklung zwischen den Polen von Monarchie und Republik in entscheidender Weise festlegen würde.

Je länger er zur Diskussion stand, desto weniger fand der Direktoriumsvorschlag Anklang, zu bescheiden war der Vorschlag für eine konstituierende und mit Volkssouveränität ausgestattete Versammlung, von der die Öffentlichkeit immer noch annahm, sie sei fähig und willens, die deutsche Freiheit und Einheit herzustellen. Man spottete über die „drei Onkels", die Liberalen liefen Gefahr, mit diesem Vorschlag ins Abseits zu geraten, besonders die preußischen Liberalen traten für eine strengere Lösung ein.

Am 24. Juni trat der Wortführer der Liberalen – und zugleich Parlamentspräsident – Heinrich von Gagern vor die Nationalversammlung und gab die neue Losung aus: Das Reichsoberhaupt sollte eine Einzelperson werden und mindestens die Minister müßten dem Parlament verantwortlich sein. Auch solle das Parlament diese Persönlichkeit, den „Reichsverweser", selbst vorschlagen und wählen, wobei es sich auch um einen Fürsten handeln könne: „nicht weil es, sondern obgleich es ein Fürst ist", werde man ihn wählen.[420] Der Vorschlag, den von Gagern selbst als „kühner Griff" bezeichnete, fand hinsichtlich seiner institutionellen Regelungen und auch durch die Person des als Reichsverweser vorgeschlagenen Erzherzogs Johann von Habsburg (1782-1859) augenblicklich das Wohlwollen des überwiegenden Teils der Öffentlichkeit und eine sichere Mehrheit in der Nationalversammlung. Die Linke kam zu keinem passenden Gegenvorschlag mehr und geriet, kurze Zeit nach den für sie glanzvollen Pfingstfeiern, ins Hintertreffen. Der Sieg von Gagerns bzw. der Liberalen war so überwältigend, daß sogar die Rechte von ihm gespalten wurde: die Vinckesche Klausel, der zufolge die anstehenden Beschlüsse nur „vorbehaltlich des Einverständnisses der deutschen Regierungen" gefaßt werden sollten, erhielt nur 31 befürwortende, dagegen 477 ablehnende Stimmen. So gingen die Einzelabstimmungen, kaum daß die Gesetzesvorlagen fertig waren, schnell über die Bühne. Mit der Bestellung einer Zentralgewalt mußte auch die Stellung der einzelstaatlichen Regierungen und der alten Institutionen, vor allem des Bundestags, geregelt werden.

Zunächst stimmten bei der Abstimmung immerhin 171 für einen – bürgerlichen, faktisch jedoch nicht zur Wahl stehenden – Präsidenten, das war die Minderheit. Eine Mehrheit mit 403 Abgeordneten stimmte dann gegen 135 Abgeordnete für die Bestellung eines Reichsverwesers, fast einstimmig wurde die Einsetzung eines der Nationalversammlung verantwortlichen Ministeriums mit dem Recht der Gegenzeichnung von Anordnungen des Reichsverwesers beschlossen. Der Reichsverweser selbst wurde von 373 gegen 175 Abgeordneten für nicht verantwortlich gegenüber dem Parlament erklärt. Das Bestehen des Bundestages wurde zwar mit fast einstimmiger Mehrheit (510:35) beendet, doch wurde gleichzeitig die Berücksichtigung der einzelstaatlichen Monarchien und ihre Beteiligung an Vollziehungsmaßregeln durch den dehnbaren, ungenauen und absichtlich unklar formulierten[421] Passus des abschließenden Gesetzes zugesichert. Am 28. Juni wurde das Gesetzespaket von der Mehrheit (450 Stimmen) verabschiedet, am folgenden Tag wurde Erzherzog Johann aus dem Hause Habsburg-Lothringen, der wegen seiner Heirat mit einer Postmeisterstochter beliebte, in seinem Liberalismus aber überschätzte Sohn des letzten (gesamt-)deutschen Kaisers zum Reichsverweser gewählt.

„Die Wahl des Erzherzogs Johann zum Reichsverweser durch die Nationalversammlung war der Höhepunkt der revolutionären Volksbewegung." Auf sie hatte alles gewartet, die Wahl eines Repräsentanten der deutschen Nation war das Ziel, das die Versammlung von Heidelberg, das Vorparlament und schließlich die Nationalversammlung angestrebt hatten. Nun schien alles verwirklicht und dabei „zugleich die Garantie einer glücklichen Vollendung" in sich zu tragen. „In Wahrheit bedeutete gerade dieses Ereignis den Umschwung und den Beginn des unaufhaltsamen Niederganges bis zum Zusammenbruch."[422] So elegant von Gagerns Kompromißformel war, sie erschöpfte sich im Formalen und ließ die inhaltlichen Probleme ungelöst, die Bestellung eines Habsburgers zum Reichsverweser war eine ebenso unwahrscheinliche wie halbe Lösung. Es war in dem Gesetz vom 28. Juni eine „Lanzenspitze ohne Schaft"[423] entstanden, und damit war kein Gefecht zu gewinnen.

Für den Augenblick aber schien ein Kernstück liberaler Politik, der Ausgleich mit den Fürsten im konstitutionell-monarchischen Bundesstaat, seiner Verwirklichung ein Stück näher. Eine Delegation, die auf ihrem Wege in die Heimat des Erzherzogs auch Nürnberg besuchte, löste Jubel aus, alle bayerischen Städte, die der Reichsverweser bei der Durchreise betrat, überhäuften ihn mit Ehren und der bayerische König begleitete ihn ein Stück auf der Reise. Als das Reichsministerium für den 6. August eine Huldigungsfeier ausschrieb, war die Zustimmung groß, und die größeren Städte bemühten sich neben dem offiziellen Akt eigene Feiern zu gestalten. In der Begeisterung der Bevölkerung kam vieles zum Ausdruck und Ausbruch. Es war nicht nur Freude über den Sieg der liberalen Sache, sondern ebenso darüber, daß die Arbeit der Nationalversammlung endlich ein Ergebnis zeitigte und das vormärzliche Fürstendeutschland vorüber war. So kam auch aus dem nur mehr bedingt liberal eingestellten Fürth eine Jubeladresse, in Ansbach, Bayreuth, Würzburg, Bamberg, Weismain u.a. fanden große Festlichkeiten, wahre Volksfeste, zur Ehren des Reichsverwesers statt, der Münchener Bürgerverein beteiligte sich mit einer Huldigungsadresse.[424]

Im übrigen fiel es auch konservativen oder reaktionären Kräften wie dem Bamberger Stadtkommissar, der schwerpunktmäßig damit beschäftigt war, die Bamberger Demokraten zu bekämpfen[425], nicht schwer, sich mit belanglosen Gesten an den Feiern zu beteiligen. Die vom Reichsministerium mit einem verbindlichen Zeremoniell für den 6. August 1848 angeordneten Feiern zeigten bereits die Schwächen der Reichsverwesung an. Die bayerische Regierung, die nicht in bloße Belanglosigkeiten flüchten konnte, versuchte das vom Reichsministerium ausgeschriebene Zeremoniell zu entschärfen, indem sie in einer eigenen Vorschrift den Huldigungsakt auf die Linientruppen beschränkte und das Hoch zuerst auf den bayerischen König, dann erst auf Reichsverweser und Vaterland ausbringen ließ. Man konnte dies nicht anders deuten als eine Weigerung des bayerischen Hofes, sich dem Reichsverweser unterzuordnen. Doch fand dieses Vorgehen auch in München Widerstand: die Bürgerwehr rückte, wie in vielen anderen bayerischen Städten, entgegen der Anordnung ebenfalls zur Huldigung aus, und der Bürgerverein protestierte. Im übrigen Land nahm man es als ersten handfesten Beweis dafür, daß Reaktion eben doch möglich und vorhanden war.

Um diese Zeit setzten einige bezeichnende Entwicklungen ein. So sehr die Wahl des Reichsverwesers Hoffnungen geweckt und die liberale Vorherrschaft befestigt hatte, in den langwierigen Debatten über die Grundrechte versandeten sie. Ein wachsender Teil der Bevölkerung sah sich um seine Hoffnungen betrogen, das Vertrauen in die liberale Mehrheit schwand. In Bayern mußten auch die Liberalen immer befremdlichere Äußerungen des Märzministeriums wahrnehmen, der 6. August (Huldigungsakt für den Reichsverweser) war nicht die erste Gelegenheit zu schlechten Erfahrungen. Als im Zusammenhang mit der Schleswig-Holsteinschen Frage aus der Mitte des Konstitutionellen Vereins heraus in Nürnberg ein mittelfränkischer Ausschuß für Sammlungen für eine zu bestellende deutsche Flotte gegründet wurde, machte das Innenministerium (Thon-Dittmer) den Behörden die Aufsicht und Kontrolle zur Pflicht. Der Konstitutionelle Verein Nürnberg und die weiteren im Ausschuß tätigen Vereine sahen sich genötigt, nicht nur auf sofortige Versammlungsfreiheit, sondern auch deren baldige Fixierung in einem Gesetz zu dringen.

Immerhin war es jetzt geboten, über das Vorhandensein reaktionärer Tendenzen nachzudenken. So wuchs die Bereitschaft zu überregionaler Organisation und entschiedenerer Wahrnehmung eigener liberaler Interessen. Während in Preußen ein konstituierender Landtag eine passable Verfassung debattierte, war man in Bayern mit Korrekturen der alten absolutistischen Verfassung abgespeist worden: das sahen zunehmend auch die Liberalen. Vor allem in der Presse, auffällig geradezu im Nürnberger Kurier, wurden schärfere Töne laut. Man könnte von einem Linksruck der bayerischen Liberalen sprechen, aber genau genommen gab es nur die schockhaft erlebte Wahrnehmung, daß man eigentlich immer noch in Opposition zum Ministerium stand und nicht den geringsten Einfluß auf Ministerium und Regierungsgeschäfte hatte. Die ab Spätsommer 1848 zu beobachtende Neigung des bayerischen Liberalismus, sich von den linksliberalen und demokratischen Vereinen nicht allzuweit zu entfernen, hat in dieser Erfahrung ihren Ursprung. Eine gewisse Irritation erwuchs den liberalen Vereinen auch aus Vorgängen in Preußen, die man in Adressen[426] in Richtung Berlin als „Sonderbestrebungen“ beklagte.

Bei all dem vergaß der Liberalismus nicht, sich gegen die „Anarchie“ zu wenden, wo die Demokratie sich behauptete. Als in Schweinfurt eine Adresse gegen wühlendes Demokratentum umging, meint das immer noch stramm liberale Fürther Tagblatt, nun sei es genug mit der „Adressentritschlerei“[427]. Hier kündigte sich schon das Erstarken der Demokratie im Fürther Raum an, und auch in Schweinfurt dürften die Liberalen lokalen Anlaß zur Klage gehabt haben. Die Angriffe der Liberalen konnten eine gewisse Stabilisierung des demokratischen Lagers nicht mehr verhindern.

Eine Woche vorher hatten „Mehrere Urwähler der Stadt Fürth“ eine kritische Adresse gegen die Paulskirchenmehrheit angeregt und unterzeichnet.[428] Am 19. Juni war in Mögeldorf ein „Politischer Verein“ – später meist als Bauernverein bezeichnet – gegründet worden, mit dem die Demokratie auf dem Lande Fuß faßte. Seine Gründung signalisiert ein Anwachsen demokratischer Tendenzen.[429] In Fürth wurde, nachdem seit längerem Verhandlungen stattfanden, Anfang August ein „Patriotischer Verein" gegründet.[430] Vermutlich war der Patriotische Verein von Fürth der erste gemäßigt demokratische Verein nach Bamberg und Nürnberg, er wurde später Mitglied bei den fränkischen Vereinen für Volksfreiheit.[431] Der zur selben Zeit entstehende Leseverein, der vorwiegend demokratische Blätter abonnierte und, sobald genügend Geld da wäre, auch die „Neue Rheinische Zeitung" anschaffen wollte[432], war wohl auf seiner Seite. Auch in Würzburg ging die von Widmann gegründete demokratische Tradition nicht unter, der Arzt Dr. Christoph Schmidt führte sie in der gemäßigten Richtung fort. Im Fränkischen Bürgerblatt wurde der liberale Würzburger Abgeordnete Eisenmann ein politisches Chamäleon genannt[433], das war ein scharfes Wort gegen das Idol der Liberalen. In Kitzingen zirkulierte Ende August eine Adresse an die Linke der Nationalversammlung. Sie wurde der Polizei als Ausdruck republikanischer Gesinnung denunziert und mit den ungefähr 200 Unterschriften beschlagnahmt.

Der Nürnberger Kurier hatte auf den Vorgang aufmerksam gemacht.[434] Seine Redakteure, vom Eigentümer (Theodor Cramer-Klett) auf Liberalismus vergattert, waren genügend geistig beweglich, um zu registrieren, daß sich Vorgänge häuften, die selbst mit einem alleruntertänigstgehorsamsten Liberalismus nicht mehr zu vereinbaren waren: Da wurde mitten im Sommersemester von den Münchener Studenten verlangt, einen Revers zu unterschreiben, dessen Inhalt – daß man sich verfassungsfeindlichen Tendenzen fernhalte – so sehr an vormärzliche Zeiten erinnerte, daß sogar der Münchener Bürgerverein dagegen petitionierte.[435] Ende Juli ging die Meldung durch die Presse, es gebe eine behördeninterne Anweisung mit ungeklärter Verantwortlichkeit, wonach Offiziere und Beamte sich von politischen Vereinen fernzuhalten hätten. Schließlich erfolgte mit der Verordnung vom 12. August ein Verbot demokratisch-republikanischer Vereine. Wenn sich auch gerade in Bayern die Vereine hüteten, offen demokratisch-republikanische Absicht ins Programm zu schreiben, so waren doch auch Vereine, die sich demokratisch nannten, faktisch aber den linken Rand des Liberalismus bildeten, durch die Verordnung gefährdet.

Die prekäre Situation des Liberalismus in Bayern und die zunehmend fraglicher sich gestaltende Entwicklung der Nationalversammlung, die sich in feinsinnigen Debatten über die Grundrechte verlor und die wesentlichen Probleme vor sich herschob, während sie zunehmend angegriffen wurde, brachte den bayerischen Liberalismus dazu, seine Trägheit zu überwinden und sich zu sammeln. Das erste Ergebnis dieser Bemühungen war in Franken zu verzeichnen. Der Konstitutionelle Verein Nürnberg lud im Ergebnis des Berliner Kongresses die konstitutionellen Vereine von Bamberg, Erlangen und Schwabach zu einer Versammlung auf den 13. August in Erlangen.[436] Es sollte ein fränkischer Kreisverein gegründet werden, das Berliner Statut lag den Beratungen zugrunde. Die Versammlung beriet auf der Grundlage des Berliner Statuts, beschloß die Bildung eines fränkischen Kreisverbandes und sprach sich für engere Kontakte zum südbayerischen Liberalismus aus. Eine zweite Versammlung in Erlangen am 2. September setzte diese Bemühungen fort, die Ortsvereine wie z.B. Bamberg[437] bemühten sich um die Gründung von Filialvereinen. Vermutlich steht auch die Gründung einer neuen liberalen Zeitung (Bamberger Zeitung) mit dem allgemeinen Aufbruch der fränkischen Liberalen in Zusammenhang, die Bamberger Liberalen bekamen nun etwas

Abstand zur stadtkommissarischen Patronage. Daß zunächst Erlangen als Versammlungsort gewählt wurde, lag wohl daran, daß es als Universitätsstadt die agilsten Kader des Liberalismus besaß. In einer weiteren Versammlung in Erlangen am 1. Oktober wurde unter Beteiligung von neun konstitutionellen Vereinen (zusammen mit Altdorf, Bayreuth, Dinkelsbühl, Fürth, Kempten, Nördlingen, Wunsiedel) Nürnberg als Kreisvorort bestimmt, das Berliner Statut mit einigen Abänderungen angenommen und der Beschluß gefaßt, eine bayerische Einigung herzustellen.[438] Nürnberg wurde nun angemessenerweise der Sitz des Ausschusses. Eine Verbindung nach Berlin ist zwar aufrechterhalten worden, aber sie blieb dürftig; auch innerhalb der bayerischen Vereine war die Verbindung eigentlich oberflächlich. Die Lage des preußischen Liberalismus war zu verschieden von der des bayerischen, als daß eine ergiebige Diskussion oder gar Zusammenarbeit hätte zustandekommen können. Die Schwierigkeit, sich in der nationalen Frage zwischen Preußen-Berlin und Österreich entscheiden zu müssen, dürfte dem bayerischen Liberalismus am meisten zugesetzt haben.

7.3.2. Linksliberalismus

Während der Nürnberger Konstitutionelle Verein wenigstens vom Programm her mit sich im reinen war, war dies dem nächstfolgenden Verein nicht gegönnt: Am 15. Juni wurde der Nürnberger „Volksverein“ gegründet. Er ging auf ein Frankfurter Vorbild zurück, dessen Programm einige Tage vor der Gründung von der Mittelfränkischen Zeitung – und auch vom Fränkischen Merkur – abgedruckt und so den Lesern probeweise vorgestellt wurde. Wie die Beziehungen zwischen Frankfurt und Nürnberg im einzelnen liefen, müßte noch geklärt werden. Das „Montags-Kränzchen“ hatte zur Gründung eines „allgemeinen deutschen Volksvereins“[439] aufgerufen. In einer Sitzung vom Anfang Juni war in einem heftigen Disput die Entscheidung gegen die Teilnahme am ersten Demokratenkongreß gefallen und damit eine prinzipiell linksliberale Richtung eingeschlagen worden.

Gründer des Nürnberger Volksvereins war der zu Beginn der Märzereignisse mit entschieden liberaler Tendenz hervortretende Dr. Schwarz. Der Freie Staatsbürger hielt ihm später vor, er sei nie etwas anderes gewesen als der Statthalter Eisenmanns, was aber wohl zu grobschlächtig ist. Der Nürnberger Stadtkommissar[440] sah in ihm anfangs einen eher ungefährlichen Ableger des Konstitutionellen Vereins. Seine soziale Zusammensetzung[441] war einigermaßen homogen, im Spätsommer lag die Zahl der Mitglieder bei 700-800, die meisten von ihnen waren Handwerksmeister. Seine politische Zusammensetzung ging von ehemaligen Mitgliedern des politischen Vereins bis zu eben jenem gemäßigt, jedoch konsequent liberalen Dr. Schwarz. Während im Vereinsvorstand ein linker Liberalismus das Sagen hatte, wie er im Württemberger Hof der Nationalversammlung seine Entsprechung findet[442], war die Mitgliedschaft demokratischem Denken gegenüber aufgeschlossen. Er war eine Art vorgezogener und immerwährender „Märzverein“, der die linksliberal-demokratischen Elemente bündelte und zur Geltung brachte, dabei die eigenständige Entfaltung der Demokratie aber auch beeinträchtigte und zu revolutionären Schritten untauglich war. Seine Gründungszeit fiel in eine Zeit zunehmender Verschärfung: Eine Zentralgewalt war zu schaffen, die Debatten der Na-

tionalversammlung zu Mitte Juni zeigten den Krater der Revolution noch nicht ganz geschlossen, und daß der rechte Liberalismus (Konstitutioneller Verein) augenzwinkernd einen linksliberalen (Volks-)Verein aufkommen ließ, um das Feld links von sich nicht ganz der Demokratie zu überlassen, ist nicht ganz unbegründet zu vermuten.
In einer öffentlichen Erklärung[443] in der Mittelfränkischen Zeitung, in der er sich vorstellte und zur Beteiligung einlud, nahm der Volksverein am Beginn seiner Arbeit Aufstellung zwischen links und rechts, zwischen „Reaktion" und „Anarchie", und forderte er die bedingungslose Unterordnung unter die Beschlüsse der Nationalversammlung: „Es ist leider bereits Gefahr, daß die Freunde sich in zwei feindliche Heerlager spalten und, unter Parteinamen sich befehdend, das große Ganze, nach dem sie vereint suchen sollen, aus dem Auge verlieren." In der Krise gebe es einen Halt, das sei die Nationalversammlung. „Die konstituierende Versammlung in Frankfurt, hervorgegangen durch freie Wahl aus dem Gesamtwillen des deutschen Volkes, ist das gesetzmäßige Organ, welches allein über die Gestaltung unseres Gesamtvaterlandes zu entscheiden, welche den lange erstarrten Gliedern Seele und Leben einzuhauchen berufen ist." Das war ein „radikaler Liberalismus", der das faktisch Revolutionäre an der liberalen Partei wahr- und ernstnahm, mit der unbedingten Anerkennung der Nationalversammlung auch Weg und Beschlüsse ihrer (rechts-)liberalen Mehrheit akzeptierte und sich damit für den „gesetzmäßig"-liberalen, nicht-revolutionären Weg entschied, gleichzeitig aber neben dem Ausgleich mit den Regierungen nicht den Ausgleich mit den revolutionären Kräften vergaß. Seine erste Äußerung an die Nationalversammlung formuliert denselben Standpunkt mit anderen Worten und drückt – einen Tag vor der Wahl des Reichsverwesers – ein unbegrenztes Vertrauen in die Nationalversammlung aus.[444]

Mit beiden Dokumenten unterstützte der Volksverein die Argumentation und die Stellung der Mehrheitsliberalen und zeigte er sich als Angehöriger der liberalen Bewegung und tendenzieller Gegner des Politischen Vereins, was gelegentliche Gemeinsamkeiten mit ihm nicht ausschloß. Es war dies eine grundsätzliche politische Orientierung des Volksvereins, wie ein späterer Vorgang zeigt. Der liberale Nürnberger Kurier, das Sprachrohr der Liberalen, hatte ebenfalls die Theorie von den beiden Seiten, welche den geraden Weg zur deutschen Einheit und Freiheit blockierten, in allerdings deftigeren Formulierungen (republikanisch-kommunistische Wühlerei gegen willkürherrschaftlich-partikularistische Reaktion) vorgetragen. Dazu bemerkte die Mittelfränkische Zeitung, das Sprachrohr des Volksvereins: „Gern erkennen wir die Aufdeckung und Bekämpfung der feindseligen Richtungen und Gegensätze gegen unser 'deutsches, *einheitliches, freies* Volksleben' an. Allein wenn die constitutionellen Vereine diesen ihren '*einzigen Zweck*' ohne Maske und Heuchelei verfolgen, was man von ehrenwerten, aufrichtigen Männern annehmen muß: warum richten sie ihr Bemühen *weniger* gegen die *mächtigsten* und *einflußreichsten*, als vorzugsweise nur gegen jene kleinen, unmächtigen deutschen *Republikaner,* welche in Allem, was der Gesammtheit werden soll und von dieser verlangt wird, abgesehen etwa von der äußern, wenig bedeutenden Form oder dem bloßen Namen — (Republik – der Verf.) mit den konstitutionellen Vereinen übereinstimmen?"[445]

Wie die politische Situation in Nürnberg zu dieser Zeit war, läßt sich durch einen Blick auf die Titelseite einer Nummer der Mittelfränkischen Zeitung, dem Blatt des

Volksvereins, erfahren: Die Seite beginnt mit der Übernahme eines Artikels der liberalen Augsburger Abendzeitung, welcher die Petition des Wahlkreises München II (Fallmerayer-Adresse) wiedergab und daran die genugtuungssatte Bemerkung knüpfte, daß es an der Zeit war, „daß Münchens Bürger ein Zeichen ihrer politischen Lebensthätigkeit gaben; sonst wäre wohl der Verdacht, ihnen reaktionäre Absichten zuzutrauen, sehr zu rechtfertigen gewesen". Dem Bericht über die Nürnberger Versammlung mit Dr. Kraft folgt ein längerer Artikel aus dem Fränkischen Merkur. Dieser kommt bei Betrachtung des Verfassungsentwurfs der bayerischen Regierung (von Anfang Mai) zu dem „Ergebniß, daß die bayerische Regierung die bisherigen Zustände unter einer andern Form im wesentlichen wieder aufleben lassen will". Scharf wendet sich der Artikel gegen die Vereinbarungstheorie: „Laßt den 34 Regierungen die Macht, diesen oder jenen Beschluß der deutschen Reichsversammlung, wenn er ihnen nicht beliebt, zu verwerfen, laßt diese Regierungen, die in 30 Jahren das Volk auf eine unerhörte Weise ausgesogen und die Gelder verschleudert haben, die nichts für die Rechtspflege, nichts für die Industrie, nichts für den Ackerbau und so wenig für wahre Volksbildung gethan, die das deutsche Volk so schlecht nach Außen vertreten haben, wie sie es wünschen, gewähren, und ihr werdet bald sehen, wohin ihre Selbstsucht euch führen wird. ... Solchen Regierungen, die immer nur für sich selbst gesorgt, die Rechten und Freiheiten des Volkes niedergedrückt und gar nichts gethan haben, als wozu sie durch die eiserne Nothwendigkeit gezwungen wurden, solchen Regierungen sollte die Nation auch ferner die Leitung ihrer Geschicke uneingeschränkt und unbedingt überlassen? ... Nein, wenn das deutsche Volk seine wahren Interessen versteht, so muß es, sei auch die Regierungsform welche sie wolle, mit aller Entschiedenheit an seiner Souveränetät festhalten."

Daß mit „solchen Regierungen" auch die amtierende bayerische Regierung gemeint war, ist durchaus anzunehmen. Dem folgt ein ebenfalls umfänglicherer Artikel aus der bayerischen Rheinpfalz, in der das „Benehmen der Majoritätsführer in der Nationalversammlung" am 26. Mai gleichgesetzt wird mit dem „unzweideutigen, vorschnellen Auftreten der Aristokratie in Oesterreich" am 26. und 27. Mai. Die führenden Liberalen der Nationalversammlung mit österreichischen Aristokraten zu vergleichen, das war eine revolutionäre These. Und so bringt die ganze erste Seite einer relativ großen Zeitung – der Nürnberger Stadtchronist hat sie, weil er mit dem Schreiben nicht mehr nachkam oder nachkommen wollte, der Chronik beigefügt – ein Gedankengut, das nicht durch große Rücksicht auf fürstliche Belange gekennzeichnet ist.

Der Nürnberger Volksverein begann seine Tätigkeit recht betulich, er verwendete viel Zeit für Organisatorisches, dann schickte er in seiner fünften Versammlung eine Petition an den Gesetzgebungsausschuß der Kammer der Reichsräte in München mit der Bitte um einen niedrigeren Zensus bei der Wahl der Geschworenen.[446] Dann wurde die Reichsverweserwahl das beherrschende Thema. Die Ausführungen des Vorstandsmitgliedes Hoffmann in der Versammlung vom 11. Juli zeigen ein angestrengtes Bemühen, den Mitgliedern die Stellung des Reichsverwesers (Unverantwortlichkeit gegenüber dem Parlament) zu erklären und annehmbar zu machen; es gab anscheinend erhebliche Opposition. Diese Opposition verfestigte sich auf derselben Versammlung zu deutlicher Kritik am Verhalten des Nürnberger Abgeordneten, und die Mittelfränkische druckte die in dieser Angelegenheit beschlossene Stellungnahme des Volksvereins ab.[447]

Es gab also in Nürnberg beträchtlichen, auch aus demokratischen Quellen gespeisten Widerstand gegen den Kurs der Mehrheitsliberalen. Im Volksverein fand ein bedeutendes demokratisches Potential der gemäßigten Richtung (dem Deutschen Hof vergleichbar) mit Linksliberalen zusammen und ergab eine Art „Volkspartei", die in ganz Bayern nichts Vergleichbares hatte.

Die Stellung des Volksvereins zwischen den Parteien war keine bloß passive, er bemühte sich aktiv, „eine vermittelnde Stellung"[448] einzunehmen. Das war zunächst nicht schwer, weil gerade zur Zeit der Bestellung des Reichsverwesers das Ansehen der Liberalen auf dem Höhepunkt stand und der liberale Weg in die richtige Richtung zu führen schien, indem sie die Forderungen des Volkes tatsächlich zu erfüllen schienen.

Doch ergaben sich sofort wieder Spannungen, als „die Folgen des Reichsgesetzes vom 28. Juni mehr und mehr selbst den vertrauensvollen Philistern vor die Augen traten, als man klarer und klarer erkannte, daß auf dem eingeschlagenen Wege weder die Einheit noch die Freiheit Deutschlands begründet werden würde"[449]. Die Entwicklung größerer Distanz zu den (rechten) Mehrheitsliberalen der Nationalversammlung war nicht aufzuhalten.

Erstes Anzeichen dieser Entwicklung war die kritische Inaugenscheinnahme des Nürnberger Abgeordnete Dr. Kraft, der anstelle Eisenmanns Abgeordneter von Nürnberg geworden war. Die Nürnberger Wahlmänner hatten dem Abgeordneten ihre Zustimmung in einer öffentlichen Erklärung ausgesprochen, und dies provozierte einen Artikel der Mittelfränkischen Zeitung und eine Erklärung des Volksvereins[450]: Man habe schon „hin und wieder bedenklich den Kopf" geschüttelt, als sich Dr. Kraft als Ergebnis der Nürnberger Wahl herausstellte, „denn es war nicht zu verkennen, daß dieses Resultat durch ein kräftiges Zusammenwirken des aristokratischen und bureaukratischen Theils unserer Bevölkerung erzielt worden". Trotzdem habe man ihm nichts in den Weg gelegt. Nach sechswöchiger Abwesenheit sei nun die Teilnahme an den namentlichen Abstimmungen über das Gesetz zur Bildung der Zentralgewalt der erste Akt seiner parlamentarischen Wirksamkeit gewesen. Gegen die Zustimmung der Wahlmänner sei an sich nichts einzuwenden, solange der Abgeordnete im Sinne „seiner gesammten Wählerschaft", also auch der Urwählern, handle. Daß Dr. Kraft bei der ersten Abstimmung zum Oberhauptsgesetz mit der fast ausnahmslosen Mehrheit und bei der zweiten mit der überwiegenden Mehrheit gestimmt habe, sei ihm nicht hoch anzurechnen; daß er bei der dritten Abstimmung zwar mit der Majorität dafür stimmte, daß der Reichsverweser „aus der Wahl der National-Versammlung frei hervor gehen solle", dann aber mit einigen anderen[451] nachträglich zu Protokoll gegeben habe, „daß er in dieser Frage nur im Vertrauen auf die Zustimmung der Regierungen bejahend abgestimmt habe", sei „mehr als ängstlich" und ein Versuch, „mit den Regierungen zu liebäugeln". Bei einem Abgeordneten, der sich als Mitglied des linksliberalen Württemberger Hofes bezeichnete und bezeichnen ließ, war dies in der Tat ein merkwürdiges verhalten. Daß er dann dem Reichsverweser in außenpolitischen Fragen freie Hand – zum Beispiel für ein Bündnis mit Rußland – habe geben wollen, sei schon sehr bedenklich, und zum Glück sei er in der Minderheit geblieben. Sein Verhalten in den übrigen Abstimmungen habe „nicht großen Werth" und trage „mindestens den Stempel der Halbheit". Der größte Teil der Einwohner Nürnbergs sei zufrieden mit dem Gesetz über die Zentralgewalt, aber ebenso sei der größte Teil der Bewohner Nürnbergs unzufrieden mit dem Stimmverhalten des Dr. Krafft, dem zufolge „das Prinzip der Volkssouveränität auch ganz und gar verleugnet worden wäre". Der Artikel ist bemerkenswert, weil er auf dem Höhepunkt liberalen Ansehens deutliche Kritik an einem liberalen Abgeordneten übt.

In der folgenden (sechsten) Versammlung[452] am 18. Juli, bei der die Mitgliederzahl schon fast 600 betrug und „viele Gäste" teilnahmen, wurde der Ausschuß für zwei Monate gewählt. Die Wahl fiel auf „Dr. Schwartz, Hoffmann, Dr. Birkmeyer, Dr. Wölffel, Fink, Schmidt (Jak., Kaufm.), Dr. Fabrice, Jul. Merz, Dr. Ghillany". Damit war der Volksverein endgültig konstituiert, der provisorische Ausschuß trat ab und die Aufteilung in „Riegen" – der Ausdruck bezeichnet Ortsvereine und verweist auf die Bedeutung der Turnerschaft im Rahmen des Volksvereins – war abgeschlossen.

Die Formalitäten waren abgeschlossen, trotzdem setzte der Verein nur sehr betulich seine Aktivität fort: Der Stadtbibliothekar Ghillany hielt einen sehr bedächtigen und weitschweifenden Vortrag über Monarchie und Republik von den Anfängen bis zur Gegenwart und nutzte ihn, um sich gegen Republik und für konstitutionelle Monarchie bei gleichzeitiger Reduzierung der einzelstaatlichen deutschen Monarchien auf deren sechs auszusprechen. Dr. Schwartz stellte dann den Antrag, sich der Petition des Münchener Vereins für Volksrechte zur Schleswig-Holstein-Frage „in der Art anzuschließen, daß der Verein eine ähnliche, kürzere" unter eigenem Namen an die Nationalversammlung sende. Wie weit hier politische Kontakte und Übereinstimmungen mit dem Münchener Verein zum Ausdruck kommen, ist noch zu klären; doch ist der eigene Entwurf (die Nationalversammlung möge den Forderungen der Herzogtümer Schleswig und Holstein „in ausgedehntester Weise" nachkommen und die Einmischungsversuche Englands und Rußlands zurückweisen) einigermaßen unscharf und läßt Spielraum, während eine weitere Erklärung gegen die (königliche) Regierung von Hannover, die sich offen für die Vereinbarungstheorie ausgesprochen hatte, deutlicher ausfiel.

Der optimistische Glaube, Volkssouveränität und Fürstenherrschaft würden auf Dauer zu verbinden sein und von der Unterordnung unter die Beschlüsse der Nationalversammlung werde sich niemand ausschließen, wurde dann ausgerechnet von preußischer Seite gestört. Wenn das große Preußen sich nicht der Nationalversammlung unterstellte, dann war nicht nur die Paulskirchenversammlung erledigt, dann war die Frage der Revolution neu gestellt: das war die unausgesprochene Sorge des Liberalismus. Es hatte eine Reihe von Vorfällen gegeben, die das Nachlassen nationaler Gesinnung in der preußischen Bevölkerung vermuten ließen. Das offizielle, konservative Preußen hatte auf die Wahl des Reichsverwesers mit großer Verstimmung reagiert und sich der vom österreichischen Präsidialgesandten angeregten Erklärung der Bundesversammlung vom 29. Juni angeschlossen, die die Anerkennung der Wahl des Reichsverwesers aussprach und als mit Zustimmung der Regierungen vollzogen erklärte.[453]

Auf Preußen hatten sich seit dem 17er Entwurf die Hoffnungen der Liberalen und der Liberalkonservativen wie Fürst Leiningen und eines Teils des mediatisierten Hochadels gerichtet. Doch hatte Preußen den ganzen Sommer die Ankündigung, es wolle in Deutschland aufgehen, nicht verwirklicht, und weitere Enttäuschungen standen bevor. Als am 16. Juli das einzige preußische Mitglied des Frankfurter Reichsministeriums an alle deutschen „Landeskriegsministerien" die Aufforderung richtete, am 6. August solle überall eine Parade stattfinden, bei der die Übernahme der Oberleitung der bewaffneten Macht Deutschlands durch den Reichsverweser durch Verlesen seines Aufrufs an das Volk bekanntgegeben und ein dreimaliges Hoch auf ihn unter militärischem Salut als Zeichen der Anerkennung ausgebracht werden solle, reagierte der preußische König mit dem Armeebefehl vom 29. Juli, der seine Zustimmung zur Reichsverweserschaft mitteilte, die Verwendung preußischer Truppen zu Bundeszwecken aber dem ausdrücklichen Befehl des Königs vorbehielt. Das war ein starker Dämpfer für die wohl auch in Nürnberg bestehenden Hoffnungen auf Preußens nationale Rolle. Eine ganze Liste von Vorgängen ließ sich zusammenstellen, die als partikularistische Bestrebungen Preußens[454] gedeutet werden konnten.

In der achten Versammlung (vermutlich 1. August)[455] war die „preußische“ Angelegenheit besonderer Gegenstand der Aufmerksamkeit. In dem Offenen Brief an die preußische Bevölkerung wird die Schuld an der Störung der nationalen Eintracht „einer kleinen Partei, derselben Partei, welcher die ganze gegenwärtige Bewegung ein Gräuel ist“ zugeschoben, und in dem Offenen Brief an die preußische Nationalversammlung wird eine Ministerialerklärung, der zufolge Preußen sich „eine besondere Stellung außer und neben Deutschland sich zu wahren“ vorbehalte, als hauptsächlicher Grund der Beunruhigung genannt. Auch der Konstitutionelle Verein von Nürnberg wurde aktiv, wie er in einem Schreiben seines Ausschusses an den Volksverein mitteilt. Die immer deutlicheren Äußerungen der Gegenrevolution beunruhigten die Liberalen. Hatte man sich eben noch die schönsten Hoffnungen gemacht, so schien nun alles gefährdet. Man stellte aber nicht den Grund und Gegenstand der Hoffnungen in Frage, sondern beschwor nun erst recht die Hoffnungen, und zwar im Konstitutionellen wie im Volksverein.

In der neunten Versammlung des Volksvereins wurde. angesichts der im Herbst 1848 fälligen Gemeindewahlen und einer gegenüber dem Vormärz unveränderten Gesetzeslage, eine Petition beraten und beschlossen, die dem Ministerium nahelegte, der nächsten Ständeversammlung – die ebenfalls zum Herbst 1848 anstand – ein neues Gemeindewahlgesetz vorzulegen.

In der nächsten Versammlung[456] am 22. August hatte man an die 1.000 Unterschriften für die Petition gesammelt, man beschloß, sie abzuschicken. Auch trat man einer Petition bei, die der Konstitutionelle Verein Nürnberg verfaßt und zur Beteiligung dem Volksverein mitgeteilt hatte. Es könne, hieß es darin, dem unbefangensten Beobachter der Gegenwart nicht entgehen, daß die Staatsgewalt die Zügel wieder straffer anziehe und bisher stillschweigend geduldete Freiheiten wieder abschaffe, wobei „die obern Behörden in manchen untergeordneten nicht nur bereitwillige, sondern sogar übergeschäftige Diener, die dem alten System, in welchem sie eingelebt, von Herzen ergeben, mit Vergnügen den Polizeistaat wieder herstellen möchten“. Als Beispiel wurde die Behinderung von Sammlungen für die deutsche Flotte im Regierungsbezirk Unterfranken angeführt und als Beginn der Beeinträchtigung des Versammlungsrechts gewertet. Der Volksverein trat der Petition natürlich bei mit der Begründung, daß „namentlich auch die Hervorhebung des Versammlungsrechtes für höchst zeitgemäß“ zu erachten sei „gegenüber der neuesten Ministerialentschließung[457], welche allerdings nur jene anarchisch-gesinnten Demokratenvereine im Auge hat, die der Reichsversammlung den

Gehorsam aufkündigen, aber durch dienstbeflissene Unterbehörden leicht zur Aufhebung auch andrer Vereine gemißbraucht werden könnte".

Hier verstieß der Volksverein aus liberalem Familiensinn gegen die früher in seinem Umfeld geäußerte Einsicht, wonach das Einschlagen auf die winzige Gefahr des Anarchismus dem Liberalismus nichts bringe. Bezeichnenderweise wurde in derselben Versammlung einer vom Politischen Verein zum Anschluß mitgeteilten Adresse, die an die Nationalversammlung gehen sollte und gegen die am 6. August – Tag der Vereidigung auf den Reichsverweser – zutage getretenen partikularistischen Bestrebungen gerichtet war, zwar vom Inhalt her zugestimmt, doch wurde eine eigene Adresse verfaßt und der Reichsverweser als Adressat gewählt. Man vermied jedoch gemeinsames Handeln mit dem Politischen Verein, und es war wohl kein Zufall, daß in dem Text die früheren emphatischen Bekundungen für Volkssouveränität nicht mehr vorkommen, und man kann darin eine gewisse Wendung nach rechts sehen. Vielleicht ist auch der von Ausschuß und Riegenmeistern eingebrachte und von der Versammlung gebilligte Antrag auf „Austheilung von Eintrittskarten für Mitglieder und Fremde" in erster Linie als politisch motiviertes Mittel zu sehen, unerwünschten Mitgliedern und Gedanken den Eintritt zu verwehren. Daß daneben auch der Antrag eingebracht und gebilligt wurde, den Stadtmagistrat, das Kollegium der Gemeindebevollmächtigten und den Armenpflegschaftsrat um Öffentlichkeit der Sitzungen anzugehen, war eigentlich keine allzu große Kühnheit mehr, er wurde am Schluß behandelt.

Im Grunde war der Volksverein ein ziemlich gewöhnlicher liberaler Verein geworden. Er zeigte kein Bedürfnis, sich von liberalen Vereinen abzusetzen und unterstützte bereitwillig die Aktivitäten konstitutioneller Vereine, während er sich von demokratischen Vereinen abseits hielt.

Zu Beginn der Sitzung war ein Beschluß gefaßt worden, der für die Zukunft hätte bedeutsam werden können: Es wurden „mehrere Briefe auswärtiger Vereine mitgetheilt, insbesondere einer vom Stuttgarter Volksverein, der, soweit dieß aus seinen mitgesandten Statuten ersichtlich ist, ganz gleiche Richtung mit dem hiesigen verfolgt". In diesem Schreiben war auf eine in Nördlingen abzuhaltende Versammlung württembergischer und bayerischer Vereine aufmerksam gemacht worden, die eine engere Verbindung „zwischen den Gesellschaften beider Staaten" herstellen sollte; das Einladungsschreiben des Nördlinger Volksvereins auf den 27. August war dem Nürnberger Volksverein mitgeteilt worden. Man beschloß teilzunehmen und die Delegierten wurden in den folgenden Tagen von Ausschuß und Riegenmeistern auf Richtlinien festgelegt.

In Württemberg hatte sich im Juli eine Bewegung im Vereinsleben ergeben. Der alte, aus den Anfangstagen der Revolution stammende „Volksverein" hatte sich gespalten in drei Teile: in einen rechtsliberalen, monarchisch- konstitutionellen Verein, einen Volksverein und eine demokratisch-republikanische Richtung. Dieser Vorgang war auch in bayerischen Zeitungen[458] mit einer Notiz gewürdigt worden. Es waren also die mittleren politischen Tendenzen, die einen Weg zueinander suchten. Aus praktischen Gründen wählte man das nahe Nördlingen zur Ausrichtung der Versammlung. Hier[459] hatte seit dem Frühjahr ein Volksverein bestanden, der alle liberalen Elemente samt demokratischen Spurenelementen enthielt, im großen und ganzen aber ein liberaler Verein war. Am 16. August gab er sich, nicht ohne Widerstand in den eigenen Reihen, ein Programm nach württembergischem Vorbild. Die Württemberger hatten zur politischen Aufrichtung der Nördlinger nicht nur ihre Statuten, sondern auch den Antrag des Abgeordneten Schoder beigelegt, der auf die Beratung der Reichsverfassung statt der Grundrechte abzielte. Der „Antrag Schoder" war ein politisches Markenzeichen, das für einen entschieden linken Liberalismus stand und für Kritikfähigkeit gegenüber der rechtsliberalen Paulskirchenmehrheit.

Der Volksverein Nördlingen übernahm dann die Organisation des Treffens, das am 27. August, einem Sonntag, stattfand. Vormittags fanden die Beratungen der Vereine statt, nachmittags war eine große Volksversammlung. Es erschienen neben dem Nördlinger Verein zehn bayerische und neun württembergische, dazu eine Abordnung des Stuttgarter Landesausschusses der Volksvereine. Beratend und ohne Stimmrecht nahmen teil Ludwig von Oettingen-Wallerstein, der ehemalige Minister, und der bayerische Landtagsabgeordnete Rehlen. Als Versammlungsleiter wurden gewählt der Ersatzmann des Nördlinger Wahlkreises zur Nationalversammlung Appellationsgerichtsrat Gramm und Assessor Weber aus Württemberg. „Beide erklärten sich als Anhänger der constitutionellen Monarchie, für das volkshoheitliche und volksthümliche Prinzip in Gesetzgebung und Verwaltung, und für die unbedingt bindende Kraft der Beschlüsse des verfassunggebenden Parlaments."[460] Das war eine Rhetorik, die auch in einem rein konstitutionell-liberalen Verein wenig Anstoß erregt hätte.

Die Beratungen befaßten sich zuerst mit der Organisation der bayerischen Vereine, hier bestand der größte Handlungsbedarf. Da dies aber eigentlich Angelegenheit der Bayern war, wandte man sich den beiderseitigen Beziehungen zu. Eine „Verschmelzung", wie von einigen Seiten gefordert, sollte nicht stattfinden, Stimmen aus Württemberg machten gegen sie geltend, „ein solch gegenseitiges Aufgehen der Vereine ineinander würde dieselben hindern, sich gegenüber den beiderseitigen Regierungen mit den Spezialangelegenheiten der betreffenden Länder zu befassen". Auch die Bildung eines süddeutschen Vereines wurde abgelehnt mit der Begründung, es würden dadurch die „verderblichen Gegensätze zwischen dem Norden und Süden Deutschlands" nur noch weiter vertieft und Ansätze separatistischen Handelns geschaffen. So erging in der Organisationsfrage der Beschluß: „es sollen die bestehenden und noch zu bildenden bayerischen Vereine in Kreisvereine zusammentreten, ein gemeinsames Zentralorgan wählen, durch dieses mit dem Zentralorgane der ähnlich organisierten württembergischen Vereine Berührung pflegen, einstweilen aber dem Nürnberger Volksvereine die Korrespondenzen mit dem Landesausschusse sämmtlicher württembergischen Volksvereine übertragen sein", „die Verbrüderung allmählig auf alle Vereine des weiten deutschen Vaterlandes sich erstrecken zu sehen", war „der einmüthige Wunsch" der Versammlung. In der Frage der Organisation zeigte man also eher liberales Verhalten, das auf größtmögliche Selbständigkeit Wert legte.

Schwierig war die Einigung auf eine politische Grundlage. Die von den Bayern angestrebte Festlegung auf die konstitutionelle Monarchie wurde von Württemberg, wo die Volksvereine nicht selten pur republikanisch waren, als Gefahr für die Einheit der eigenen Vereine angesehen und abgelehnt. So kam schließlich der Beschluß zustande: „Leitende Grundsätze aller Vereine sollen sein, die Erstrebung einer wahren und kräftigen Einheit des deutschen Volkes; die Einführung des Prinzipes der Humanität und gleichen Berechtigung in allen gesellschaftlichen und bürgerlichen Verhältnissen; die entschiedene Durchführung des demokratischen Prinzipes in den Einrichtungen des deutschen Vaterlandes. Die Beschlüsse der Nationalversammlung seien sowohl für das deutsche Volk als für seine Fürsten *verbindlich* und zur Geltung zu bringen.“ Des weiteren wurden eine Grußbotschaft an die Nationalversammlung und eine Petition um gesetzliche Absicherung des Versammlungsrechts an dieselbe Stelle angeregt.

Bei der Volksversammlung am Nachmittag, bei der an die 15.000 Besucher teilnahmen, wurden beide Dokumente verabschiedet, sechs Redner aus Württemberg und einer aus Bayern (Ringler vom Demokratischen Verein München) traten auf. Mehr Aufsehen als ihm wirklich zukam, erregte die Anwesenheit des Fürsten Oettingen-Wallerstein. Er war als Sicherung gegen württembergische Republikaner eingeladen worden und nutzte seinerseits die Gelegenheit zu einer neuen politischen Wirksamkeit, ohne damit viel Erfolg zu haben.

Das Ergebnis der von vielen Hoffnungen begleiteten Tagung war mager. In der Hauptsache war der gesamte Liberalismus von rechts bis links in Nördlingen zusammengekommen, und der ließ sich nicht mehr in eine einheitliche Organisation fassen. Was daneben an republikanischen Tendenzen zum Vorschein kam, bestimmte nicht die Versammlung, wurde aber von der konservativen Presse bereitwillig aufgegriffen, um erneut die republikanische Gefahr beschwören zu können.[461]

Die an der Versammlung teilnehmenden bayerischen Vereine waren sehr unterschiedlich, der rechtsliberale Münchener Bürgerverein unterschied sich deutlich von den Württembergern und lehnte deshalb später den Beitritt ab, auch die fränkischen liberal-konstitutionellen Vereine waren nacheinander gegen den Beitritt. Selbst der Nördlinger Volksverein war nur eingeschränkt ein „württembergischer“ Verein, die Spaltung ging durch ihn hindurch: die Führung war gemäßigt liberal, ein erheblicher Teil der Mitgliedschaft war linksliberal mit demokratischen Tendenzen. So enthielt sich der Nördlinger Verein in den entscheidenden Abstimmungen der Stimme[462], er trat später zwar formell bei, entwickelte aber keine Tätigkeit mehr. Eigentlich waren nur der Nürnberger Volksverein und einige andere fränkische Vereine mit den Württembergern annähernd bündnisfähig. Der Nürnberger Volksverein hat in seiner Sitzung vom 29. August den Ergebnissen zugestimmt. Aber auch er war kein geschlossenes Gebilde, die Verschiedenheit der in ihm enthaltenen Tendenzen sollte ihn bald selber in eine Krise kommen lassen. Die Krise deutete sich schon an in einem Kommentar der an sich befreundeten Mittelfränkischen Zeitung: Es gehe das „Gerücht“, heißt es hier[463], „daß sich der hiesige constitutionelle Verein mit dem Volksverein verbinden wolle“ und bereits entsprechenden Schritte unternommen würden. „Wir“, der Schreiber, „können diesem Gerüchte keinen Glauben schenken, denn wir halten beide Vereine für zu *consequent,* als daß sie ihre Prinzipien verleugnen sollten, die erst in der jüngsten Nördlinger Versammlung klar an den Tag getreten sind. Der Volksverein kann sich nicht mit einem Verein verbinden, der in der Abstimmung über die *Durchführung des demokratischen Prinzips auch außerhalb der constitutionellen Monarchie* auf genannter Versammlung mit der Minorität unterlegen ist, und der constitutionelle Verein kann ebenso wenig so *inconstitutionell* handeln, zu einem Verein zu treten, der gegen sein Prinzip gestimmt hat.“ Daß das Gerücht überhaupt hatte aufkommen können, ist nicht unverständlich angesichts der freundschaftlichen Beziehungen zwischen Volksverein und dem rechten Liberalismus.

In ihrem Bemühen, nicht in den Ruf republikanisch-demokratischer Gesinnung zu kommen, die von der konservativen Presse der Nördlinger Versammlung unterstellt wurde, gaben die Vorstände des Volksvereins (Dr. Schwarz, J. Schmitt, Jul. Merz) wenig später eine Erklärung ab. In dieser begründeten sie ihre Zustimmung zu den Nördlinger „Grundsätzen", insbesondere „der Erstrebung einer wahren und kräftigen Einheit des deutschen Volkes, der Durchführung des demokratischen Prinzips in den Verfassungen des deutschen Vaterlandes", so: „Die Volkssouveränetät ist schon durch das *Zustandekommen* der Nationalversammlung ausgesprochen sowie von ihr selbst in ihrem ganzen Umfange anerkannt und behauptet worden; die Staatsform aber, in welcher das demokratische Prinzip sich verwirklichen soll, ist von der National-Versammlung noch nicht festgestellt, und so konnte ein in dieser Hinsicht vorgreifendes Amendement um so weniger zugelassen werden, als die Beschlüsse der National-Versammlung für Volk und Fürsten als bindend erachtet wurden. Somit war uns kein Grund gegeben, eine für das Volkswohl und das Vaterland so wichtige Vereinigung durch allzu enge Begrenzung der leitenden Prinzipien noch mehr zu erschweren oder gar unmöglich zu machen."[464] Es war weniger die Angst vor der Verordnung vom 12. August, die diese Sätze diktierte, kennzeichnend für diese Sätze war, daß sie wieder die gegebene Nationalversammlung bzw. ihre Mehrheit und ihre einschränkende Deutung der Volkssouveränität zum Maß der Dinge machten und sich so dem Liberalismus zuwenden.

Der Nürnberger Volksverein wurde zum „Vorort" des geplanten Verbandes der bayerischen Volksvereine bestimmt. Im Grunde war er aber fast einzigartig in Bayern, so daß schon aus diesem Grunde das Bündnis nicht sehr umfänglich werden konnte. Der Nördlinger Volksverein brach wenig später auseinander, nur der linksliberale Kemptener Volkverein stand auf einigermaßen sicheren Beinen, zwischen Nürnberger und Kemptener Verein stellten sich denn auch engere Beziehungen her.

Während in Franken, vorwiegend Mittelfranken die demokratische Bewegung wiedererstarkte und auf die Bauern auszustrahlen begann, erstarkte in Schwaben ein zu allem entschlossener Linksliberalismus. Dieser lag auf einer diffus demokratischen Strömung im Volk, wobei die Verehrung Heckers und der Kontakt zwischen Kleinbürgern einerseits und Arbeitervereinen andererseits nicht ungewöhnlich war.[465] Ende August war auch in Schwaben der Prozeß der Differenzierung des Liberalismus so weit fortgeschritten, daß sich rechter und linker Liberalismus trennten. In Kempten war der Vorgang beispielhaft. Hinter dem schnell anwachsenden „Volksverein" blieb der konstitutionelle Verein zurück, die Programme gleichen einander allenfalls oberflächlich.[466] Konservative Angriffe auf linksliberale Abgeordnete – ähnlich wie Titus in Bamberg wurden einige linksliberale schwäbische Abgeordnete zum Rücktritt aufgefordert – schlugen fehl, so gekräftigt war der Liberalismus hier bereits.

7.3.3. Demokratische Bewegungen

Nebenher führten die Debatten über den Antrag Raveaux-Werner und über die Mainzer Vorfälle zur Gründung der radikal-demokratischen Fraktion Donnersberg, der auch der Bamberger Abgeordnete Titus beitrat.

Die demokratische Bewegung, deren Strukturen noch sehr schwach und in einem gewissermaßen vorgeburtlichen Zustand verharrten, konnte nicht in gleichem Maße auf solche Voraussetzungen bauen. Die in der ersten Phase der Revolution entstehenden lokalen Ansätze demokratischer Formierung gingen im liberalen Siegeszug zur Paulskirche unter, nur in Bamberg und vor allem in Nürnberg blieben etwas dichtere demokratische Strukturen erhalten. In Anlehnung und in Auseinandersetzung mit den Vorgängen in der Nationalversammlung entstanden dann Parteien.

Der Nürnberger Politische Verein, dessen Zeitung (Der Freie Staatsbürger) zunehmend Spuren der Neuen Rheinischen Zeitung zeigt, vertrat mit lokal bedingter Zurückhaltung Positionen der Fraktion Donnersberg. Er hielt sich über die Wahlzeit hinweg am Leben, auch der Freie Staatsbürger gedieh trotz der von den Gemeindebehörden betriebenen Ausweisung des Redakteurs Diezel. Die Ausweisung stützte sich auf den Umstand, daß Diezel als gebürtiger Württemberger kein Heimat- bzw. Bürgerrecht in Nürnberg hatte. Der Freie Staatsbürger ging daraufhin nicht ein, Diezel redigierte ihn von auswärts. Ein auswärts arbeitender Redakteur konnte nützliche Dienste leisten, aber eine mit Ort und Menschen verbundene Führungsperson der Demokraten konnte er schwerlich abgeben, und der gesellschaftliche Druck auf das Kleinbürgertum hielt viele vom offenen Beitritt ab.

Der Volksverein hatte eine weitgehende Absorption der Demokratie durch den Linksliberalismus zur Folge, was den Politischen Verein als eigentlichen Sammelpunkt der Demokratie in eine Nebenrolle drängte. Die radikale demokratische Linke war damit nicht einflußlos in Nürnberg, sie war ein wichtiger Stichwortgeber des politischen Diskurses. Der Politische Verein[467] brachte immerhin eine Petition gegen die Vorschläge des (liberalen) Verfassungsausschusses der Nationalversammlung zustande, und die vom Konstitutionellen Verein Nürnberg in einer Adresse[468] nach einem deutlichen Hieb auf die Demokraten ausgesprochene Mahnung, die Nationalversammlung möge sich zu größerer Eile aufraffen, ist wohl auch als Reaktion auf die links vom Liberalismus wachsende Kritik an der Betulichkeit der Debatten über das zukünftige Reichsoberhaupt zu verstehen. Der Politische Verein war also nicht wirkungslos. In der politisch entscheidenden Frage der Organisation aber lag die Demokratie hinten, da war die Integrationskraft des Liberalismus zu stark. Damit war die Entwicklung der Demokratie in Nürnberg stark beeinträchtigt.

Dagegen waren die Umstände im Umland günstiger. In Schwabach gründete Karl Sticht am 25. Juni einen demokratischen Verein, als Zeitung trat ihm die seit Mai bestehende „Fränkische Volkszeitung" zur Seite. Als Sticht auf Betreiben des Landrichters wegen eines Artikels seiner Zeitung am 12. Juli unter einem Vorwand verhaftet wurde, befreiten ihn seine Anhänger. Daraufhin wurde Militär eingesetzt, Sticht und einige seiner Befreier wurden verhaftet. Während Sticht bald fliehen konnte, wurde seinen Freunden ein Jahr später ein milder Prozeß gemacht.[469] Es gab also in Mittelfranken, anders als in Bamberg, Leute, die sich bereit fanden, eine Zeitung und ihren Redakteur zu schützen. Schon vorher war der Freie Staatsbürger durch das Auftreten bürgerlicher Kommanditisten vor dem Verbot gerettet worden. „Mehrere Urwähler" von Fürth übten zu dieser Zeit Kritik an der liberalen Mehrheit der Paulskirche[470]: Das war die Ankündigung, daß die demokratische Bewegung erstarkte.

Daß die Würzburger Adresse zum Antrag Raveaux-Werner sich geradezu emphatisch für die Volkssouveränität aussprach, was die Liberalen im allgemeinen vermieden, und nur mit einer verhältnismäßig geringen Unterschriftenzahl[471] auf den Weg ging, deutet darauf hin, daß sie vorwiegend vom noch ungeordneten demokratischen Potential Würzburgs ausging. In Aschaffenburg hielt sich die Demokratie in einem Volksverein mit dem Buchhändler Dr. Weiland an der Spitze am Leben.

In München wurde der Versuch gemacht, den linksliberalen Bauhofklub in demokratische Richtung zu bewegen. Eine Möglichkeit hiefür bot sich, als die Vorstände Ende April zum Militär eingezogen wurden oder freiwillig einrückten. Am 28. April, als der Wahlkampf vorbei war, wurden in einer Versammlung[472] für den ausscheidenden bisherigen Vorstand (Max Wagner) Dr. Ringler[473] als Vorsitzender, Commis Billing als Stellvertreter und Student Julius Knorr als Schrift- und Kassenführer gewählt. Nebenher agierte – allerdings ohne greifbare Wirkung – auch ein „Volksverein", der schon am 20. April eine Ausschußwahl angezeigt hatte.[474] Verstreute Meldungen deuten darauf hin, daß der neue Vorstand des Bauhofklubs kein ruhiges Leben hatte und, wie das so üblich ist bei deutschen Linken, die Energie der Mitglieder im Innern des Vereins verausgabt wurde. Frühere, liberale Mitglieder distanzierten sich öffentlich von ihrem alten Klub, als er den Weg nach links einschlug. Der Versuch, an die Handwerker und Gewerbetreibenden Münchens heranzukommen, kam nicht über Andeutungen hinaus, die Bemühungen, Wahlanfechtungen zu organisieren, brachten wenig ein, der Druck aus der Stadt war zu groß, und gegen Mitte Mai löste sich der Klub auf.

Die ehemaligen Mitglieder des Bauhofklubs mußten sich alleine zurechtfinden.[475] „Eines der treu gebliebenen Mitglieder, Student Julius Knorr (Prof. Neumanns Kandidat zum Parlament!), von jeher an Ideenüberspanntheit leidend" – diese Stelle sagt natürlich über die (gemäßigt-liberale) Haltung der berichterstattenden Zeitung[476] mindestens eben so viel aus wie über den Angesprochenen – „und dessen Bruder haben, so sagt man, auf freundschaftliche rechtzeitige Mahnung der Polizei die Flucht nach Amerika ergriffen, weil ihnen der Beweis einer Verbindung mit Hecker und Struve in Aussicht stand." Mit dem Rücktritt Wagners (Ende April) hätten die meisten Studenten den Klub verlassen, der seitdem „nur mehr Arbeiter und Literaten" in seinen Reihen gesehen habe.

Vereinzelt gab es demokratische Tendenzen bei den Münchener Studenten. Daß sie in einem Fest in der Menterschwaige[477] das Zusammentreten der Nationalversammlung feierten, dürfte noch einen gemeinsamen liberal-demokratischen Ursprung haben, daß dann aber drei neugegründete Studentenverbindungen (mit den bezeichnenden Namen Rhenania, Teutonia, Cheruskia) dem verreisten Linksradikalen Julius Knorr, der den ersten Demokratenkongreß besuchte, ein Grußwort in die Zeitung setzten, war wohl mehr als bloße menschliche Anteilnahme, und ein Korrespondent[478] fügte der Nachricht die Bemerkung hinzu, es sei kein Wunder, daß bei solchen „Verbindungen" das

Gerücht von der bevorstehenden Entwaffnung der Studenten umgehe. Kurz vorher war den Studenten, was möglicherweise damit in Zusammenhang steht, ein Berufsmilitär als Offizier vorgesetzt worden.[479]

Bei aller Schwäche war die demokratisch-republikanische Partei in Bayern immerhin so stark, daß sie schon Anfang Mai den Innenminister zu einem Verbot reizte, das sich zu diesem Zeitpunkt aber noch nicht durchsetzen ließ.[480]

Einen ersten Orientierungspunkt gab der erste Demokratische Kongreß in Frankfurt, wo sich 89 Vereine aus 66 Städten versammelten; auch Bayern war vertreten. Einem Beschluß des Kongresses zufolge sollten in „Deutschland“, soweit es auf dem Kongreß vertreten war, 15 Kreisausschüsse gebildet werden, Bamberg sollte der Sitz des bayerischen Kreisausschusses sein.

Am 22. Juli gründeten dann die Bamberger Demokraten auf dem Michaelsberg ihre Organisation, die sich durch die Wahl des eher unauffälligen Namens „Volksverein“, durch Einbeziehung des privatgesellschaftlichen „Bürgervereins“ und durch Zurückhaltung der eigentlichen Köpfe der demokratischen Bewegung vor unliebsamer Aufmerksamkeit der Behörden zu schützen versuchten. Angesichts der laufenden Pressionen war dies keineswegs ein neckisches „Versteckspiel“[481] zum Zweck puren Vergnügens, sondern durch Schwäche gebotene Vorsicht. Man hatte es noch nicht geschafft – vielleicht noch nicht einmal daran gedacht –, außer der kleinen städtischen Anhängerschaft die bäuerliche Bevölkerung im Hinterland für die Demokratie zu mobilisieren. Da beide Bamberger Vereine so ihre je eigenen Schwächen hatten, lebten sie zunächst ohne große Vorfälle nebeneinander her.

Im Visier der Behörden lag vor allem der Fränkische Merkur. Dieses alte, renommierte Blatt war erst vor kurzem in die Hand der Bamberger Demokraten gekommen. Man fand auch bald einen Artikel[482], der eine Handhabe zum Einschreiten bot. Der verantwortliche Redakteur Heger zog es vor zu fliehen, statt für unbestimmte Zeit im Gefängnis zu verschwinden. Heger hat später seine Sache mit einigem Erfolg vor Gericht vertreten; daß er zunächst die Flucht vorzog, ist nicht so sehr als Beleg persönlicher Furchtsamkeit zu sehen, sondern als Indiz dafür, daß die Handvoll republikanisch-demokratischer Intellektueller in Bamberg sich wohl einigen persönlichen Ansehens erfreute, sich aber noch nicht auf eine selbstbewußte, eigenständig handelnde demokratisch-republikanische Bewegung stützen konnte. Der Nachteil dieser Lösung war, daß der Fränkische Merkur zum andern Tag einging, die letzte Nummer erschien am 6. August. Die Besitzerin Frau Baronin von Ecker, deren Sohn bei den Bamberger Demokraten aktiv war, verließ wenig später Bamberg. Damit verlor die Gruppe der Bamberger Demokraten ihr bedeutendstes Mittel der Politik. All die kleinen, lokalen demokratischen Bestrebungen in Oberfranken, die im Fränkischen Merkur ein prächtiges Sprachrohr bekommen hätten, blieben nun unverbunden und ungehört, die kleinen Ersatzblätter konnten seinen Platz nicht ausfüllen.

Eine volle Ausprägung des „neuen Regimes“ in Vereinen bzw. Parteien mit einer Aufspaltung in Liberalismus und Demokratie erfolgte eigentlich nur im Raum Nürnberg. Bamberg war ein Sonderfall, im übrigen Franken blieb es bei der Vorherrschaft eines in kleine Unterschiede differenzierten Liberalismus.

Die Adreßbewegung von Mitte Juni hatte des politische Leben in München so weit in die Höhe gebracht, daß in der Vorstadt Au im Anschluß daran wieder Volksversammlungen durchgeführt wurden, die „Ultramontanen-Adresse" vom 21. Juni dürfte besonders anregend gewirkt haben. Auch an der Universität entfaltete sich demokratisches Leben. „Die hiesigen Studenten, sonst vielfach zerklüftet durch das leidige Corpswesen, diese Schule des Conservativismus, Aristokratismus und Bürokratismus, haben sich allgemein geeinigt, und eine Repräsentativverfassung für regelmäßige Versammlungen ins Leben gerufen."[483] „Man geht hier in München damit um, einen demokratischen Verein zu gründen, es wird dieß aber wohl seine Schwierigkeiten haben", berichtete ein Korrespondent aus München.[484] Als Organisator trat der in der Presse meist als Literat[485] bezeichnete Carl Wilhelm Vogt hervor. Vereinzelt wird auch von dem Auftreten eines Accessisten Lößl berichtet. Demokratische Ideen fanden in der eher proletarischen Vorstadt Au eine vorübergehende bescheidene Heimat.

Doch der Druck der Gegenseite war stark. Gegen die Person C.W. Vogts (nicht zu verwechseln mit dem gleichnamigen Abgeordneten der Nationalversammlung) bestanden auf der eigenen Seite Bedenken, er wurde als Polizeispitzel verdächtigt und sein schlechter Ruf drang über die Grenzen Bayerns hinaus.[486] Es gab auch noch keine populäre demokratische Zeitung in München, wohl aber ist unterschwellig in kleineren Blättern demokratisches Gedankengut greifbar.

Am 23. Juni fand im Franziskanerbräu in der Vorstadt Au eine Volksversammlung[487] statt, die in ihrer Mehrheit die Görres-Adresse ablehnte. In einer Versammlung am 25. Juni – es war eine der „dahier wiederholt stattgehabten"[488] Volksversammlungen – wurde den 500 Besuchern eine Adresse zu Beratung und Unterschrift vorgelegt, die sich für allgemeine Volksbewaffnung und „die endliche Genehmigung der im März ergangenen Freiheiten" aussprach. In diesem Sinne wurden Reden – u.a. von C.W. Vogt – gehalten und zum Schluß ein Ausschuß gewählt, bestehend aus Max und Anton Wagner, Dr. Hermann, Dr. Ringler und dem Maffei-Arbeiter Roß.[489] Eine am 28. Juni folgende Versammlung versuchte vor allem Soldaten und Leute aus den unteren Schichten anzusprechen, aus diesen Bevölkerungsgruppen kamen auch die meisten Teilnehmer.[490] Zur nächsten Versammlung – sie wurde in den Paradiesgarten, ein beliebtes Ausflugslokal, verlegt – kamen immerhin bereits 2.000 Personen, darunter viele Soldaten. Es wurde dabei schon sehr deutlich der Republik das Wort geredet.[491] Dann brachen die Versammlungen wieder ab. Vielleicht hat dies auch damit zu tun, daß Accessist Lößl, der vermutlich die eigentliche Stütze der Auer Versammlungen war, um diese Zeit eine Anstellung außerhalb Münchens erhielt.

Es scheint aber trotzdem mit dem linken Vereinswesen in München vorwärts gegangen zu sein. Anfang Juli wird von der Gründung eines Vereins „Junges Deutschland" berichtet. Im Hotel Maulick hätten sich junge Leute zusammengefunden, denen der Bürgerverein den Beitritt verwehrte, weil er nur Personen mit Münchener Bürgerrecht aufnahm.[492] Wenig später ist von einem „Verein für Volksrechte" – vielleicht war dies der ehemalige „Volksverein" – die Rede. Er machte mit einer Adresse an die Nationalversammlung auf sich aufmerksam, in der gegen die auf einen Waffenstillstand zugehende preußische Politik in der Schleswig-Holstein-Frage protestiert und die ausschließliche Entscheidungsbefugnis der Nationalversammlung zugesprochen wurde.[493] Ein blühendes Leben war ihm aber nicht beschieden.

Neben den politischen Organisationen entstanden eine Reihe sozialer und berufsspezifischer Bewegungen. Akademische Berufe wie Ärzte und Rechtsanwälte suchten einen Weg aus dem spätabsolutistischen Staatsreglement und auch die Volksschullehrer organisierten sich mit zunehmend politisch-demokratischer Tendenz. Allein durch das Gewicht ihrer Zahl erlangte die Bewegung der Handwerker und Gewerbetreibenden bald große Bedeutung. Die Not der kleinen Gewerbetreibenden zwischen hohen Lebenshaltungskosten und geringem Einnahmen war notorisch, eine Organisation, die sich ihrer annahm, konnte mit großem Zulauf rechnen. Auch war zu erwarten, daß sich die politischen Richtungen ihrer annehmen würden, der Bauhofklub hatte noch in seinen letzten Tagen daran gedacht, die Gewerbe zu erreichen. Noch war nicht entschieden, welche politische Richtung diese Vereine nehmen würden.

In Altbayern gab es eine Gewerbeverfassung, die trotz gesetzlicher Auflösung der Zünfte durch die Einrichtung der Realrechte und radizierten Gewerbe und durch die äußerst einschränkende Gesetzgebung noch zunftähnlich war. Bei den Realrechten und radizierten Gewerben lag die Berechtigung zu einem bestimmten Gewerbe auf einem bestimmten Haus, dessen Besitz auch die Berechtigung zur Ausübung des betreffenden Gewerbes beinhaltete. Indem ein Haus mit einem Realrecht verbunden war, stieg sein Wert als Handelsobjekt und Hypothekenpfand. Der Besitz eines Realrechtes konnte, da er Konkurrenz ausschaltete, überdies sehr einträglich sein, einige Realrechtsbesitzer gehörten in München zum höchstbesteuerten Drittel. Andererseits brachen Industrie und staatlich-kommunale Konzession mühelos Realrechte, die vielfach noch auf dem technischen Stand des Feudalismus arbeiteten.

Beides, die aufkommende Industrie und die drohend bevorstehende Frankfurter Gesetzgebung mobilisierte in ganz Deutschland die Ängste der Gewerbetreibenden. Schon am 9. April wandten sich Münchener Schlossermeister und Windenmacher an den Magistrat um Abhilfe verschiedener Beschwerdepunkte, denn die aufkommende industrielle Metallverarbeitung traf vor allem diese Berufe.[494] Am 29. April 1848 taten sich in München an die 300 Gewerbsmeister vor allem metallverarbeitender Berufe zu einem „Filialverein für Feuerarbeiter" zusammen.[495] Sie nahmen die „mehr und mehr sich verschlimmernden gewerblichen Verhältnisse" zum Anlaß, mittels einer Eingabe an den Magistrat ihre Forderungen vorzutragen: Die Meister forderten ein kommunales Arbeitsbeschaffungsprogramm, eine Neuordnung der Vergabepraxis bei Stiftungs- und Kommunalarbeiten, den Rückkauf der an Joseph von Maffei ersteigerten früheren städtischen Hammerschmiede, Schutz und Abhilfe durch den Magistrat gegen Gewerbeübergriffe und Mißbräuche in den eigenen Reihen sowie eine neue Arbeits- und Gesellenordnung.

Der politische Weg des Vereins ließ hier noch eine Entwicklung nach links wie rechts zu. In einer großen öffentlichen Veranstaltung am 15. Mai brachte der Hauptredner, Schlossermeister Ignaz Wiedermann, die Anliegen auf den Punkt: der geringe Kapitalbestand bei den Handwerkern, die intensive Konkurrenz und die ungenügende Vertretung in den entscheidenden Organen[496] sei die Ursache der Not der Handwerker und Gewerbetreibenden. Hier überwog schon sehr deutlich die Defensive, hier sprach niemand, der die Regierung herausforderte. Begleitet wurden diese Schritte von den ersten Streiks der Gesellen. So begann das Innenministerium sehr bald auf den Verein Einfluß zu nehmen. Der Vorsitzende des Polytechnischen Vereins Heindl, der im Mitgliederverzeichnis des Constitutionell-monarchischen Vereins aufgeführt ist, war wohl derjenige, der durch sein Auftreten in den nächsten Versammlungen den Verein behutsam auf die Seite der Regierung führte. Und nachdem die Regierungsorgane die Gewerbevereinsbewegung domestiziert hatten, zog sie die Rechte, vor allem der fundamentalistische Flügel, langsam an sich heran[497], für die Demokratie waren die Gewerbevereine, vor allem in Altbayern, bald fremdes, abweisendes Gebiet.

Neben den Handwerkern stellten vor allem die Bauern die Hauptmasse der Bevölkerung. Die nach der Märzbewegung verbliebene demokratische „Partei" war meist entweder nicht stark oder nicht einsichtig genug, auf die Bauern zuzugehen, nur im mittelfränkischen Raum entstanden früh demokratische Bauernvereine. In Oberfranken besann man sich lange. Erst spät und recht unengagiert nahm der Fränkische Merkur die Agrarfrage zur Kenntnis. Als der Entwurf des Ablösungsgesetzes bekannt wurde, schrieb der Fränkische Merkur, das Ministerium glaube mit diesem Entwurf „alles gethan zu haben, was sich billiger Weise in dieser Beziehung erwarten läßt. Im Lande herrscht dagegen eine ganz andere Meinung, man findet allgemein den achtzehnfachen Betrag zu hoch ... Ueberhaupt hat diese ganze Feudalwirthschaft eine so gehässige Seite, daß man es dem Volk nicht verdenken kann, wenn es endlich die Geduld darüber verliert."[498] Folgerungen für das eigene Verhalten zog der Merkur daraus nicht. Es überstieg wohl die Kräfte der um ihn versammelten Mannschaft, bei aller Zuneigung seitens der Bevölkerung im engeren Umkreis waren sie schließlich bloß eine Handvoll Intellektueller im ganzen Oberfranken. So stand andererseits der Fränkische Merkur am Tage seiner Auflösung allein da, während in einem ähnlichen Fall in Mittelfranken sich die Bevölkerung mobilisieren ließ.

Immer mehr wurde es Aufgabe der demokratischen Bewegung, auf das Ungenügende in der Gesetzgebung des bayerischen Reformlandtags und der Nationalversammlung hinzuweisen. Um so mehr gingen die Märzregierung und der Großteil der Bürokratie, vor allem die Landgerichte, dazu über, die Demokratie zu bekämpfen. Nach einer Reihe von Einschüchterungsmaßnahmen kulminierten diese Versuche in dem Verbot demokratischer Vereine durch die Verordnung von 12. August 1848.

Um Bayern herum war die Demokratie zu diesem Zeitpunkt bereits recht lebhaft. In Ettlingen fand am 16. Juli ein Treffen badischer und pfalzbayerischer Demokraten statt, der Fränkische Merkur[499] hatte noch darüber berichtet. In Württemberg fiel der Vaterländische Verein auseinander in einen rechtsliberalen Verband, in einen Volksverein und einen demokratischen Verein. Der Vorgang wurde in mehreren bayerischen Zeitungen aufmerksam registriert, er hatte nebenbei zum Nördlinger Treffen geführt. In Heidelberg fand am 30. Juli eine große Volksversammlung mit Blum, Kapp und Schlöffel statt, am 31. Juli trafen sich in Jena die thüringischen demokratischen Vereine.

Die versprengten und vereinzelten Kräfte der bayerischen Demokratie scheint dies ermuntert zu haben, sich zu sammeln. So fand am 13. August, während sich die Liberalen trafen, in Eltersdorf bei Erlangen eine Versammlung statt, deren etwas kryptische Darstellung in einem Zeitungsbericht[500] den Beginn einer demokratischen Sammlung vermuten läßt. Vielleicht waren Erlanger Studenten die Organisatoren, denn vor einiger Zeit hatte in Erlangen eine Adresse demokratischer Studenten zur Unterschrift aufgelegen und 33 Unterschriften erhalten, bevor die Polizei sie konfiszierte.[501] Vorgänge wie die Beseitigung des Fränkischen Merkur, die Ausweisung Diezels aus Nürnberg und sonstige Vorgänge, hielten anscheinend die mittelfränkischen Demokraten zu Vorsicht an, so daß sie sich im Schatten der gleichzeitigen liberalen Versammlung halb konspirativ zusammenfanden. Wenn diesem Bericht zufolge „der schlichte Bürgersmann, der nur im Volksleben sich gebildet" sich hier versammelte, „ein schlichter Handwerksmann" in „kräftiger Rede" für Amnestie der politischen Flüchtlinge und Gefangenen eintrat und zum Schluß ein Erlanger Arbeiter noch als Redner auftrat, dann kann damit nicht die konstitutionelle Versammlung gemeint sein.

Deutlicher war die demokratische Ausrichtung dann in Vach[502], hier begannen die Demokraten offen sich zu formieren und sich als „Vereine für Volksfreiheit" zusammenzutun. Daß am gleichen Tag das Treffen in Nördlingen stattfand, ist als Zeichen bewußter Differenz zu nehmen. Mit der Versammlung von Vach war wieder eine kleine demokratische Partei in Bayern vorhanden.

Die politische Struktur, die im Nürnberg-Fürther Raum auf einer gut entwickelten gewerblich-handwerklichen Struktur beruhte, war auch in Bayern einmalig und vorerst darauf begrenzt. Die linksliberalen und demokratischen Strukturen, die sich in Bamberg und Würzburg ansammelten, waren noch sehr schwach. Vor allem Bamberg wurde von Freund und Feind überschätzt. Bamberg war wohl bedeutsam durch die Person des Abgeordneten Titus, der sich von Anfang an der äußersten Linken bzw. der Fraktion Donnersberg angeschlossen hatte und, obwohl er selber während der Revolutionszeit nur wenig in Bamberg anwesend war, immerhin für den Zufluß demokratischer Orientierungen nach Bamberg sorgte. Auch demokratische Intellektuelle wie die Ärzte Dr. Heinkelmann und Dr. Brendel, der Gewerbelehrer Dr. Philipp Wirth und andere waren wichtig, aber im wesentlichen war die gefürchtete Bamberger Demokratie die Angelegenheit einiger weniger.

So ging es ziemlich ruhig zu in Bamberg. Es gab zwei Vereine: der eine war der konstitutionelle Verein, der sich aus Konkurrenzgründen auch häufig „Volksverein" nannte, und der andere Volksverein, in dem die Demokraten Einfluß hatten, agierte vorsichtshalber mehr als geselliger Verein, indem man den „Bürgerverein" heranzog und programmatische Äußerungen vermied bzw. unscharf hielt. Scharfsichtig erkannte die Regierungspresse die Schwäche der Bamberger Demokratie. Später, in der Septemberkrise, brach die Tarnung auf: die Leute vom Bürgerverein, von natürlicher demokratischer Einstellung, aber ohne besondere politische Motivation, erwiesen sich als zu phlegmatisch, die Entschiedenen setzten sich durch. Dabei war mehrmals von Spaltung die Rede.[503]

Bezeichnenderweise konnte sich in Nürnberg der Freie Staatsbürger als demokratisches Blatt halten, während in Bamberg der Fränkische Merkur vernichtet wurde. Die in Bamberg später erscheinenden demokratischen Blätter haben nicht im entferntesten mehr die journalistische Höhe und politische Bedeutung des Merkur erreicht, auch der freie Staatsbürger steht weit unter dem Fränkischen Merkur, und seine besten Artikel waren die, die der Neuen Rheinischen Zeitung nachempfunden sind. Aber in Nürnberg traten die 15 Kommanditisten dem Bestreben des Stadtkommissariats entgegen[504] und hielten ihn am Leben, eine solche bürgerlich-gewerbliche Struktur als Untergrund fehlte in Bamberg. So entstand zwar Ende Juli, Anfang August in Bamberg ein von den Demokraten beeinflußter „Volksverein", „der als seinen Zweck die Verbreitung allgemeiner, besonders politischer Bildung im Volke bezeichnet"[505]. Die Beschränkung auf politische Bildung war eine Folge der prekären Stellung der Bamberger Demokratie. Erst im Oktober zeigt der Verein unter einem neuen Vorstand in den Versammlungen[506] demokratisches Profil. Auch in Würzburg und Unterfranken bildete sich erst allmählich eine über den Liberalismus hinausgehende Struktur heraus. Die eigentliche Entwicklung einer Demokratie geschah aber im Raum Nürnberg-Fürth.

So war Nördlingen nichts weiter als eine Episode.[507] Die Neuformierung der demokratischen Vereine in Franken und die Dynamik der nächsten Zeit machten Nördlingen bald überflüssig und vergessen.

Die liberal-konstitutionellen Vereine von Bamberg, Nürnberg, Schwabach, Erlangen und Würzburg[508] schlossen sich der Nördlinger Vereinigung nicht an, auch der Münchener Bürgerverein blieb fern, nur die Münchener Linksliberalen und Demokraten hielten einige Zeit die Verbindung aufrecht. Somit blieb außer den in eher prekärer Lage sich befindenden Vereinen von München und Nördlingen nur der Raum Nürnberg-Fürth. Der Nürnberger Volksverein begann nach einem entsprechenden Beschluß einer Vereinsversammlung sofort, im Sinne der Nördlinger Beschlüsse zu wirken und die Volksvereinsorganisation auszubauen[509], der anschließende Aufschwung des politischen Vereinswesens hat aber mit Nördlingen eigentlich nichts zu tun. Eine Verwirklichung des Nördlinger Projektes brachte erst die Märzvereinsbewegung im Winter 1848/49.

In München hatten die Veranstaltungen in der Vorstadt Au während des Sommers wegen ihrer tatsächlichen und mehr noch unterstellten demokratischen Tendenzen mehr Aufregung hervorgerufen, als ihnen eigentlich zukam, denn eine geschlossene, kontinuierliche Bewegung stand nicht dahinter. Allenfalls hatten hier studentische, proletarische und kleinbürgerliche Gruppen ein Forum oder eine Bühne, auf die die übrige Bevölkerung mit gemischten Gefühlen schaute. Das wurde im August etwas besser, als die demokratische Bewegung zu eigenen Zeitungen fand. So erschien ab Herbst der „Vorwärts", der von dem Studenten Franz Sensburg[510] redigiert wurde. Bei ihm sammelte sich die intellektuell-kleinbürgerliche Demokratie Münchens. Auf dieser schmalen Basis blieb er ungeachtet seines großen Titels ein kleines, aber nicht unnützes Blatt.

Auf diese Gruppe ist wohl auch der „Schatzkrawall" vom 21. August zurückzuführen. Am 21. August[511] hatten Plakate die Münchener aufgefordert, sich im Rathaus zu versammeln und nachzuprüfen, ob sich der Staatsschatz noch in der Residenz befinde; es gebe Gründe für die Annahme, er sei der Montez geschenkt worden. Im Rathaus fand eine Bürgerversammlung statt, eine von ihr entsandte Deputation – Dr. Riedel, Greiner, Dr. Hermann und Schimon[512] – sollte beim Innenminister Thon-Dittmer Auskunft einholen, wurde aber von diesem nicht empfangen. Auf den Straßen gab es Tumulte, bei denen Hochrufe auf Hecker und die Republik zu hören waren, ein Bäckergeselle kam durch einen Schuß ums Leben. Der Erste Bürgermeister bemühte sich, die Bürger zu beruhigen, und das Innenministerium beantragte – auch dies ein für die Stellung des Ministeriums bezeichnender Vorgang – beim König, den Staatsschatz wieder zur öffentlichen Besichtigung freizugeben.

Mehr als ein kleines Lebenszeichen und ein Nachweis oppositioneller Kräfte kam aber dabei nicht heraus, die Aufregung legte sich bald. Ganz unpolitisch und nur von materiellen Erwägungen[513] hervorgerufen war sie aber nicht. Daß der Konstitutionell-monarchische Verein zu dieser Zeit zu schlafen schien[514], heißt eben nicht, daß er tatsächlich untätig war und schlief. Im Nürnberger „Korrespondenten" veröffentlichte er wenig später eine Erklärung gegen den Münchener Bürgerverein[515], der Konservatismus war durchaus auf dem Wege zurück an die Macht. Später kam, vermutlich aus mehreren kleinen Vorläuferblättern zusammengefaßt, der „Gradaus" hinzu. Hinter ihm sammelte sich die proletarische Demokratie, und die entstehende Arbeiterbewegung fand in ihm ein Sprachrohr.

7.3.4. Die Gesellen- und Arbeiterbewegung

Die Bedeutung des „Proletariats" für die zukünftige Entwicklung der Gesellschaft war zu dieser Zeit in allen gesellschaftlichen Schichten und politischen Lagern unumstritten, entsprechend groß waren die Anstrengungen, auf das Proletariat Einfluß zu nehmen bzw. den bisherigen Einfluß mit neuen Mitteln zu erhalten. So wurden von konservativer und liberaler Seite zahlreiche Vereinsgründungen unternommen, um die neu entstehende Klasse nach den eigenen Vorstellungen zu formieren. Entscheidend aber waren die Versuche der klasseninternen Formierung, der Selbstformierung, die nach bescheidenen, vielfach ins Exil abgedrängten Versuchen während des Vormärz in den Jahren 1848/49 einen ersten Höhepunkt erreichten.

Vorläufer dieser Selbstformierung waren wohl schon längere Zeit in München anwesend und haben hinter den Unruhen seit 1844 gestanden. Schon 1847 begannen die Münchener Gesellen Unterstützungskassen[516] zu gründen. Anfängliche Versuche der Regierung, diese Kassen den Behörden oder den Organen der Handwerksmeister zu unterstellen, wurden mit Beginn der Revolution hinfällig. Die so geschaffenen Strukturen waren einfach, aber tragfähig genug, um sich ziemlich früh in die Revolution einzuschalten.

Daß die gelegentlich erwähnte Maurerproklamation von Mitte März tatsächlich von Maurern stammte, ist nicht sehr wahrscheinlich, eher ist sie den fundamentalistischen Machenschaften zuzuordnen, die den Übergang zu einer neuen Ordnung durch die Erzeugung von Unruhen und Unordnung zu stören beabsichtigten. Auch das am 18. Oktober 1848 an den König gerichtete Gesuch der Maurer, Zimmergesellen, Steinhauer und Steinmetze um Genehmigung eines Unterstützungsvereins zeigt in Sprache und Gesinnung eher konservative Anleitung als die „politische Überzeugung"[517] der Petenten. Bezeichnenderweise blieben neben den Buchdruckern die Maurer, Zimmerleute und Steinmetze dem im Oktober 1849 gegründeten Wanderunterstützungsverein der Arbeiter und Gesellen fern.[518]

Somit sind diese Aktivitäten zu unterscheiden von dem an den Landtag gerichteten Antrag der Tischler, Schlosser, Wagner, Hafner, Kupferschmiede und Sattler auf Verkürzung der Arbeitszeit. Obwohl an den alten Landtag gerichtet, scheint dieser Antrag immerhin Ergebnis arbeiterschaftlicher Selbstorganisation. Auch die Petition der Münchener Schneidergesellen[519] von Mitte April 1848, die den Magistrat um dessen Einflußnahme auf Preise, Löhne und Arbeitsorganisation zugunsten der Gesellen anging, scheint rein arbeiterschaftlichen Ursprungs. Am 7. April 1848 hatten die Münchener Schuhmachergesellen eine Petition[520] an den Magistrat gerichtet. Sie verlangten die „Feststellung eines mit den erforderlichen Existenzkosten, Arbeitszeit, Mühe und Auslagen, sowie mit der Beschaffenheit der Arbeit im Verhältniß stehenden, hinreichenden und genügenden Arbeitslohnes bei entsprechender Behandlung und gehöriger Verabreichung oder Entschädigung der Kost und Logie“ und die „Einführung zweckmäßigerer Gewerbe-Einrichtungen“. Für den 24. April war eine Arbeiterversammlung angekündigt, es wurde vorsichtshalber Militär bereitgestellt.[521] Auch für den 1. Mai war eine Arbeiterversammlung[522] im Zweibrückensaal angekündigt.

Man muß nicht „sozialistische Legendenbildung“[523] betreiben, wenn man die Tatsache, daß ausgerechnet Schneider- und Schustergesellen die ersten Versuche autonomer arbeiterschaftlicher Organisation unternahmen, mit der anderen Tatsache in Verbindung bringt, daß der Bund der Kommunisten in München gerade bei Schneidern und Schuster stark verankert war, und Zusammenhänge herstellt, auch wenn sie – vorerst – nicht belegt oder belegbar sind. Aus der Petition der Münchener Schuhmachergesellen entwickelt sich ein weit über die Grenzen Münchens und sogar Bayerns hinaus beachteter Streik. Daß auch hier der dem Bund der Kommunisten angehörende Schuhmachergeselle Franz Spengler eine wichtige Rolle spielte, ist mit guten Gründen anzunehmen. Ihn als „bedeutenden Arbeiterfunktionär“[524] zu bezeichnen, ist nicht abwegig, da er immerhin unter den schwierigen Bedingungen Münchens einigen Erfolg hatte bei der Gründung einer eigenständigen Arbeiterorganisation.

Das Märzministerium und die Regierung von Oberbayern begriffen die Schustergesellenpetition sofort als Kampfansage und trafen in ihrer „vergleichsweise modernen und erfolgversprechenden Reaktion“[525] Gegenmaßnahmen. Die Haltung der Regierung bestärkte die Handwerksmeister in ihrer überwiegend ablehnenden Haltung, so daß sich die Gesellen, möglicherweise gegen ihre anfängliche Absicht, zum Streik gedrängt sahen. In einer Gesellenversammlung am 22. Mai konkretisierten die Gesellen ihre Forderungen und verbanden sie mit der Drohung der „Arbeitsverweigerung“. Am 28. Mai, einem Sonntag, sollten diese Forderungen förmlich in der Öffentlichkeit vertreten werden. Am folgenden Tag streikten die Gesellen, und ebenso am Dienstag, und so schritt dann die Polizei ein.[526]

Vermutlich begannen um diese Zeit bereits die Bemühungen, einen Arbeiterverein zu gründen. Dr. Ludwig Greiner und Dr. Georg Hermann, die sich auch an den Versammlungen in der Vorstadt Au beteiligt hatten, waren daran ebenso beteiligt wie der Arbeiter in der Maffeischen Maschinenfabrik Roß (Roos).[527] Am 16. Juni hatte der aus Eichstätt stammende Geselle und Literat Sax einen Arbeiterverein nach dem Vorbild der konservativen Gewerbsvereine („Erster deutscher Gewerbsverein von München“) ins Leben gerufen. Daß es sich dabei nur um einen bald verdorrenden Seitentrieb der Arbeiterbewegung handelte, ist schon seit längerem[528] bekannt. Ende Juni entstand auf Betreiben von Roß (Roos), Greiner und Hermann ein Arbeiterbildungsverein.[529] Es wurden hier alte Verbindungen aus den Zeiten des Bauhofklubs unter neuen Vorzeichen wiederbelebt. Aus dem vom Bauhofklub angestrebten Gewerbeverein, dem allerdings die konservative Seite das Wasser abgrub, war ein „Gewerbeverein der Gesellen“ geworden, der am 3. Juli seine 6. Sitzung abhielt. Es ging dabei „um einen thatkräftigen

Entschluß über die Wahl und Festsetzung des Vorstandes und allseitig beruhigende Ausgleichung der staatgehabten Zerwürfnisse".[530]

Es war also nach dem Ende des Bauhofklubs nicht alles zusammengebrochen, gewisse Zusammenhänge waren erhalten geblieben und entwickelten sich in Richtung eines Arbeitervereines. Anscheinend einigte man sich auf der Sitzung am 3. Juli, denn es wurde zu einer ersten öffentlichen Sitzung am 8. Juli eingeladen. Der einladende elfköpfige Ausschuß[531] bestand ungeachtet der politischen Richtung der Gründerväter fast zur Hälfte aus Mitgliedern und Sympathisanten des Bundes der Kommunisten. Zur zweiten öffentlichen Versammlung[532] lud der Arbeiterbildungsverein auf den 10. Juli im Kreuzbräu. Nicht einigen konnte man sich hingegen mit dem Saxschen Trupp. „Die Arbeiter-Vereine der ledigen Gesellen (wo natürlich auch Verheiratete Anteil nehmen können) haben sich in zwei Parteien geteilt; die eine hat zur Rooßschen, die andere zur Saxschen Fahne geschworen. Der Rooßsche Verein, welcher gestern (20. Juli – der Verf.) Versammlung im Prater gehalten hat, zählt circa 600 Mitgliedern ... Der Sax'sche Verein zählt nur 300 Mitglieder."[533] Daß sie gegen die von Sax vertretene Richtung mit baldigem Erfolg vorgingen, ist nicht überraschend. Aber es gab auch Richtungskämpfe innerhalb des Arbeiterbildungsvereins, im deren Verlauf die akademischen Gründungsväter den Verein verließen und sich endgültig den wiederentstehenden bürgerlichen Vereinen anschlossen. Trotzdem war es wohl keine politische Richtungsentscheidung, sondern einfach eine Frage der Opportunität, daß man beschloß, an der ersten großen nationalen Arbeiter- und Gesellenversammlung in Frankfurt teilzunehmen. Man wählte drei Delegierte zum Frankfurter Kongreß, nämlich Carl Roos, August Wassermann und Albert Nißle. Vor allem letzterer stand der kommunistischen Sache ziemlich aufgeschlossen gegenüber, und Roos ist ein seit dem Bauhofklub auftauchender Name, der für entschiedenen Demokratismus steht.[534]

Der Frankfurter „Allgemeine deutsche Gesellenkongreß" war von einem Hamburger Arbeiterverein ausgeschrieben worden und strebte unter der Leitung des Sozialreformers Professor Winkelblech eine nicht-autonome Organisation der Arbeiterschaft an. Er unterstellte sich dem Volkswirtschaftlichen Ausschuß der Nationalversammlung und sah in der Zusammenarbeit mit ihm und dem gleichzeitig tagenden Kongreß der Handwerksmeister den besten Weg zur Verbesserung der Lage der Arbeiter. Auch faßte er den Beschluß, die Arbeiter bzw. Gesellen von ihren Meistern vertreten zu lassen. Daß auf der anderen Seite der Kongreß der selbständigen Handwerker und Gewerbetreibenden reichlich Sympathien für die Realrechte, in denen gerade die noch in Handwerksbetrieben arbeitenden Gesellen ihren Feind sahen, erkennen ließ, ließ die Gegenseite anwachsen. Nachdem der Gewerbekongreß in Frankfurt größtenteils von Realrechtsbesitzern und Meistern beschickt worden sei, brächten nun die Gesellen mit einer eigenen Petition an die Nationalversammlung ihre Meinung zum Ausdruck, meldete Anfang August eine Münchener Zeitung.[535] Der Beschluß des Gewerbekongresses vom 19. Juli, die Meister hätten das Recht, auch für die Gesellen zu sprechen, veranlaßte umgehend die Fürther Gesellen[536], sich in Poppenreuth zu versammeln. In München ging die Initiative von den streikerprobten Schuhmachern aus. Sie riefen diejenigen „Arbeiter", die „mit der Wahl der Abgeordneten zum Gewerbekongreß nicht zufrieden sind, sich aber bei einer neuen Wahl betheiligen wollen", am 22. Juli zu einer Versammlung auf.[537]

Ein anderer, mehr auf arbeiterschaftliche Autonomie ausgerichteter Teil der Arbeiterbewegung berief wenig später einen Kongreß nach Berlin ein. 40 Delegierte aus ganz Deutschland erschienen zu diesem von 23. August bis 3. September dauernden Kongreß, und die bayerischen Arbeitervereine fanden hier eine Heimat. In München gelang es Franz Spengler, sich als Delegierten für den Berliner Kongreß aufstellen zu lassen. Ob Roos und Wassermann daraufhin nur aus finanziellen Gründen aus Frankfurt abberufen wurden, sei dahingestellt. Spengler bekam eine Instruktion[538] mit auf den Weg, die demokratische Forderungen nach einem gerechten Steuersystem, unentgeltlichen und somit jedem zugänglichen Einrichtungen für Bildung und Justiz und einem Recht auf Arbeit für alle Arbeitswilligen verband mit Vorstellungen von einem staatlich gestützten Sozialismus, wie sie die Frankfurter Richtung im Auge hatte. Ende Oktober unterstellte sich der Münchener Arbeiterbildungsverein endgültig der Berliner Richtung[539], die mittlerweile in Leipzig ihren Sitz genommen und in der „Verbrüderung" ihr leitendes Organ geschaffen hatte.

In allen größeren bayerischen Städten begannen in der zweiten Jahreshälfte 1848 Arbeitervereine zu entstehen; es war dies ein allerdings sehr mühsamer Prozeß, der mit Sicherheit nicht gesteuert war. Als Spengler von Berlin zurückgekommen war, schickte er Exemplare der Berliner Beschlüsse nach Nürnberg („Arbeiterklub im Hirschen"), Bamberg (wo ihm auf der Heimreise ein Arbeiter versicherte, es sei am „selbigen Tage die erste Arbeiterversammlung gewesen"), Kempten, Passau und Regensburg.[540] In Würzburg nahm der im Sommer gegründete Arbeiterverein Abstand von den Frankfurter Beschlüssen und näherte sich der Berlin-Leipziger Richtung an, und auch in Fürth fand Ende August eine „allgemeine Gesellenversammlung" statt.[541] Auf den 8. Oktober wurde zur einer Versammlung der Arbeitervereine von Nürnberg, Fürth und Schwabach geladen.[542] In Bayreuth existierte spätestens Anfang September ein Arbeiterverein.[543] Augsburg hat Spengler nicht erwähnt, obwohl dort die Gesellen unter Leitung des Advokaten Dr. Kerstorff Anfang August eine Petition an die Nationalversammlung nach Frankfurt geschickt hatten[544]; der Verein hatte vermutlich eine stärker bürgerlich-liberale Ausrichtung. Mitte September wurde erneut von der Gründung eines Augsburger Gesellenvereins[545] berichtet. Erst Anfang November, nachdem man von München und Regensburg aus aufgefordert worden war, begann sich in Landshut ein Arbeiter- und Handwerkerverein zu bilden.[546] Eine noch schwache, aber eigenständige Arbeiterbewegung bestand damit auch in Bayern. Mit der Entfaltung der Arbeitervereine war die Parteienbildung abgeschlossen.

So bestand im Sommer 1848 in ganz Bayern ein Vereinswesen in unterschiedlicher Ausdifferenzierung. Während es in Franken zu einer vollständigen Ausbildung des politischen Spektrums mit deutlicher Tendenz nach links kam, schnitt das Spektrum in Schwaben nach dem Linksliberalismus ab. In Altbayern besaßen nur die Konservativen tragfähige Organisationen. München, in vieler Hinsicht ein Sonderfall, erlaubte nebenher einem rechtsliberalen Bürgerverein ein bescheidenes, demokratischen Zusammenschlüssen ein kümmerliches Leben. Allein das Entstehen und die Gründung von Vereinen war nach dem Niederhalten alles politischen Lebens im Vormärz eine bemerkenswerte Veränderung. Trotz aller Bemühungen ist das 1848/49 entstandene Vereinswesen nie ganz untergagangen – auch dies war eine der Leistungen der Revolution.

8. Die Septemberkrise

8.1. Bilanz einer Mißernte

Der August des Jahres 1848 bedeutete in Bayern eine gewisse Umorientierung. Das demokratische Lager begann sich zu erholen, das liberale machte einen taktischen Schwenk. Deutlicher als in anderen Staaten trat in Bayern die Reaktion hervor, und die Liberalen merkten, wie wenig sie in Bayern[547] erreicht hatten. Eine Phase der Überlegungen und Orientierungssuche setzte ein, die dazu führte, daß der Nürnberger Kurier kurz vor Jahresende der bisherigen Kritik am Initiativgesetz des Reformlandtags die Krone aufsetzte, indem er es für das siebzehnte Jahrhundert passend[548] nannte.

Auch das Ungenügen der Nationalversammlung drang ins Bewußtsein. Nach der Bestellung einer harmlosen Zentralgewalt hatte man nicht weitergearbeitet am Aufbau einer festen staatlichen Macht, sondern war zu anregenden Debatten über die Grundrechte umgeschwenkt. Das Bewußtsein, daß auf diesem Wege nichts Brauchbares herauskam, schaffte sich Raum: „Während die Nationalversammlung sich mit den Grundrechten der deutschen Nation beschäftigt und noch nicht dazu gelangt ist, auch nur eine einzige der eigentlichen Verfassungsfragen Deutschlands in Beratung zu ziehen, werden in einem deutschen Staat nach dem anderen konstituirende Ständeversammlungen zusammenberufen; deren Aufgabe ist es, die Landesverfassungen neu zu ordnen und mit den Forderungen der Neuzeit in Einklang zu bringen." Diese Bemerkung zielte auch auf die bayerische Verfassung von 1818 und den kommenden bayerischen Landtag ab, aber das war nicht die Stoßrichtung des Artikels der Mittelfränkischen Zeitung.[549] Vielmehr ging es darum, die Nationalversammlung zu entschiedenerem Auftreten zu drängen. Das bedeutete vor allem, deutlich den Vorrang der Nationalversammlung zu betonen und auch sicherzustellen: „Daran kann es nicht genügen, daß ausgesprochen wird, es müßten die Landesverfassungen nach Maßgabe der künftigen Reichsverfassung wieder abgeändert werden." Nach einem kurzen historischen Abriß, wie selbst unter dem vergangenen Regime die Stellung von Bund und Ländern zueinander nur unzureichend geregelt war, schließt der Artikel: „Wie dem aber auch sey, mit der Frage selbst wird die Nationalversammlung sich demnächst beschäftigen müssen, wenn nicht die Legislaturen von ganz Deutschland in Verwirrung gerathen sollen. Wo wir die Sonde hinlegen, immer werden wir aufs Neue dahin geleitet, daß die Nationalversammlung den seitherigen Gang ihrer Verhandlungen verlassen und sich zu den Hauptgegenständen ihrer Thätigkeit wenden müsse. Sie sollte nicht vergessen, daß am allerwenigsten in politischen Dingen ein Stillstand denkbar ist, und daß, wer nicht vorwärts geht, rückwärts schreitet." Das war schon recht deutliche Kritik an der Nationalversammlung, und zwar aus einer Richtung, die immer noch als gut bürgerlich zu bezeichnen ist.

Ab Anfang September erschien in Bamberg die „Bamberger Zeitung". Ihr Redakteur war der Landwirt und Jurist Dr. Rauch, der bisher in der zweiten Reihe der liberalen Bewegung anerkennenswerte Dienste[550] geleistet hatte. Seine in der ersten Nummer geäußerten Gedanken gingen ein in eine Resolution des Konstitutionellen Vereins Bamberg. Rauchs Auftreten und das Erscheinen seiner Zeitung bedeutete die eigentliche

Formierung des Liberalismus in Bamberg, das Ihl'sche Aufgebot hatte den ganzen Sommer über nichts zuwege gebracht.

An sich war Dr. Rauch eher linksliberal als gemäßigt-liberal wie der Konstitutionelle Verein, aber seine Analyse war so schlagend und zutreffend, daß der bayerische Liberalismus nicht umhin konnte, ihm zuzustimmen. Die Resolution („Adresse")[551] listete die Fehler und Versäumnisse des Märzministeriums auf, verwahrte sich gegen den Vorwurf, nicht unbedingt auf Seiten der konstitutionellen Monarchie zu stehen, und schloß mit der Aufforderung: „es wolle das königliche Staatsministerium unter Verlassung der jüngst eingeschlagenen Bahn sich dem ursprünglich betretenen Wege des entschiedenen Fortschrittes wieder zuwenden, und unter Berücksichtigung der im Vorstehenden vorgebrachten Wünsche im Interesse unseres Regenten, im Interesse des Volks, im eigenen Interesse unverrückt darauf beharren." Da die grundlegende liberale Forderung nach einem einheitlichen Gerichtswesen nicht beachtet zu werden schien, machte sich der Konstitutionelle Verein von Würzburg mit einer Adresse bei der Regierung bemerkbar und forderte, daß „auf Aufhebung des privilegierten Gerichtsstandes bei den Gesetzentwürfen (der zur Zeit beratenden Gesetzgebungsausschüsse – der Verf.) gedrungen wird"[552], in einer Vereinsversammlung (am 7. September) wurde ausgiebig darüber gesprochen.

Im Herbst 1848 gaben die Gemeindewahlen erneut Gelegenheit, sich über den Stand der Dinge Rechenschaft abzulegen. Gemeinderecht und Gemeindewahlrecht waren im Frühjahr 1848 trotz deutlicher Aufforderung in den Märzpetitionen nicht geändert worden. Die Forderungen wurden im Sommer erneuert. In Fürth[553] erinnerte die erwachende Demokratie an die alten Forderungen bezüglich des Gemeinderechts. Als im Herbst 1848 die Neu- und Ergänzungswahlen zu den Gemeindegremien anstanden, sah man sich mit den alten Gesetze konfrontiert. Man versuchte nun mit eigenen Mitteln, die alten Gesetze mit den neuen Verhältnissen zu kombinieren. In Bamberg leiteten Anfang September die Konstitutionellen die Wahl mit der Veröffentlichung einer Wahlmännerliste ein, wobei als Motive die Einsicht in die Verbesserungsbedürftigkeit des Gemeindewahlrechts ebenso wie die Konkurrenz zu den Demokraten anzusetzen sind.

Im Zuge dieser Auseinandersetzungen ging auch die anfängliche Freundschaft zwischen den Behörden und den Liberalen zu Bruch: Der Konstitutionelle Verein wollte Wahlversammlungen organisieren, der Stadtkommissar verbot sie umgehend, der Konstitutionelle Verein behauptete dagegen sein Recht auf solche Tätigkeit als vom Recht der Versammlungsfreiheit gedeckt.[554] Der Bamberger Stadtmagistrat forderte über die Öffentlichkeit der Sitzungen hinaus auch Öffentlichkeit der Abstimmungen.[555] In Hof beschloß eine Bürgerversammlung zunächst einstimmig, keine Gemeindeersatzwahlen vorzunehmen[556], nur mit Einsatz aller bürokratischen Macht konnte schließlich die Durchführung der Wahlen erzwungen werden. In Aschaffenburg fanden ähnliche Vorgänge statt, andernorts stieß die Durchführung der Wahlen auf unwillige Fragen, in München gab es wie immer nur geringe Schwierigkeiten.[557]

Der Nürnberger Volksverein befaßte sich in mehreren Sitzungen mit Gemeindewahlen und Gemeinderecht. In der neunten Versammlung des Nürnberger Volksvereins wurde eine Petition beraten und beschlossen, die dem Ministerium nahelegte, der nächsten Ständeversammlung – die ebenfalls zum Herbst 1848 anstand – ein neues Gemeindewahlgesetz vorzulegen. In der elften Vereinsversammlung, in der auch über die Nördlinger Angelegenheit abgestimmt worden war, verabschiedete man eine Petition an das Kollegium der Gemeindebevollmächtigten um Öffentlichkeit der Sitzungen, und zugleich sprach man bezüglich der bevorstehenden Gemeindewahlen „das Vertrauen aus, daß die aus den Urwahlen hervorgehenden Wahlmänner sich zu dem ihnen übertragenen Geschäfte nur unter der Bedingung verstehen dürften, daß die nach dem bisherigen Wahlmodus creirten Mitglieder dann ihre Funktionen niederlegen, sobald auf dem bevorstehenden Landtage das Gesetz über das Gemeindewesen die der Zeit entsprechenden Erweiterungen wird erhalten haben".[558] Als es dann am 29. September zu den Gemeindewahlen kam, versammelten sich nur dreiviertel der 126 Nürnberger Wahlmänner, welche „sämmtlich folgende Erklärung unterzeichneten: Die unterzeichneten Wahlmänner sehen sich mit Rücksicht auf den Wunsch eines großen Teils der Urwähler zu der Erklärung gezwungen, daß sie gegenwärtige Wahl nur in so lange für gültig erachten, bis durch die Bestimmungen des demnächst neu zu erwartenden Wahlgesetzes andere Wahlen nach den dort vorgezeichneten Modalitäten vorgenommen werden."[559]

Im ganzen zeigen diese Vorgänge, daß das im September 1848 noch unverändert gültige bayerische Gemeindeedikt von 1818 keineswegs einen „entscheidenden Schritt"[560] zur einer liberal-demokratischen Gemeindeordnung darstellte. Die Gemeindeordnung von 1818 wurde 1848 nicht wesentlich geändert, doch wurden ab Herbst 1848 die Sitzungen der Gemeindegremien[561] öffentlich durchgeführt.

Ähnliche Erfahrungen waren im Zusammenhang mit dem Landtag zu machen. An sich stand für Herbst 1848 die Neuwahl des Landtags an, aber zu einer Zeit, als die Anordnung von Neuwahlen fällig war, tagten noch die Gesetzgebungsausschüsse der alten Kammern. Eine Verlautbarung der Regierung erfolgte nicht. Einige Zeitungen versuchten deshalb mit Meldungen von der bevorstehenden Auflösung des Landtags oder mit dem einfachen Hinweis auf die Gesetzeslage auf den Busch zu klopfen[562], aber das Ministerium tat keinen Laut, denn die alten Kammern hatten immer noch ihre Vorzüge.

Wie die bürgerliche Bevölkerung anhand der Gemeinde- und Landtagswahlen, so hatte allmählich auch die bäuerliche Bevölkerung Gelegenheit, sich über den Stand des Erreichten Gedanken zu machen. Angesichts ihres Anteils an der Bevölkerung war sie immer noch von eminenter Bedeutung für die weitere Entwicklung der Revolution.

Das Ablösungsgesetz vom 4. Juni 1848 war kein großer Erfolg für die bayerischen Bauern. Keineswegs erhielten die bayerischen Bauern damit eine „vorteilhafte Ablösungsordnung"[563]. Sie hatten eine solche erhofft im Gefühl berechtigter Erwartung, aber im Lauf des Sommers 1848, bei den ersten Versuchen, mit dem Gesetz umzugehen, zeigte sich bald, daß die Hoffnung getrogen hatte und man billig abgespeist worden war.

Die Bauern konnten sich schon deshalb nicht unbesorgt den Freuden des Ablösungsgesetzes hingeben, weil einige Feudalherrn noch nicht recht gesonnen waren, ihre Rechte aufzugeben. Es stimmt sehr wohl, daß keine nachfolgende konservative Regierung es wagen konnte, die Ablösungsgesetzgebung rückgängig zu machen. Andererseits war dies nicht nur Ergebnis des einmaligen Aufstandes vom März 1848, sondern einer fortdauernden bäuerlichen Gegenwehr, und in Bayern war der fundamentalistische Flügel

1852 nahe daran, die alten Zustände wieder herzustellen.

Schon Ende April 1848 sah sich der Bezirksgeometer Messert, der den Rottaler Bauern bei der Abfassung der Engertshamer Petition geholfen hatte, nach der Rückkehr von einer Reise starken Angriffen seitens des Grafen Taufkirchen, des Feudalherrn von Kleeberg, ausgesetzt. Daß die bisherige Machtstruktur erhalten geblieben war, ermunterte die Feudalherrn zum Widerstand gegen die neue Ordnung. Messert, sichtlich betroffen und eingeschüchtert, versuchte sich in der (Passauer) „Donau-Zeitung", wo der Graf seine Anschuldigungen erhoben hatte zu rechtfertigen. „Mit tiefer Wehmut schreibe ich heute diese Zeilen, – mein Herz ist gebrochen, – meine verkappten Gegner überbürden mir alles Unheil der Neuzeit und der Übergangsperiode vom schweren Druck zur Freiheit, ihre Verläumdungen unterwühlen den Boden, auf dem ich stehe, damit ich stürzen solle in den Abgrund." Er verwies auf die explosive Lage von vor einem Monat und auf seine Broschüre, und bekräftigte abschließend mit „mit einem Eid", „daß mir jeder ungesetzliche Akt, so auch das bedauernswürdige Jagden um Kleeberg ganz fremd ist, ich mit blutendem Herzen diese ungesetzlichen Vorkommnisse erst bei meiner Rückkehr erfuhr, und um so mehr mich die Nachricht von meiner Betheiligung hiebei tief erschütterte, da ich hieraus sehe, daß meine versteckten Gegner das schöne Band des Vertrauens vom Bürger zum Bürger zerreißen, im Verborgenen auf dem finsteren Wege der Verläumdung mich ihrer Rache opfern wollen. Habe ich Unrechtes gethan, – man stelle mich vor meinen Richter, – warum verfolgt man mich im Heimlichen, verdächtigt mich bei meinen Mitbürgern?"[564]

Der Erklärung Messerts folgte ein erneuter Angriff der gräflichen Seite. Wie weit Messert hier noch beteiligt war, ist nicht auszumachen, aber die Bauern waren mittlerweile so weit, daß sie sich selbst zu Wort meldeten. „Der gutsherrlichen Verhältnisse von Kleeberg ist in Nr. 119 der Donau-Zeitung nur oberflächlich und schonend erwähnt, und uns daher die Erwiederung in Nr. 128 von dem kgl. Kämmerer und Generalmajor Grafen von *Taufkirchen* um so unerklärlicher, – da es in der Gegend offenkundig ist, daß der als Oekonom sehr verehrte – als Gutsherr und Jäger aber gefürchtete Herr Graf, seit mehreren Jahren mit seinen Grundholden ... in Prozesse verwickelt war ..." Sie bestätigten erneut die Richtigkeit der Angaben Messerts und fügten ein weiteres Beispiel feudaler Unterdrückung und Ausbeutung an. „Durch bezeichneten Artikel Nro. 128 herausgefordert, mußte zur Steuer der Wahrheit obiges erwähnt werden, obwohl es uns unlieb ist, und die Achtung durch solche öffentliche Zwiste sehr geschwächt wird." Sie rechtfertigten auch ihr Vorgehen gegen die feudale Jagdpraxis als einen Akt der Notwehr: „Unendlichen Nachtheil hat uns bisher die Liebhaberei zur Jagd bereitet, der Wildstand uns großen Schaden angerichtet, ohne daß je eine namhafte Entschädigung statt gefunden hätte, – ja bei Anmeldung eines Wildschadens mußte der Grundeigenthümer schon die größte Entrüstung und anderseitige Verfolgung befürchten, daher viele Betheiligte ihre Unzufriedenheit überall laut aussprachen." „Wir wollen", sagen die Bauern zu Mitte Mai des Jahres 1848, „einer besseren Zukunft entgegen sehen, – Gott gebe, daß in dieser sich der Freiheit und Gesetzmäßigkeit auch erfreuen können. Viele Begüterte vom Rotthale." Joh(ann) Resch, Gemeindevorsteher von Engertsham, stand mit seinem Namen für den Artikel[565] ein. Messert wurde nicht vor Gericht gestellt, wohl aber wurden im Herbst Nachforschungen seitens des Ministeriums angestellt, die ergaben, daß Messert politisch nicht mehr aktiv war.

Bezeichnenderweise waren es verhältnismäßig wohlhabende niederbayerische Bauern aus dem Rottal, die sich zu diesem Zeitpunkt zu Wort meldeten, und beachtenswert ist, daß sie dies nun ohne fremde Hilfe taten. Bei aller, angesichts der feudalherrlichen Unverschämtheiten bei der Ausübung des Jagdrechts unumgänglichen Selbsthilfe blieben sie in den Grenzen der Gesetzmäßigkeit. Auch in der Umgebung von München, vor allem in Pasing[566], und im gesamten Oberbayern[567] kam es zu bäuerlicher Selbsthilfe in Sachen Jagdrecht. Im Winter taten sich an die 40 Gemeinden in der Umgebung Münchens zusammen, um eine Verbesserung des Jagdrechts zu erreichen.[568]

So unterblieb in Bayern trotz aller sozialen Differenzierung des Dorfes der Abmarsch der Bauern „mitten ins konservative Lager hinein“.[569] Die bayerischen Bauern standen trotz allem noch als Truppen der Revolution zur Verfügung. Es griff aber niemand auf sie zurück, und sie selber taten sich – wie überall – schwer, aus dem Wust alltäglicher Bedürfnisse und lokaler Besonderheiten zu klaren politischen Forderungen durchzukämpfen. Für die Liberalen, auf den Ausgleich mit der Feudalklasse bedacht, war die Agrarfrage kein anregendes Thema. Soweit sie sich im Frühjahr geäußert hatten, hatten sie zu Mäßigung und Abwarten geraten. Die bürgerlichen und kleinbürgerlichen Demokraten erkannten vielfach die Bedeutung der Agrarfrage nicht oder waren zu schwach, sich ihrer anzunehmen. In Oberfranken begleitete man lange die bäuerliche Bewegung nur mit Kommentaren.

Im Zusammenhang mit den Kammerdebatten zum Ablösungsgesetz hatte sich der Fränkische Merkur mit der Lage der Bauern befaßt: Der von der Regierung vorgelegte Entwurf sei von Regierungsdirektor Dr. Schwindl, dem Referenten der Zweiten Kammer, zwar etwas modifiziert worden, die Hauptsache aber, der hohe 18fache Ablösungsbetrag, blieb erhalten. „Es schwindet demnach die Hoffnung, daß dieser hohe Ansatz eine entsprechende Abminderung erfahre, immer mehr. Wie in anderer, so ist auch in dieser Beziehung von einer Kammer nichts zu erwarten, in der die Bevorrechteten geistlichen und weltlichen Standes eine so große Hand haben. Daß es Hr. Schwindl, der seit dem Jahre 1831 unter allen Regierungen die Rolle des Fuchsschwanzes spielt, trotz der glatten Phrasen, die er von Zeit zu Zeit vom Stapel laufen läßt, in dieser Beziehung mit der Regierung und mit dem Adel nicht verderben werde, hatte sich wohl voraussehen lassen. Wir haben in diesen Blättern schon früher darauf hingewiesen, daß in Württemberg für die Ablösung der Grundlasten der zwölffache Betrag von der Regierung vorgeschlagen worden ist. Wir haben geglaubt, daß dieser Maßstab auch für Bayern anzunehmen sei, obschon wir auf der andern Seite wußten, daß uns die Pflichtigen, welche entweder die unentgeltliche Aufhebung der Grundlasten erwarteten oder nur den sechsfachen Betrag als Entschädigung leisten wollen, dafür keinen Dank zollen würden. Wir nahmen aber diesen verhältnismäßig allerdings noch hohen Betrag als Norm an, weil wir auch den Berechtigten gegenüber, obschon sie es nicht immer verdienen mögen, das Maß der Billigkeit nicht aus den Augen verlieren wollten.“ Warum also in Bayern einen höheren Betrag? „Haben unsere Adeligen ihre Grundholden seit Jahrhunderten weniger geschunden als die württembergischen, haben sie nicht wie jene auch den Schweiß und das Blut des Landmannes an sich gezogen, sind die zweifelhaften Rechte, die sie allenfalls auf dem Grund und Boden gehabt haben, nicht hier wie dort hundert-, ja oft tausendfach abgekauft?“[570]

Zu einer Zeit also, in der die Blätter der fundamentalistischen Kreise aus Adel und Klerus – Volksbote und Augsburger Postzeitung – fast in jeder Nummer auf den „Wühler" Titus[571], seine auf die „Arbeiterklassen" gestützte „Schreckensherrschaft" und die Bamberger Republikaner-Demokraten einschlugen und das Ablösungsgesetz als „communistisch" und „Raubgesetz" bezeichneten, verzichteten die Angegriffenen großmütig auf Mobilisierung und Unterstützung der Bauern. Diese Haltung war ein schwerer Fehler und geriet dem Fränkischen Merkur nicht zum Vorteil, denn er beraubte sich damit selber einer großen Masse von Helfern, und so stand er in der Stunde seines Verbots alleine da. Lange unterschätzten die Bamberger Intellektuellen-Demokraten die Bedeutung der Bauernschaft[572], erst im Spätherbst 1848 begannen sie allmählich die Bauern zu mobilisieren.

In Unterfranken kam der idealistischen Demokratie des Arztes Dr. Christoph Schmidt die praktische Bedeutung der Agrarfrage erst ganz spät zu Bewußtsein. In Schwaben, vor allem im Ries, in der Herrschaft Oettingen-Wallerstein, waren einige Voraussetzungen für eine durchgehende bäuerliche Bewegung gegeben. Die schwäbischen Bauern hatten das württembergische Vorbild vor Augen. Das württembergische Ablösungsgesetz konnte in mehrfacher Hinsicht durch einen Vergleich bei den bayerischen Bauern Unzufriedenheit hervorrufen. So beschwerten sich die Bauern häufig, daß im Vergleich mit Württemberg die Getreidepreise als Normen bei der Fixierung zu hoch angesetzt seien und deshalb für die Besitzer stark belasteter Güter die Ablösung fast unmöglich sei.[573] Im übrigen dämpfte der in Schwaben vorherrschende Linksliberalismus und die großbäuerliche Führung eine allzu enge Verbindung der schwäbischen Bauern mit revolutionärem Gedankengut. In Altbayern war kein revolutionäres Bürgertum oder Kleinbürgertum entstanden, das den Bauern an die Seite trat, ein kleiner Beamter hatte den Bauern im März 1848 Hilfestellung leisten müssen. Es bestand sogar ein mehr oder weniger deutlicher Interessenkonflikt: Der beginnende kapitalistische Agrarmarkt umging die kleinstädtischen Schrannen und brachte die bisherigen Stadt-Land-Beziehungen ins Wanken, er nutzte den Bauern, die Bewohner der kleinen Städte und Märkte hatten das Nachsehen. Nur im Raum Nürnberg-Fürth gab es eine gewerblich gestützte demokratische Struktur, welche eine sichere Partnerschaft gegenüber den bäuerlichen Bedürfnissen erlaubte. So entstanden hier bereits im Sommer 1848 demokratisch orientierte Bauernvereine.

Eine ganz allgemeine Form bäuerlichen Widerstands war, daß die Bauern die alten Forderungen durch die Märzereignisse als nicht mehr geltend betrachteten. Wie weit sie generell Dienste und Abgaben verweigerten, müßte noch genauer untersucht werden. In jedem Fall betrachteten sie den März 1848 als eine Zäsur. So ging eine Bauernwitwe aus Schönau (Landgericht Eggenfelden, Niederbayern), als das Ablösungsgesetz bereits Geltung besaß, zwar noch zum zuständigen Feudalherrn (Riederer), um dessen Zustimmung (Konsens) zu einer zweiten Heirat einzuholen; sie stand in einem leibrechtigen Verhältnis zum Feudalherrn. Als aber der Baron von ihr die traditionellen Besitzwechselabgaben (Laudemien) verlangte, weigerte sich die Bäuerin angesichts der bevorstehenden Ablösung, die Abgaben zu entrichten. Der Feudalherr verweigerte daraufhin den Heiratskonsens. Es kam zu einem langwierigen Rechtsstreit, wobei die Frau in erster Instanz beim Landgericht Eggenfelden zunächst recht bekam.[574] Das Verhalten des Schönauer Feudalherrn bedeutete nämlich eine offene Nichtanerkennung der Märzereignisse und war wohl nicht nur eine Äußerung gewöhnlichen gutsherrlichen „Erwerbsstrebens“, sondern Ausdruck einer politisch-fundamentalistischen Einstellung, und diese war zu der Zeit, als der Fall bei der ersten Instanz lag, noch nicht geltende Rechtssprechung. Erst der spätere Gang der Entwicklung und die guten Kontakte des Feudalherrn zur Staatsbürokratie erlaubten es, das erstinstanzliche Urteil anzufechten. Ähnliche Fälle gab es auch in den benachbarten Landgerichten.

Im August 1848 formulierten Bauern aus dem niederbayerischen – also verhältnismäßig wohlhabenden – Landgericht Vilsbiburg ihre Enttäuschung in einer Petition.[575] Diese Petition war bezeichnenderweise an die Frankfurter Nationalversammlung gerichtet und stellte fest, daß das bayerische Ablösungsgesetz geeignet sei, „der jetzigen Generation ... alles Mark aus den Beinen zu saugen“. Daß sie mit dem Ablösungsgesetz nicht zufrieden waren, muß nicht heißen, daß sie auf eine Revolution hinauswollten, aber sie waren sicher auch keine Anhänger der immer konservativer werdenden Regierung. Aus der Umgebung von München[576] gibt es ebenfalls Belege für bäuerliche Unzufriedenheit. Daneben stehen in Altbayern auch konservative bäuerliche Tendenzen, die Bauern von Tacherting (nordöstliches Oberbayern) waren bereit, der Regierung Anleihe zu geben, ein Dutzend Gemeinden soll dem Beispiel gefolgt sein, aber eben nur ein Dutzend. Auffällig ist auch die Ruhe bei den Bauern des Gäubodens (Straubing und Umgebung), der wichtigsten bayerischen Agrarlandschaft. Sie muß nicht unbedingt Ergebenheit gegenüber der Regierung bedeuten, weist aber doch auf ein geringeres Konfliktpotential hin.

Ein vielfältiges Potential war also bis Herbst herangereift, das über den Stand der Dinge in den Einzelstaaten und in der Nationalversammlung hinaus wollte. Ein Ereignis brachte die Spannungen zur Entladung.

8.2. Ein Waffenstillstand und die Folgen

Die Regionen Schleswig und Holstein waren von einer überwiegend deutschsprachigen Bevölkerung bewohnt, gehörten aber politisch zum Königreich Dänemark. Sie hatten gewisse Sonderrechte, zu denen auch die Garantie gehörte, nicht voneinander getrennt zu werden bzw. „up ewig ungedeelt“ zu bleiben. Die entsprechenden Regelungen, in ihrer Ausrichtung und Abhängigkeit von herrschenden Personen typisch für feudale Verhältnisse, wurden problematisch, als im Januar 1848 der neue dänische König Friedrich VII., um nachfolgerechtliche Probleme zu umgehen, Schleswig enger an Dänemark binden wollte. Da Holstein seit 1815 Mitglied das Deutschen Bundes war, lief das Vorhaben des dänischen Königs auf eine Teilung der Region hinaus. Gegen diese Pläne erhob sich die schleswig-holsteinische Bevölkerung im März 1848, in der Nacht zum 24. März konstituierte sich eine provisorische Regierung, die sofort von der Bevölkerung anerkannt wurde, es wurden Wahlen mit allgemeinem, direkten Stimmrecht durchgeführt und der Verfassungsentwurf für das neue Land war demokratisch. Die dänische Krone widersetzte sich dem Gang der Dinge mit militärischer Gewalt. An die Seite der sofort gebildeten schleswig-holsteinschen Freikorps traten Freiwilligenverbände aus ganz Deutschland.

Die Auseinandersetzung kam nicht aus heiterem Himmel, die Probleme im Zusammenhang mit der Nachfolgefrage waren seit langem bekannt, dänische Maßnahmen gegen den Professor Georg Beseler hatten den Schleswig-Holsteinern längst Sympathie und Anteilnahme der deutschen Bevölkerung bis weit hinein ins konservative Lager verschafft. Der Deutsche Bundestag konnte unter dem Druck der Öffentlichkeit nicht umhin, das neue Land – und damit eigentlich die Revolution – militärisch zu unterstützen. Er beauftragte, da er selbst nicht über Truppen verfügte, die Regierungen von Preußen und Hannover mit den militärischen Maßnahmen; die Nationalversammlung erneuerte diesen Auftrag. Eben weil Schleswig-Holstein unterstützen auch die Revolution unterstützen hieß, verhielt sich Preußen sehr zögerlich und nachlässig im Vollzug und begann über den Kopf der schleswig-holsteinischen Regierung hinweg Verhandlungen mit der dänischen Krone. Am 26. August schloß Preußen mit Dänemark in Malmö einen Waffenstillstand, dessen Artikel 7 die Einsetzung einer neuen, dem dänischen König verantwortlichen Regierung vorsah.

Nachdem das Verhalten Preußens, darunter das Vorabkommen vom 2. Juli, schon lange Unwillen hervorgerufen hatte, stieß der eigenmächtig geschlossene Waffenstillstand nun in Deutschland allseits auf Ablehnung, und zwar nicht nur aus auf die Sache beschränkten, sondern aus prinzipiellen Gründen. Schleswig-Holstein war in den Jahren, in denen das Problem herangereift war, geradezu ein Symbol der zu verwirklichenden deutschen Einheit geworden, dessen Pflege und Verehrung auch die konservativen Mächte im Vormärz gestatteten. Die Nationalversammlung hatte die schleswig-holsteinische Sache am 9. Juni zur nationalen Angelegenheit erklärt. Der preußische Schritt trat also auf entzündete Emotionen und wurde entsprechend schmerzhaft empfunden und lautstark beantwortet. Politisch ging es damit erneut um die Frage, wer die Grenzen des neuen deutschen Reiches festlegen durfte, also um die Frage der Souveränität und um die Rolle der Nationalversammlung. Im Grunde war es also ein „Zusammenstoß" der Nationalversammlung „mit den Einzelstaaten".[377] Abgesehen von allen politischen Zusammenhängen kam der Nationalversammlung die formale Aufgabe zu, den Vertrag zu ratifizieren.

Daß der Schritt der preußischen Regierung die von der Nationalversammlung beanspruchte Souveränität in Frage stellte, war vielen Liberalen bewußt, und so ergab eine erste Abstimmung am 5. September eine Mehrheit (238:221), die den Vollzug des Waffenstillstandes ablehnte. Daraufhin erfolgte der Rücktritt des bisherigen Reichsministeriums. Der Ausgang der Abstimmung wurde, die konservative Seite ausgenommen, von einer breiten Öffentlichkeit begrüßt, weil er eine als richtig empfundene Entscheidung in der nationalen Frage mit sich brachte, und weil er eine einzelstaatliche Monarchie eindeutig der Nationalversammlung unterordnete. Mit zahlreichen Manifestationen drückte man die Zustimmung zum Gang der Dinge aus. In Köln beschloß eine große Volksversammlung einen Sicherheitsausschuß einzurichten. Die Anhänger des revolutionären Prinzips bekamen Aufwind. Nicht zuletzt von solchen Perspektiven bedrängt, änderte sich bei einer zweiten Abstimmung in der Nationalversammlung am 16. September die Mehrheit, mit 257 gegen 236 Stimmen wurde der Waffenstillstand angenommen. Auch dieser Beschluß war wieder von prinzipieller Bedeutung, diesmal aber als Abkehr von revolutionären Prinzipien. Noch heftiger als gegen Preußen wandte sich nun die Empörung gegen die Nationalversammlung.

Am Abend des 16. September versammelten sich gemäßigte und äußerste Linke im Deutschen Hof, dem Lokal der gemäßigt linken Fraktion (Robert Blum u.a.), zur Beratung. Demonstranten zogen vor das Lokal und forderten die versammelte Linke zum Austritt aus der Nationalversammlung und zu neuer, revolutionärer Konstituierung auf; Robert Blum und Ludwig Simon antworteten ausweichend. Für den nächsten Tag wurde vorwiegend auf Betreiben der Frankfurter Arbeitervereine, eine Volksversammlung einberufen. An die 20.000 Teilnehmer kamen auf der Pfingstweide, einem Gelände vor den östlichen Frankfurter Stadttoren, zusammen. Die Versammlung bezeichnete das Verhalten der liberalen Mehrheit als Verrat und verhandelte abends nochmal mit der vereinigten Linken, die sich aber noch immer nicht zum Austritt aus der Nationalversammlung bereit fand. Über Nacht wurde Frankfurt von preußischen, österreichischen, hessischen und württembergischen Truppen besetzt. Als diese am nächsten Morgen Volksdeputationen den Zutritt zur Paulskirche verwehrten, kam es zu einem Aufstand, der von den Frankfurter Arbeitern begonnen und von den Bauern der umliegenden Gebiete unterstützt wurde. Es wäre in dieser Situation bei entschlossenen Schritten der Linken wohl möglich gewesen, in einer zweiten Revolution ein demokratisches Regime aufzustellen. So aber unterlagen die Aufständischen bald der konzentrierten Macht und materiellen Überlegenheit der Truppen. Der Aufstand kostete ungefähr 80 Menschen das Leben, darunter waren zwei Abgeordneten der Paulskirche. In Verkennung seiner Möglichkeiten unternahm Gustav von Struve einen zweiten Versuch, durch einen Handstreich die Republik einzuführen. In der Nacht vom 20. auf den 21. September überschritt er bei Lörrach mit ungefähr 500 Mann die Grenze von der Schweiz nach Deutschland, das planlose Unternehmen endete mit einem Desaster. In anderen Gegenden, vorwiegend städtisch-industriellen Zentren wie dem Rheinland und Berlin, bestand die Unruhe fort, spitzte sich aber nicht mehr zu einem Aufstand zu.

Die Abstimmungen in der Paulskirche bewegten das ganze Land. Die Spannung galt nicht so sehr den Abstimmungsergebnissen an sich, sondern dem Verhalten der Nationalversammlung insgesamt, sie verlor an Ansehen in diesen Tagen. Durch die bayerische Presse gingen zu dieser Zeit Briefe württembergischer Abgeordneter aus Frankfurt an ihre Angehörigen in Stuttgart. Aus den Briefen wurde gefolgert, daß das Parlament in vier Wochen nicht mehr beisammen sein werde, weil es von einer zweiten Revolution aufgehoben würde.[578] In der Mittelfränkischen Zeitung kam mehrfach der republikanische Agitator Karl Blind zu Wort.[579]

Die liberale und demokratische Bewegung Bayerns stand voll hinter der Mehrheit des 5. September. Sogar die recht maßvollen Konstitutionellen Vereine von München und Würzburg[580] meldeten sich in Petitionen zu Wort und traten mit bewegten Worten, aber reichlich unklaren Vorstellungen für nationale Einheit ein. „Die Nationalversamlung hat ihre Schuldigkeit gethan. Es gebührt ihr der Dank des Landes. Sie hat ein großes Spiel gespielt; hoffentlich wird sie's gewinnen." So leitartikelte der Nürnberger Kurier, und auch der Konstitutionelle Verein Nürnberg trat auf die Seite der Parlamentsmehrheit.[581] Dabei hatten allerdings der Nürnberger Abgeordnete Dr. Krafft und der Fürther Abgeordnete Gebhardt für den Waffenstillstand gestimmt, deshalb fiel auch die Stellungnahme des Nürnberger Kurier so eigenartig zwiespältig aus. Die beiden Abgeordneten mußten in der nächsten Zeit in ihrer Person die grundsätzlichen Auseinandersetzungen erleben.

Der Patriotische Verein von Bayreuth stimmte ebenfalls, zusammen mit dem Bamberger Konstitutionellen Verein und den übrigen liberalen Vereinen Bambergs, dem Beschluß vom 5. September zu.[582] In Bayreuth kam es schließlich im Zuge dieser Auseinandersetzungen zum freiwilligen Rücktritt des Bayreuther Abgeordneten Keim, eines würdigen älteren Herrn mit juristischem Beruf (Advokat).[583] In Grafenrheinfeld fand am 10. September eine Versammlung der Land- und Bürgerwehren mit Abordnungen aus Schweinfurt, Wipfeld, Werneck, Zensleben, Geldersleben, Niederwern und Sennfeld statt, auf bis zehntausend wurde die Besucherzahl geschätzt.[584] Auf dem großen Rathaussaal in Würzburg lagen zwei Petitionen in der schleswig-holsteinschen Frage zur Unterzeichnung auf.[585]

Unter dem Getöse der Volksbewegung wurde der Vereinsliberalismus wieder lebendig. Der Würzburger Konstitutionelle Verein, am 14. April gegründet und nach den Wahlen in einen Dämmerzustand eingetaucht, erwachte und brachte sein Programm auf zeitgemäßen Stand: „unter Anerkennung des Prinzips der Volkssouveränität" wolle er seine Ziele erreichen. Endlich hatte er das verrufene Wort in sein Programm aufgenommen und damit wenigstens äußerlich eine Position nahe bei den Volksvereinen eingenommen.[586] Der Münchener Bürgerverein für Freiheit und Ordnung wollte eine Versammlung aller bayerischen konstitutionellen Vereine in Nürnberg durchgeführt wissen[587], er hatte in einer Adresse an die Nationalversammlung[588] den Beschluß vom 5. September begrüßt. Auch der Nürnberger Konstitutionelle Verein stimmte in seiner Sitzung vom 13. September der Mehrheit des 5. September zu, er vermied eine ausdrückliche Stellungnahme gegen Dr. Kraft, konnte aber nicht verhindern, daß sein Votum als solche aufgefaßt wurde.[589] Eine für den 17. September geplante Versammlung der konstitutionellen Verein in Erlangen wurde vom konstitutionellen Verein ohne Angabe von Gründen abgesagt[590], da er wohl eine Zerreißprobe befürchtete. In Regensburg entstand in diesen Tagen ein Volksverein, der mit viel gutem Willen, aber mäßiger Einsicht agierte. Er schlug nach den Frankfurter Septemberunruhen vor, die Nationalversammlung möge nach Regensburg umziehen, weil in Frankfurt eine unabhängige Beratung nicht mehr möglich sei.[591]

Der Nürnberger Volksverein gab in seiner 12. Versammlung am 5. September noch das Bild eines gemächlich, selbstzufrieden vor sich hinarbeitenden Vereines ab: freudig bewegt nahm man zur Kenntnis, daß in Altdorf ein Filialverein gegründet worden war, man trat der Petition des Bamberger Konstitutionellen Vereins an das Ministerium bei, eine Kommission zur Prüfung eines allgemeinen deutschen Staatsschuldentilgungsplanes wurde eingesetzt, man beschäftigte sich mit einer Petition, welche das Vereinigungsrecht gegen die Übergriffe allzu eifriger Beamter sichern sollte und hörte zum Abschluß den Vortrag eines Mitgliedes über den Gehalt der Worte Demokratie, Aristokratie Volkssouveränität usw.. Die Frage des Waffenstillstandes, das aktuelle Problem der Tage, kam – jedenfalls dem Bericht[592] zufolge – nicht zur Sprache, obwohl sie schon allenthalben die Diskussion bestimmte.

Durch die Ereignisse sah man sich nun gedrängt, auf den 9. September eine außerordentliche Versammlung einzuberufen. Der Versammlung wurde der Entwurf einer Adresse an die Nationalversammlung vorgelegt. Er begrüßte den Beschluß der Nationalversammlung und drückte die Bereitschaft aus, etwaige Folgen wie einen Krieg gegen

Dänemark, mitzutragen, die Nationalversammlung habe im Sinne der Nation gehandelt, und darin liege ihre Stärke. In der Bereitschaft, als Ergebnis der Ablehnung des Waffenstillstands einen Krieg zu riskieren, traf sich der Volksverein mit der bekannten Neuen Rheinischen Zeitung, deren Redakteure in einem bekannten Artikel einen revolutionären Krieg befürwortet hatten, da dieser das Vaterland retten könne, indem er den Sieg Deutschlands vom Sieg der Demokratie abhängig mache. Da solche Adressen in der Regel einem bestimmten Abgeordneten übergeben wurden, stellte sich ein Problem, denn der Nürnberger Abgeordnete war als Mittelsmann nicht zu gebrauchen. Auf der Suche nach einem geeigneten Mann wurden die Abgeordneten Dahlmann, Robert Blum und Stockinger vorgeschlagen, zwei Liberale also und ein Demokrat; man entschied sich für den (liberalen) Stockinger.

Die Frage, wie gegenüber dem Nürnberger Abgeordneten zu verfahren sei, wurde so gelöst: man wollte dem Abgeordneten in Form eines Offenen Briefes (nur) die Mißbilligung des Vereins aussprechen. Im übrigen hatte man auch an diesem Abend noch den Nerv, sich mit dem „lästigen und ungesunden Hutabziehen, dieser so ganz unpassenden und zweckwidrigen Höflichkeitsform" zu befassen und verkaufte bei dieser Gelegenheit einige Dutzend Abzeichen, mit deren Hilfe man sich als Gegner des Hutziehens zu erkennen gab.[593] Es war wohl dieser letzte Tagesordnungspunkt Teil einer Gesamtstrategie der Vereinsführung, die auf möglichste Befriedung und Beruhigung aus war. Der Offene Brief[594] teilte dem Nürnberger Abgeordneten mit, „der bei weitem größte Teil Ihrer Urwähler sey mit Ihrem Wirken in der Reichs-Versammlung nicht mehr einverstanden", eine Konsequenz zu ziehen wurde dem Abgeordneten aber nicht ausdrücklich nahegelegt.

Deutlich anders verlief am nächsten Tag die Versammlung der Vereine für Volksfreiheit. Sie war schon in Vach angeregt und am 3. September in Erlangen beschlossen worden[595] und bekam nun einen neuen Inhalt und zusätzliche Aktualität. Über 15.000 Menschen kamen zu dieser Versammlung[596] am Nachmittag des 10. September nach Neuhof bei Kraftshof. Daß ein Ort zwischen Nürnberg und Erlangen gewählt wurde, zeigt den faktischen Vorrang der mittelfränkischen Demokratie vor Bamberg. Möglicherweise fanden auch andernorts an diesem Tag kleinere Versammlungen statt. In Neuhof waren 16 politische Vereine zugegen oder vertreten, darunter der Politische Verein Nürnberg, der Patriotische Verein Fürth, das Politische Kränzchen von Erlangen, der Bamberger (demokratische) Volksverein, der Bauernklub von Mögeldorf (die Mitgliederzahl wird mit 800 angegeben), der Almoshöfer Bauernverein (500 Mitglieder) und der Politische Volksverein von Herzogenaurach (450 Mitglieder). Der Kreisausschuß der fränkische Vereine für Volksfreiheit legte der Versammlung zu Beginn einen Aufruf zur Bildung von Vereinen mit dem demokratischen Grundprogramm in 12 Forderungen vor. Dann beschloß man eine Adresse an die Nationalversamlung für Trennung von Schule und Kirche und eine Adresse („Anerkennungsadresse") an die Linke. „Mehrere Redner" sprachen sich dann „über die Unfähigkeit des Parlaments in seinem jetzigen Bestande aus, dem gefaßten Beschlusse (vom 5. Sept. – der Verf.) auch Vollzug zu geben, und allgemein erkannte man die Nothwendigkeit einer Reinigung des Parlaments von seinen reaktionären Bestandtheilen: Man beschloß daher nicht bloß eine Aufmunterungsadresse an das Parlament, sondern auch einen Aufruf zur Abberufung der reaktionären Parlamentsmitglieder überhaupt und besonders derjenigen bayerischen Abgeordneten, welche am 5. Sept. durch ihre Abstimmung für das Reichsministerium (das heißt: entsprechend dem Antrag des Reichsministeriums für Anerkennung des Waffenstillstands gestimmt hatten – der Verf.) die Ehre Deutschlands preisgegeben hatten." Als am Schluß der Versammlung ein Mitglied des Konstitutionellen Vereins Erlangen den Teilnehmern seine Anerkennung ihrer – trotz demokratischer Tendenz – „ruhigen und gesetzlichen Haltung" aussprach, wurde ihm mit „einem Hoch auf die Demokratie" geantwortet, und noch am Versammlungsort wurden neue demokratische Vereine gegründet.

Die Adresse an die Nationalversammlung stellte nicht so sehr die nationalpolitsche Seite des Beschlusses vom 5. September heraus, sondern das Grundsätzliche: „Endlich scheint die Nationalversammlung ihre Aufgabe zu erkennen, die ihr aus ihrem Ursprung erwächst, endlich scheint sie den Muth zu finden, die Reaktion, von der sie und das Volk lange gehöhnt wurde, kräftig zu bekämpfen. Die deutsche Revolution ist mit diesem Beschluß in ein neues Stadium getreten."

Der Politische Verein Nürnberg hatte mit der Neuhofer Versammlung den Volksverein überholt, indem er einen Aufruf erließ der mindestens die Abberufung der Abgeordneten der Minderheit vorschlug und einer völligen Neukonstituierung der Nationalversammlung nicht abgeneigt war. Dadurch wurde auch der Volksverein vorwärts gedrängt, er schloß sich dem Politischen Verein an.

Die eigentliche Aktion der Rückrufung der konservativen Abgeordneten begann mit einem ein paar Tage später erscheinenden „Aufruf an die Urwähler". Er besagt, daß die „National-Versammlung in ihrem jetzigen Bestand" nicht fähig sei, den Beschluß vom 5. September auszuführen, eine „kompakte Majorität von entschiedenen Männern" sei nötig. Die Ängstlichen und „auf dynastische Interessen" Verpflichteten sollen zurückgerufen und an ihrer Stelle „neu gewählte entschiedene Volksmänner gesetzt werden, um gewaltsameren und vielleicht sehr blutigen Umwälzungen vorzubeugen, um die Revolution nicht aus der Paulskirche in die Straßen zu versetzen".[597] Es werden dann 31 bayerische Abgeordnete namentlich aufgeführt, die für den Waffenstillstand gestimmt hatten, ferner neun Abgeordnete, die an der Abstimmung nicht teilgenommen hatten, „deren bisheriges Verhalten keine Bürgschaft dafür gibt, daß sie am 5. Sept auf eine der Ehre Deutschlands angemessene Weise gestimmt haben würden". Unterzeichnet hatten den Aufruf als Präsident Reißmann und als Schriftführer Ecker.[597a]

Es konkurrierten also zwei Richtungen in Nürnberg: auf der einen Seite der Volksverein mit einer folgenlosen Verwarnung des Abgeordneten Dr. Krafft, und auf der anderen Seite die demokratischen Vereine, die ein neues, demokratisches, linkes Parlament anstrebten. Der Politische Verein Nürnberg faßte in einer außerordentlichen, gut besuchten und stürmischen Versammlung den Beschluß, alles zu unterstützen, was der Ersetzung des Abgeordneten Dr. Krafft durch „einen wahrhaft volksthümlichen, freisinnigen, und zur Beurtheilung der kritischen Lage Deutschlands fähigen Mann" diene, dem Abgeordneten Kraft aber kein Mißtrauensvotum zukommen zu lassen, weil man nie Vertrauen zu ihm gehabt habe.[598] In Fürth entwickelte sich ebenfalls eine kräftige Bewegung zur Rückberufung des dortigen Abgeordneten.[599]

Die politische Bewegung nahm in diesen Tagen unzweifelhaft Richtung auf die Demokratie, die Möglichkeit einer zweiten Revolution war offensichtlich, aber entschieden war noch nichts. Der Liberalismus, der in keinem Land so erfolglos dastand wie in Bayern, rückte weiter zur Mitte, und der Volksverein stellte in der ersten Septemberhälfte die politische Mitte dar.

Wie es aber in dieser Mitte aussah, zeigt der Mittelfränkischen Zeitung: Sie nahm den neuen Beschluß der Nationalversammlung nur nebenbei zur Kenntnis. Die Titelseite der Ausgabe vom 19. September brachte zwei Artikel. Einen von Karl Blind, der das Abstimmungsergebnis vom 5. September auf die Furcht von Teilen der Rechten und Rechtsliberalen vor der drohenden Revolution zurückführte und mit dem Satz schloß: „Glauben wir daher nicht an eine Besserung des Parlaments; wohl aber an den bessern Stand unserer demokratischen Sache." Es war dies der Standpunkt der Vereine für Volksfreiheit, der auf eine neues Parlament abzielte. Und diesem Artikel folgte ohne Übergang ein anderer, der sich nicht genug freuen konnte über den – scheinbaren – Anschluß der bayerischen Regierung an die Nationalversammlung, der Beschluß vom 5. September galt nun plötzlich als voreilig, und schon sah man „die einzelnen deutschen Staaten sich mit deutscher Treue an die Centralgewalt anschließen". „Die lichten Punkte an dem Horizonte Deutschlands mehren sich; die schweren Wolken, die durch die Märzstürme" – durch die Revolution im März also, deren Vermächtnis man angeblich hüten wollte – „uns zugeführt worden, fangen an sich zu zerstreuen, und wir hoffen, daß bald die Sonne ihre erwärmenden Strahlen auf unser neu erstarktes gemeinsames Vaterland senden werde." Während sich die Entwicklung zuspitzte, fand die Mitte zu keiner klaren Haltung. Dabei stand die eigentliche Entscheidung noch bevor.

Der Aufruf der Neuhofer Versammlung hatte sich an die Urwähler gerichtet, und so hatten einige Urwähler auf den 17. September eine Versammlung in die Nürnberger Katharinenkirche einberufen. Die Abstimmung vom 16. September dürfte der Versammlung noch nicht bekannt gewesen sein. Man wählte dabei, nachdem das alte sich aufgelöst hatte, ein neues Komitee[600] bzw. einen Ausschuß zur Leitung der Volksversammlungen, dessen Präsident der Kaufmann (und spätere Landtagsabgeordnete) Jakob Schmitt wurde. An zweiter Stelle – vor Reißmann, Zwanziger, Thieme und Bauer (Nürnberg) – stand der Volksvereinsvorsitzende Dr. Schwartz. Der Volksverein sah also, daß die Entwicklung ihn überholt hatte, und suchte auf sie Einfluß zu nehmen, indem er sich an ihre Spitze stellte.

Der erste Redner sprach vom Druck der Aristokratie auf das Volk in der Vergangenheit, vom Sieg des Volkes in den Märztagen und den dadurch hervorgerufenen Versprechungen der Fürsten. „Den Zweck der Versammlung anlangend, kam der Redner auf die von den Regierungen stark zum Nachtheil der Volksrechte beeinflußten Wahlen in das Parlament und auf die dadurch in hohem Grade beeinträchtigte Volkssouveränität." Als dann der Redner auf die einzelnen Abstimmungen Dr. Krafts zu sprechen kam, „von welchen auch nicht eine einzige zu dem freiheitsfreundlichen Interesse des Volkes sich hinneigt, äußerte sich die Versammlung rückhaltlos gegen das Verfahren des Abgeordneten, von dem man ganz Anderes erwartet hatte." Mittlerweile war auch die Antwort Krafts auf den Offenen Brief des Volksvereins bekannt geworden, man hielt sie für arrogant und verglich sie mit der Logik eines Irrenhäuslers, „der sich in die fixe Idee verrannt hatte, er sey Gott Vater, und wähnte deshalb alles besser zu wissen als die gesammte andere Menschheit mit gesundem Verstande". Gegen den Standpunkt Krafts wurden nicht nur die Kundgebungen zugunsten der Mehrheit des 5. September angegeben, sondern man berief sich auch in absurder Verkennung der wahren Motive auf die bayerische Regierung, welche die Truppen der Nationalversammlung unterstellt hatte. Einer solchen Fehleinschätzung war unter den Teilnehmern, so kann man vermuten, am ehesten der Volksverein zugänglich, der sein im Grunde gemäßigt liberales Konzept durch das Manöver der bayerischen Regierung bestätigt sah und sich gleichzeitig die demokratischen Tendenzen nicht abspalten lassen wollte. So gab man den Offenen Brief des Volksvereins als Rücktrittsaufforderung an Dr. Krafft aus, aber eine solche Aufforderung war ausdrücklich eben nicht enthalten.

In der Versammlung kamen auch zwei Liberale zu Wort. Sie mußten sich überzeugen, „daß ihre Freundschaft für den Deputirten keinen Anklang finde, denn so wohl der erstere, der sich gelinder ausdrückte und die von Bürgermeister Dr. Binder veranstaltete Versammlung in der Egydienkirche zu Gunsten der stabilen Partei eine Komödie hieß, wurde verhöhnt und mehrfach zum Herabgehen von dem Rednerstuhl ungestüm aufgefordert. Der zweite dieser Redner mußte vom Präsidenten zur Ordnung gerufen werden ..." In der Versammlung gingen Listen zur Unterschrift für Urwähler herum, und in den folgenden Tagen konnte man unterschreiben. Die Versammlung beschloß, den Abgeordneten Dr. Kraft zur Niederlegung und dessen Ersatzmann Dr. Kalb zur Nichtannahme des Mandats und beide zu einer Antwort binnen acht Tagen aufzufordern, die Behörden zur Vorbereitung von Urwahlen zu veranlassen und auch das zum Wahlkreis Nürnberg gehörende Landgericht Altdorf in den Ablauf einzubeziehen.[601]

Am selben Tag kamen auf einer Wiese bei Muggenhof[602] die Urwähler des Wahlkreises Fürth zusammen. Das Präsidium führte Crämer[603] aus Doos, Heberlein aus Fürth hatte die Versammlung eröffnet. Alle Redner sprachen sich für den Beschluß vom 5. September aus, und in zwei Offenen Briefen wurde dem Abgeordneten Gebhardt und dem Ersatzmann Zeltner der Rücktritt nahegelegt.

Die Altdorfer Urwählerversammlung fand am 24. September mit 5.000 Besuchern statt. Pfarrer Wagner eröffnete die Versammlung „mit einer Rede, in welcher die schmähliche Annahme des Waffenstillstandes zu Malmö, als die Ehre Deutschlands verletzend, hervorgehoben war". Vorsitz führte bei der Versammlung der Nürnberger Kaufmann Jakob Schmitt, alle Redner sprachen „im entschieden demokratischen Sinne", die Beschlüsse der Katharinenkirchenversammlung wurden einstimmig angenommen.[604]

Am selben Tage fand in Herzogenaurach eine von den „Vereinen für Volksfreiheit" organisierte Versammlung statt, die der dortige Landrichter verhindern wollte. Aber seine, des Amtspersonals und der Ortsvorsteher Bemühungen waren vergeblich, „denn die Landleute hat ebenfalls der Umschwung der Zeit kräftig erfaßt, und sie hören williger auf die Stimme Derer, die ihnen Recht und Freiheit verkünden, als auf jene, welche aus dem alten Polizeistaate heraus sprechen".[605] Zwanzig Vereine und 8.000 Besucher beteiligten sich an der Versammlung. In den Reden ging es hauptsächlich um den Parlamentsbeschluß vom 16. September, „durch welchen sich die Nationalversammlung in einen schroffen Gegensatz zu dem laut ausgesprochenen Volkswillen gesetzt hat", und um „die Frankfurter Ereignisse vom 18. September, die bekanntlich von der Parlamentsmehrheit dahin ausgebeutet werden sollen, die spärlich zugemessenen Rechte des Volkes, Vereinsrecht und Preßfreiheit, noch mehr zu verkümmern". Es sei von diesem Parlament „nur Knechtschaft und Schmach zu erwarten". Deshalb schloß man sich nicht nur der Adresse des Politischen Vereins Nürnberg an, sondern brachte auch in einer eigenen Adresse die angesammelte Enttäuschung und Verachtung gegenüber der Parlamentsmehrheit zum Ausdruck.[606]

Im Umkreis dieser Veranstaltungen, aber auch darüber hinaus berichteten die Behörden den vorgesetzten Stellen von der zunehmenden Volksbewegung. Eine zweite Revolution zeichne sich ab, und der Frankfurter Aufstand finde sehr viel Zustimmung.[607]

Den Veranstaltungen im Zeichen der Waffenstillstandskrise fiel eine Versammlung liberalkonstitutioneller Vereine in Erlangen zum Opfer, sie wurde um zwei Wochen verschoben.[608] Die Konstitutionellen beugten sich dem einen wie dem anderen Beschluß der Nationalversammlung. Nachdem sie dem Beschluß vom 5. September offen zugestimmt hatten, bemühten sie sich, dem Beschluß vom 16. September nicht hinderlich zu sein, und als die Rückrufaktion begann, verteidigten sie bereits wieder ihre Abgeordneten.

Der Schwerpunkt der politischen Bewegung lag in der Septemberkrise zweifellos im Raum Nürnberg-Fürth. Bamberg, die Urzelle der Demokratie in Bayern, blieb weitgehend ruhig, die Mitglieder bzw. Deputierten des Bamberger (demokratischen) Volksvereins kamen zu den Veranstaltungen nach Mittelfranken. Der Abgeordnete Titus machte sich rar, und der demokratische Volksverein von Bamberg befand sich in einer Krise. Die Vertreter Bambergs in Kraftshof hatten sich ziemlich radikal-demokratisch und aktivistisch geäußert, während die heimische Vereinsführung, wohl eingeschüchtert von den vorausgegangenen Maßnahmen, einen eher ruhigen Kurs steuerte, jedenfalls regte sich außer den regelmäßigen Versammlungen, die vorwiegend der Information und Aussprache dienten, nichts von Bedeutung. Aktivitäten im nordöstlichen Oberfranken gingen eher von Thüringen und Coburg aus, nur eine am 10. September in Möckeln stattfindende Volksversammlung mit 4.000 Teilnehmern[609] scheint mit Bamberg in Verbindung zu stehen. Der Verein war vorwiegend mit sich beschäftigt, mühsam wurde eine neue Führung gewählt.[610]

Im unterfränkischen Raum waren die demokratischen Elemente noch nicht zu einer geschlossenen Kraft zusammengewachsen.

In Schwaben[611] verfestigte die Wirkung der Frankfurter Vorgänge die Trennung von rechtem und linkem Liberalismus. Der Nördlinger Volksverein wollte sich jener Adresse des Nürnberger Volksvereins anschließen, die sich für die Abstimmung des 5. September ausgesprochen hatte, aber ihre Absendung wurde von den Vorgängen überholt. Nach einigem Hin und Her kam es zu einem Mißtrauensvotum an den Nördlinger Abgeordneten von Rotenhan wegen seiner durchgehenden Zustimmung zum Waffenstillstand. Die Gegenseite – Konservative und rechte Liberale – mobilisierte offenbar ein größeres Bataillon, und so stellte der Volksverein schließlich seine Bemühungen ein in der Überzeugung, weder am Abgeordneten noch an der Sache etwas ändern zu können, den Abgeordneten von Rotenhan beachtete er nicht weiter. Aus dem Bündnis von Konservativen und rechten Liberalen, das sich zum Vertrauensvotum für Rotenhan zusammengetan hatte, entstand in Nördlingen der „Verein für Freiheit und Recht". Sein Programm, das er Rotenhan zur Stellungnahme zugeschickt hatte, enthielt „keine wesentlichen Unterschiede"[612] gegenüber dem Programm der Volksvereine, als es ein liberales Programm war, ein Unterschied ist aber schon zu erkennen. Das linksliberale Element in Schwaben, hauptsächlich im Paulskirchenabgeordneten Haggenmüller verkörpert, konnte sich als organisatorisch eigenständig behaupten; der Frankfurter Aufstand dämpfte weitergehende Tendenzen.

In München gelang der linksliberal-demokratischen Minderheit der Bevölkerung eine Manifestation, die um so mehr Beachtung fand, als die Möglichkeit ihrer Durchführung keineswegs sicher war. Es hänge eben wieder „von dem „faktischen Bestehen" des sogenannten Associationsrechtes"[613] ab, ob die Versammlung stattfinden könne, teilte ein Korrespondent aus München mit, das soll heißen: bei der zwar praktisch ausgeübten, rechtlich aber nicht abgesicherten Versammlungsfreiheit hänge es eben von den Umständen ab, ob eine Versammlung stattfinden könne. Immerhin hatten, von den kurzlebigen und problematischen Versammlungen in der Vorstadt Au abgesehen, seit den Wahlen im Frühjahr keine größeren Versammlungen mehr in München stattgefunden. Die verhältnismäßig kleinen Vereinsversammlungen hatten unbehindert, aber nicht unbeobachtet stattfinden können. Im September 1848 war allerdings die Gelegenheit wieder günstiger. Ein Demokratischer Verein konnte Mitte September ungehindert sein Programm in mehreren Zeitungen[614] veröffentlichen. Der Vereinsname war mindestens ebenso mutig wie das Programm[615], das aus gebotener Vorsicht die gute Absicht in viele schöne Worte kleidet, die man als Bekenntnis zu demokratischen Zielen auffassen kann, das aber insgesamt eher dem linken Liberalismus zuzurechnen ist.[616] So rief der Demokratische Verein und der Verein für Volksrechte für den 17. September zu einer großen Volksversammlung nach Neuberghausen auf.

Die Versammlung war gut besucht, die meisten Zeitungsberichte[617] sprechen von einigen tausend Besuchern. Nur das Regierungsorgan Neue Münchener Zeitung will nur 800-1.000 gesehen haben. Seine Feststellung, daß dies nicht die Mehrheit Münchens sei und die Versammlung nicht „den zu München herrschenden Geist" zum Ausdruck gebracht habe, ist jedoch zutreffend.[618] Auf der Versammlung wurde zuerst ein „Manifest an die deutsche Nation" verabschiedet. Diesem zufolge sollte Deutschland in dem gegenwärtigen Kampf um seine Existenz von einer mit dem militärischen Oberbefehl und der ausschließlichen diplomatischen Vertretung ausgerüsteten Zentralgewalt geführt, der Waffenstillstand von Malmö verworfen und der Krieg mit Hilfe einer starken Flotte in angemessener Weise fortgesetzt werden, ferner seien die Grenzen des Zollvereins „an die Grenzen Deutschlands" zu verlegen. Eine „Offene Ansprache an das königliche bayerische Gesamtministerium" forderte die Regierung auf, den „bisherigen passiven Widerstand gegen die deutsche provisorische Centralgewalt" aufzugeben und sich der Nationalversammlung und der Zentralgewalt zu unterwerfen. Ein drittes Manifest („Aufruf an die sämtliche Parlamentswählerschaft Deutschlands") forderte die Minderheit des 5. September auf, „ungesäumt die mißbrauchte Vollmacht" zurückzugeben und „besseren Männern" Platz zu machen, und ein viertes verlangte die Aufhebung der gegen demokratische Vereine gerichteten Verordnung vom August 1848.

Es war ein Erfolg für die Organisatoren, daß die nicht unbeträchtliche Versammlung den vier Manifesten zustimmte. Auch der liberale Bürgerverein für Freiheit und Ordnung stimmte nachträglich auf einer Vereinsversammlung den beiden ersten Manifesten zu. Das geschah keineswegs „merkwürdigerweise“[619], denn der Bürgerverein hatte bereits am 9. September in einer Vereinsversammlung[620] sich auf die Seite der Mehrheit des 5. September gestellt. Hingegen lehnte er es ab, das dritte und vierte Manifest zu unterstützen.

Die Änderung der Mehrheit in der Paulskirche am 16. September war in München am Tag der Versammlung natürlich noch nicht bekannt. Die beiden demokratisch-linksliberalen Vereine vereinigten sich nun zu einem einzigen Verein unter der Leitung von Dr. Ringler und Emil Roller. Der „neue“ Verein wahrte im wesentlichen den linksliberalen Zuschnitt. Man wartete auf eine Erklärung der Linken der Nationalversammlung und wollte daraufhin wieder eine Versammlung in München organisieren. Bekanntlich mußte man lange auf eine solche Erklärung warten, die Parlamentslinke fand zu keiner geeigneten Antwort. Hingegen nutzte der (vereinigte) Demokratische Verein[621] München die Zeit zu einem „Aufruf an die demokratischen Vereine“[622], in dem er praktische Maßnahmen zur Abberufung der waffenstillstandsfreundlichen Abgeordneten vorschlug, die aber seine Möglichkeiten in Altbayern – in München stellte sich das Problem nicht, denn die beiden Münchener Abgeordneten Fallmerayer und von Hermann hatten in beiden Abstimmungen gegen den Waffenstillstand gestimmt – bei weitem überstiegen. So endete die Septemberkrise in München mit einer „Ansprache an die deutsche Nationalversammlung“ vom 8. Oktober, in der man sich „mit schwerem Herzen“ der neuen Mehrheit unterzuordnen versprach, gleichzeitig aber die Übereinstimmung mit der Minderheit des 16. September zum Ausdruck brachte. Immerhin stimmten noch 5.000 Münchener dieser Ansprache durch Unterschrift[623] zu.

Vielleicht ging diese hohe Zahl von Unterschriften auf einen Sympathieeffekt zurück: Die acht wichtigsten Personen der Münchener linksliberal-demokratischen Bewegung – Dr. Ringler, Dr. Riedel, Dr. Greiner, Dr. Hermann, Julius Knorr, Emil Roller, Stunz und Schmolze – waren in der Nacht auf den 27. September mit Deckung des Innenministeriums nach fragwürdigen gerichtlichen Vorgängen[624] verhaftet und eingesperrt worden, später kam noch der Student Sensburg[625], der Redakteur des „Vorwärts“, hinzu. Die Meldungen über diesen Willkürakt gingen durch die ganze deutsche Presse, und nach vier Tagen mußten die Verhafteten wieder entlassen werden.

Der Vorgang[626] begann als Ulk: Ein Student hatte den herzoglich Leuchtenbergischen Galerieinspektor Muxel aufgefordert, auf der Versammlung am 17. September eine Rede gegen die Nationalversammlung zu halten, als Absender trat durch Unterschrift der demokratische Verein in Erscheinung. Muxel gab den Brief an Zipperer, den Verleger, und Weiß, den Drucker des „Volksboten“, weiter, die dem Brief Ernsthaftigkeit unterstellten und ihn am 14. September an den Innenminister Thon-Dittmer weiterleiteten. Hier blieb der Brief zunächst liegen. Der Demokratenverein hielt täglich Versammlungen ab und plante für den 22. September eine weitere Versammlung, „in welcher aus Anlaß der neuesten Entscheidung der Frankfurter Nationalversammlung für den berüchtigten Waffenstillstand eine Adresse an die Minorität in Frankfurt beschlossen werden soll, *daß dieselbe von dem Parlament ausscheide und die Majorität als Landesverräther erkläre.* Furchtbare Aufregung herrscht auch hier allenthalben über den die Nationalversammlung entwürdigenden Beschluß; die übermorgige Versammlung dürfte ein Zeugniß der großen Aufregung liefern.“[627] Die Versammlung kam nicht zustande, der Frankfurter Aufstand ließ wohl die Münchener Abstand nehmen, der demokratische Verein kündigte statt dessen an, auf eine Erklärung der Linken zu warten und dann erst eine Versammlung abzuhalten. Sein Aufruf[628] vom 23. September „An die Demokraten Deutschlands" kündigte an, im Sinne des erwarteten Aufrufs der Linken tätig zu werden. Da mahnte am 26. September ein königliches Schreiben aus Hohenschwangau „Vorsichtsmaßnahmen für das Oktoberfest" an. Der Erfolg der Demokraten in Neuberghausen ließ den hohen Herrn für das beginnende Oktoberfest Schlimmes befürchten. Der „Märzminister" Thon-Dittmer, schon in schwankender Lage befindlich, gab dem Druck nach und ließ in einer konzertierten Aktion mit dem Kriegsministerium die Demokraten verhaften.

Das öffentliche Aufsehen weit über Bayern hinaus war um so größer, als Bayern gerade durch die falschen Vorstellungen über die vermeintlich „großartigen" Ereignisse im Februar und März und durch jüngste Erklärungen der bayerischen Regierung in der Schleswig-Holstein-Angelegenheit als liberal galt; schaurig-schöne Bilder der Verhafteten gingen durch die Presse. Der Münchener Bürgerverein beteiligte sich, indem er zur Aufklärung des Vorgangs beitrug, an der Befreiung der Gefangenen. Wie schom erwähnt mußten nach vier Tagen wieder entlassen werden.

Ermutigt von den Ereignissen versuchte man in Landshut, nachdem ein halbes Jahr lang ein konturenloser Beamtenliberalismus die Szene bestimmt hatte, erneut einen „engern Volksvereins mit bestimmter politischer Richtung" zu gründen[629]; ein bleibender Erfolg stellte sich nicht ein.

Während also im südlichen Bayern und in Schwaben die „Septemberkrise" lediglich eine Stabilisierung des Liberalismus bzw. Linksliberalismus zur Folge hatte, nutzten in Mittelfranken vorwiegend gemäßigt demokratische Kräfte die Gunst der Stunde. Nirgends aber überschritten sie den Rahmen einer parlamentarischen Aktion. Zwar beschloß der Politische Verein in einer Versammlung am 19. September eine Adresse an die Linke der Paulskirche mit der Aufforderung, aus der Nationalversammlung auszutreten und zur „Fortführung seiner Revolution" eine „revolutionäre Behörde" zu bilden[630], aber weder gab eben diese Linke die Möglichkeit, diesen Weg weiterzugehen, noch hatte der Politische Verein in Nürnberg die Kraft, die Dinge in dieser Richtung voranzutreiben. Die Liberalen mit ihren zwei Flügeln hatten auch jetzt noch in Nürnberg die politische Vorherrschaft inne. Der linksliberale Volksverein schlug sich, nicht ohne erhebliches inneres Beben, auf die Seite der konstitutionellen Monarchie und des Status quo, und ein Leitartikel der dem Volksverein zur Seite stehenden Mittelfränkischen Zeitung über „die gegenwärtige Lage der Dinge"[631] gibt darüber unmißverständlich Auskunft. Die Illusion, die in dem Artikel erwähnten beiden Lager, in die Deutschland gespalten sei, doch noch zu einem Vergleich bringen zu können, herrschte bei dieser Richtung vor, und so konnte nach dem Leitartikel auf derselben Seite die Ansprache der Vereinigten Linken vom 22. September[632] abgedruckt werden. Wenig später nahm ein anderer Artikel[633] („Die Reichstagsstürmer und die Freischärler") die Aufständischen von Frankfurt und Baden in moralisch-unpolitischer Argumentation in Schutz und zeigte damit, daß es unter den Lesern einen „trans-liberalen" Teil in einer Stärke gab, auf die eine Zeitung nur ungern verzichtet.

Ohne Zweifel gab es in der Bevölkerung auch nach der Niederwerfung des Frankfurter Aufstandes noch erhebliche republikanische Strömungen. Nicht umsonst hatte in Oberfranken, wo die Dinge ähnlich lagen, der zuständige Divisionskommandeur Generalleutnant Fürst von Thurn und Taxis von der bayerischen Monarchie die Entsendung einer Kommissars mit unbeschränkten Vollmachten gefordert.[634] Viele Paulskirchenabgeordnete hatten schon im Sommer von kurzen Aufenthalten in der Heimat die Meldung mit, das Volk neige mehr und mehr der Republik und der Revolution zu.[635] Einige Riegen des Volksvereins hatten – die Mittelfränkische Zeitung berichtete darüber bezeichnenderweise erst viel später[636] – gegen die unbedingte Unterordnung unter die Nationalversammlung rebelliert: Die Enttäuschung über den Waffenstillstand von Malmö und dessen schließliche Anerkennung durch die Nationalversammlung sei groß gewesen. „Was Wunder, wenn sich auch bei besonnenen Vaterlandsfreunden in der ersten Wallung der Leidenschaft Abneigung und Mißtrauen einstellte gegen eine Versammlung, welche die deutsche Ehre so schlecht zu wahren und den Erwartungen des Volkes so wenig zu entsprechen schien? Diese Erbitterung ... war es denn auch, welche schon vor mehreren Wochen (d.h. gegen Mitte und Ende September – der Verf.) einige Riegen des Volksvereins zur Stellung des Antrags bestimmte“, der Verein möge dem Passus seiner Statuten, „daß alle Beschlüsse der Majorität dieser Nationalversammlung allgemein für das ganze deutsche Volk verbindlich sind“, die Klausel hinzufügen: „insofern sie der Souveränetät des Volkes und der Ehre Deutschlands entsprechen“.

Der Nürnberger Volksverein wurde von den Vorgängen des September mindestens ebenso gebeutelt wie der Abgeordnete Kraft. In der 14. Versammlung des Volksvereins am 19. September wurde turnusgemäß für die nächsten drei Monate ein neuer Ausschuß gewählt, bestehend aus „den Herren: Hoffmann, Schmitt, Wölfel, Reinhard, Fabrice, Wegler, Wetzel, Bruch“. Nach Besprechung eines Entwurfs der Geschäftsordnung ging man auf die Kraftsche Angelegenheit ein und beschloß, an der in der Katharinenkirche beschlossenen Unterschriftenaktion aktiv teilzunehmen.[637] In der nächsten (15.) Versammlung hatte der Verein Mühe, über den Frankfurter Aufstand zu einer einheitlichen Meinung zu kommen, die Debatte über die Grundsätze des Vereins wurde in die „Riegen“ bzw. Ortsverbände verwiesen, und dem Abgeordneten Dr. Kraft eine ablehnende Antwort erteilt.[638] Man sah sich gezwungen, auf die letzte Versammlung zurückzukommen: Einen „Bravoruf“ aus den Reihen der Versammlung für den Frankfurter Aufstand – „falls er statt gefunden“ – konnte man nicht ausschließen, in keinem Fall aber habe er „den beklagenswerthen Excessen gegen Personen gegolten“.

In der (16.) Versammlung am 3. Oktober[639] mußte man erneut auf den Frankfurter Aufstand eingehen: Es sei nur bei der letzten Versammlung nur deshalb keine Adresse an die Nationalversammlung gerichtet worden, weil sich eine ausdrückliche Verurteilung des Aufstandes bei dem Programm des Vereins erübrige. Aus den von der Versammlung zu bearbeitenden Vorlagen ging hervor, daß sich „Volksvereine in Gräfenberg, Kempten und Weißenburg“ gebildet hatten und daß im Landgericht Altdorf auch Mitglieder des konstitutionellen Vereins ihre Unterschrift für die Abberufung des Nürnberger Abgeordneten gegeben hatten. Dann ging es um das Prinzip des Vereins. Dr. Schwartz entwickelte dazu seine Vorstellungen[640], die auf einen recht gemäßigten Liberalismus hinauslaufen. In der anschließenden Wahl wurden „Schmitt als Vorsitzender“ und die „Herrn Hoffmann und Merz als erster und zweiter Stellvertreter“ gewählt. Dr.

Schwartz war also – aus welchen Gründen[641] auch immer – nicht mehr im Vorstand. In zwei Erklärungen wandte man sich gegen die „Anhäufung des Militärs" im Raum Franken und gegen die Verhaftung der Münchener Demokraten.

Die Diskussion um das Programm beschäftigte noch die nächste Versammlung. Dr. Schwartz stellte eingangs noch einmal seine Auffassung vor: „der Verein solle an die Spitze seiner Statuten ein Prinzip stellen, nämlich das demokratische, und solle erklären, daß er die Grundsätze der Demokratie durchgeführt wissen wolle in der monarchischen Regierungsform". Ein „anderer Redner" führte, Schwartz „im Wesentlichen beipflichtend", dann aus, daß es schon einer Begründung und Erklärung bedürfe, wenn ein Verein nach einem Vierteljahr Tätigkeit nun erst einen Grundsatz seiner Tätigkeit aufstelle. Bei „entgegengesetzter politischer Richtung" der Vereinsmitglieder habe man sich anfangs darauf geeinigt, daß die Beschlüsse der Nationalversammlung oberste Richtlinie und deren Durchsetzung oberstes Gebot für den Verein sein sollten, und das seien sie auch jetzt noch. Insofern sei man eher ein *patriotischer* als ein *politischer* Verein. Da aber eine politische Stellungnahme nicht zu umgehen sei und auch bereits stattgefunden habe, indem man „auf Verhältnisse des engern bayerischen Vaterlands einzuwirken bemüht" war, müsse man auch ein politisches Prinzip haben und es vorweisen. Dieses Prinzip sei die Volkssouveränität oder mit einem anderen Wort das demokratische Prinzip. Dieses zu vertreten sei aber in Bayern nur statthaft, wenn man gleichzeitig die bestehende Monarchie anerkenne, Monarchie und Demokratie also so weit als möglich miteinander zu verbinden suche. So sei es wohl nicht angebracht, die Statuten zu ändern, hingegen könne man sie mit dem Zusatz versehen, daß der Verein „in Bezug auf das bayer. Vaterland für kräftige Durchführung der Grundsätze der Demokratie innerhalb der monarchischen Regierungsform mit allen gesetzlichen Mitteln thätig sein wollte". Andere Redner sprachen in ähnlichem Sinne, und der Antrag wurde zur Begutachtung an die Kommission verwiesen. Es blieb nach dieser Debatte nur noch Zeit zur Rechnungsablage, die Angelegenheit der Münchener Demokraten wurde dem Ausschuß zur freien Handhabung überwiesen.[642]

Der Dr. Schwartz-Merzsche Antrag[643] ist erkennbar ein Vorstoß gegen die aufmüpfigen, paulskirchenkritischen Riegen. Die tonangebende Seite des Volksvereins versuchte, indem sie in einer recht merkwürdigen Konstruktion das Verhältnis zur Nationalversammlung als vorpolitisch erklärte, eine die Einheit des Vereins gefährdende Debatte über die Rolle der Nationalversammlung zu verhindern und den Volksverein im Geleitzug der liberalen Mehrheit zu halten. Die Vereinsführung setzte dabei die Nördlinger Formel ein, um eine Spaltung des Vereins zu verhindern. Sehr viel war damit nicht erreicht, denn auch die Liberal-Konstitutionellen behalfen sich in der kritischen Zeit mit der Nördlinger Formel und nahmen Demokratie und Volkssouveränität in ihren Wortschatz auf.

In der nächsten Versammlung[644] hielt der Buchhändler Julius Merz ein Referat, in dem er die Umrisse einer demokratischen Monarchie entwarf. Seinem wohlwollenden Urteil über den Reformlandtag von 1848 nach zu schließen war Merz kein links stehender Liberaler, er führte im Grunde das Schwartzsche Modell aus. Der Kommissionsbericht folgte dem Referenten der letzten Versammlung und machte den Vorschlag, „eine Erklärung im Schwartzischen Sinne" den Statuten anzuhängen. Dem stimmten Dr.

Schwartz und „fast alle Redner“ zu, so daß schließlich folgender Beschluß zustande kam: „Der Volksverein bekennt sich zu den Grundsätzen der Demokratie und strebt, dieselben auf gesetzlichen Wegen für Bayern in der monarchischen Regierungsform zur Durchführung zu bringen.“ Es blieb an diesem Abend nur noch Zeit, sich der Adresse des Münchener Demokratenvereins zur Waffenstillstandsfrage anzuschließen. Die Frage eines Mitgliedes, ob man den Berliner Demokratenkongreß beschicken werde, wurde – wie es scheint – mit großer Entschiedenheit („nicht im entferntesten“) verneint.

In einer weiteren Versammlung wurde der Antrag der Minderheit, der das Verhältnis zur Nationalversammlung betraf, behandelt; er war also über Wochen hinweg aufrecht erhalten worden. Die Antragsteller wurden wegen ihres Widerspruchs gegen die Nationalversammlung nun schon recht deutlich an die Seite der „Anhänger der alten Ordnung“ und der „Republikaner“ gerückt. Nur zehn Stimmen wagten bei der Abstimmung noch den Antrag zu unterstützen, nachdem die ganze Macht der liberalen Argumentation auf die Versammlung eingedrungen war. Die Aufforderung des Magistrats, die Statuten vorzulegen, lehnte man als Eingriff ins Versammlungsrecht ab. Das Magistratsschreiben ging auf einen Erlaß des Reichsinnenministeriums zurück. Man beschloß eine Kommission für die bevorstehenden Landtagswahlen aufzustellen und besprach noch den Brief, mit dem Dr. Kraft die Zahl der Urwähler mitgeteilt werden sollte, die seinen Rücktritt verlangten.

Der größte Nürnberger Verein hatte also seinen Platz innerhalb der liberalen Familie wieder eingenommen. Er bemühte sich aber, um seinen Mitgliedern und der Öffentlichkeit gerecht zu werden, der gemäßigten Demokratie nicht offensiv gegenüberzutreten, diese vielmehr an sich heranzuziehen. Dem widersprach nicht, daß der Volksverein nach wie vor an der Aktion zur Abberufung des Nürnberger Abgeordneten teilnahm. Es war dies ein Vorgang, der sich trotz seines Ausnahmecharakters in den Grenzen des Parlamentarismus zu bleiben bemühte und angesichts seiner sich abzeichnenden Ergebnislosigkeit mehr und mehr zu einer Placeboveranstaltung geriet.

Eine erste Antwort des Abgeordneten Dr. Kraft an den Volksverein war bei diesem auf Ablehnung gestoßen, ohne daß er seine Forderungen gegenüber Dr. Kraft forcierte. Nachdem auf Beschluß des Versammlung vom 17. September in der Nürnberger Katharinenkirche dem Abgeordneten Kraft das Votum der Urwähler mitgeteilt worden war, war von diesem schließlich eine Antwort eingegangen, in der er einen Rücktritt ablehnte. Das provisorische Komitee für Volksversammlungen berief deshalb auf den Nachmittag des 8. Oktober (Sonntag) wieder eine Volks- bzw. Urwählerversammlung ein.

Leiter der Versammlung war wie am 17. September der Kaufmann Jakob Schmitt[645], ein Mann des Volksvereins also. Nach einleitenden Worten des Versammlungsleiters verteidigte der Advokat Lindner, ein Mitglied des Konstitutionellen Vereins, den Nürnberger Abgeordneten. Er hätte zwar auch nicht in allen Fragen wie dieser gestimmt, aber es sei unangemessen, „durch ein Mißtrauensvotum den Abgeordneten Krafft für einen Verräther“ zu erklären, und die „Stimmensammlung, die vom Volksvereine ausging“, sei „eine erzwungene gewesen“. Das fand einigen Widerspruch in der Versammlung. Man wolle Krafft nicht persönlich als Verräter herabsetzen, und erzwungen seien die Unterschriften ganz und gar nicht. Komiteemitglied Reißmann ging dann neben anderen auf die Stelle in Kraffts Antwortschreiben ein, in der sich Krafft auf eine Adresse aus Krefeld beruft, die mit 2.219 Stimmen den Waffenstillstand mit Dänemark gebilligt hatte; dazu „setzte Reißmann nach der Rhein. Zeitung[646] die Art und Weise auseinander, wie diese Adresse zu Stande gekommen sei". Reißmann schloß mit der Bemerkung, daß die Abstimmungen Kraffts „alle im Sinne der Regierung, und nicht *eine* im Sinne des Volkes abgegeben worden seyen". „Die ganze Haltung der Versammlung bezeugte wieder, daß das demokratische Prinzip darin das herrschende war", betont der Bericht.

Beschlossen wurde, das Schreiben des Abgeordneten Krafft nach dem der Versammlung vorliegenden Entwurf zu beantworten, in einer Woche eine weitere Urwählerversammlung in die Aegidienkirche oder die Arena – welche mehr Platz boten – einzuberufen und das Votum dieser Versammlung als Erklärung aller Urwähler zu betrachten, soweit diese nicht ausdrücklich ihr Nichteinverständnis zu Protokoll gäben. Der Brief an den Abgeordneten[647], dem die Versammlung ihre Zustimmung gab, besagte, daß bereits in der Katharinenkirche von den 1.800 bis 2.000 Besuchern alle bis auf zwei sich dem Mißtrauensvotum gegen ihn angeschlossen und mittlerweile an die 4.000 Urwähler bei nur wenigen Gegenstimmen sich in die Unterschriftenliste gegen ihn eingetragen hätten, sein Rücktritt vom Mandat deshalb seine moralische Pflicht sei, auch beeindrucke sein Hinweis, daß er „in den meisten Fragen mit der Majorität gestimmt" habe, nur wenig, „denn wir beklagen, was die große Mehrheit des deutschen Volkes beklagt, daß die Majorität in der Paulskirche eine solche ist, wie sie sich bisher bewiesen". Seinem Hinweis auf die Septemberaufstände wurde entgegnet, daß bei aller Ablehnung von Gewalt sie „auch nicht so blind" seien, „um nicht einzusehen, daß die Ereignisse in Frankfurt und anderwärts nicht eingetreten wären, wenn nicht *Ihre* Majorität dem unzweideutig ausgesprochenen Volkswillen hartnäckige Verachtung entgegengesetzt" hätte. Und er möge darauf eine baldige und bestimmte Antwort geben.

Die von der Versammlung beschlossene Urwählerzusammenkunft wurde eine Woche später vom Komitee durchgeführt, dabei wurden die alten Beschlüsse erneuert. Als das zusammenfassende Protokoll der Versammlung vom 15. Oktober zwei Wochen später veröffentlicht wurden, hatten 4.557 Urwähler (also mehr als von den 6.752 Wahlberechtigten an den Urwahlen teilgenommen hatten) gegen und nur einer für Kraft gestimmt.[648]

Damit war die Septemberkrise im wesentlichen vorüber, Kraft trat ebenso wenig zurück wie sein Fürther Kollege, der ebenfalls attackiert worden war. Die voraussehbare Ergebnislosigkeit ließ den Vorgang allmählich einschlafen. Ein unmittelbar greifbares Ergebnis kam also nicht zustande, wohl aber zeigte sich die Existenz einer weit über die Paulskirche hinausgehenden politischen Kraft. So mußte auch der Offene Brief vom 15. Oktober dieses Potential in paulskirchenkritischen Äußerungen zu Wort kommen lassen. Sie erklären auch die Vorgänge im Volksverein, dem diese Strömung nicht fremd geblieben war. Der Schwartzsche Antrag war ein Versuch gewesen, diese vom Volksverein fernzuhalten.

Das Interesse wandte sich neuen Entwicklungen zu. Bei den bayerischen, vor allem den fränkischen Abgeordneten in der Nationalversammlung hatte der Vorgang einige Auswirkungen. Die Abgeordneten Dr. Krafft (Nürnberg), Zeltner (Fürth) verließen das Zentrum und gingen zum neugegründeten Landsberger Hof, dem sich auch der nachgewählte Dr. Lammers (Erlangen) anschloß, der die Stelle des freiwillig bzw. unter dem

Eindruck der Septemberkrise zurückgetretenen Abgeordneten Dr. Keim einnahm. Unruhen in München zu Mitte Oktober[649] hatten keinen erkennbaren politischen Sinn, eher einen dubiosen Hintergrund, wenn man die schlagfertige Verhaftung der Demokraten Ende September und die Untätigkeit der Sicherheitsorgane im Oktober vergleicht. Eine Bestandsaufnahme der politischen Vereine im Oktober 1848 durch die Behörden ergab ein ruhiges Bild.[650]

Es gab aber, entsprechend Vorgängen in der Nationalversammlung, eine gegenläufige Bewegung, in der sich Teile des Linksliberalismus von dem anfänglichen Bündnis mit der demokratischen Linken zurückzogen und sich dem rechten Liberalismus annäherten und die Gegnerschaft zur Rechten weniger forciert betrieben. Der Liberalismus hatte deutlich um seinen Einfluß zu kämpfen. Eine Versammlung von neun fränkischen konstitutionellen Vereine in Erlangen am 30. September ging mit dem Bekenntnis zu konstitutioneller Monarchie „auf demokratischer Grundlage“[651] über das bisherige Betrachten hinaus. So entstand in Nördlingen am 21. Oktober der „Verein für Freiheit und Ordnung“, in dem sich diejenigen Mitglieder des Nördlinger Volksvereins zusammenfanden, denen der linke Teil des Volksvereins nicht mehr geheuer war; eines seiner wichtigsten Mitglieder war Carl Beck. Es wurde dies der eigentliche rechtsliberal-konstitutionelle Verein von Nördlingen, der dann auch umgehend Verbindung zu den fränkischen konstitutionellen Vereinen aufnahm.[652] Auch der gleichnamige Verein des Nürnberger Stadtarchivars und Volksvereinsmitgliedes Dr. Ghillany gehört hierher. Der Verein entstand ab Mitte Oktober, am 2. November veröffentlichte er Statuten und Programm. Den Grundstock bildeten jene ungefähr 400 Bürger, welche eine Erklärung gegen die Abberufung des Nürnberger Abgeordneten unterzeichnet hatten.[653] Auf der anderen Seite spaltete sich vom liberalen Münchener Bürgerverein ein linksliberaler „Vaterlandsverein“ ab[654], der Münchener Vaterlandsverein und der neue Nürnberger Verein lagen politisch etwa auf gleicher Linie. In Ansbach bildete sich ebenfalls ein Verein für Freiheit und Ordnung, dem das besitzende und gebildete Bürgertum beitrat, während der dortige Konstitutionelle Verein mehr aus Beamte und Domestiken bestand.

Insgesamt brachte der Spätherbst das Eindämmern der Konstitutionellen Vereine in Bayern. Es war nicht nur der politische Katholizismus, dessen Aufbruch die liberale Mitte zum Verschwinden brachte[655], dessen Klientel war nie die des Liberalismus, es war mehr die eigene Konzeptionslosigkeit angesichts der aufkommenden Probleme. Da half auch nicht, daß man Anfang Oktober bei der Versammlung der konstitutionellen Vereine in Erlangen noch einmal nach links rückte: es wurde dabei die Satzung vom 13. August angenommen und „das Prinzip: Durchführung der konstitutionellen Monarchie auf demokratischer Grundlage (also eigentlich das „Nördlinger“ Prinzip – der Verf.) anerkannt, während man – wie ein schadenfroher Kommentator bemerkte – bisher immer nur die ‘breiteste Basis’ angenommen hatte“.[656] Soweit es ging, nutzten die reaktionären Kräfte die regressiven Tendenzen, und in Bamberg fanden wieder einige spektakuläre Verhaftungen statt.

9. Bayern und die nationale Frage (II)

Das offizielle, regierende Bayern hatte die Märzrevolution mit Glück und Geschick verhältnismäßig unbeschadet überstanden, es hatte sich dem Unvermeidlichen angepaßt und war im übrigen von schlagkräftigen und entschlossenen Gegnern weitgehend verschont geblieben. Der überwiegende Teil der Bürokratie hielt zur Monarchie, ein dichtes Netz von Kontakten bestand zu den Abgeordneten in Frankfurt, vor allem zu den Abgeordneten der Rechten, aber auch zu Liberalen und Linksliberalen. Eine Schar beamteter oder freischaffender Publizisten stand im Dienste der Monarchie.

So konnte es die bayerische Monarchie wagen, dem Verfassungsentwurf der 17 Vertrauensmänner[657], der am 27. April dem Bundestag und gleichzeitig der Öffentlichkeit übergeben wurde und wesentliche Einrichtungen der späteren Reichsverfassung – vor allem das Erbkaisertum – vorausnahm, Widerstand entgegenzusetzen. Kurz nach seinem Bekanntwerden veröffentlichte sie im „Entwurf von Grundzügen einer nationalen deutschen Bundesverfassung“[658] die eigenen Vorstellungen. Durch „Nachträgliche Zusätze und Bemerkungen“ zum „Entwurf“ stellte man Überlegungen für alle möglichen Fälle an. Dabei rechnete man mit einer parlamentarischen Debatte über die Grundrechte, deutete aber an, daß man gerne darauf verzichte, sie im Bundesrecht zu verankern. Die „Erklärung zu den von Bayern vorgelegten Grundzügen“[659] war für die Öffentlichkeit gedacht und deshalb bemüht, Bayerns Haltung, abgesehen von der Ablehnung des Siebzehner-Entwurfs, in einer zurückhaltenden Sprache allen Seiten annehmbar zu machen. Intern und im Kreise der Diplomatie war man mit Meinungsäußerungen über den Siebzehner-Entwurf nicht zimperlich: er „annulliere alle Landesfürsten“, schrieb Max II. an den Erbgroßherzog von Hessen, in der Umgebung des Hofes spottete man über den Professorenentwurf („bête comme un professeur allemand“), und die bayerischen Diplomaten formulierten die Kritik aus dem Standpunkt der Monarchie. Das Frankfurter Projekt mache aus Königen untergeordnete Beamte, deren Bedeutung nach und nach von den eigenen Untertanen geleugnet werde.[660]

Der „Entwurf“[661] war in alt-absolutistischer Weise neben dem Ministerium entstanden. Eine Art Nebenregierung, bestehend aus der Monarchie ergebenen Experten wie den Professoren Bluntschli und vor allem Dönniges, hatte ihn angefertigt. Er ging schon am 12. April einem ausgesuchten Personenkreis zur Meinungsäußerung zu; die Äußerung der offiziellen Stellen galt dabei nicht mehr als die nach Belieben der Monarchie ausgewählter Stellen. Das Außenministerium war erst gegen Mitte Mai voll arbeitsfähig, als der neue Außenminister Bray-Steinburg seinen Umzug von Petersburg nach München abgeschlossen hatte, aber das war nicht der eigentliche Grund für den an den Ministerien vorbei führenden Weg der staatlichen Willensbildung. Anfang Mai wurde der „Entwurf“ den einkommenden Stellungnahmen entsprechend überarbeitet, ein Artikel in der Augsburger Allgemeinen Zeitung bereitete die Öffentlichkeit vor, und Mitte Mai wurde er gegen den Widerstand des Innenministers Thon-Dittmer, dessen biedertreuherziger Sinn der Wendigkeit des redigierenden Professors nicht ganz folgen konnte, der Öffentlichkeit, der Presse und der Diplomatie, übergeben. An den bayerischen Bundestagsgesandten erging, ebenfalls Mitte Mai, in inhaltlicher Übereinstimmung mit dem „Entwurf" eine Weisung des bayerischen Königs.[662]

Der „Entwurf" ging von der Triasidee aus, einer politischen Theorie, die „Deutschland" neben Preußen und Österreich aus einem dritten, mittel- und kleinstaatlichen Teil bestehen ließ, bei dessen Führung Bayern als dem größten dieser Staaten eine führende Rolle zufallen mußte. Demgemäß wollte der „Entwurf" das vom 17er Verfassungsprojekt vorgesehene Reichsoberhaupt durch ein dreiköpfiges Direktorium ersetzt sehen, wobei Bayern einen Sitz beanspruchte. Entscheidender aber war, daß man die Einzelstaaten nicht in einer Ersten Kammer nach Art der bayerischen oder aller anderen „konstitutionell-monarchischen" Verfassungen vertreten sein lassen wollte, sondern von einer Kammer, die aus weisungsgebundenen Vertretern der Regierungen bestand und eine Fortsetzung des alten Bundestages bezweckte. Daß Erste Kammern – nach dem Muster der bayerischen Verfassung von 1818 – auch ein Instrument der Mediatisierung und Unterordnung waren, hatte der Fürst Oettingen-Wallerstein, der es als mediatisierter ehemaliger Reichsfürst wissen mußte, dem bayerischen Hof noch erklärt, bevor er sich aus München verabschiedete. Das war auch der Hintergrund von Dönniges' Polemik gegen Adel und Zweikammersystem in dem erwähnten offiziösen Artikel in der Augsburger Allgemeinen. Daß Thon-Dittmer gegen diesen Artikel anging, zeigt, daß er die Gedankengänge in den entscheidenden Kreisen nicht kannte. Da die Liberalen im 50er Ausschuß sowie in den einzelstaatlichen Bürokratien einem Ausgleich mit den Monarchien anstrebten und in diesem Sinne zahlreiche Gespräche liefen, fand auch der Plan eines Direktoriums bereitwillige Aufnahme. Am 17. Mai schlug Bayern gemeinsam mit dem Königreich Hannover den (bayerischen) Grafen von Armannsperg, den Badenser Mathy und (den ehemaligen bayerischen Professor) von der Pfordten als Anwärter für das Direktorium vor.[663] Unangefochten machte der bayerische Gesandte in Stuttgart eine Rundreise an die süddeutschen Höfe, um für den bayerischen Entwurf zu werben[664] .

Der bayerische „Entwurf" war die erste bedeutende konservativ-gegenrevolutionäre Manifestation gegenüber der eben zusammentretenden Nationalversammlung. Sie war nur möglich, weil sich die bayerische Monarchie in ihrer Umgebung – München, Altbayern – einigermaßen sicher fühlen konnte. München war eben nie ein revolutionäres Pulverfaß gewesen, im Februar 1848 nicht, und nicht einmal im März brach die konservative Vorherrschaft völlig zusammen. Im April bestanden schon wieder stabile konservative Strukturen. Auf diesem Untergrund konnte die bayerische Monarchie auftreten und ihren Gegen-Entwurf vorbringen.

Die Liberalen wiesen den „Entwurf" einhellig zurück. Die bayerischen Abgeordneten, denen man nachsagte, sie seien „mehr als nützlich unter dem Zauber ihres Fürsten befangen", erhielten keinen Sitz im Verfassungsausschuß, erst später wurde ein Bayer, der ehemalige Minister von Zenetti, Mitglied im Fünfzehnerausschuß für Fragen der provisorischen Zentralgewalt.[665]

Auf die öffentliche, liberale Meinung aber kam es dem bayerischen Hof nicht so sehr an. Der „Entwurf" war mehr eine Diskussions- und Verhandlungsgrundlage gegenüber den anderen königlichen Regierungen von Preußen, Österreich, Hannover, Sachsen und Württemberg.[666] Der Dialog kam aber nur zögerlich in Gang. Preußen war aus Sicht Bayerns ein unsicherer Kantonist, der insgeheim nach der Oberherrschaft strebte, und die bayerische Monarchie mit ihren Eskapaden zu Jahresbeginn konnte umgekehrt für die preußische Regierung kein besonders erwünschter Verbündeter sein. Österreich, von einer zweiten revolutionären Welle überzogen, fiel als berechenbarer Gesprächspartner vorerst aus. So blieben nur die kleineren Staaten, deren Eifersüchte jedoch keinen gemeinsamen Schritt erlaubten.

Die Verhandlungen vom Mai 1848 blieben ohne greifbares Ergebnis, doch bestärkten sie die bayerische Regierung im allgemeinen in ihrer Haltung. Als Ergebnis dieser ersten Kontakte erhielten die bayerischen Gesandtschaften Ende Mai eine Instruktion über die grundsätzliche Orientierung der bayerischen Politik. Danach war Bayern gegen die sofortige, dauerhafte Übertragung der Oberherrschaft über Deutschland an eine einzelne Macht, gleich in welcher Form (Kaisertum, Direktorium), gegen eine Fürstenkammer nach der mediatisierenden Art des Siebzehner-Entwurfes und gegen Volkssouveränität und einseitige Festlegung der deutschen Verfassung durch die Paulskirche.[667]

Es war nicht Folge bayerischer Politik, daß es mit der Bestellung eines Reichsoberhauptes und der nationalen Einheit nur zögerlich vorwärts ging. Die königliche Weisung von Mitte Mai wie auch die Instruktion von Ende Mai an die bayerischen Gesandtschaften schufen keine Fakten, sondern waren letztlich nur aufschlußreiche Bekundungen über die Tendenz der bayerischen Politik. Gegen die am 18. Mai in Frankfurt zusammentretende Nationalversammlung war von keinem Einzelstaat aufzukommen. Später schrieb der bayerische Außenminister von Bray-Steinburg: „Auch die bayerische Staatsregierung hat es der Würde und dem Ansehen des deutschen Volkes zu schulden geglaubt, die Gewinnung der Grundlagen zu einer gemeinsamen deutschen Bundeskonstitution dem Bereiche der Nationalversammlung zu Frankfurt überlassen zu sollen."[668] Das war ein spätes Eingeständnis, daß in der ersten Phase der Revolution auch die bayerische Regierung den vorläufigen Vorrang der Nationalversammlung, wenn auch widerwillig, hinnehmen mußte.

So blieb Bayern in dieser ersten Phase der Revolution nichts übrig, als sich äußerlich mit allen Seiten gut zu stellen. Es nutzte bald diese, bald jene Seite, wie es der eigenen Selbständigkeit dienlich schien. So zögerte man nicht, als erster deutscher Staat einen Gesandten der Französischen Republik offiziell anzunehmen. Der russische Gesandte in München registrierte es mit zustimmendem Unterton – das bayerisch-französische Bündnis entsprach einer jahrhundertealten diplomatischen Tradition, die Rußland immer genutzt hatte –, während der österreichische Gesandte sich mit Mißfallen an die Zeiten des Rheinbunds erinnert fühlte.[669] Mit maßvollen Worten betrieb man daneben eine unauffällige Opposition. Gagerns Rede zur Eröffnung der Nationalversammlung, in der die Souveränität der Paulskirche festgestellt wurde, hatte Dönniges und den bayerischen Hof heftig erregt. Auf Betreiben von Dönniges[670], der die revolutionäre Potenz des Parlamentspräsidenten von Gagern stark überschätzte, wurde das Landtagsende dazu benutzt, die Ansichten des bayerischen Hofes in einer eigenen Erklärung zu verbreiten.

Ein Notbehelf konservativer Politik in dieser Phase war, das Institut des Bundestages als die wesentliche Stütze des alten Regimes in Funktion zu erhalten. Man berief sich immer wieder auf die Bundestagsbeschlüsse vom 30. März und 7. April, betrachtete und gab in deren Folge die Wahlen zur Nationalversammlung und die Nationalversammlung selbst als Maßnahmen bzw. Einrichtungen des Bundestages aus, und leitete von da die

Auffassung ab, die Nationalversammlung sei nicht befugt zu selbständigen oder gar vorrangigen Beschlüssen.[671] Vor allem Anton Ritter von Schmerling, österreichischer Abgeordneter zur Nationalversammlung und zugleich österreichischer Präsidialgesandter am Bundestag, bemühte sich, seit er am 19. Mai in letzterer Eigenschaft amtierte, den Bundestag am Leben zu erhalten.

Die liberale Mehrheit der Paulskirche sah das bekanntlich anders und behauptete bei grundsätzlicher Billigung einzelstaatlich-monarchischer Mitsprache eine autonom-originäre Stellung der Nationalversammlung, wie dies in den Abstimmungen vom 27. Mai (Antrag Raveaux/Werner) und in den Gesetzen vom 28. Juni, die Bestellung eines provisorischen Bundesoberhauptes betreffend, zum Ausdruck kam. Ende Mai waren in einer Konferenz einflußreiche Mitglieder der Nationalversammlung und des Bundestages – darunter bayerischerseits von Closen – zusammengekommen, um Schritte zur unumgänglich notwendigen Bestellung einer Reichsspitze anzubahnen. Heinrich von Gagern, der Parlamentspräsident, schlug bei dieser Gelegenheit vor, ein Direktorium, bestehend aus drei Vertretern der drei größeren Mächte Deutschlands, einzurichten. Schließlich mußte er den lange diskutierten Vorschlag[672] selbst zurückziehen, um der Gefahr der Isolation und Abstimmungsniederlage zu entgehen. Ritter von Schmerling hatte im Verlauf der Beratungen den österreichischen Erzherzog Johann als Kandidaten für das Amt des Reichsoberhauptes vorgeschlagen, und Gagern übernahm schließlich in seiner berühmten Rede vom 24. Juni diesen Vorschlag. Während der Direktoriumsvorschlag Bayerns grundsätzliche Zustimmung fand[673], nahm man dem Reichsverweser gegenüber zunächst eine abwartende Haltung ein.

Zu dem Gesetzeswerk vom 28. Juni hatte auch die Bestimmung gehört, daß mit dem Beginn der Wirksamkeit der provisorischen Zentralgewalt der Bundestag zu bestehen aufhöre. Mit Zustimmung der liberalen Mehrheit wurde dieser – revolutionäre – Beschluß durch die anderslautende – „dehnbar, ungenau und absichtlich unklar" – Bestimmung aufgehoben, wonach die neue Zentralgewalt sich beim Vollzug von Maßnahmen mit den Bevollmächtigten der Einzelstaaten ins Benehmen zu setzen habe.[674] Der von Madaische Antrag von Mitte Mai, der „erste der Versuche, den Bundestag doch weiter am Leben zu erhalten"[675], war überzogen und in mancher Hinsicht für das eigene Lager problematisch, aber er fand dadurch eine gewisse Fortsetzung. So wurde die Fiktion des Weiterbestehens des Bundestages von der Nationalversammlung in fahrlässiger Weise mitgetragen, was den einzelstaatlichen Regierungen wiederum die Möglichkeit gab, sie weiter auszubauen. Sie kleideten die Anerkennung der provisorischen Zentralgewalt in eine Form, die ihrem Standpunkte nichts vergab: durch Beschluß vom 12. Juli übertrug ihr Organ, die Bundesversammlung, dem Reichsverweser bis auf weiteres „ihre verfassungsmäßigen Befugnisse und Verpflichtungen.[676] Hannover ging in diesem Zusammenhang bereits so weit, vorzuschlagen, einen direkten Ersatz für den ehemaligen Bundestag aufzubauen. Entsprechende Verhandlungen in Berlin, die von Bayern durch einen Sondergesandten unterstützt wurden, scheiterten aber am Zögern der preußischen Regierung, ein preußischer Gegenvorschlag scheiterte am Desinteresse der anderen Staaten, zuletzt blieb nur eine in einer von dem bayerischen Bevollmächtigten von Closen einberufenen Versammlung ausgehandelte gemeinsame Formel für die den Bevollmächtigten der Landesregierungen zu erteilende Vollmacht.[677]

Der bayerische König verhielt sich mit persönlicher Ehrerbietung, aber institutioneller Zurückhaltung gegenüber dem neuen Reichsoberhaupt: Er begleitete ihn auf der Fahrt durch Bayern und ließ ihm allerhand repräsentatives Gepränge zukommen. Bei der Duldung des Reichsverwesers von seiten Bayerns spielte nach einer Äußerung des bayerischen Außenministers[678] auch der Umstand eine Rolle, daß der Reichsverweser ein Katholik war – wie denn überhaupt die konfessionelle Seite der deutschen Einigung in Bayern eine in der Öffentlichkeit kaum berührte, tatsächlich aber sehr wichtige Rolle spielte. Als der Reichskriegsminister von Peucker mit Erlaß vom 16. Juli unter Berufung auf die Übernahme der provisorischen Zentralgewalt und damit der Oberleitung der bewaffneten Macht durch den Erzherzog Johann anordnete, daß am 6. August die Proklamation des Reichsverwesers allen deutschen Bundestruppen in der äußeren Form von Paraden bekannt gemacht und von den Truppen zum Ausdruck der Huldigung ein dreifaches Hoch auf den Reichsverweser ausgebracht werden solle, meldete Bayern Bedenken an. Die linken und mittleren Parteien hatte eine Vereidigung der Bundestruppen gewollt, die Huldigung durch ein dreifaches Hoch war also bereits die kleinstmögliche Geste der Unterwerfung, man hätte eine sofortige Zustimmung der Einzelstaaten erwarten dürfen. Der eigentliche Sinn und Hintersinn des Aktes bestand darin, für den Fall von revolutionären Aufbrüchen der Zentralgewalt Truppen in die Hand zu geben.[679]

Bayern mißfiel, daß in dem Erlaß von „Jahren des Druckes" auf die deutsche Bevölkerung die Rede war. Das widersprach der Staatslegende von den schönen Jahren unter der Verfassung von 1818; es galt zudem eine eindeutige Geste der Unterordnung zu vermeiden. Die bayerischen Minister taten sich schwer, zu einer einheitlichen Meinung zu kommen und sprachen unterschiedliche Einwände aus. Der Finanzminister Gustav von Lerchenfeld wollte die Proklamation des Reichsverwesers durch eine Paraphrase von seiten des bayerischen Königs ersetzen lassen, wovon der Innenminister Thon-Dittmer abriet. Der auf des letzteren Initiative einberufene Ministerrat[680] litt stark unter der Versuchung, dem Wunsch des Hofes nach gänzlicher Mißachtung und Umgehung des reichsministeriellen Erlasses nachzugeben, einigte sich aber auf die realistischeren Vorschlag des Innenministers, der militärischen Feier einen königlichen Tagesbefehl voranzustellen und das abschließende dreimalige Hoch auf den bayerischen König, auf den Reichsverweser und das deutsche Vaterland aufzuteilen. Ungern, doch ohne ernsthafte Alternative, folgte der bayerische Monarch dem ministeriellen Votum. Der Tagesbefehl des Königs wahrte in jeder Zeile den Anspruch auf Vorrang der einzelstaatlichen Monarchie.[681]

Die nach diesen Richtlinien am 6. August in München stattfindenden Feierlichkeiten stießen im allgemeinen auf erhebliche Kritik seitens der Liberalen.[682] Die Wahl eines Reichsoberhauptes war für die Liberalen ein erster greifbarer Erfolg und eine Bestätigung ihrer Ansichten über Ausgleich und Zusammenarbeit mit den Fürsten. Man gestaltete an vielen Orten[683] eindrucksvolle Feierlichkeiten zu Ehren des Reichsverwesers. Die äußerste Rechte schöpfte aus der Wahl des Reichsverwesers aus habsburgischem Hause in etwas anderer Betrachtungsweise große Hoffnungen: „Das kann man sich schon gefallen lassen: denn damit ist der Republik der Kopf zertreten und die constitutionelle Monarchie vorerst schon gesichert."[684] Die äußerste Rechte hatte damit das Wesentliche der Reichsverweserschaft herausgefunden. In dem Maße, wie äußerst rechte

Berater (von Abel) wieder Einfluß bei Hofe gewannen, eignete sich auch der bayerische Hof diese Betrachtungsweise an, gelegentliche Abweichungen wie aus Anlaß des 6. August deuteten an, wie gern der Hof wieder zum Alten zurückgekehrt wäre.

Tatsächlich waren zu dieser Zeit die Nationalversammlung mit ihrer liberalen Mehrheit und der Reichsverweser die sichersten Stützen der bayerischen Monarchie. Wer diese angriff, war auch ein Feind der bayerischen Monarchie. Die in der Kritik der Nationalversammlung erstarkende demokratische Bewegung, die entschiedenere Maßnahmen zur Herbeiführung der nationalen Einheit und weniger Rücksichtnahme auf die Regierungen der Einzelstaaten verlangte, wurde deshalb umgehend Ziel der staatlichen Repression. Mit einem eigenen Schreiben[685] drängte Max II. den Innenminister zu deutlichen Schritten, das Verbot der demokratisch-republikanischen Vereine durch Verordnung vom 12. August[686] war die Folge.

Das Arrangement, in dem sich Bayern eingerichtet hatte, geriet durch das Verhalten Preußens gegenüber Dänemark in Gefahr. Preußen hatte mit dem Waffenstillstand von Malmö (26. August) aus Sicht Bayerns zweierlei getan: Es hatte einen – zur Zeit noch nicht erwünschten – Konflikt mit der Nationalversammlung heraufbeschworen, der Konflikt konnte unabsehbare, für die Monarchie ungünstige Folgen nach sich ziehen, und es hatte sich als deutsches Oberhaupt aufgeführt, neben dem die anderen deutschen Staaten nichts zu bestellen hatten. Aus der Sicht der Mehrheit der Nationalversammlung, vor allem aber der Mehrheit der Bevölkerung hatte Preußen mutwillig einen Schritt gegen die nationale Einheit unternommen. Dieser, sich aus der ganzen Vorgeschichte fast zwingend ergebenden Auffassung folgend, hatte die Nationalversammlung am 5. September für die Aufhebung des preußischen Schrittes gestimmt. Angesichts der realen Machtlosigkeit der Nationalversammlung bzw. des Reichsministeriums war es aber schwierig, Schritte in die erwünschte Richtung durchzuführen. Fürst Karl von Leiningen hatte seit dem 9. August dem Reichsministerium vorgestanden. Wie viele andere seines mediatisierten Standes hatte er die Zeichen der Zeit erkannt. In einem aufsehenerregenden Artikel in der „Frankfurter Oberpostamtszeitung" („Entweder-Oder") hatte er drastisch für eine, ohne Revolution von unten durchzuführende, nationale Einheit geworben. Vor den nun anstehenden Aufgaben gab er auf, mit ihm trat nach der Abstimmung vom 5. September das gesamte Reichsministerium zurück.

„Der Sturz des Reichsministeriums kann unter den gegebenen Umständen von unberechenbaren Folgen sein", schrieb der bayerische Innenminister am 7. September an seine Kollegen[687], sie zu einer Konferenz auf den 8. September ladend. Es war nicht das Schicksal Schleswig-Holsteins, es waren der Sturz des Reichsministeriums und die – auch für Bayern – unberechenbaren Folgen, die das bayerische Ministerium bewegten. Und so fuhr der Minister fort: „Es gilt meines Erachtens schnelles und entschiedenes Auftreten von seiten Bayerns, offenes Entgegentreten gegen die Machinationen Preußens, die die Befestigung des Rechtszustandes und mit ihr alles in Frage stellen, was wir erhalten wollen." In dem Beschluß der Ministerratssitzung vom 8. September zittert der Zorn über Preußen nach: „Die Art und Weise, wie die Krone Preußens den Waffenstillstand zu Malmö geschlossen, wie mit Hinansetzung der gegebenen Vollmacht, mit gänzlicher Außerachtlassung der Reichsgewalt vorgeschritten worden ist, läßt einen klaren Blick thun in die preußische Politik." Was man da zu sehen glaubte, war folgendes: „Die preußische Hegemonie will das gesamte Deutschland in Preußen aufgehen lassen, und straft die großsprechenden Versicherungen vom 18. März durch die Tat Lügen." Das wollte man aber nicht so deutlich sagen, es ist im Konzept durchgestrichen und wurde ersetzt: „Dieses Vorschreiten mußte entschieden den übelsten Eindruck bey der Nationalversammlung machen und das Ansehen der noch nicht befestigten Centralgewalt bloßstellen."

Das Konzept zur gemeinsamen Vorlage, schaut wüst aus, es tobte ein Kampf zwischen den verschiedenen Richtungen, bei dem Schleswig-Holstein an sich kaum eine Rolle spielte. Im Vordergrund standen die Stellung Bayerns und Preußens und die Abwehr einer tiefgreifenden Revolution, das wird in der gemeinsamen Vorlage an den König auch zum Ausdruck gebracht: „Nicht um den Frieden und den Waffenstillstand mit Dänemark, nicht um die Sonderinteressen des deutschen Nordens allein, – um die Frage, ob es uns ernst ist mit einer Einigung des Vaterlandes, um die Ruhe und den Frieden des deutschen Reiches und mit diesem um die Befestigung, ja Erhaltung des Königthums – mit einem Wort – um alles handelt es sich, was uns theuer und werth ist."[688] Die Situation wurde als so brisant empfunden, daß von verschiedenen Seiten – von Innenminister Thon-Dittmer ebenso wie von dem fränkischen Feudalherrn von Rotenhan[689], dem weder von Closen noch Abel und Wallerstein recht waren – angeregt wurde, Außenminister von Bray-Steinburg als außerordentlichen Gesandten nach Frankfurt zu schicken. Der Gedanke, der drittgrößte deutsche Staat könne als Vermittler zwischen Nationalversammlung und Preußen auftreten und zur Beruhigung beitragen, war nicht verfehlt. In dem veröffentlichten Begleitdokument[690], mit dem der Außenminister im Auftrag des Monarchen nach Frankfurt[691] ging, wurde vor allem Bayerns Sorge um die nationale Einheit hervorgehoben.

Das Dokument und die Reise des Ministers insgesamt fand freudig überraschte Zustimmung bei den Liberal-Konstitutionellen. Die bayerische Krone, vor ein paar Wochen noch der Renitenz gegen Frankfurt verdächtig, und die Liberalen schienen eine Sprache zu sprechen. Der Innenminister heftete zum Beweis dessen eine – harmlose – Petition des Konstitutionellen Vereins von Würzburg in seinen Akten ab. 860 Unterschriften hatte der Konstitutionell-monarchische Verein Würzburg aufgetrieben, um dem bayerischen „Gesammt-Staats-Ministerium" mitzuteilen: „Deutschland steht und fällt mit dem Ansehen seiner Centralgewalt. Darum: Unbedingte Unterordnung unter alle Beschlüsse der Centralgewalt und des Parlaments."[692] Das Innenministerium archivierte tatsächlich diese Stimme eines äußerst maßvollen Liberalismus, sie war gut zu verwenden als Beleg für die nationale Gesinnung der bayerischen Regierung. In Wirklichkeit war diese Übereinstimmung[693] nur scheinbar. Die Bemerkungen über Preußen – und damit die eigentlichen Motive der bayerischen Regierung – fehlten in den veröffentlichten Papieren, und eine tatsächliche Unterordnung unter die Beschlüsse der Nationalversammlung war nicht beabsichtigt, auch dachte das bayerische Ministerium nicht daran, etwa die Verwerfung des Waffenstillstands mit seiner staatlichen Macht zu unterstützen.

In Wirklichkeit wollte die bayerische Regierung „nur Einfluß beim Neuaufbau Deutschlands gewinnen und sich an die Spitze Süddeutschlands stellen, ohne viel zu riskieren"[694]: das ist der eigentliche Sinn des monumentalen Auftretens der bayerischen

Regierung auf der nationalen Bühne. Ludolf von Camphausen, der preußische Bevollmächtigte bei der Zentralgewalt, nahm denn auch den bayerischen Auftritt nicht sehr ernst, sondern gab dem bayerischen Außenminister mit mildem Lächeln eine spitze Antwort: man sei preußischerseits sehr zufrieden, daß Bayern nun auch den Schritt der Anerkennung gegenüber der Zentralgewalt mache, den Preußen bereits am 4. Juli getan habe, und man sei angenehm davon berührt, daß Bayern die Notwendigkeit der Durchführung des Waffenstillstands einsehe. Daß Bayern mit diesem Schritt Gutes beabsichtigte, ist gewiß, aber das Gute sollte vor allem Bayern zukommen: „Ein großes kompaktes Reich in Süddeutschland" sollte entstehen, so formulierte es der bayerische Finanzminister Graf Lerchenfeld in einem eigenen Antrag für seinen Herrn, und es war ganz selbstverständlich, daß dies unter Bayerns Führung geschehen sollte, und für diesen Fall hätte die Nationalversammlung in Bayern einen Verbündeten, wie umgekehrt ein solches Reich des Südens nur mit Hilfe und Unterstützung der Nationalversammlung entstehen konnte. Man glaubte sich, nach der moralischen Niederlage Preußens und angesichts der realen Machtlosigkeit der Nationalversammlung, dem erträumten deutschen Südstaat unter Bayerns Führung ganz nahe. Es ging nicht um Unterstützung der Nationalversammlung in der von ihr beanspruchten Rolle, sondern um ein der Gunst der Stunde abzuringendes Schnäppchen.

Ganz abwegig war der Gedanke, die Nationalversammlung der bayerischen Politik dienstbar zu machen, nicht, der Reichsverweser empfand für Bayern tiefe Sympathie, er sprach von der Möglichkeit, die Nationalversammlung in eine bayerische Stadt zu verlegen. Außerdem wurde als Nachfolger des zurückgetretenen, kleindeutsch-unitarisch gesinnten Fürsten Leiningen der Münchener Abgeordnete von Hermann mit der Bildung des neuen Reichsministeriums betraut, sein verwaschen süd-großdeutsches Konzept genügte aber letzten Endes weder den Liberalen noch den Linken, und so mußte er wieder auf die Abgeordnetenbank zurück.

Lang dauerte die Zeit nicht, in der die bayerischen Träume schäumen konnten. Der praktische Erfolg der Reise war gering. Zwar konnte von Bray-Steinburg als Ergebnis seiner Bemühungen den Verzicht des neuen Reichsministeriums Schmerling auf ein Kaisertum und die Aussicht auf einen Sitz im Dreierdirektorium mitbringen[695], aber ausruhen konnte sich auf diesem Lorbeer niemand. Letzten Endes blieb von der Waffenstillstandskrise und den Septemberereignissen als Gewinn nur die Gewißheit, daß die Nationalversammlung nun, da sie mit der Revolution endgültig gebrochen habe, enger zu den Regierungen halten müsse.

Trotzdem begann sich die Lage der Nationalversammlung wieder zu stabilisieren. Sie fuhr mit ihrer – wie Doeberl es nennt – „Durchdringungsarbeit"[696] fort, das heißt, die Reichsregierung nahm mit der Bestellung von Gesandtschaften und einem Reichskommissar für Süddeutschland – in allerdings bescheidenem und trotzdem Bayerns Unmut erregendem Umfang – die Rechte einer selbständigen Regierung wahr. Noch weniger gefiel Bayern die Beratung der Grundrechte. Schon vor Monaten hatte der bayerische König den Kultusminister und Abgeordneten von Beisler mit einem Handschreiben nach Frankfurt aufgefordert, gegen eine allzu weite Ausdehnung der Grundrechte, in jedem Fall aber für deren nachträgliche „Vereinbarung mit unserm Landtage" einzutreten.[697] Noch war, aus der Sicht des bayerischen Hofes, Bayerns Lage trüb, und es stand wenig Hilfe in Aussicht. Preußen befand sich wieder in geregelten Beziehungen zu Frankfurt. Wenn auch das seit dem 21. September amtierende Ministerium des gemäßigt konservativen Generals von Pfuel den Übergang Preußens von passiver Haltung zu aktiver Revolutionsgegnerschaft signalisierte, so mußte die machtmäßige Konsolidierung Preußens in Bayern die Befürchtung erwecken, es werde nun erst recht seine Vormachtstellung zum Nachteile Bayerns ausbauen. Österreich war mit sich selbst beschäftigt, und die kleineren Staaten hüteten sich davor, von der bayerischen Krone vertreten zu werden.

Die Nationalversammlung machte sogar bemerkenswerte Fortschritte: Am 12. Oktober ging die erste Lesung der Grundrechte zu Ende und in ihrer hundertsten Sitzung am 19. Oktober begann die Nationalversammlung mit der Beratung der Reichsverfassung. Am 27. Oktober verabschiedete sie ungeachtet der Vorgänge in Wien zwei Paragraphen der geplanten Reichsverfassung, die von grundsätzlicher Bedeutung insofern waren, als sie indirekt die Verhältnisse Österreichs regelten. Kein Teil des deutschen Reiches sollte fortan mit nichtdeutschen Ländern zu einem Staate vereinigt sein, und deutsche und nichtdeutsche Gebiete sollten nur in Personalunion miteinander verbunden sein. Das hieß auf Österreich angewendet: Österreich konnte mit seinen deutschsprachigen und dem Deutschen Bund angehörigen Ländern dem kommenden deutschen Bundesstaat beitreten, die übrigen der habsburgischen Krone unterstehenden Länder mußten getrennt regiert werden und konnten nicht Mitglied des deutschen Bundesstaates werden. Mit anderen Worten: Sollte die habsburgische Monarchie auf einer einheitlich ungeteilten Gesamtmonarchie festhalten, dann fände es keinen Platz im angestrebten neuen deutschen Reich.

Österreich hätte mit dieser Formel der Nationalversammlung leben können, es war damit noch keine Entscheidung für eine kleindeutsche Lösung gefallen. Aber Fürst Felix von Schwarzenberg, der nach der militärischen Niederschlagung des Wiener Aufstandes (26.-31. Okt.) auch die politische Macht übernahm, trat für ein Großösterreich als Führungsmacht eines österreichisch-deutsch bestimmten Mitteleuropa ein. In der Erklärung von Kremsier (27. Nov.) verkündete er sein Ziel, nämlich „die Begründung eines neuen Bandes, das alle Lande und Stämme der Monarchie zu Einem großen Staatskörper vereinigen soll“ und „Österreich's Fortbestand in staatlicher Einheit“.[698] In verschiedenen Formen hatte man vorher noch versucht, Österreich an das entstehende Deutschland zu binden. Gagern brachte am 26. Oktober seinen, mit der Formel der Nationalversammlung korrespondierenden Plan eines engeren und weiteren Bundes zur Sprache, demzufolge der österreichische Gesamtstaat durch ein unlösliches Schutz- und Trutzbündnis mit Kleindeutschland verbunden sein sollte. Der ehemalige preußische Finanzminister David Hansemann legte ebenfalls um diese Zeit einen Verfassungsplan vor, der in der Oberhauptsfrage – nicht in der allgemeinen staatlichen Organisation – die Triaslösung vorsah und eben deshalb dem gemäßigt konservativen bayerischen Bevollmächtigten von Closen sehr gut gefiel.

In Bayern gewannen seit den Septemberunruhen die ultrakonservativen, fundamentalistischen Kräfte zunehmend Einfluß. Der ehemalige Minister von Abel war längst wieder eine nicht zu umgehende Figur des bayerischen Hofes, und das „Märzministerium“ sah seiner Entlassung entgegen. In solcher Umgebung konnte Außenminister von

Bray-Steinburg „die wahre Absicht" auch des Hansemannschen Verfassungsprojektes nur darin sehen, daß es „auf den Ausschluß Österreichs vom engeren Reichsverband und auf das allmähliche oder alsbaldige Aufgehen Deutschlands in Preußen gerichtet" sei. Wenn dies gelänge, „würde Preußen mit wenigstens der Hälfte des engeren deutschen Bundesstaates ins Gewicht fallen".[699] Die panische Angst des offiziellen Bayern galt nicht nur der politischen und ökonomischen, sondern auch der konfessionellen Seite durch Preußens Übergewicht: bei Ausschluß Österreichs war ein Übergewicht der Protestanten zu erwarten, und das war nach bekannter fundamentalistischer Auffassung gleichbedeutend mit der Herrschaft von Liberalismus und revolutionärem Anarchismus.

Bestärkt durch die Vorgänge in Österreich, nahm auch in Preußen die Sache der Gegenrevolution ihren Fortgang. Als sich Ende Oktober unter dem Druck einer wachsenden Volksbewegung die preußische Nationalversammlung für energische Schritte zur Wahrung der Volksfreiheit in Wien aussprach und auch Ministerpräsident von Pfuel nach einigem Zögern zustimmte, berief Friedrich Wilhelm IV. den hochkonservativen General Graf von Brandenburg, einen illegitimen Sohn Friedrich Wilhelms II., zum Ministerpräsidenten. Dieser erschien am 9. November vor der Abgeordnetenkammer und erklärte diese für vorerst aufgelöst bei gleichzeitiger Wiedereinberufung auf den 27. November in das märkische Provinzstädtchen Brandenburg.[700]

Da der Konflikt zwischen preußischer Krone und Landtag gleichzeitig die kleindeutsch-liberalen Pläne gefährdete, unternahm die Frankfurter Nationalversammlung einen Versuch nach dem andern, mit Preußen zu einem Ausgleich zu kommen. Zunächst ging am 6. November mit einem Auftrag der Reichsregierung der Liberale Friedrich Bassermann – übrigens ein „bayerischer" Abgeordneter (Stadtprozelten) – nach Berlin. Er hatte nicht nur keinen Erfolg, sondern die Lage in Berlin verschärfte sich durch den Einmarsch des Generals von Wrangel am 10. November: Die preußische Nationalversammlung rief am 14. November – an dem Tag, an dem Bassermann entmutigt zurückkehrte – die Bevölkerung zur Steuerverweigerung auf. Das war ein Beschluß, der vielen Liberalen zu sehr nach Revolution aussah, man bemühte sich also weiter und verstärkt um Verständigung mit dem preußischen Hof. So erfolgte am 18. November die Mission Simson-Hergenhahn. Deren Mißerfolg provozierte schließlich den Einsatz des höchsten liberalen Trumpfes: Am 24. November reiste Heinrich von Gagern nach Berlin. Aber auch ihm stand nur Mißerfolg bevor. Am 5. Dezember löste Preußen seine verfassungsgebende Versammlung auf und erließ gleichzeitig die „oktroyierte" Verfassung. Diese Verfassung schien aber den Liberalen als Grundlage einer gedeihlichen Entwicklung einigermaßen tauglich, wobei sie immerhin das Wahlrecht als Grund für ihre Haltung angeben konnten. Man hoffte auf liberaler Seite weiter auf Preußen, das dünne Band zwischen Preußen und Nationalversammlung war noch nicht zerschnitten.

Daß nach Österreich auch Preußen sich in gegenrevolutionärer Weise stabilisierte, war für Bayern kein Trost, einem starken konservativen Preußen unterstellte man in diesen Kreisen nicht weniger Hegemoniegelüste als den Liberalen und Anarchisten. Die Verhandlungen zwischen Nationalversammlung und Preußen beunruhigten Bayern sowieso.[701] Daß Heinrich von Gagern, der schon seit Monaten Bayern mißfiel, wenig später auch als Ministerpräsident in Frankfurt amtierte, verstärkte die Unruhe in München.[702] Nicht zuletzt durch eigenes Verschulden von den wesentlichen Vorgängen ausgeschlossen, vollführte es im zweiten Glied eine konfuse Politik, bei der die Verbindung zu Rußland die einzig erkennbare Konstante war. Zwar schienen die Äußerungen des preußische Königs gegenüber dem bayerischen Gesandten in Berlin Maximilian von Lerchenfeld nicht unfreundlich, aber wenn der preußische König eine Art „Gewalteilung" zwischen Preußen und Österreich („das Diadem für Österreich, das Schwert für Preußen, den 'Connétable'") vorschlug und gleichzeitig den Triasgedanken lobte, dann mußte sich die offizielle bayerische Politik wohl fragen, ob Preußen mit „Trias" wirklich dasselbe meinte wie Bayern, und die Probe darauf war erst noch zu erbringen.[703] Die Triasidee blieb aber für die nächste Zeit der Orientierungspunkt der bayerischen Politik.

Bei der Schwierigkeit, in der unsicheren Situation verläßliche Bindungen herzustellen, begab sich die bayerische Regierung auf die Suche nach einem rettenden Strohhalm. Mitte Oktober kam ein politischer Agent mit dubioser Vergangenheit, der im Dienste des württembergischen Königs stehende Staatsrat Klindworth, nach München. Klindworth war ein Diener vieler Herren. Unter anderem hatte er in Diensten gestanden beim Herzog Karl von Braunschweig, einem der übelsten Tyrannen des deutschen Vormärz, den im September 1830 die gesamte Bevölkerung vom Tagelöhner bis zu liberalen Reformadeligen davongejagt hatte.

Der bayerische König hatte längst einen Hang für dergleichen Personen entwickelt. Jede Woche begab sich Max II. einmal nach Schloß Berg, nur von einem Adjutanten begleitet, um dort peinliche Personen zu empfangen. Während er seine Minister zunehmend auf Distanz hielt und auch seinen eigenen Beratern gegenüber gelegentlich Skepsis aufkam, glaubte der bayerische König hier auf geheimnisvolle Weise die wahren Stützen seines gottgewollten Thrones zu finden.[704] So hätte Klindworth wohl auch ohne Empfehlungsschreiben seines württembergischen Herrn beim bayerischen König eine Audienz bekommen.[705] Klindworth erklärte sich dabei in Gegenwart des württembergischen Gesandten von Degenfeld ermächtigt, zwischen den königlichen Höfen, und zunächst zwischen Württemberg und Bayern, eine Verständigung herbeizuführen. Die Gespräche der nächsten Tage wurden am 21. Oktober vom bayerischen Außenminister in einer Punktation zusammengefaßt. In ihr lehnten die Höfe von Bayern und Württemberg „die Idee eines Kaisers als höchsten Repräsentanten der Einheit der deutschen Fürsten und Völker" als unausführbar ab und empfahlen ein Direktorium aus drei Bundesfürsten.

Das entscheidende und wirkliche Problem bestand darin, die drei Posten zu besetzen. Daß Preußen einen Sitz im Direktorium einnehmen werde, konnte als sicher gelten, weniger sicher war das Verhalten Österreichs einzuschätzen, und äußerst schwierig war es, die Eitelkeiten der fünf deutschen Königreiche bei der Besetzung des dritten Direktoriumssitzes auszugleichen. Die Punktation machte einige Vorschläge für wahrscheinliche Fälle und Konstellationen. Indem Klindworth mündlich die Verpflichtung übernahm, Bayern in jedem Fall einen Sitz im Direktorium zu verschaffen, düpierte er eigentlich seinen Herrn. Daß Klindworth tatsächlich alles ernst meinte, was er dem bayerischen König versprach, ist nicht recht wahrscheinlich, hingegen glaubte der bayerische Hof fest an die Sache. Die zu eben dieser Zeit eingehenden Vorschläge Hansemanns, die in ihrem Inhalt und ihrer Herkunft ungleich seriöser waren als der bayerisch-württembergische Sonderbotschafter, fanden angesichts solcher Aussichten beim bayerischen Hof kein Gehör. Wer Sinn für Ironie hatte, konnte die Weigerung des Königs von Hannover, mit dem „anrüchigen Subjekt" Klindworth über das Münchener Projekt zu verhandeln[706], damit kommentieren, daß damit das Problem der Besetzung der Direktoriumssitze sich wenigstens etwas verkleinert habe.

Klindworth verabschiedete sich am 24. Oktober von München. Er ging ohne schriftliche Vollmacht Bayerns, aber die bayerischen Gesandtschaften wurden am 21. Oktober angewiesen, dem württembergischen Bevollmächtigten Unterstützung zu gewähren. Der Zwischenaufenthalt Klindworths in Dresden war nicht ermutigend. Beim preußischen König fand Klindworth zunächst freundliche Aufnahme. Was Friedrich Wilhelm IV. gegenüber Klindworth äußerte, ist wohl ernst gemeint, denn es trafen zwei Gleichgesinnte und Gleichwertige aufeinander. Gleichwohl war jetzt noch nicht die Zeit für feste Abmachungen. Er solle mit bestimmten Vollmachten wiederkommen, wurde ihm beschieden. „Vielleicht bin ich unterdessen stärker geworden; vielleicht ist bis dahin der Kampf ausgebrochen", sagte ihm der preußische König.

Am 12. November traf Klindworth nach Besprechungen in Stuttgart wieder in München ein. Die Presse war inzwischen auf die Reisetätigkeit Klindworths aufmerksam geworden und gab ihre Meinung über ihn unumwunden kund, so daß auch der bayerische König etwas irritiert war und bei seinem Botschafter in Paris Erkundigungen einzog, die – wie auch nachfolgende Erkundigungen – ein niederschmetternd ablehnendes Urteil über Klindworth enthielten. Überhaupt war die Ablehnung Klindworths gerade auch unter Konservativen[707] fast einhellig. Trotzdem ließ sich der bayerische König nicht von ihm abbringen. Die Nachforschungen verzögerten allerdings Klindworths zweite Berlinreise. Auch das alte, leidige Problem der Besetzung der Direktoriumsstellen war noch immer nicht ganz gelöst. Aus dem zähen Gang der Verhandlungen und Besprechungen in München war zu ersehen: „der König von Bayern scheut die Eifersucht der königlichen Höfe von Sachsen und Hannover und möchte doch möglichst viel für sich retten."[708]

Am 22. November – die Auskunft des Pariser Gesandten lag damals noch nicht vor, wohl aber bestand der massive Verdacht auf Klindworths halbseidene Beschaffenheit – konnte Klindworth im Besitz der nötigen Vollmachten und Instruktionen und eines warmherzigen königlichen Empfehlungsschreibens seine Reise nach Berlin antreten. Zu seiner Unterstützung folgten in einigem Abstand ein württembergischer Prinz und Prinz Karl von Bayern. Prinz Karl war zur besonderen Vertretung der Triasidee ausersehen[709].

Die preußische Monarchie verhandelte zu dieser Zeit immer noch nach zwei Seiten: auf der einen Seite mit den Deputationen der Frankfurter Nationalversammlung, auf der anderen Seite mit den deutschen Königreichen. Daß dies betrügerisch[710] war, kann man wohl sagen, aber die Nationalversammlung war ohne Blick dafür. In seiner zweideutigen Haltung war es kein Wunder, daß der preußische König den württembergisch-bayerischen Gesandten wieder freundlich und gnädigst empfing, aber die preußische Bürokratie war gegen diese Bemühungen, sie erwartete sich mehr von Frankfurt als von einem vorschnellen königlichen Sonderbund. Im übrigen liefen zur gleichen Zeit über den Grafen Brühl preußisch-österreichische Gespräche, deren Ergebnisse ungleich schwerer wiegen würden als die preußisch-bayerischen.

So nahm die Mission Klindworth Mitte Dezember ein ruhmloses Ende. Seine Anwesenheit in München war übrigens bald bemerkt und von der Presse gemeldet worden. Daß Preußen mit dem halbseidenen Mittelsmann, den ihm der bayerische Hof schickte, nicht viel zu tun haben wollte, mag auch zum Scheitern der Mission beigetragen haben. Am 15. Dezember reiste Klindworth aus Berlin ab und ward nie wieder gesehen.

Eine Absprache zwischen den Höfen von Bayern und Preußen war ein grundlegendes, konservatives Anliegen. Der ultrakonservativ-fundamentalistische Flügel strebte aber vor allem engen Anschluß an Österreich an, die Klindworthsche Mission sah man von dieser Seite mit gemischten Gefühlen. Österreich mußte in den Anschauungen dieses Flügels als Hort und Stütze des Katholizismus bei Deutschland verbleiben, in welcher Form auch immer; in Österreich hatten überdies bayerischer Adel und Kirche Besitz. Die Niederschlagung der Revolution in Österreich hob ganz allgemein die Möglichkeiten dieser Partei. Als die erste Reise Klindworths noch kein Ergebnis gebracht hatte und überdies Zweifel an seiner Person aufkamen, nahte ihre Stunde. Der bayerische Gesandte in Wien, Graf von Luxburg, war ein hochkonservativer Mann[711], der schon lange auf einen Anschluß Bayerns an die Donaumacht gedrängt hatte. Aber er war Protestant[712] und somit in den Augen der Fundamentalisten nicht würdig und geeignet, das wittelsbachische Königtum zu verteidigen. So setzten die fundamentalistischen Kreise gegen den Willen des Außenministers durch, daß einer der ihren als Sonderbotschafter mit einer Mission nach Wien betraut wurde.

Der Erwählte war Karl Maria von Aretin, Jurist mit historischen, militärischen und praktisch-landwirtschaftlichen Ambitionen, bei allem aber doch eine sehr zweitrangige Figur.[713] Vor allem pflegte er „einen extremen Konservatismus in einem Maße, daß selbst der konservative Staatsmann Otto von Bray-Steinburg daran Anstoß nahm".[714] Wegen seiner Haltung in der Montez-Affäre war er am 1. April 1847 von München nach Berlin versetzt worden, dort war er dem bayerischen König wegen seiner geistesverwandten Berichte aufgefallen. Auch war von Aretin an den bayerisch-preußischen Verhandlungen im Mai 1848 beteiligt.

Sofort nach der (zweiten) Abreise Klindworths bekam der bayerische Außenminister die mündliche, am 25. November die schriftliche Anweisung des Königs, von Aretin mit einer Sendung nach Olmütz und Kremsier zu beauftragen. Von Aretin erhielt einen dreiwöchigen Urlaub und sollte auf der Heimreise nach Gut Haidenburg in Niederbayern durch einen Umweg über Österreich unauffällig seinen Auftrag erledigen. Er sollte Kontakt aufnehmen zu den führenden Männern der österreichischen Politik und sie auffordern, Preußen nicht das Feld zu überlassen, sondern seine Interessen „in Deutschland" zu verteidigen, Bayerns Interessen fielen mit den österreichischen weitgehend zusammen.

Als von Aretin am 3. Dezember in Olmütz ankam, hatte tagszuvor Erzherzog Franz Joseph an Stelle des geistig behinderten Ferdinand die Regierungsgeschäfte übernommen, die Verhältnisse waren in vieler Hinsicht noch in Fluß. So ergab das erste Gespräch mit Fürst Schwarzenberg zwar einige Übereinstimmung, unmittelbar praktisch verwertbar war aber nur Schwarzenbergs Rat, der König von Bayern möge sich auf eigen Füße stellen durch ein starkes und treues Heer. Handelsminister von Brucks Auskünfte waren insofern angenehm, als er ein Verbleiben Österreichs im engeren Bunde als möglich angab, und dem Gespräch mit Windischgrätz konnte von Aretin entnehmen, daß dieser ein treuer Büttel der Gegenrevolution bleiben würde.

Mit diesen Ergebnissen oder vielmehr Eindrücken kam von Aretin am 10. Dezember zum Vortrag beim bayerischen König. Sein Urlaub dauerte nur kurz. Am 16. Dezember übernahm an Stelle des Großdeutschen Schmerling der Kleindeutsche von Gagern die Leitung des Reichsministeriums. In seiner Erklärung vom 18. Dezember machte er die kleindeutsche Lösung, den „engeren" deutschen Bundesstaat, dabei die Kremsierer Erklärung zur Begründung seiner Politik heranziehend, zum Ziel seiner Politik. Mit großer Eile – am 19. Dezember – wurde daraufhin von Aretin erneut nach Wien geschickt. Man war sehr beunruhigt, und um die Sache besonders gut zu machen, schickte man den ehemaligen Bundestagsgesandten von Closen mit einem Glückwunschschreiben an den neuen österreichischen Regenten hinterher. Der falsche Eifer aber schadete, man hatte sich in der eiligen Wahl vergriffen. Preußen hatte zu demselben Zweck einen echten Prinzen geschickt, der abgehalfterte Bundestagsgesandte aus Bayern stach daneben sehr unvorteilhaft ab.

Preußen hatte in seinen letzten diplomatischen Kontakten mit Österreich zu erkennen gegeben, daß es eine Verständigung mit der Nationalversammlung auf der Basis des Gagernschen Programms vom engeren und weiteren Bund anstrebe. Das vertrug sich bis zu einem gewissen Grad mit der österreichischen Absicht, an den „engeren", frankfurterisch-deutschen Angelegenheiten keinen Anteil zu nehmen, und so konnten eine Weile Verhandlungen zwischen Preußen und Österreich laufen. Bei der noch ungefestigten Lage in Österreich erfuhr von Aretin in den Gesprächen mit dem Fürsten nicht viel Neues, und er hatte keine Möglichkeit, Bayern in die preußisch-österreichischen Verhandlungen einzuschleusen.

Dabei vollzog sich gerade in diesen Tagen eine Wende in der österreichischen Politik. Der als Minister gestürzte Schmerling kehrte am 31. Dezember als Bevollmächtigter der österreichischen Regierung nach Frankfurt zurück, ausgerüstet mit einer Schwarzenbergschen Note vom 28. Dezember, in der Gagerns Interpretation der Kremsierer Erklärung zurückgewiesen und der Vorsatz ausgesprochen wurde, sich in seiner „aus der naturgemäßen Entwicklung tausendjähriger Verhältnisse hervorgegangenen Stellung zu behaupten". Diese Note war der Beginn einer Entwicklung, in deren Verlauf das Verhältnis Österreichs zur Frankfurter Nationalversammlung immer mehr zu einem Feldzug wurde. In der deutschen Frage lenkte das Schwarzenbergische Österreich damit zum alten Deutschen Bund zurück, wobei es eine Stärkung seiner Stellung im Auge hatte. Das lief auf eine Ablehnung der Erbkaiserpläne hinaus, und in Bayern hatte es damit einen entschlossenen Verbündeten.[715]

Die bayerische Regierung konnte so, nach kurzer Enttäuschung durch von Aretins Berichte, bei Österreich eine „erfreuliche Wahrnehmung"[716] machen. Einen Anteil an der Wendung in Österreich hatte Bayern aber nicht. Von Aretin wurde als Vertrauensperson des bayerischen Hofes der Wiener Gesandtschaft zugeteilt[717], er konnte den Posten wegen Krankheit zunächst nicht antreten.

In einem dritten Schritt hatte Bayern die Signatarmächte der Wiener Schlußakte (1815) bzw. des Deutschen Bundes zur Sicherung seiner Eigenständigkeit heranzuziehen versucht. König Max schrieb persönlich an den bayerischen Geschäftsträger in Paris von Wendland, er möchte baldmöglichst erfahren, wie die französische Regierung über die Vorgänge in Deutschland und besonders über die „verderbliche Kaiserwürde“ denke, ob ferner Paris und die übrigen Kabinette, „besonders jenes von Sankt Petersburg“, die Gefahr in Betracht zögen, die aus einem deutschen Kaisertum „für die Weltlage entspringen muß, ob man die Aufrechterhaltung der Wiener Schlußakte schon aufgegeben hat“. Dem Brief des Königs folgte ein amtlicher Schritt des bayerischen Ministeriums bei den Regierungen in London, Paris und Petersburg, wobei mündlich auf die Notwendigkeit der Einhaltung der Verträge von 1815 hingewiesen wurde. Durch das ungeschickte Verhalten des bayerischen Geschäftsträgers in London von Cetto, der den englischen Außenminister wie einen Lakaien des bayerischen Hofes behandelte, kam die Sache an die Öffentlichkeit und führte zu einer „sensationellen Blamage der bayerischen Weltpolitik“[718].

Alle diese Schritte der offiziellen bayerischen Politik, vom Zusammentritt der Nationalversammlung bis zur Verabschiedung der Reichsverfassung, dienten zu keiner Zeit und in keinem Punkte anderem als der Bewahrung der partikular-staatlichen Existenz Bayerns, oder mit anderen Worten: „Bayerns deutsche Politik während der Revolutionszeit war niemals deutsch, was die österreichische und preußische doch wenigstens zeitweise gewesen sind, sondern immer schlichtweg bayrisch.“[719]

Um die Jahreswende 1848/49 beseitigte der bayerische Monarch in seinem Ministerium die letzten Spuren des März 1848. Es traf den Minister (Gustav) von Lerchenfeld, dessen Liberalismus von den Zeitgenossen[720] etwas überschätzt wurde, der aber immerhin freimütig gegen übertrieben absolutistische und partikularistische Tendenzen seines Herrn aufgetreten war – sein Nachfolger war allerdings nicht der stockreaktionäre von Schrenck[721], sondern von Beisler, ein abgefallener Liberaler. Der bayerische Außenminister blieb noch im Amt.

10. Der „revolutionäre“ Landtag

10.1. Wahlen und Wahlprogramme

Der Verfassungsvorschrift eines sechsjährigen Turnus entsprechend hätte noch 1848 ein neuer Landtag gewählt und einberufen werden müssen. Den Zeitungen war das nicht verborgen geblieben, aber die Septemberkrise hatte den Blick auf anderes gelenkt. Aus mehreren Gründen wurden gegen Jahresende plötzlich die einzelstaatlichen Landtage wichtig. Da war die Enttäuschung über die Nationalversammlung, deren liberale Mehrheit in den Augen großer Bevölkerungsteile versagt hatte und mit dem preußischen Erbkaiser einen falsche Weg einschlug, ohne daß die linke Minderheit etwas dagegenzusetzen wußte. Der bayerische Liberalismus tat sich schwer mit der Paulskirche, Resignation machte sich breit: „Die neuesten Briefe aus Frankfurt lauten sehr unerfreulich. Die ganze Nationalversammlung ist in zwei Heerlager gespalten ...“ Preußen und Österreich stünden sich gegenüber, die Bayern dabei meist auf Seiten Österreichs; der Streit „kann möglicher Weise dazu führen, daß das ganze Werk der Einigung in Hader und Zwietracht auseinandergeht. Wenn die Herren in Frankfurt von der Stimmung im Volke etwas besser unterrichtet wären, so müßten sie wissen, daß für das Kaiserprojekt alle Sympathien fehlen.“[722] Der Frankfurter Korrespondent der Mittelfränkischen Zeitung kritisierte nun den Beschluß zur Bestellung eines fürstlichen Reichsverwesers und fügte hinzu: „Bereits in einem früheren Bericht haben wir die Überzeugung ausgesprochen, daß wir von der deutschen Nationalversammlung kein Heil und keine Zuflucht für Deutschland erwarten.“[723]

Nach der Niederschlagung des Septemberaufstandes war die Stellung der Nationalversammlung gegenüber der Volksbewegung so angespannt und unsicher, daß konservative Kreise in ihr vor allem ein schonungsbedürftiges Element der Ordnung sahen. So fiel es auf, als die Augsburger Postzeitung sich aus Würzburg melden ließ, daß die Versammlung der deutschen Bischöfe (Oktober in Würzburg) „in Betracht der Zeitverhältnisse und des Umstandes, daß die Nationalversammlung fast noch die einzige bestehende Autorität in Deutschland ist und die letzte Garantie für die Erhaltung der Ordnung und einer gesetzlichen Zukunft bietet, darauf verzichtet hat, durch eine vorläufige Ansprache gegen manche Beschlüsse, welche die kirchliche Freiheit kränken, irgend die Verlegenheiten zu mehren, und es sich vielmehr zur Aufgabe gestellt hat, zum Heile und zur Einigkeit Deutschlands dieses Ansehen nicht verkümmern zu lassen.“[724] Ansonsten brachten die harmlosesten kleinen Blätter ihren Unmut zum Ausdruck: eine elende „Vielrednerei“ sei aufgekommen, seit der „edle“ von Gagern sich selbst untreu und der Sache der Freiheit abtrünnig geworden sei.[725] Demgegenüber symbolisierte der preußische Landtag trotz aller Niederlagen den Kampf um Freiheit und Einheit. Es entstand angesichts der traurigen Gegenwart und unsicheren Zukunft der Nationalversammlung gerade bei der Linken die Vorstellung, man könne über die einzelstaatlichen Landtage die Entwicklung voranbringen, der „Partikularismus der Freiheit“ kam auf.

Schon am 10. Juli hatte das Ministerium der Regierung von Schwaben[726] – vermutlich auch anderen Regierungsbezirke – eine Instruktion zur Durchführung der Landtagswahlen zugeschickt; man wußte also, was anstand. Aus konservativem Kalkül heraus wurden nach der Entlassung des Landtagsplenums die nach der konservativen Seiten neigenden Gesetzgebungsausschüsse der alten Kammern beibehalten. Deren Zusammensetzung sorgte dafür, daß die Gesetzentwürfe nicht zu rasch dem Fortschritt zueilten. Namentlich fand die Regelung Kritik, daß der Adel nach wie vor einen besonderen Gerichtsstand beanspruchte. Das war nicht nur eine Frage persönlicher Bevorzugung und Ungleichbehandlung, sondern auch eine organisatorische Frage, weil damit auch die bisherige Gerichtsorganisation aufrechterhalten wurde. Dies fand nicht nur Kritik bei einem mutigen und gelehrten Justizassessor (Liebeskind), sondern auch bei Bürgerversammlungen in Franken. Schon zu Anfang August hatte die Meldung, es würden nur die Patrimonialgerichte zweiter oder dritter, nicht aber der ersten Klasse aufgehoben, die Hoffnung auf die Verwirklichung der Trennung von Justiz und Verwaltung gedämpft.[727] Schließlich machten die Fortschritte der Gegenrevolution das Risiko der Neuwahlen tragbar und der Fortgang der Zeit, wollte man nicht offenen Verfassungsbruch betreiben, es unumgänglich.

Am 11. November 1848 wurden die Gesetzgebungsausschüsse verabschiedet. Zwei Wochen später legte eine Bekanntmachung die Urwahlen auf den 30. November und die Abgeordnetenwahl auf den 7. Dezember fest.[728]

Der Wahlkampf begann in einer Zeit des Vorrückens der Gegenrevolution. Von allen Anzeichen mochte die Entlassung des Märzministers Thon-Dittmer am 15. November das geringste sein. In erstaunlicher Verkennung der Tatsachen begrüßte man auf liberaler Seite die Entlassung Thon-Dittmers und feierte die Ernennung Lerchenfelds.[729] Die gleichzeitige, jedoch nur scheinbare Entmachtung des Kabinettsekretariats[730] verstärkte die Illusionen bis weit ins linke Lager hinein.[731] Andererseits sickerten sehr bald Meldungen[732] über die schwierige Stellung der Minister Lerchenfeld und Heintz durch, auch der Ersatz des korrekten von Weishaupt durch Le Suire (21.11.1848) wurde als schlechtes Zeichen betrachtet. Die Vorgänge in Wien und Berlin rückten die Gefahren, die der im März 1848 begonnenen Sache drohten, ins Licht. Auch denen, die mit den verhältnismäßig unscheinbaren Ergebnissen des März zufrieden waren, wurde allmählich klar, daß man auch wieder hinter den März 1848 zurückfallen könne und daß „Reaktion“ kein leeres Wort war.

Das war ein Grund zum Zusammenrücken, und es gab weitere: Noch immer war die Stärke der Parteien unklar, die überregionalen Verbindungen waren noch nicht eingespielt, es gab keine anerkannten und bekannten Führer der Parteien und die Grenzen zwischen ihnen waren noch immer fließend. Auf der andern Seite stellten sich den liberalen und demokratischen Vereinen um diese Zeit die Piusvereine entgegen. Ausgehend von der Würzburger Bischofskonferenz begann die Gründung dieser Vereine vor allem dort, wo eine besonders starke soziale Stellung der Kirche bestand, oder wo die unmittelbare Konfrontation Protestantismus vs. Katholizismus schon lange konfessionelle Reibereien provoziert hatte. Das war vor allem in Würzburg, in Augsburg und Regensburg der Fall. So entstand noch im November in Würzburg ein Piusverein[733]; auch gelang dort nach einigen Fehlschlägen die Gründung einer eigenen Zeitung (Würzburger Journal[734]). In Augsburg wurde Ende November von stadtbekannten Konservativen wie Freiherrn von Brentano und Freiherrn von Linden[735] und dem Redakteur (seit 1842) der fundamentalistischen Augsburger Postzeitung[736] Dr. Ludwig Schönchen ein Konstitutionell-Monarchischer Verein gegründet, der ein dem Liberalismus ähnliches Programm annahm, in seinen Aktivitäten aber deutlich klerikal-konservative Tendenz zeigte.[737] Im Programm flüchtete man sich in „allgemeine Phrasen nach einem einigen großen Deutschland" und betonte das individuelle Freiheitsstreben einzelner Stämme innerhalb des „heimatlichen Herdes" sowie die schwere Aufgabe, diese beiden Gegensätze zu überwinden. Das war die übliche Suada der süddeutschen Rechten. Das Problem der Volkssouveränität im konstitutionell-monarchischen Staat umging man mit der Feststellung, daß die Rechte des Königs „ebensosehr von Gottes Gnaden seien wie die des Volkes selbst und jedes einzelnen."[738] Die Forderung nach einem Rechtsstaat erfolgte hier im Sinne der Verteidigung von Vorrechten wie in der Verfassung. Es war dieser Verein die Urzelle des Piusvereins von Augsburg.[739]

Auch in Regensburg fand noch im November die Gründung eines Piusvereins statt, Bamberg folgte. Als im Februar 1849 in Aschaffenburg ein Piusverein gegründet wurde[740], kam es zu Unruhen: die Gründung wurde als Provokation empfunden. In Altbayern unterblieb zunächst die Gründung von Piusvereinen, Altbayern war gewissermaßen generell und an sich ein Piusverein, weil die klerikal-konservativen Strukturen so dicht und stark waren, daß man sich im Regelfall gar nicht der Mühe einer formellen Vereinsgründung unterziehen mußte. Erst gegen Ende der Revolutionszeit, während der Reichsverfassungskampagne, als auch in Altbayern liberale und demokratische Strukturen zu entstehen begannen, änderte sich dies. Daß Altbayern noch immer gut im Griff der Konservativ-Klerikalen lag, zeigte im November die in ganz Deutschland Aufsehen erregende Wahl des badischen Hofrats Buß in Moosburg (6. oberbayerischer Wahlkreis) zum Abgeordneten der Nationalversammlung; die Wahl wurde später annulliert, weil er von den Wahlmännern aus den Aprilwahlen gewählt worden war. In München – ähnlich war es in Augsburg – behielt man den schon gewohnten Namen („Verein für konstitutionelle Monarchie und religiöse Freiheit") bei, faktisch handelte es sich um einen Piusverein. Diese Regelung hatte auch den Vorteil, daß man für bürgerliche Kreise noch ansprechbar war, denen ein Piusverein nichts mehr zu sagen hatte. Eine gewisse Uneinigkeit über Art und Umfang des Einsatzes religiöser Ideologie in der Alltagspolitik kann Ursache wie Folge solcher Namensgebung gewesen sein.

Am 17. und 18. Oktober wurde München durch Unruhen erschüttert.[741] Es wurden an diesen Tagen die Häuser von Brauern und Bäckern geplündert und verwüstet, besonders das prächtige Haus des Brauers Pschorr wurde erheblich mitgenommen. Die Beteiligten entstammten fast ausnahmslos der Unterschicht. Unter den 127 festgenommenen Personen waren 26 Soldaten, die anderen, darunter sieben Frauen, waren fast alle Gesellen, Tagelöhner, Dienstknechte, Mägde und Lehrlinge. Politische Parolen waren nicht zu hören und politische Spuren waren nicht festzustellen, nicht einmal soziale Forderungen wurden laut. Eine gewisse Unzufriedenheit mit dem Bierpreis kann eine Rolle als Auslöser gespielt haben. Das Einschreiten der Sicherheitsbehörden geschah so auffallend spät, daß man dahinter Absicht vermutete. Sofort wurde der ganze, eigentlich unbedeutende Vorgang mit weitreichenden Vermutungen beladen und dadurch bedeutend. Die Neue Münchener Zeitung, ein Organ, das nach und nach den Händen des amtierenden Ministeriums entglitt und der Rechten zufiel, sah den Vorgang als Teil einer internationalen Verschwörung, Reichsinnenminister von Schmerling schaltete sich mit der Frage nach der Beteiligung der Demokraten ein – es gab viele, die an dem Vorfall ihr Süppchen kochen wollten. Es kam auch wieder der Verdacht auf, daß die Fundamentalisten nach altbewährter Manier ihre Klientel aktiviert hatten, um die Reste des Märzministeriums sturmreif zu schießen und den auf Flexibilität bedachten Regierungspräsidenten von Godin zu beseitigen.

Auf der Suche nach Schuldigen hielt man sich an die zuständigen Beamten, an den Regierungspräsidenten von Oberbayern (von Godin) und den Polizeidirektor von München (von Pechmann). Ersterer wurde in den Ruhestand, der zweite nach einem Disziplinarverfahren in die Provinz versetzt. Was beide zu ihrer Entschuldigung vorbrachten, daß die Sicherheitsorgane am Einsatzort versagten (von Pechmann) und daß man einen solchen Ausbruch nicht habe vorhersehen können (von Godin), nahm man als Schutzbehauptung. Mehr als die Regierung fühlten sich die Münchener Bürger von dem Vorgang belästigt. Sie hielten einige Tage später (24. Oktober) eine Versammlung ab, die ungefähr 800 Teilnehmer faßten ihre Schlüsse und Forderungen in einer – tendenziell konservativen – Petition[742] zusammen und brachten dabei auch die alte, problematische Forderung nach Übernahme der Sicherheitskompetenz in städtische Verantwortung wieder zur Sprache. Der König wies jedoch die Petition mehrfach zurück unter Hinweis auf ihren ungeziemenden Tonfall. Man las bei Hof die bierernst auftrumpfende Versicherung, es müsse „eine bessere Bürgschaft der öffentlichen Sicherheit geschaffen werden" und man wolle „diese selbst übernehmen", vermutlich als Plädoyer für einen Sicherheitsausschuß[743]: da spürten die Leute vom Hof ein unangenehmes Jukken am Hals. Der Konstitutionell-monarchische Verein gab in einer Adresse dem Hof recht – ein deutliches Zeichen für das Vordringen konservativer Tendenzen.

Ein Mitte Dezember vorgelegter Bericht des Ministers von Bray-Steinburg gibt für München 3 Vereine an: den konstitutionell-monarchischen Verein, den Bürgerverein für Freiheit und Ordnung und den Demokratischen Verein. Der um den 17. November aus Absplitterungen von Bürgerverein und Demokratischem Verein gebildete Vaterlandsverein, ein linksliberaler Verein mit demokratischem Potential[744], ist in dieser Übersicht nicht enthalten, der fundamentalistische Verein ebenfalls nicht. Es war unter den Bedingungen Münchens, wo die fundamentalistische Partei im Spätherbst deutlich erstarkte und der Konservatismus in seinen verschiedenen Ausrichtungen wieder den angestammten ersten Platz einzunehmen begann, verständlich, daß sich die oppositionellen Elemente – im wesentlichen der Bürgerverein, der Demokratische Verein[745] und die wenig später sich im „Vaterlandsverein" sammelnde Gruppe – zu einem Wahlbündnis zusammentaten. Am 5. November erschien ihr Programm und am 6. November war die erste öffentliche Versammlung. Der Konstitutionell-monarchische Verein zog sich nach anfänglicher Beteiligung zurück.[746] Das war eine gewisse Veränderung gegenüber dem Frühjahr, der liberal-demokratische Block stand nun bei den Wahlen allein gegen die verschiedenen konservativen Richtungen.

In Schwaben war die Situation so, daß die vielen linksliberalen und demokratienahen Elemente – Waibel in Kempten, Leistner in Lindau, Schlund in Immenstadt – nur in lokalem Rahmen agierten und darin auch die Vorherrschaft hatten, so daß sie um Wahlabsprachen und dergleichen nicht besorgt sein mußten, vielmehr mit eigenem Programm an die Öffentlichkeit gehen konnten. Meinungsbildend und tonangebend wurde, von diesen lokalen Inseln abgesehen, das Augsburger Wahlbündnis der liberalen Gruppen. Das von ihnen aufgestellte Wahlkomitee erließ einen Wahlaufruf, der zur Bildung von (liberalen) Wahlausschüssen in ganz Schwaben aufrief, in denen die Urwahlen vorbereitet und die Wahlmänner aufgebaut werden sollten, dann kamen die „typischen liberalen Forderungen" nach gesetzlichem Fortschritt, nach Verwirklichung und Wahrung der Märzerrungenschaften. „Wir kämpfen ebenso kräftig gegen den Rückschritt, als wir mit Entschlossenheit der Anarchie entgegentreten werden. Darum verharren wir fest auf dem Boden der demokratisch-konstitutionellen Freiheit, ... Wir sind entschieden für die konstitutionell-monarchische Staatseinrichtung, gegründet auf der durch die Nationalversammlung anerkannten Volkssouveränität."[747]

Das Wesentliche und spezifisch Liberale an dem Programm war die definitive Festlegung auf die konstitutionell-monarchische Staatsform, wobei die gleichzeitige Berufung auf die Volkssouveränität davon ausgehen konnte, daß ihre von der Nationalversammlung vorgenommene Interpretation nirgends über den liberal-konstitutionellen Kompromiß hinausging. Doch unterschied es sich eben dadurch von dem Programm des Augsburger konstitutionell-monarchischen Vereins, der ungeachtet des Namens ein entschieden konservativer Verein war. Die Konfrontation zwischen dem liberalen und dem konservativen „konstitutionellen" Verein in Augsburg und die Ausbrüche des „Lechboten" gegen den liberalen Protestanten Volkhart sind darüber hinaus Beispiele für die Gegensätzlichkeit von Amtskirche und Liberalismus bzw. Demokratismus. Die linksliberalen Programme unterschieden sich erkennbar, aber nicht ausgeprägt von den liberalen, so daß auch hier die Einheit des Liberalismus bei der Wahl nicht aufgebrochen bzw. wiederhergestellt wurde.

Auch in Nürnberg traten bei den Wahlen Demokratie und Liberalismus nicht gegeneinander an. Nachdem die einzelnen Vereine Anfang November ihre programmatischen Grundlagen geordnet hatten, kam es zwischen den drei wesentlichen Vereinen zu einer Absprache, in der die politischen Grundlagen des Bündnisses festgelegt wurden.[748] Es hat offenbar der Volksverein den Anstoß zu dem Wahlbündnis gegeben. In der zwanzigsten Versammlung des Volksvereins legte die in der vorhergehenden Versammlung aufgestellte Kommission den Entwurf eines Wahlprogramms vor und berichtete, sie habe in Überschreitung ihrer Vollmacht, aber aus sachlicher Notwendigkeit den Konstitutionellen und den Politischen Verein angeschrieben, um ein Wahlbündnis herbeizuführen.[749] Der unerbetene Eifer hat einen guten Grund, denn unter einer Konfrontation zwischen liberalem und demokratischem Lager mußte der noch immer heterogene[750] und von Krisen gebeutelte[751] Volksverein am meisten Schaden nehmen. Aus ihm sind „in den jüngsten Tagen in Folge der Wahlvorgänge viele constitutionelle Elemente ausgeschieden"[752]; das ist so zu verstehen, daß sich die rechtsliberalen, konstitutionellen Mitglieder zurückzogen, als die Mehrheit der Mitglieder die linksliberal-demokratische Kandidaten (Tröger, Schmitt)[753] für die Landtagswahl zu favorisieren begann. Der erweiterten, zum Aufruf an die Öffentlichkeit umgearbeiteten Fassung vom 24. November[754] schlossen sich dann alle fünf Nürnberger Vereine an: „Der konstitutionelle Verein. Der Volksverein. Der politische Verein. Der Verein für Volksfreiheit. Der Bürgerverein für Freiheit und Ordnung." Die drei erstgenannten Vereine waren die Initiatoren des Wahlbündnisses und die wichtigsten Nürnberger Vereine, die beiden letztgenannten waren Absplitterungen.

Als Kompromiß ist das gemeinsame Programm vielschichtig und schwer auf einen Nenner zu bringen, Reizworte wie „Steuerverweigerung" – die Neue Rheinische Zeitung hatte vor kurzem in Köln zur Steuerverweigerung aufgerufen, um die preußischen Nationalversammlung gegenüber der Regierung zu unterstützen – fielen zwar auf, konnten aber unterschiedlich (z.B. als bloß parlamentarische Aktion durch Ablehnung einer Steuer durch den Landtag) ausgelegt werden. Sicher und wenig ausdeutbar ist, daß gleich im ersten Satz eine „in Bayern bestehende Staatsverfassung" festgestellt und im zweiten Teil dieses Satzes wird verlangt wird, daß in dieser Verfassung „das Prinzip der Demokratie zu seinem Rechte" kommen soll: Es wird also die vom Landtag 1848 reformierte Verfassung von 1818 als Grundlage angenommen, das ist ein eindeutig liberaler Standpunkt. Dem gegenüber ist es eher Auslegungssache, wann und wie das Prinzip der Demokratie zu verwirklichen ist, es werden allerdings Eckpunkte angegeben: „die *gesetzgebende* Gewalt" soll „den *frei* gewählten Vertretern des ganzen Landes" gesichert sein: das weist auf den allseitigen Wunsch nach einer Revision des Wahlgesetzes und des Initiativgesetzes hin, was im nächsten Satz dann auch deutlich gesagt wird. Daß das Wort „Volkssouveränität" nicht vorkommt, mag Zufall sein. Insgesamt ergaben sich aus dem Programm mehr Möglichkeiten für die Liberalen als für die Demokraten. Die nachfolgende Kandidatenliste zeigt ein deutliches liberales Übergewicht, die Zuziehung der beiden neugegründeten Splittervereine hatte wohl den Zweck, den Anteil der Liberalen zu erhöhen.

Die Demokratie, der Politische Verein, hatte schlecht abgeschnitten. Ein kleines Trostpflaster war, daß der spätere Landtagsabgeordnete Jakob Schmitt, Mitglied im – eigentlich linksliberalen – Volksverein, als Demokrat galt. Er war fleißig, aber er kam nicht vorwärts. Es wäre vielleicht möglich gewesen, eine entschieden demokratische Kandidatur gegen die Liberalen durchzusetzen, vielleicht fehlte es im personellen Bereich.

Daß die politische Situation der Demokratie ein kräftigeres, eigenständigeres Auftreten erlaubt hätte und es nicht aussichtslos war, gegen den liberal-linksliberalen Block anzutreten oder mit dem linken Teil des Volksvereins zusammenzugehen, zeigt ein Blick auf diejenige Seite der „Mittelfränkischen", auf der neben dem Wahlpapier eine Korrespondenz aus Frankfurt abgedruckt ist: „Die Stimmung des deutschen Volkes gegen die Mehrheit seiner Nat.-Vers. tritt immer entschiedener hervor und alle neuern Eingaben und Adressen an die Nat.-Vers. enthalten alle mehr oder weniger Stellen, welche sich mißbilligend gegen diese Mehrheit aussprechen." Wenig später bringt derselbe Korrespondent aus Frankfurt eine harten Stoß gegen Reichskommissar Hergenhahn. Die Abgeordneten Hergenhahn und Simson[755] waren von der Nationalversammlung als Kommissare nach Berlin geschickt worden, um im Konflikt zwischen der preußischen Krone und dem preußischen Landtag zu vermitteln. Der Korrespondent der Mittelfränkischen berichtet[756], die Vorschläge Hergenhahns seien von der Rechten sofort zurückgewiesen worden. „Und wir stimmen ihr bei, dieser Rechten, denn nur *solche* Menschen können derartige Vorschläge machen und verlangen, daß sie von Ehrenmännern angenommen werden.[757] Daß Hr. Hergenhahn sie machte, wundert uns nicht, denn wer der

Mehrheit der Nat.-Vers. angehören kann, der darf sich bei uns alles erlauben. Was uns aber wundert, ist, daß man im Centrum der Berliner Vers. daran gedacht haben soll, diese Vorschläge anzunehmen, die Centren scheinen eben überall aus derselben schlechten Masse geformt zu seyn ...“ Das war starker Tobak, wie man ihn sonst nur in der Neuen Rheinischen Zeitung angeboten bekam. Bei der Konkurrenz der Zeitungen in Nürnberg – Nürnberger Korrespondent, Nürnberger Kurier – konnte die Mittelfränkische nicht leichthin Sätze durchgehen lassen, die Scharen von Lesern vergraulten, vielmehr sprach sie damit wohl einem größeren Teil ihrer Leser aus dem Herzen. Bezeichnenderweise sah die regierungsnah-konservative Neue Münchener Zeitung in ihr wenig später eine „nahe Verwandte des Freien Staatsbürgers“.

Der Konstitutionelle Verein war Anfang November in heftige Turbulenzen geraten, die Schwierigkeiten in der nationalen Frage lähmten ihn bis zur völligen Untätigkeit. Daß er ganz und spurlos unterging, ist aber nicht recht wahrscheinlich. Viele Mitglieder erklärten öffentlich – in der Zeitung – ihren Austritt, dem in einigen Fällen der Eintritt in die linksliberal-demokratischen Vereine folgte.

In Würzburg befaßte sich der Konstitutionelle Verein seit einer Versammlung am 19. Oktober mit der bevorstehenden Landtagswahl, ein Ausschuß mit 15 Mitgliedern sollte die Wahl zugunsten der Liberalen vorbereiten. Dann fand am 1. November im Rathaus eine große, „namentlich vom Gewerbe- und Arbeiter-Stande“ besuchte Volksversammlung statt, in der man sich auf Wahlrichtlinien verständigte, „die besonders eine volksthümlichere und wohlfeilere Regierung, als wir sie bisher gehabt, betreffen, ferner, daß der Landtag sich, mit Beseitigung der Ersten Kammer, zu einem konstituierenden erklären soll“. Es wurde ein Ausschuß mit 36 Mitgliedern zur Ausarbeitung des Programms und zur Durchführung der Beschlüsse gewählt.[758] Daß die Versammlung demokratisch dominiert war, ist unverkennbar, sie zeigt den Beginn einer festen Organisation der Demokratie in Würzburg. Wessen Vorläufer[759] – es gab bald darauf drei links von den Liberalen stehende Vereine – sie war, ist noch zu klären. Eine demokratische Bewegung war aus verschiedenen Ursprüngen – das ganze Jahr 1848 hatte es drei kleine demokratische Blätter in Würzburg gegeben, bevor sie sich zur Jahreswende zur Neuen Fränkischen Zeitung zusammenfanden – herangewachsen, ein Turnerfest[760] mit Abordnungen aus Arnstein, Lohr, Aschaffenburg, Frankfurt, Mainz, Schweinfurt und Nürnberg dürfte der Bewegung Auftrieb gegeben haben. In Würzburg gab es also drei Listen und drei Wahlkomitees: vom Konstitutionellen Verein, vom Bürger-, Häcker- und Gewerbsstand, und vom Piusverein.[761] Alle drei suchten in getrennten Versammlungen die ihnen jeweils gewogenen Wahlmänner zu instruieren. Eine Versammlung aller 45 Wahlmänner von Würzburg kam nicht zustande; vergebens versuchte der Konstitutionelle Verein zur Wahl eine Einigung mit der Rathauspartei herbeizuführen.[762] Unterdessen zerfiel der Konstitutionelle Verein zusehends. Auf der Gegenseite entstand ein „katholischer“ (Pius-)Verein.

In Bamberg entzogen sich die Demokraten den Werbungen der Liberalen[763], sie setzten erfolgreich auf ihre Stärke.

10.2. Der Landtag

Wie die Wahlen eigentlich ausgefallen waren, wußte niemand genau, die Wahlbeteiligung hatte zu wünschen übrig gelassen, der wirre Ablauf der Wahl[764] machte das Schätzen schwer. Das neue Wahlrecht und die geringeren Möglichkeiten der Einflußnahme seitens der Bürokratie ließen eine neue Kammer entstehen, nur ganz wenige der 143 Abgeordneten hatten einem der früheren Landtage angehört. Zwar konnte man mit guten Gründen annehmen, daß die Linke bzw. die Opposition diesmal stärker waren, aber wie sie sich organisieren und formieren und darüber zur Wirksamkeit kommen würden, lag, als die Gewählten Mitte Januar 1849 in München eintrafen, noch im Bereich der Spekulation.

Wenn schon die Personen zunächst keine Auskunft gaben über Stärke und Richtung der Opposition, so konnte man sich von den Wahlprogrammen Auskunft erholen. Zum ersten – und für lange Zeit einzigen – Mal waren sie ohne äußeren Druck zustande gekommen. Viele der darin enthaltenen Punkte gingen gewollt oder ungewollt, eingestandenermaßen oder nicht eingestanden über die Verfassung von 1818 hinaus. Vor allem tat dies die Forderung nach Aufhebung des Staatsrats, die sich der liberale Nürnberger Kurier in schöner Offenheit zu eigen gemacht hatte. Als Mitte November Meldungen über die Entlassung Thon-Dittmers und dessen Aufnahme in den Staatsrat – das entscheidende Herrschaftsinstrument des reformierten Absolutismus – die Runde machten, knüpfte er daran die Frage, „ob es denn der Regierung noch nicht klar ist, daß ein so unzeitgemäßes Institut wie der Staatsrath mit dem nächsten in wenig Wochen bevorstehenden Landtage fallen muß und wird". Andere Zeitungen[765] druckten diese Überlegung ab. Viele Zeitungen brachten drastische Bemerkungen über die Verfassung von 1818. Außerdem hatte im Wahlprogramm der rheinpfälzischen Abgeordneten gestanden, man wolle die letzten vier Finanzperioden einer eingehenden Prüfung unterziehen und, falls sich Unregelmäßigkeiten ergäben, die Verantwortlichen zur Rechenschaft ziehen; die Bamberger Zeitung[766] hatte es zustimmend gemeldet.

Alle diese Forderungen und Diskussionen ließen sich auf einen kurzen, aber inhaltsschweren Nenner bringen: die Grundrechte. Sie waren in der Hauptsache (erste Lesung) im Sommer 1848 beraten und schließlich nach Unterbrechungen am 18. Dezember 1848 verabschiedet worden. Nach einem Gesetz der Nationalversammlung vom 27. September 1848[767] sollten ihre Gesetze 20 Tage nach der Veröffentlichung im Reichsgesetzblatt in Kraft treten und von den Bundesstaaten veröffentlicht werden. Die Veröffentlichung war am 27. Dezember geschehen, in der Rechtsauffassung der Nationalversammlung erhielten die Grundrechte demnach zum 18. Januar Gesetzeskraft. Das war ein unerfreulicher Akt für die Länder, die mit der Nationalversammlung nur auf dem Wege der Vereinbarung verkehren wollten. Es ging aber nicht nur um Formalitäten, wenn der Inhalt der Grundrechte den Regierungen angenehm gewesen wäre, hätten sie wohl nicht gezögert, sie anzunehmen. Es ging auch darum, daß die Grundrechte, später als Abschnitt VI in die Reichsverfassung aufgenommen, den einzelstaatlichen Verfassungen und Gesetzen direkt widersprachen. So entzog z.B. der kleine Satz im § 137 der Reichsverfassung, der Adel als Stand sei aufgehoben, im Grunde neben dem Staatsrat auch der Ersten Kammer den Boden. In diesem Zusammenhang meldete sich der Münchener Bürgerverein noch einmal in bemerkenswerter Weise zu Wort: er drückte in einer Eingabe an das Ministerium sein Befremden darüber aus, daß „der Bestimmung des Art. II des Reichsgesetzes vom 27. Septbr. entgegen die bis jetzt erlassenen vier Reichsgesetze noch nicht wie in Preußen, Baden und anderen deutschen Staaten amtlich publiziert worden seien“[768]. Eine deutliche Stellungnahme für die Grundrechte gab er aber nicht ab, aber sein Einsatz für die Veröffentlichung von Reichsgesetzen, wobei er mit dem Konstitutionellen Verein von Schwabach zusammenarbeitete[769], schloß wohl auch die Anerkennung der Grundrechte mit ein. Die Nürnberger Konstitutionellen[770] traten deutlicher für die Grundrechte ein.

Die bayerische Monarchie lehnte von Anfang an die Grundrechte ab. Schon bei Beginn der Frankfurter Beratungen hatte Max II. dem Kultusminister und Abgeordneten zur Nationalversammlung von Beisler seine Vorbehalte mitgeteilt und auf „nachträglicher Vereinbarung mit unserm Landtage“[771] bestanden. Damals bestand noch der alte Landtag von 1842, von dem sich die Monarchie eine ihr freundliche Haltung und somit eine sehr zu ihren Gunsten ausfallende Vereinbarung erwarten konnte. Im wesentlichen verstand die bayerische Monarchie die Vereinbarung als Anerkennung ihrer bevorrechteten Stellung. Die Forderung nach Vereinbarung blieb auch in der Folgezeit der Grundzug der bayerisch-monarchischen Haltung. Da eine solche Vereinbarung nicht geschehen war, veröffentlichte die bayerische Regierung die Grundrechte nicht.

Um nicht auf dem Standpunkt bloßer Verweigerung stehen zu müssen, sollte eine ministerielle Ausarbeitung darstellen, daß ein Großteil der in Frankfurt beschlossenen Grundrechte in Bayern bereits geltendes Recht seien. Eine Artikelreihe in der liberalen Bamberger Zeitung[772] und viele andere Einzelstimmen kamen aber zu weitgehend anderen Ergebnissen. Die regierungsoffizielle Propaganda, welche die Legende von den in Bayern bereits verwirklichten Grundrechten verbreitete, verkündete gleichzeitig, um die unterbliebene Veröffentlichung der Grundrechte im bayerischen Gesetzblatt zu kaschieren: Erst müßten die Grundrechte den Kammern vorgelegt werden, dann erst könnten sie veröffentlicht werden. Die Liberalen verstanden das so, als habe die bayerische Regierung tatsächlich und ernsthaft die Absicht, die Grundrechte mit dem Landtag zu debattieren. In Wirklichkeit hatte der bayerische Monarch nicht die Absicht, die Grundrechte vor die Kammern zu bringen: „... vor Allem aber ist dahin zu streben, daß die einzelnen deutschen Staaten die Grundrechte nicht vor die Stände bringen, sondern selbe der letzten Vereinbarung vorbehalten.“[773] Die Fürsten sollten demnach auch bezüglich der Grundrechte das letzte Wort haben. Nach außen hin ließ sich das aber nicht sagen, und so gab man zu, daß über die Grundrechte mit dem Landtag auf der Basis der Vereinbarung zu verhandeln sei.

Die Grundrechte und ihre Einführung brachten das Problem der Verfassung auf den Punkt. Wie weit konnte man die Frankfurter Gesetzgebung – nicht nur die Grundrechte – überhaupt in die Verfassung von 1818 integrieren, und konnte man, da dies durchaus fraglich war, noch einen Eid auf die bayerische Verfassung ablegen? Die württembergische Kammer war in dieser Sache schon vorangegangen. Hier waren seit dem 21. September die Kammern versammelt. Die Abgeordneten hatten den Beschluß gefaßt, daß der Abgeordneteneid auf die Verfassung nur nach Maßgabe der Frankfurter Gesetze gelten solle. Ohne Zustimmung des Königs, doch gestützt auf die Kammern, verfügte deshalb die Regierung Römer die Anerkennung und Verkündigung der Grundrechte.

Das Problem des Verfassungseides stand auch vor den bayerischen Abgeordneten, nach § 25 Tit. VII der Verfassungsurkunde sollten sie die „Aufrechterhaltung" der Verfassung beschwören. Während die Mandatprüfungskommission tagte, trafen sich die Abgeordneten der Zweiten Kammer am 16. Januar nachmittags zu einer ersten, anscheinend allen politischen Richtungen zugänglichen Versammlung im Gasthaus zur Blauen Traube. Dabei zeigte es sich sehr bald, daß zumindest die Zweite Kammer „einen weit liberaleren Charakter" annehmen werde, „als man Anfangs glaubte".[774] Die beiden Flügel der Versammlung traten bereits recht deutlich hervor. Domkapitular Thinnes und Pfarrer Wolfsteiner – vor allem letzterer trat später als aktiver Anhänger der Rechten hervor – versuchten nachzuweisen, daß der Eid unbedenklich sei, weil „die Reichsgrundgesetze in Deutschland und sonach auch in Bayern bereits Gültigkeit erlangt hätten"[775]. Angesichts der ausbleibenden formellen Anerkennung der Grundrechte seitens der Regierung fand diese – an die ministerielle Theorie deutlich anklingende – Argumentation wenig Anklang. Demgegenüber vertraten Abgeordnete der Linken die Auffassung, die (gegenwärtig gültige) Eidesformel sei „gegenüber der Einführung der Grundrechte und Anerkennung der Reichsgesetze eine moralische Unmöglichkeit, weil letztere die Umgestaltung wichtiger Bestimmungen der bayer. Verf.-Urkunde mit sich führe".[776]

Es scheinen an diesem Tag zwei konkurrierende „linke" Anträge vorgelegt worden zu sein, von denen der eine vom Pfälzer Abgeordneten Willich, dem ehemaligen „Vertrauensmann", der andere von dem Nürnberger Abgeordneten Professor Adolf von Scheurl stammte. Willich hatte eine vom Ministerium auszusprechende Erklärung formuliert, wonach die Ableistung des Abgeordneteneides kein Hindernis für eine durch die Reichsgesetze gebotene Revision der bayerischen Verfassung darstelle. Eine Deputation sollte dem Ministerium den Text überbringen. In der Versammlung am folgenden Tag setzte sich aber der Scheurlsche Vorschlag durch, demzufolge die Abgeordneten die Erklärung abgeben sollten, sie leisteten den von der Verfassung vorgeschriebenen Eid in der Überzeugung, durch die Eidesleistung an der Anerkennung der Reichsgesetze und vor allem der Grundrechte nicht gehindert zu sein. Eigentlich war der Willich'sche Vorschlag der weitergehende, denn er verlangte dem Ministerium eine indirekte Anerkennung der Grundrechte ab, während der Scheurlsche Vorschlag auf eine – zunächst jedenfalls – folgenlose Willensbekundung der Abgeordneten hinauslief. Weshalb sich der Scheurl'sche Vorschlag durchsetzte, ist nur zu vermuten: Von Scheurl, vom Nürnberger Konstitutionellen Verein als Kandidat aufgestellt, galt zu diesem Zeitpunkt noch als Liberaler. Die noch nach Orientierung suchenden, unerfahrenen Abgeordneten waren wohl der geübten Beredsamkeit dieses Mannes erlegen. Scheurl hatte sich vermutlich bereits mit der festen Absicht, ein regierungskonformes Zentrum zu bilden, ans Werk gemacht hatte.

Ungeachtet dessen zeigte sich dadurch jedenfalls sehr bald, daß die Befürworter der Grundrechte bei guten Kräften, wenn nicht gar in der Mehrheit waren. In einer anderen Versammlung, in der vor allem Abgeordnete aus dem Gewerbestand sich trafen, ging es ebenfalls um die Grundrechte, und zwar vorwiegend über deren Auswirkung auf die Gewerbe. Auch hier waren die Befürworter der Grundrechte in der Mehrheit.[777] Daß es also eine kräftige Linke geben würde, war nach diesen Sitzungen sicher. Die Euphorie ging auf dieser Seite so weit, daß man alle Abgeordneten außer den eigentlich Rechten binden zu können glaubte, bis man mit einiger Enttäuschung feststellen mußte, daß sich doch Zentrumsfraktionen bilden würden.[778] Immerhin war man bald einer oppositionellen Mehrheit im Landtag sicher. Daß die „Anhänger des monarchischen Prinzips und der gesetzlichen Ordnung" in der zweiten Kammer ein Übergewicht gehabt hätten[779], kann man nur in dem Sinne sagen, daß auch die linke Mehrheit der Kammer der konstitutionellen Monarchie und dem nicht-revolutionären Weg zuneigte, das monarchische Prinzip im eigentlichen (vormärzlichen) Sinn wurde nur mehr von der Rechten anerkannt.

Am 22. Januar wurde der Landtag eröffnet. Daß man dazu wieder das alte Zeremoniell gebrauchte, schien vielen Beobachtern kein Zufall, sondern ein bewußter Versuch, ständisch-legitimistische Traditionen wachzuhalten. Die linke Opposition der Zweiten Kammer konnte dies nicht verhindern, aber sie hielt sich nicht mehr an die alten Vorschriften, die durch Losentscheid zugewiesenen Plätze einzunehmen und beim Eintritt der Ersten Kammer in den Versammlungsraum sich von den Plätzen zu erheben, sondern führte unbeeindruckt ihre Gespräche fort und nahm auf der linken Seite des Saales die Plätze ein.

Die Thronrede war der eigentlich spannende Punkt im Eröffnungszeremoniell. Die beiden Kammern bekamen am 22. Januar 1849 eine der umfangreichsten Thronreden zu hören, die je gehalten wurden. Sie enthielt eine Vielzahl von Gesetzesankündigungen, aber das eigentlich Wichtige – Grundrechte und deutsche Einheit – kam nicht zur Sprache, und wo sie deutlich wurde, zeigte sie den Standpunkt entschiedenster Reaktion. Indem sie die vertragliche Regelung des neuen Verfassungsrechtes nicht nur zwischen der Nationalversammlung und Einzelstaaten, sondern auch innerhalb der Einzelstaaten zwischen Regierung und Landtag verlangte, radikalisierte[780] und potenzierte sie die Vereinbarung zu einer unendlichen Geschichte; man kann sie mit gutem Grund als „Fehdehandschuh"[781] bezeichnen.

Entsprechend groß war die Enttäuschung, und von allen liberalen Zeitungen wurde sie offen zum Ausdruck gebracht. Der Nürnberger Kurier[782] traute den eingestreuten schönen Worten der Thronrede nicht, die Mittelfänkische berichtete, die Thronrede habe „einen mehr als ungünstigen Eindruck gemacht"[783], das Würzburger Abendblatt[784] äußerte Enttäuschung, ebenso die Bamberger Zeitung[785], selbstverständlich auch die Neue Fränkische Zeitung[786], das Blatt des Würzburger Volksvereins bzw. Märzvereins. Das Fürther Tagblatt fand die Thronrede „interessant durch das, was sie nicht sagte"[787]. Auch in Niederbayern fand die Thronrede nicht immer Anklang[788], und sogar die große Augsburger Allgemeine Zeitung konnte in einem vielfach nachgedruckten Bericht nicht umhin, neben Äußerungen der Freude auch über betretenes Schweigen der Zuhörer – als Ausdruck der Unzufriedenheit – zu berichten. Die konservativen Zeitungen gingen meist kommentarlos über die Thronrede hinweg. Von den Abgeordneten leisteten 69 den vorgeschriebenen Eid mit dem abgesprochenen Zusatz, „an der Anerkennung der Gültigkeit der Reichsgesetze insbesondere der die Grundrechte betreffenden hiedurch nicht gehindert zu sein".[789]

Die Reaktionen auf die Thronrede hatten schon ein leichtes Übergewicht oppositioneller Einstellungen angedeutet. Nun kam es darauf an, wie sich die Kammer der Abgeordneten politisch einrichten, also fraktionieren würde. Als erste formierten sich die Flügelparteien, die Linke und die Rechte. Die linke Fraktion war als erste in der Lage, ein Programm vorzulegen, am 22. Januar wurde es bereits vom Freien Staatsbürger gebracht. Das Programm der Linken trug anfangs, bei der Verteilung vor der Thronrede, 42 Unterschriften; später kam die Linke auf 58 Abgeordnete. Auf der anderen Seite existierte eine um den Exminister Abel gruppierte, aber noch nicht endgültig fixierte, mehr oder weniger fundamentalische Rechte, die in den ersten Tagen auf 20 bis 30 Mitglieder geschätzt wurde. Dazwischen lag ein umfänglicher Block, um dessen endgültige fraktionsmäßige Gestaltung der Exminister von Lerchenfeld, ein Advokat Grießmayer, Graf Hegnenberg-Dux, Professor von Scheurl und andere weniger bekannte Abgeordnete sich bemühten. Zahlenmäßig stellte dieser Block zunächst die Mehrheit dar. Ein Teil dieses „Zentrums" sympathisierte von vorneherein mit der Linken, wie dies in der Unterschrift unter den Eidvorbehalt schon deutlich wurde.

Das amtierende Ministerium war ein Verlegenheitsministerium mit diffuser politischer Ausrichtung. Die einzige Person von politischer Bedeutung war der – nach Lerchenfeld – zum Innenminister umgemünzte bisherige Kultusminister von Beisler. Er war auf Vorschlag von Abels[790] auf diese Stelle gesetzt worden. Daß Beisler dabei das Kultusministerium entzogen und dieses für die nächsten Monate überhaupt nicht besetzt wurde, dürfte ebenfalls auf Abels Beratung zurückgehen. Beisler hatte in der Nationalversammlung durch Stellungnahmen gegen die fundamentalistisch-katholische Richtung und dadurch, daß er den Deutschkatholizismus gewähren ließ, seinen verblaßten liberalen Ruf aufgefrischt. In Erding, wo er sein Abgeordnetenmandat zur Paulskirche erhalten hatte, waren die Fundamentalisten gegen ihn vorgegangen[791], und der „Volksbote" schrieb wenige Tage nach seiner Ernennung, man habe mit ihm den Bock zum Gärtner gemacht. Es war ein Spiel mit – zwischen von Abel und dem „Volksboten" – verteilten Rollen, mit dem erreicht werden sollte, daß Beisler die Angriffe der Opposition weniger herausforderte, ein von der Rechten als „Linker" umstilisierter Minister konnte von den eigentlichen Absichten des Hofes und seiner Partei eher ablenken als ein bekannter Reaktionär. Die Liberalen und gemäßigten Demokraten haben wohl das Spiel nicht durchschaut.[792]

In ihrer ungefestigten Stellung wollte die bayerische Regierung eine offene Reaktion möglichst lange vermeiden. Wenigstens der Anschein geregelt parlamentarischer Verhältnisse sollte bestehen, und ein solcher Anschein konnte am ehesten entstehen, wenn ein gemäßigt konservatives Ministerium von einer Kammermehrheit wenigstens geduldet wurde. Deshalb durfte die Zweite Kammer nicht mit einem offenkundig reaktionären Ministerium verprellt werden. Eine solche Stütze des Ministeriums suchte man vor allem im mittleren Block der Abgeordnetenkammer. Vor allem dem Grafen Lerchenfeld, dem wegen seiner Entlassung aus dem Ministeramt die Sympathien der Liberalen nur so zuflogen und der überdies kurze Zeit – seine großdeutsche Einstellung machte ihn für ein Ministerium unter von Gagern allerdings unbrauchbar – als Kandidat für ein Reichsministerium im Gespräch war, traute man zu, den Großteil der in der Mitte stehenden Abgeordneten um sich zu sammeln. Doch gaben die Thronrede, das undurchschaubare Ministerium, und auch gewisse Bedenken gegen Graf Lerchenfeld[793] immer mehr Gründe ab, daß sich unter der Leitung des Schweinfurter Abgeordneten Schad ein linkes Zentrum bildete, das sich in zunehmender Häufigkeit zur Arbeit mit der linken Fraktion zusammenfand. Da das linke Zentrum es im Lauf der Verhandlungen bis auf 22 Abgeordnete brachte, hatten beide zusammen ein sichere Mehrheit, im Durchschnitt war die bayerische vereinigte Linke mit 75 Abgeordneten präsent. Bei den Wahlen zu den Kammerausschüssen kam, von einigen Pannen abgesehen, diese Zusammenarbeit bereits zum Tragen, sie wurden mehrheitlich links besetzt.

Nach und nach bekamen Programme und Fraktionen ihre endgültige Gestalt. Es entstanden vier Fraktionen: die Rechte, das rechte Zentrum, das linke Zentrum und die Linke. Nur grob entsprachen diese Fraktionen der Einteilung der Nationalversammlung. Die bayerische Rechte entsprach mit ihrem strikten Eintreten für die Vereinbarungstheorie der Frankfurter Äußersten Rechten (Milani-Partei), wenn auch ihre betont katholisch-ultramontane Ausrichtung sie gelegentlich in Gegensatz zu den preußisch-protestantischen Freunden in Frankfurt brachte. Das rechte Zentrum orientierte sich ungeachtet seiner partikularistischen Anwandlungen ebenso an der preußisch-etatistischen Rechten (Vincke-Partei) wie an der Mehrheit der Nationalversammlung, war aber insgesamt eine eher konservative, regierungsnahe Fraktion. Das linke Zentrum umfaßte alles, was sich in Frankfurt zwischen Württemberger Hof und den rechten Liberalen bewegte, und das Spektrum der linken Fraktion reichte von Westendhall über Württemberger Hof bis zum Donnersberg, wobei auch hier die gemäßigten Demokraten die Vorherrschaft hatten. Die Abgeordneten von linker Fraktion und linkem Zentrum waren überwiegend kleinbürgerlicher Herkunft, eine starke großbürgerlich-liberale Mitte fehlte im bayerischen Landtag.

Daß der Landtag von 1849 eine oppositionelle Mehrheit aufwies, zeigt die Veränderungen[794], die seit den Wahlen zur Nationalversammlung im Land vor sich gegangen waren. Neben der politischen Ausrichtung hatte sich die soziale Zusammensetzung verändert. Mehr als je zuvor stand das Kleinbürgertum in seinen verschiedenen Abteilungen, vor allem das akademische, im Vordergrund.[795] Es gelang ihm, eine linke Mehrheit in der Kammer zu schaffen.

Die eigentlichen Landtagsverhandlungen begannen am 30. Januar. Daß das langsame Vorgehen – seit Einberufung waren immerhin schon zwei Wochen vergangen – ein von der Regierung bewußt betriebenes Spiel um Zeit war, blieb nicht verborgen, man hütete sich aber auf Seiten der Zweiten Kammer, irgend einen Schritt zu unternehmen, der nach Konstituierung aussah. Minister von Beisler eröffnete die Verhandlungen mit einer Erklärung[796]: Das Staatsministerium „erkenne die Grundrechte als die Grundlage an, auf welcher die allen Deutschen gemeinschaftlichen Rechte einheitlich aufgebaut" seien und gebe zu, daß „zu diesem Zwecke in der vaterländischen Verfassung und in den betreffenden Gesetzen die nötigen Abänderungen vorgenommen werden sollen". Da sie aber, obwohl für Bayern „eine materielle Differenz mit den von der Nationalversammlung ausgesprochenen Grundrechten kaum als bestehend anzusehen sei", die „Freiheit der Personen oder des Eigentumes der Staatsangehörigen" beträfen, könnten sie erst nach Vereinbarung der Reichsverfassung mit Bayerns gesetzgebenden Gewalten eingeführt werden, doch würden dem Landtag entsprechende Vorlagen gemacht, und der bayerische Bevollmächtigte bei der Zentralgewalt habe eine entsprechende Erklärung abgegeben. Diese Erklärung vom 5. Januar besagte, Bayern habe frühzeitig ausgedehnte Rechte gehabt, eine materielle Differenz zwischen dem in Bayern bestehenden Rechtszustande und den Grundrechten sei kaum vorhanden, eine formelle Änderung könne aber nur auf verfassungsmäßigem Wege, in Übereinstimmung von Krone und Volk herbeigeführt werden. Die Presse gebe vielfach ein falsches Bild von Bayern. Aus dieser wie auch aus Beislers Erklärung die Folgerung zu ziehen, daß sich hier „der Partikularismus der konstitutionellen Einrichtungen als Waffe gegen die Reichseinheit bedient“[797], ist durchaus angemessen. In Wirklichkeit bestand ein wesentlicher Unterschied zwischen Grundrechten und bayerischer Verfassung, so wie sie im Januar 1849 war.

Beislers Erklärung enthielt „bezüglich des materiellen Inhalts der Grundrechte einige beruhigende Zusagen“[798], diese und der lange Katalog der zur Vorlage angekündigten Gesetzentwürfe sollten den Willen der Regierung beweisen, über die Grundrechte mit den Kammern zu verhandeln. Bei dem nach wie vor geringen Einfluß der Kammern innerhalb des Gesetzgebungsverfahrens mochte es seine Zeit dauern, bis eine beide Seiten tatsächlich befriedigende „Vereinbarung“ zustande kam. Dahinter die Absicht der Regierung zu vermuten, den Landtag hinzuhalten, bis sich die Lage weiter geklärt und Österreich und Preußen sich endgültig festgelegt hatten, war an sich naheliegend. Die Abgeordnetenkammer unternahm jedoch ihrerseits keine demonstrativen Schritte, sie beschloß, die Erklärung des Ministers zusammen mit der Thronrede zu behandeln.

In der 4. Sitzung der Zweiten Kammer am 5. Februar begann die parlamentarische Behandlung der „Antwortadresse“, der schon im vorrevolutionären Konstitutionalismus üblichen, nach Kammern getrennten Antwort auf die Thronrede. Es lagen zwei Entwürfe der Adreßkommission vor: der Mehrheitsentwurf stammte von den Abgeordneten Stockinger und Willich (beide der Fraktion der Linken angehörend), der Minderheitsentwurf von Professor Scheurl. Scheurl hatte schon im Vormärz, wo er gerne die Rolle eines Vermittlers zwischen Regierung und Opposition spielte, Zweifel über seine tatsächliche Neutralität und seine politische Identität erweckt. Im revolutionären Landtag trat er dem rechten Zentrum bei, was ihm seine (liberalen) Nürnberger Wähler als Wortbruch ankreideten. Es stellte sich aber heraus, daß nicht einmal der Minderheitsentwurf – er war wohl darauf berechnet, Linke und linkes Zentrum zu spalten – den engen Standpunkt der bayerischen Regierung einnahm, sondern eine eingeschränkte Verbindlichkeit der Reichsverfassung und der Grundrechte unterstellte. Sogar die Kammer der Reichsräte hatte – dank ihrer vor einigen Jahrzehnten mediatisierten Mitglieder aus ehemaligem Reichsadel, die dem bayerischen König eine ähnliche Mediatisierung gönnten – in ihrer Antwortadresse vom 1. Februar einen bemerkenswert konzilianten Standpunkt eingenommen.[799] Bei aller Breite der möglichen Auslegung, die man den vorsichtigen Formulierungen geben konnte, war sie jedenfalls keine eindeutige Stellungnahme gegen die sich der Vollendung nähernde Reichsverfassung und die Frankfurter Nationalversammlung.

Die Fraktionen hatten vor den Debatten intern ihren Standpunkt geklärt: In einer Versammlung am Abend des 3. Februar im Bayerischen Hof nahm die linke Fraktion den Entwurf Willich-Stockinger an, das linke Zentrum hatte schon am Abend vorher sich für diesen Entwurf ausgesprochen, so daß eine eindeutige oppositionelle Mehrheit zu erwarten war. Die Fraktionsstärke wurde zu diesem Zeitpunkt mit 52 Abgeordneten der Linken und 17 des linken Zentrums angegeben, so daß zusammen mit zwei Fraktionslosen – Dr. Müller[800] aus Damm und Pfarrer Berkmann (Pfalz), ein Kombattant des Donnersberg – eine linke Mehrheit von mindestens 71 Stimmen zu erwarten war.[801] In einer Frage allerdings erklärte sich der bayerische Landtag gegen die Nationalversammlung bzw. deren regierenden Teil: Es erklärten sich beide Kammern, wenn auch in unterschiedlicher Deutlichkeit und Zielrichtung, gegen einen Ausschluß Österreichs.[802] Während sich bei der Abgeordnetenkammer großdeutsche Illusionen bemerkbar machten, wirkte bei der Kammer der Reichsräte vor allem der Wunsch nach Beendigung der Revolution durch Österreich anziehend. In den Sitzungen vom 5., 6. und 7. Februar wurden die Entwürfe von der Zweiten Kammer debattiert. Die Linke, ihrer Sache und der Mehrheit sicher, setzte den Mehrheitsentwurf durch, auf ihren Druck hin wurde das „konstitutionelle" statt des „konstitutionell-monarchischen" als leitendes Prinzip der Kammer in die Adresse aufgenommen. Mit einer Mehrheit von 10 Stimmen – aus linker Fraktion und linkem Zentrum – wurde schließlich die Adresse verabschiedet.

Die ursprüngliche Hoffnung der Linken hatte sich somit in gewisser Weise erfüllt: es standen sich ein linker und ein rechter Block gegenüber. Damit war der Strategie von Regierung und Hof der Boden entzogen, denn mit dieser Kammer ließ sich keine Vereinbarung im Sinne der Regierung erzielen. So war es nur folgerichtig, daß das Ministerium in der nächsten Sitzung am folgenden Tag seinen Rücktritt bekanntgab. Der König wich in den folgenden Tagen einer offiziell-zeremoniellen Entgegennahme der Adresse aus, und die liberale Presse faßte dies als bewußte Weigerung auf. Die Münchener Rechte huldigte daraufhin dem Monarchen mit einem Fackelzug.

Hinter dem Rücktritt des Ministeriums stand nicht die Absicht, „demokratischen Spielregeln"[803] zu gehorchen. Demokratische Spielregeln bestanden noch nicht in Bayern. Der Monarch war weit davon entfernt, ein der Zweiten Kammer gemäßes Ministerium einzusetzen, und die Zweite Kammer hatte keine verfassungsgemäßen Möglichkeiten, ein solches herbeizuführen. Das Ministerium war in seiner Mehrheit ein bewußter politischer Gegner der Zweiten Kammer, allenfalls beim Justizminister Heintz ist nachzuvollziehen, daß er nicht gegen die Mehrheit der Zweiten Kammer auftreten wollte. Eine Aussicht, den Konflikt zu beheben, bot sich nicht. Der Rücktritt des Ministeriums sollte der Opposition den Gegner nehmen. Daß sich die zweite Kammer ihr Ministerium auf revolutionärem Wege als Vollzugsausschuß schaffen würde, war nicht zu erwarten.

Im übrigen band auch die betont großdeutsche Ausrichtung den Landtag mehr an die gemäßigte und konservative Seite, als den großdeutsch gesinnten Linken zunächst bewußt war. Als der von Kolb (Pfalz) mitgetragene Dr. Müllersche Antrag, der Landtag möge sich für ein Österreich einschließendes Deutschland aussprechen, vom Landtag einstimmig angenommen wurde, konnte der Hof sicher sein, daß ihm in nationalpolitischer Hinsicht vom Landtag keine Gefahr drohte. Ungeachtet dieser Manifestation, bei der womöglich die Überraschung das Abstimmungsergebnis bestimmte, sprach sich die Mehrheit des Landtags wenig später in einer weiteren Kundgebung an die Nationalversammlung für Grundrechte und gegen die Demagogie der Rechten in Sachen Gewerbefreiheit aus.[804]

So arbeitete der Landtag mit halber Kraft weiter, die Sitzungen kamen nicht über Routine und Formalitäten hinaus. Vor allem die Ausschüsse arbeiteten weiter. Der wirkungsvollste war der zweite, der Finanzausschuß. Er hatte sich die Überprüfung des vorrevolutionären staatlichen Finanzgebarens vorgenommen, und da vor allem die bayerisch-griechischen Angelegenheiten[805] untersucht. Daß das Finanzgebaren des bayerischen Staates im Falle der griechischen Zweitkrone – wie auch in vielen anderen Bereichen – nicht ganz dem Lehr- und Musterbuch der konstitutionellen Monarchie entsprach, war lange vermutet worden. Als am 14. Februar die Zweite Kammer zu einer Sitzung einberufen wurde, in der ihr nur ein Gesetzentwurf vorgelegt wurde, der eine Umlage („Reichsmatrikel") für die Frankfurter Zentralgewalt – und damit eine neue Steuer – zum Inhalt hatte, nahm sich der Eifer, mit dem die bayerische Regierung eine Steuer für die Frankfurter Zentralgewalt einführen wollte, angesichts ihrer sonstigen Renitenz etwas merkwürdig aus. Nun machte sich der Finanzausschuß der Zweiten Kammer daran, die Finanzen des bayerischen Staates genauer zu untersuchen, und fand heraus, daß von der Anleihe von 1,9 Mill. Gulden, unter Garantieleistung des bayerische Königs der griechischen Regierung in einem etwas seltsamen Verfahren vorgestreckt, nur 0,7 Mill. Gulden zurückgezahlt worden waren. Griechenland hatte, seit es konstitutionelle Monarchie (1843) wurde, die Zahlungen eingestellt, ohne daß Ludwig I. seine Garantie einlöste. Da der fehlende Betrag ziemlich genau dem entsprach, der durch die neue Steuer aufgebracht werden sollte, lag die Lösung nahe: Der Ausschuß beantragte einstimmig, von einer Erhöhung der direkten Steuern abzusehen und die Reichsmatrikularbeiträge mit der ausstehenden Summe aus der griechischen Anleihe zu begleichen. Der Antrag des Ausschusses wurde als Broschüre verbreitet und von vielen Zeitungen mehr oder weniger vollständig nachgedruckt. Er war geeignet, die Rücktrittserklärung[806] Ludwigs I. als bösen Zynismus hinzustellen, und gab der Linken, die ihn freudig verbreitete, starken Auftrieb.

Die Situation in der Kammer war weiter kompliziert dadurch, daß verschiedene Mitglieder des rechten Zentrums, in ihren innenpolitischen Ansichten durchaus mit der Regierung im Einverständnis, in der nationalen Frage aus dem Ruder liefen, der wendige Professor Scheurl ließ erkennen, daß er mit der Reichsverfassung wohl könnte. Daraufhin wurde am 8. März 1849 der Landtag auf den 10. April vertagt. Zu diesem Zeitpunkt erhielten auch die Minister der Justiz (Carl Friedrich von Heintz, 5.3.1849), der Finanzen (Moritz von Weigand, 7.3.1849) und des Innern (Hermann von Beisler, 7.3.1849) ihre Entlassung.

10.3. Die Volksbewegung

Der Landtagswahlkampf trug wesentlich zur Politisierung bei. Von Nürnberg aus wurde versucht, den fränkischen liberalen Landesverband zu stärken und auszuweiten, als Grundsatz galt: „Wir wollen die constitutionelle Monarchie auf demokratischer Grundlage. Die Gesammtaufgabe ist die Gründung eines einigen Teutschlands. Die Beschlüsse der Nationalversammlung sind bindend für Fürsten und Völker."[807] Als der fränkische liberale Kreisverein Anfang November Rechenschaft über seine Bemühungen ablegte[808], konnte er den Bürgerverein in Fürth[809], den Deutschen Verein in Wunsiedel[810], den Verein für Freiheit und Ordnung in Nördlingen, den Konstitutionellen Volksverein in Dinkelsbühl und den konstitutionellen Verein Kempten[811] als neue Mitglieder aufweisen. Am Monatsende stand er mit konstitutionellen Vereinen in Augsburg, Lichtenfels und Marktbreit in Verbindung.[812] Es bestanden also zu dieser Zeit bereits bayernweit liberale Verbindungen.

In einer Versammlung des Bürgervereins München am 9. Dezember wurde ein zustimmendes Schreiben des liberalen Vereins von Schwabach vorgelesen, die Zustimmung bezog sich auf die Forderung des Münchener Bürgervereins nach Anerkennung der Reichsgesetze durch die einzelstaatlichen Regierungen. Auch beschloß man auf dieser Versammlung auf Empfehlung des Vorsitzenden Dr. Förster, dem in Leipzig entstehenden Deutschen Verein beizutreten und eine von diesem angekündigte Versammlung von Vereinen, welche auf „demokratisch-monarchischem Boden" stehen, mit einem Vertreter zu beschicken. Bei dieser Gelegenheit drückte der Bürgerverein auch seine Sympathie für Lerchenfeld aus.[813]

Der Leipziger Verein kam jedoch nicht zustande. Von Bamberg aus begann man endlich, demokratische Versammlungen in ganz Oberfranken zu organisieren. Eine Versammlung in Hof am 1. November war die wohl radikalste, die während der 48er Revolution in Bayern stattfand. Sie war die „Ursache, daß die Parteien in hiesiger Gegend offen hervorgetreten sind"[814], daß also auch die demokratische Partei sich zu Wort meldete. Der um diese Zeit stattfindende (zweite) Demokratenkongreß in Berlin, der auch von Bayern aus besucht wurde, war ein Indiz für die wachsende Bedeutung der Demokratie. Die Sache der Demokratie hat der Kongreß in seinem eher entmutigenden Verlauf nicht gefördert, wohl aber wuchs sie langsam, aber sicher in der Tiefe des Landes heran, indem sie die Bauern und die Arbeiter erfaßte.

Im Herbst 1848 waren in allen größeren Städten (München, in Augsburg, Landshut, Passau, Regensburg, Nürnberg, Bamberg und Würzburg)[815] Arbeitervereine entstanden. Die ideologische Ausrichtung dieser Vereine wie ihre praktischen Aktivitäten zur Verbesserung der Lage der Arbeiter waren unterschiedlich. Daß die wenigen Mitglieder des Bundes der Kommunisten den im Frühjahr 1848 aufbrechenden Prozeß der Formierung einer Arbeiterpartei nicht einfach steuern konnten, ist verständlich. Daß die „Taktik der Arbeitervereine ... grundsätzlich den Anweisungen des Kommunistenbundes" entsprochen haben soll, ist eine allseits aufgegebene Meinung, die ihnen unterstellte „intensive Zersetzungspropaganda"[816] ein reines Hirngespinst. Daß die Formierung einer eigenständigen Arbeiterpartei manchmal in einiger Entfernung am Bund der Kommunisten vorbeiging, bedeutet aber nicht, daß sie gegen ihn gerichtet war; auch im Falle Bayerns ist die beliebte Gegenüberstellung von Bund der Kommunisten und Arbeiterverbrüderung nicht am Platze.

Welche Wege die Arbeitervereine unter den verschiedenen Bedingungen auch nahmen, sie orientierten sich nach einigem Verharren an der Seite des Liberalismus in zunehmendem Maße an der Demokratie, den Tröstungen durch einen karitativen Feudalismus – und damit dem Einfluß der Rechten – entzogen sie sich fast ausnahmslos, und die Einrichtung der Realrechte wiesen sie zurück. Das Eintreten für Demokratie und Fortführung der kapitalistischen Entwicklung waren die grundsätzlichen und grundlegenden Orientierungen, die die entstehende Arbeiterbewegung mit dem Bund der Kommunisten ebenso verbanden wie der Anspruch, Demokratie und Kapitalismus im Sinne der Arbeiterbewegung mitzugestalten und erheblich zu modifizieren. Daß in dem verhältnismäßig rückständigen Bayern in dem einen Jahr freier politischer Betätigung die Endziele der Arbeiterbewegung nicht so gedacht wurden, wie sie sich aus weiter entwickelten Verhältnissen ableiten ließen, ist demgegenüber zweitrangig.

In München brachte Alois Nißle um die Jahreswende 1848/49 die erste bayerische Arbeiterzeitung („Es muß Tag werden!") heraus. Sie propagierte einen idealistischen Sozialismus und trat eindeutig für soziale Gleichheit und gegen die Herrschaft des Kapitals ein. Nißle wurde bald ins Gefängnis geworfen; die Begründung für die Haft war nicht haltbar, doch hat die Inhaftierung binnen kurzem zur Einstellung des Blattes geführt.

Welche Stellung die politisch bewußten Münchener Arbeiter gegenüber der neu entstehenden bürgerlichen Ordnung einnahmen, zeigten sie in einer vielbeachteten Veranstaltung („Arbeiterbankett") am 24. Februar, dem Jahrestag der französischen Februarrevolution. Zwar inszenierten sie nicht den von der Regierung als Anlaß zur Ausrufung des Belagerungszustands erwünschten Putsch, aber sie ließen nicht den geringsten Zweifel an ihrem Eintreten für eine demokratische Republik mit größtmöglicher Mitsprache der Arbeiter in allen Bereichen. Daß sie sich dabei an Wortschatz und Vorstellungswelt der englischen und französischen Arbeiterbewegung hielten, lag wohl vor allem daran, daß diese Vorstellungen bekannter waren als das (fast) frischgedruckte Kommunistische Manifest. Der Arbeiterkongreß in Berlin, die Ausbreitung der „Arbeiterverbrüderung" und die Wirksamkeit des Bundes der Kommunisten führten dazu, daß nach und nach, den Winter über, eine gesamtbayerische Arbeiterorganisation entstand.

Ein gewisses demokratisches Potential zeigten auch die Feiern für Robert Blum. Blum, Mitglied der gemäßigt-demokratischen Fraktion Deutscher Hof, war als Kommissar der Nationalversammlung nach Wien geschickt worden, hatte dort auf eigenen Entschluß hin den Kampf der Wiener Bevölkerung gegen das habsburgische Militär unterstützt und war von den Siegern am 9. November 1848 hingerichtet worden. Eine Welle von Trauerfeiern ehrte den Toten: in München veranstaltete man einen Fackelzug mit ein paar tausend Teilnehmern, in Augsburg, Kempten, Memmingen und Nördlingen[817] fanden ebenso Trauerfeiern statt wie in vielen Orten Frankens. In Nürnberg[818] wurden auch Geldspenden für Blums Familie gesammelt

Des weiteren trug zur Mobilisierung der Bevölkerung das Entstehen der Märzvereine bei. Am 21. November 1848 war bei einer gemeinsamen Beratung der Fraktionen Westendhall, Deutscher Hof und Donnersberg – zusammen mit einigen nicht fraktionsgebundenen Abgeordneten wie dem Abgeordneten Eisenmann waren es ungefähr 170[819] – der Entschluß zustandegekommen, dem Vorrücken der Gegenrevolution eine gemeinsame Organisation linksliberaler und demokratischer Kräfte entgegenzusetzen und die Prinzipien und den Stand vom März 1848 zu verteidigen. Der Beschluß half mit, die vielfach von der Entwicklung in der Paulskirche demoralisierte politische Öffentlichkeit wieder zusammenzufassen und auf ein Ziel hin zu orientieren. So fanden diese Vereine rasche Ausbreitung, nach wenigen Wochen war der Großteil Bayerns erfaßt. In Würzburg wurde am 9. Dezember[820] ein Märzverein gegründet. Daß dieser sich zwar dem Frankfurter Centralverein im allgemeinen unterstellte, daneben aber selbständiges

Handeln sich ebenso ausdrücklich vorbehielt, wie er die konstitutionelle Monarchie auf demokratischer Grundlage fest zu seiner politischen Leitvorstellung erklärte, deutet darauf hin, daß die flexibleren Liberalen hier eine neue Verteidigung aufbauten. Mit dem Märzverein war die erste gesamtbayerische Organisation entstanden, sie war zugleich diejenige Organisation, die sich auf die Seite der Landtagsopposition stellte und dadurch zur eigentlichen Oppositionspartei wurde, der sich, deutlicher als in anderen deutschen Ländern[821], auch das Bürgertum und die liberal-konstitutionellen Vereine näherten.

Die Ausbreitung der liberal-konstitutionellen Vereine selbst nahm mit den Märzvereinen ein Ende. Der Volksverein von Lichtenfels, an seinem Programm („Wahrung und Förderung der Volksrechte unter der constitutionellen Regierungsform" und „unbedingte Anerkennung der Beschlüsse der deutschen Nationalversammlung") als konstitutioneller Verein erkennbar, war, als er Ende November gegründet wurde[822], einer der letzten dieser Art. Im Januar gab er dem aus seiner Mitte hervorgegangenen Abgeordneten als Richtlinie mit auf den Weg, einzutreten für Abschaffung der ersten Kammer in ihrer derzeitigen Zusammensetzung, unbeschränkte Gesetzesinitiative der Kammer der Abgeordneten und für Einsparungen bei Zivilliste, Besoldungen und Diäten – ein bei allen liberalen Rücksichtnahmen schon recht demokratielastiges Programm.[823]

Anfang Januar 1849 trat in Fürth[824] als dritter Verein des Ortes ein „Volksverein" ins Leben. Er war eine gemäßigt demokratische Anlaufstelle für die große Mehrheit des Kleinbürgertums und lehnte die Vereinbarungstheorie, das Erbkaisertum und den Anschluß Österreichs ab. Der Volksverein wurde von den Wahlmännern von Fürth[825] gegründet und war gemäßigt demokratisch, der Fürther Bürgerverein hingegen war liberal und setzte sich besonders für die Wiederwahl des Abgeordneten Stockinger ein, indem er ihn als seinen Kandidaten[826] für die Landtagswahl nahm. Die Wahl in Fürth gewann aber der Kandidat des Volksvereins Dr. Morgenstern.[827]

Der Liberalismus, auch der gemäßigte, hatte im Wahlkampf Programme formuliert, die immer noch eine oppositionelle Distanz gegenüber der Regierung aufwiesen. Trotzdem blieb er seinem Prinzip treu, die Verwirklichung seiner Ziele nur von der Zusammenarbeit mit der Regierung zu erwarten. Daß mit Thon-Dittmer sein Staat nicht mehr zu machen war, hatte er eingesehen und dessen Abschiebung in den Staatsrat allenfalls mit ablehnenden Äußerungen über diese überholte Einrichtung quittiert. Als der bisherige Finanzminister Gustav von Lerchenfeld am 14. November 1848 an dessen Stelle rückte, erneuerte der bayerische Liberalismus sein Vertrauen auf die ministerielle Hilfe, obwohl mit Händen zu greifen war, daß Lerchenfeld keine sichere Stellung besaß. Immerhin wagte von Lerchenfeld so etwas wie ein eigenes Regierungsprogramm. Seine Ansicht, daß ein Minister auch von Beamten seiner Wahl umgeben sein müsse, war nicht nur theoretischer Natur, denn die fundamentalistischen Kader waren auch in der hohen Bürokratie noch immer in führenden Stellungen. Sie kam aber nicht mehr recht zur Auswirkung, und seine ernsthaft großdeutsche Einstellung, die auch der bayerischen Monarchie einige Souveränitätsrechte abverlangte, überforderte bereits deren Toleranz. Der Hof war seiner bald überdrüssig, und so fand das Ministerium Lerchenfeld in einem unfreiwilligen Rücktritt sein Ende. Die Augsburger Allgemeine hatte den langsamen Tod des Ministeriums Lerchenfeld mit zahlreichen Berichten und Kommentaren an die Öffentlichkeit gebracht und dabei nicht verborgen, wie sie über die Todesursache dachte und wie nahe ihr der Tod ging. Bezeichnend war die Enttäuschung der Liberalen, die den ehemaligen Minister den ganzen Dezember über mit Sympathiekundgebungen überhäuften. Außer München, Nürnberg und Bamberg sandten alle drei konstitutionellen Vereine von Erlangen[828] Adressen, in Bayreuth stellten ihn die Liberalen als Kandidaten für den Landtag auf.

Der Liberalismus war immer noch in Opposition, das heißt, seine Ziele waren nicht die der Regierung, es bestand noch eine Differenz, und diese Differenz kam auf dem Landtag zum Ausdruck. Der Landtag konnte sich in seinen Manifestationen auf eine Volksbewegung von wachsender Stärke stützen, die von ihm eine wirksame Vertretung ihrer Anliegen erwartete. Die Enttäuschung über die Nationalversammlung, die im Herbst 1848, nach den Septemberunruhen ohne Ergebnisse, wenn nicht gar ohne Plan, vor sich hin arbeitete, war auch um die Jahreswende immer noch groß. „Von der deutschen Nationalversammlung und der Centralgewalt kann in dem bevorstehenden Kampfe wohl keine weitere Sprache sein: sie werden in demselben spurlos verschwinden.“[829] „Es ist“, schrieb die Neue Würzburger Zeitung[830], die redlich und treu dem gemäßigten Liberalismus diente, „eine Zeit der Trostlosigkeit und Ermattung eingetreten. Schon glaubt man hie und da Alles wieder verloren, was errungen worden ist. *Wir* glauben dies nicht: die Nothwendigkeit der Einheit und Freiheit hat sich zu sehr jedem Bewußtsein aufgedrängt, als daß man sie so leicht *ganz* wieder verloren gäbe.“ Doch brachten die am 11. Januar beginnenden Verfassungsdebatten der Nationalversammlung nach vielen Enttäuschungen wieder etwas Hoffnung.

Zur Trostlosigkeit der süddeutschen und vor allem bayerischen Liberalen und Demokraten trug nicht wenig der Zug der Mehrheitsliberalen in Richtung Kleindeutschland bei, dem sie nicht – oder nicht so schnell – zu folgen vermochten. Von den 71 bayerischen Abgeordneten traten nur elf für die kleindeutsch-erbkaiserliche Lösung[831] ein. Sie taten sich vorwiegend im Augsburger Hof zusammen und verbündeten sich parlamentarisch mit den Zentrumsliberalen. Da einige von ihnen vorher dem Württemberger Hof angehört und mit der Linken gestimmt hatten, galten sie der Linken als Verräter, was aber in dieser Einfachheit nicht zutrifft. Als maßgebliche bayerische Abgeordnete blieben beim Württemberger Hof die Abgeordneten von Hermann und Kirchgeßner. Der Würzburger Abgeordnete Karl Kirchgeßner gehörte zu den Großdeutschen. Er war von der Linken und den rund 70 (überstimmten) Anhängern Schmerlings aus der Casino-Fraktion am 18. Dezember als Kandidat für das Amt des Parlamentspräsidenten aufgestellt worden.[832] Kirchgeßner unterlag Eduard (von) Simson mit nur zwei Stimmen und mußte wieder mit dem Amt des zweiten (Vize-)Parlamentspräsidenten vorliebnehmen. Bis zur Kaiserwahl stimmte er trotz der Einsicht, daß die kleindeutsche Lösung die aussichtsreichere war, mit den Großdeutschen.

Organisatorisches Rückgrat der Volksbewegung wurden zunehmend die Märzvereine. Am 22. Dezember wurde in München eine Versammlung abgehalten, die die Gründung eines Märzvereins vorbereiten sollte. Drei Münchener Vereine, der Vaterlandsverein, der Demokratische Verein und der Arbeiterbildungsverein wollten sich zu diesem Zweck zusammenschließen. Eine Woche später (29. Dezember) fand die konstituierende Sitzung statt. Der Demokratische Verein entsandte Dr. Josef Riedel (Advokat), den

Lithographen und Kunsthändler Roller und den Rechtskonzipienten Mayerhofer, der Vaterlandsverein Schimon, Doll und Dr. Hermann, der Arbeiterverein Spengler, Friedrich und Wassermann, und von den Studenten kamen Lang, Plattner und Fischer in den gemeinsamen Ausschuß; Vorsitzender wurde Advokat Dr. Riedel, Schriftführer war Roller. Man konstituierte sich zugleich als „Vorort" bzw. Zentralverein für Bayern und richtete einen entsprechenden Aufruf („Aufruf an die freisinnigen Vereine") an die Öffentlichkeit. In der nächsten Sitzung (5. Januar) wurden die mittlerweile entworfenen Statuten vorgelegt und gebilligt, man richtete in derselben Sitzung ein Schreiben an die Nationalversammlung, in dem man die „Idee der Erwählung eines erblichen deutschen Kaisers als eine Verletzung des Principes der Volkssouveränität, welches die Nationalversammlung vor dem ganzen deutschen Volk proklamierte", ablehnte[833]; gleichzeitig gingen auch die ersten Antworten auf den Aufruf ein.

In Würzburg fanden sich die zunächst unkoordiniert entstandenen Vereine – Politischer Klub, Volksverein, und der im Dezember gegründete Fränkische Märzverein Würzburg – zusammen mit dem seit August bestehenden Arbeiterbildungsverein zu einem „Kreisausschuß der politischen Vereine Würzburgs" zusammen. Trotz aller Gegensätze – der Volksverein war republikanisch, der Märzverein unterstellte sich sofort dem Frankfurter Zentralverein und folgte dessen gemäßigter Linie – arbeitete man zusammen.[834]

In Nürnberg spielte der Märzverein keine so bedeutende Rolle wie in München und Würzburg. Der Politische Verein war aus grundsätzlichen Erwägungen dem Märzverein nicht zugetan. Der Volksverein war groß und selbstbewußt genug, ohne Märzverein auszukommen, arbeitete aber mit ihm zusammen. In Schwaben verband der Märzverein die einzelnen liberalen und linksliberalen Vereine, seine politische Richtung harmonierte mit der ihren. Sie brauchten ihr Eigenleben damit nicht aufzugeben, aber mehr als Deklamationen kam nicht heraus. Daß im übrigen der Liberalismus im gesellschaftlichen Leben Schwabens schon einen bedeutenden Platz einnahm, zeigt ein kleines Ereignis am Rande: Die beiden durch langjährige Opposition im Vormärz bekannten Abgeordneten Schnetzer und Waibel bekamen am Neujahrsabend von den Landleuten der Umgebung (bei Kempten) einen Fackelzug mit Musikbegleitung.[835]

Ein erster Anknüpfungs- und Sammlungspunkt politischer Aktivität war die Einführung der Grundrechte. Zu den Grundrechten sollten, mit gewissen Einschränkungen, auch Freizügigkeit und Gewerbefreiheit gehören. Vor allem letztere war nicht zu vereinbaren mit der in Altbayern noch weit verbreiteten Einrichtung der Realrechte. Daß langfristig die wirtschaftliche Entwicklung die Realrechte faktisch aufheben und vernichten würde, war jedem Einsichtigen klar. Noch aber gab es genügend Nutznießer dieser Einrichtung, die sich zunächst in den im Sommer 1848 bildenden Gewerbevereinen sammelten.

Die Rechte erkannte sehr schnell die ihr günstige Richtung dieser Vereine und zog sie bald durch die Gleichsetzung von Grundrechten und völliger Gewerbefreiheit vollends auf ihre Seite. Schon während der ersten Lesung der Grundrechte in der Paulskirche und während des Handwerkerkongresses in Frankfurt bei den Gewerbetreibenden Altbayerns hatte sie damit ziemliche Erfolge erzielt. Der Münchener „Verein für konstitutionelle Monarchie und religiöse Freiheit", faktisch ein Piusverein, verdankte dieser Demagogie seine von Woche zu Woche steigende Mitgliederzahl.[836] Am 4. Januar 1849 eröffnete dieser Verein mit einer „Offenen Zuschrift an den Landtag“ die Kampagne gegen die Grundrechte. Der Konstitutionell-monarchische Verein München folgte ihm mit einer ähnlichen Äußerung am 29. Januar. Er zeigte damit, daß seine Zuordnung zur Rechten und dem rechten Zentrum des Landtags[837] durchaus rechtens ist. Ein Teil der Presse[838] unterstützte diese Kampagne, die massivsten Angriffe erfolgten aber durch die fundamentalistisch-katholische Presse, welche die Einführung der Grundrechte als Ende des Wohlstands und Beginn des Lumpenstands bezeichnete und die Kinder von Deutschkatholiken- und Judenschulen bedroht sah.[839]

Die bayerische Regierung hatte zwar eine „Kundmachung, die Verkündigung der Reichs-Gesetze betreffend“ ins Regierungsblatt gesetzt[840], allein die Grundrechte, die von der Nationalversammlung beschlossen und am 27. Dezember veröffentlicht wurden und nach Ablauf von drei Wochen – also zum 18. Januar 1849 – durch Veröffentlichung in den Gesetzblättern der Einzelstaaten geltendes Recht werden sollten, wurden von der bayerischen Regierung nicht veröffentlicht. Niemand sah darin ein bloßes Versehen.

Als im Landtag aus Anlaß der Adreßdebatte die Grundrechte zur Sprache kamen, organisierten Befürworter und Gegner ihre Truppen. Mit der Abstimmung über die Antwortadresse bzw. mit dem Rücktritt des Ministeriums begann der offene Kampf. In Nürnberg entfaltete der Volksverein eine rege Tätigkeit für die Grundrechte. Anfang Februar führte er große Volksversammlungen und Unterschriftenaktionen durch, der mit ihm verbundene Volksverein von Kempten tat es ihm nach. Von Straubing aus, das in der Person seines Bürgermeisters Kolb einen liberalen Abgeordneten zum Landtag geschickt hatte, richtete der Verein für Freiheit und Gesetzmäßigkeit eine Adresse für die Grundrechte an die Kammer der Abgeordneten.[841] Einen Antrieb für die Volksbewegung stellte der Landtag nur bedingt dar: „in höchstem Grade unbedeutend“ fand eine sympathisierende Zeitung eine öffentliche Sitzung der linken Fraktion.[842]

Es waren auf konservativer Seite vor allem Adel und Klerus, die den Kampf vorantrieben und leiteten. Der Adel hatte zwar in den Grundrechten die Ablösung der feudalen Lasten (§ 168) – statt einer entschädigungslosen Aufhebung nach dem Vorbild der Französischen Revolution – zugestanden bekommen, andere Bestimmungen der Grundrechte (die Aufhebung des Adels als Stand in § 137) erschütterten seine Stellung jedoch schwer. In Franken, Schwaben und Altbayern zirkulierten beim Adel gleichlautende Adressen, die sich gegen die Grundrechteparagraphen 3, 33 und 38 richteten. Den Unterschriften des Adels wurden gelegentlich auch bäuerliche Unterschriften beigegeben.[843]

Der katholische Klerus stand in seiner Mehrheit den Grundrechten ablehnend gegenüber, wobei er einzelne als für sich nützlich durchaus anerkannte, die Piusvereine schlossen sich der Agitation gegen die Grundrechte an. Die amtlichen kirchlichen Verlautbarungen äußerten sich gemäßigt und vermieden scharfe Worte, bei der Würzburger Bischofskonferenz hatte sich eine Haltung herausgeschält, die in taktischer Zurückhaltung und vordergründiger Anpassung bestand, so daß jede Wendung möglich war. Die fundamentalistische Richtung hatte sich nicht durchgesetzt, wohl aber meldete er sich zu Wort. In München hatte der fundamentalistische Flügel starken Rückhalt in Erzbischof Karl August Graf von Reisach, der am 7. Januar 1849 der Regierung ein Promemoria zuleitete, das sich – in Fortführung jener mit den „Konföderierten“[844] beginnenden Richtung, welche zu einem vormodernen, vor-säkularisierten Zustand zurück wollte – für den Vorrang des Konkordats vor dem Religionsedikt aussprach. Zu gleicher Zeit erfolgte ein Vorstoß des Münchener Vereins für konstitutionelle Monarchie und religiöse Freiheit für Aufhebung der Versammlungs- und Pressefreiheit. Der Bamberger Klerus, näher an der Front als das abgelegen-idyllische München, neigte eher der Anpassung zu, und von seinem eigenen Domdekan (Reindl) bekam der Münchener Erzbischof Widerspruch in einer Broschüre.

Der Münchener Märzverein bemühte sich, das Land mit einem dichten Netz von Märzvereinen zu überziehen und konnte dabei sogar in Altbayern kleine Erfolge feiern. Vor allem kümmerte er sich darum, daß am 18. Januar – dem Tag, an dem die Grundrechte durch Publikation in den einzelstaatlichen Gesetzblättern in Wirksamkeit treten sollten – in ganz Bayern, vor allem in fränkischen und schwäbischen Städten, Feiern abgehalten wurden. In München führte der Märzverein eine aufsehenerregende Manifestation durch: man zog mit einer Petition zum Minister von Beisler und stellte ihn zur Rede. München selbst hielt sich mit Feiern zurück. Mit 30.000 Exemplaren einer Flugschrift („Mahnruf an den deutschen Volksstamm der Bayern") wandte er sich an das Umland, er hielt Versammlungen ab und machte sich nützlich bei der Sammlung von Unterschriften für Einführung der Grundrechte.

Die Gegenrevolution beantwortete das überraschende Auftreten einer linken, liberaldemokratischen Landtagsmehrheit, die sich für Grundrechte und eine von der Paulskirche zu bestimmende Reichsverfassung aussprach, mit einem „Adressensturm". In zwei Böen fegte dieser Sturm über das Land: während der Landtagssitzungen von Januar und Februar, wo es für oder gegen die Grundrechte, und später, als es um Einberufung des Landtags bzw. Anerkennung der Reichsverfassung ging.[845]

Als Organisator eines linksliberal-demokratischen Commonsense erwarb der Märzverein sich vor allem in Altbayern auf diese Weise große Verdienste, in Franken gewann er nicht diese Bedeutung. Je mehr sich die Ereignisse zuspitzten, desto mehr verlor er an Bedeutung, hinkte er der Entwicklung hinterher. Was seine Stärke war – das breite Bündnis –, war auch seine Schwäche. Seine Beschränkung auf strikt legalen, paulskirchenliberalen Weg brachte es mit sich, daß er für die entschiedeneren Gruppen in Bayern wie im Reich an Bedeutung verlor. Die fränkischen Vereine für Volksfreiheit – mit den Zentren in Nürnberg und Bamberg – schlossen sich ihm von Anfang an nicht an. Man habe in München immer den Standpunkt eingenommen, den man in Nürnberg gerade verlassen habe, schrieb später Diezel.[846]

In Würzburg zeigte sich die Spaltung innerhalb einer einzigen Stadt. Es gab hier zu Jahresbeginn zwei Vereine, die sich als Märzvereine betrachteten. Der eigentliche Märzverein, um den 10. Dezember herum entstehend, griff zu der Formel der bayerischen Liberalen: er unterstellte sich Frankfurt und trat ein für konstitutionelle Monarchie, „basiert auf demokratische Grundlage".[847] Die beiden Parteien formierten sich anhand der Neuen Rheinischen Zeitung. Während der eine, vom Arzt Dr. Johann Christoph Schmidt angeführte Flügel deren spitze Polemik ablehnte, orientierte sich der andere an ihr. Unterstützt wurden die „Rheinischen" vom Nürnberger Freien Staatsbürger, der den Vorsitzenden des Würzburger Volksvereins (Dr. J. Chr. Schmidt) einen Agenten der Reaktion und die von ihm geleitete Volksversammlung in Remlingen am 11. März mit 3.000

Teilnehmern reaktionär nannte.[848] In einem Offenen Brief an die fränkischen Vereine für Volksfreiheit hatte deren treibende Kraft, der Politische Verein von Nürnberg, einen Kaiser als Oberhaupt eines deutschen Reiches abgelehnt. Nur die Gewalt könne ihn dem deutschen Volk aufzwingen, und wenn es dazu komme, erwarte man, daß man zur Gegenwehr aufgerufen werde.[849]

So zeigte die Linke in Bayern – die Liberalen wie die Demokraten – trotz der vordergründigen Einheit im Landtag eine bedenkliche Spaltung. Die letzten Monate des Jahres 1848 waren allgemein von Stillstand, wenn nicht Regression geprägt, da fiel der Zustand der bayerischen Linken nicht sonderlich auf. Als aber Heinrich von Gagern am 15. Dezember als Ministerpräsident eingesetzt wurde, war abzusehen, daß sich nun die Entwicklung beschleunigen würde. Auf demokratischer Seite mußten die Vorstellungen von Vach und von Neuhof aktualisiert werden. Ende Januar traf man sich in Bamberg. Anscheinend konnte Bamberg mit seinem Abgeordneten im Donnersberg immer noch eine gewisse Vorreiterrolle beanspruchen. Es wurde zwar in Anlehnung an die vorausgegangenen Beschlüsse der Demokratenkongresse der Kreisausschuß der demokratischen Vereine Frankens gebildet, aber ein rauschendes Fest der Demokratie war es nicht. Es lag nicht nur an der geringen Zahl der Versammelten[850], es lag auch an den unterschiedlichen Ansichten[851]: Die Würzburger Demokraten widersetzten sich einer eigenständigen Organisation der fränkischen Demokratie und blieben der Märzvereinsbewegung treu, aus Unterfranken traten dem neuen Bund nur der Würzburger und Schweinfurter Volksverein bei. Diese „fränkische" Demokratie orientierte sich am Donnersberg, wobei die Kontakte wohl hauptsächlich über Bamberg (Titus) liefen. Sie trat nicht in die Märzvereinsbewegung ein, wie auch auf der anderen Seite die konstitutionell-liberalen Vereine sich nicht direkt beteiligten, obwohl sie nicht wenige Ziele der Märzvereinsbewegung billigten.

Einen Monat später wurde von Württemberg aus auf den 24. Februar ein Treffen nach Ulm[852] einberufen. Es erhielt nur mäßigen Zuspruch aus Bayern (5 von 144 Teilnehmern). Die Versammlung entschied sich für einen Präsidenten, der von der neuen Nationalversammlung gewählt werden sollte, Reichsrat und Zweikammersystem wurden verworfen, eine großdeutsche Republik war das etwas verhüllt ausgesprochene Ziel der Ulmer Versammlung, die Linksliberalen kamen den Demokraten-Republikanern so weit wie möglich entgegen. Im großen und ganzen war es die gemäßigte Demokratie, die sich in Ulm durchsetzte, nur wenige Teilnehmer traten wie Diezel dafür ein, durch einen Vollziehenden Ausschuß, und somit auf revolutionärem Wege, die Entwicklung voranzutreiben. Es erfolgte aber kein umsetzbarer Beschluß, und so hatte das Ulmer Treffen keine unmittelbaren Folgen, wenn auch sein Einfluß auf die politische Meinungsbildung vielleicht bedeutender war, als das im Moment erkennbar ist.[853]

Die Lösung der nationalen Frage machte der süddeutschen Linken große Probleme. Mehrheitlich war sie für ein demokratisches Großdeutschland. Für die kleindeutsch-preußische Lösung traten deutlich nur der Konstitutionelle Verein von Nürnberg und der Deutsche Verein Augsburg[854] ein. Der Nürnberger Abgeordnete Dr. Kraft sprach sich in einer Erklärung im Nürnberger Kurier[855] bei deutlicher Ablehnung der Vereinbarungstheorie für die kleindeutsche Lösung und für die Einführung der Grundrechte aus, der Nürnberger Verein für Freiheit und Ordnung bevorzugte ein Kleindeutschland ohne erbliches Oberhaupt.[856] Das demokratische Lager tendierte, je klarer die demokratische Richtung im jeweiligen Verein ausgeprägt war, trotz aller Bedenken in Richtung Kleindeutschland. Auch in Altbayern gab es Stimmen, die von Preußen die Entscheidung abhängen lassen wollten. Die Passauer Zeitung mußte unmittelbar nach der Kaiserwahl ein wenig lavieren und verschiedene Stimmen zu Wort kommen lassen, bis sich gegen Ende April in einem Leitartikel über „Österreichs Antwort auf die preußische Zirkularnote"[857] herausschält: Die Nationalversammlung und ihre Verfassung müssen bleiben, Preußen muß sich jetzt entscheiden und handeln, und sei es „mit dem Degen in der Hand".

Daneben gab es Aktionen, die während der zweiten Lesung der Verfassung auf die Beratungen Einfluß nahmen und sich günstig für eine demokratische Ausrichtung der Verfassung auswirkten. Als die zweite Lesung der Reichsverfassung anstand, trat in Nürnberg auf Veranlassung des Volksvereins eine Volksversammlung zusammen, die in einer Adresse an die Nationalversammlung drastische Kritik am ersten Entwurf übte und die zu jenem politischen Kraftfeld gezählt werden muß, das Ende März schließlich doch den Pakt der Gagernliberalen mit der Linken trug.

In der von einer Volksversammlung am 15 Februar verabschiedeten Adresse[858] wird der Nationalversammlung vorgehalten, sie habe „im Laufe ihrer Berathungen Beweise in Menge dafür geliefert, daß sie ihres Ursprungs aus dem Volke vergessen" und „auf eine in unsern Augen unverantwortliche Weise" der Fürstengewalt Konzessionen gemacht. Doch wird der liberale Konsens mit dem Hinweis aufrecht erhalten, die Nationalversammlung möge den Grundsatz der Verständigung nicht nur den Fürsten, sondern auch dem Volk gegenüber einhalten. Im einzelnen wird Kritik am Erbkaisertum – doch ohne positive Festlegung – und am Zweikammersystem, das „nach allen Erfahrungen (z.B. mit der bayerischen Verfassung von 1818 – der Verf.) sich als der Freiheit und dem Fortschritt durchaus feindlich erwies", geübt.

Die Adresse steht nahe bei demokratischen Positionen. Ob nun die Volksversammlung vorwiegend auf demokratische Initiative zurückgeht und wie stark der demokratische Druck war, ist schwer zu sagen. Andererseits veröffentlichte die Mittelfränkische Zeitung wenig später einen Artikel des im lokalen Rahmen nicht unbedeutenden Dr. Leutbecher, der sich für ein preußisches Kaisertum aussprach.[859] In einem zweiten Artikel begründete Dr. Leutbecher die kleindeutsch-erbkaiserliche Lösung mit den Verhältnissen Österreichs und auch mit dem Hinweis auf eine mögliche Revolution durch den „Demokratismus".[860] Einige Tage später veröffentlichte der Volksverein eine weitere Adresse an die Nationalversammlung, die sich eng an die erwähnte anschließt.[861]

Zusammen mit der Reichsverfassung bewegte die rückständige Einrichtung des bayerischen Gemeindewesens die Gemüter. So versammelten sich am 7. Februar nachmittags Gemeindevorsteher aus Dettelbach, Kitzingen, Ochsenfurt, Aub, Karlstadt, Arnstein und anderen bei Würzburg gelegenen Gerichtsbezirken in Würzburg im Gasthaus zum Weißen Lamm, um Gemeindeangelegenheiten zu beraten. Man kam überein, eine Adresse zu formulieren und sie an einem noch festzulegenden Tag durch „sämtliche Gemeindevorstände und andere erfahrene Gemeindemänner des Kreises" Unterfranken zu verabschieden.[862] Die Gemeinde Randersacker sprach sich in einer Petition an den Landtag (2. Kammer) für eine Revision des veralteten Haus- und Gewerbesteuergesetzes von 1828 aus.[863] Auch die Kundgebungen und öffentlichen Proteste gegen die Wiedereinsetzung der – im Zuge der Montez-Affäre „verbannten" fundamentalistischen Ideologen – in Universitätslehrämter stellten, auch wenn sie sich auf die intellektuelle bzw. studentische Öffentlichkeit beschränkten, wichtige Schritte in der Herausbildung eines aufgeklärt-demokratischen Bewußtseins dar.

Daneben war die Agrarfrage ein wichtiges Thema. Je mehr das Ablösungsgesetz umgesetzt wurde, desto mehr zeigte sich, wie nachteilig es für die Bauern war. Allerdings verpuffte die Unzufriedenheit der Bauern in lokalen Aktionen oder einzelnen Auftritten, etwa wenn der niederbayerische Bauer Zellhuber im Landtag von 1849 einen Antrag auf bessere Behandlung der Landleute durch die Beamten stellte. Er wurde dafür vom fundamentalistischen „Volksboten" als Juden- und Demokratenknecht gescholten.

Bemerkenswert war immerhin der Fall des Bauern Peter Binderberger aus dem Weiler Schreihof, Gemeindevorsteher der Gemeinde Schalldorf im Landgericht Pfarrkirchen im Rottal, der Versammlungen[864] zur Aufklärung über die Grundrechte abhielt. Gleichzeitig begann Binderberger, wohl aus politischen Motiven heraus, gegen das Ablösungsgesetz tätig zu werden: Dieses sah zur Feststellung des Gutswertes, von dem dann die Ablösungssumme zu berechnen war, eine Kommission von Schätzleuten vor, die zur Hälfte aus Vertrauensleuten der Bauern, zur anderen Hälfte aus Vertretern des jeweiligen Feudalherrn bestand. Um den hohen Normen des bayerischen Ablösungsgesetzes entgegenzuwirken, setzte Binderberger seine Schätzungen sehr niedrig an, er tat dies trotz staatlicher Gegenmanöver und Pressionen über einen längeren Zeitraum bis in die 50er Jahre hinein.[865] In einer Münchener Zeitung stellte er seinen Standpunkt klar.[866] Der zuständige Landrichter[867] wurde über Umwege das Opfer von Binderbergers Wirksamkeit.

Im allgemeinen versuchten die Bauern hinhaltenden Widerstand gegen die Begehrlichkeit der Grundherrn zu leisten. In Oberbayern leistete der bereits im Vormärz politisch tätige Pfarrer Max Stieglmayr von Thanning Hilfe bei den bäuerlichen Versuchen, sich der Habgier der Grundherrn zu erwehren. Seine politische Tendenz trat während der Revolutionszeit nicht besonders deutlich hervor, doch schlug seine Tätigkeit eindeutig im oppositionellen Lager zu Buche. Gegen Ende der Revolution rief er seinen „Landvolkverein" ins Leben, der sich trotz der einsetzenden Reaktion bis nach Niederbayern ausbreitete und den Bauern, notgedrungen unter Verzicht auf große politische Entwürfe, in den Einzelheiten des Umgangs mit dem Ablösungsgesetz zu helfen versuchte. Die Behörden verboten schließlich den Verein, der immerhin einen Anknüpfungspunkt für eine vereinigte bäuerliche Opposition bot.

Am 2. April 1849 fand in Nürnberg der erste bayerische Arbeiterkongreß statt. Damit hatten seit dem Herbst 1848 auffindbaren Bemühungen um eine Einigung der bayerischen Arbeiter einen guten Abschluß gefunden, und die Arbeiter verfügten damit über eine der wenigen gesamtbayerisch wirksamen politischen Organisationen. Der Münchener Arbeiterverein hatte wichtige Vorarbeiten geleistet. Dazu gehörte eine Petition an den bayerischen Landtag, die am 13. Januar in einer Versammlung besprochen wurde. Darin wurde die Einsetzung einer Kommission für Arbeiterfragen gefordert, die dem Landtag zur Seite stehen sollte. Dem wohlwollenden Bericht einer bürgerlichen

Zeitung ist zu entnehmen, daß man „in einer den Monstre-Petitionen der englischen Chartisten nicht nachstehenden Weise“ verfahren wolle.[868]

Aushängeschild und wohl auch leitender Kopf war Stefan Born. Daß als Vertreter der württembergischen Arbeitervereine der bekannte Redakteur Schifterling gekommen war, zeigt, daß das Ulmer Treffen vom Februar nicht ganz umsonst war. Entsprechend den ökonomischen Verhältnissen in Bayern waren es vor allem eine Gesellen-Treffen, die Fabrikarbeiter traten noch als exotische eigene Gruppe auf. Die Probleme der Unselbständigen (Gesellen) auf dem Weg zur Selbständigkeit (Meister) beanspruchten einen Großteil der Beratungen. Doch wurde dabei die problematische Stellung des Kapitals gegenüber den kleinen Gewerbetreibenden bereits sehr grundsätzlich erfaßt und dessen Beschränkung als Voraussetzung für demokratische Verhältnisse betrachtet und der Zusammenschluß („Association“) der Arbeiter als eigene Klasse immer wieder thematisiert.

Neben der Agrarfrage war die nationale Frage eine schwieriges Problem für die bayerischen Liberalen und Demokraten. Bei den Abgeordneten war großdeutsche Einstellung sehr verbreitet. Doch wuchs die Zustimmung zu einem preußisch geführten Kleindeutschland, wobei auch Überlegungen der Art zum Tragen kamen, daß nur unter Preußens Führung Übergriffe des russischen Zaren abzuwehren möglich sei.[869] Die unterschiedlichen nationalen Zielvorstellungen lähmten die Volksbewegung. Von der Paulskirche gingen wenig Anstöße aus. Es waren alle Augen gespannt auf sie gerichtet, aber Skepsis spricht aus vielen Betrachtern. Die Linke hatte sich in einen „Kuhhandel“ mit der großdeutschen Rechten verstrickt, der zwar erfolgreich war, was das Entstehen eines Gesetzes auf dem Papier anbetraf, bei dem eigentlichen Problem, dem Gesetz zur Anerkennung in der Wirklichkeit zu verhelfen, aber kaum dienlich sein konnte.

Im März belebte sich nach der Winterruhe – die damals ungleich mehr als heute auch natürliche Ursachen hatte – die Volksbewegung wieder. Die Versammlung in Remlingen (11. März) machte den Anfang. Es kamen 2-3.000 Teilnehmer aus der Umgebung und Deputationen aus der (bayer.) Pfalz und aus Nassau. Man protestierte gegen die bayerische Regierung wegen ihrer „undeutschen Widerstrebnisse gegn eine vernunft- und zeitgemäße Einheit Deutschlands“, wegen ihrer Ablehnung der Grundrechte und der Behandlung des Landtags, und dankte der Mehrheit der Abgeordnetenkammer für ihre „ehrenhafte, volkstümliche“ Haltung.[870] Die Rückkehr der Abgeordneten in ihre Heimatorte nach dem 8. März wurde vielfach zu Manifestationen und Demonstrationen genutzt. Der Abgeordnete Reinhart sprach in Neustadt an der Saale eineinhalb Stunden lang über das Wirken der Linken und über das griechische Anlehen, das gezeigt habe, „wie unverantwortlich man bisher mit dem Schweiße des Volkes gewirthschaftet“ habe.[871] In Mitwitz wurde eine Petition zur Unterschrift ausgelegt[872], in Kitzingen bereiteten die (Landtags-)Abgeordneten Köhl, Schad und Adami eine Volksversammlung für den 25. März vor[873], dann häuften sich die Versammlungen.

11. Die Reichsverfassungskampagne

Mit der Übernahme des Reichsministeriums durch Gagern am 15. Dezember 1848 war der kleindeutsche Gedanke, den Gagern schon am 26. Oktober von der Tribüne der Paulskirche aus als die ihn leitende Idee vorgestellt hatte, Regierungsprogramm geworden: Gagern hatte damals erklärt, Österreich werde in Zukunft seinen eigenen Weg gehen, das übrige Deutschland hingegen sich unter Führung Preußens zu einem engeren Bund („Kleindeutschland") zusammenschließen. Das Verhältnis dieses Bundesstaates zu Österreich solle so eng wie möglich, grundsätzlich aber – wie zwischen selbständigen Staaten üblich – auf gesandtschaftlichem Wege geregelt werden.[874] Am folgenden Tag (27. Okt.) verabschiedete die Nationalversammlung auch gleich zwei Paragraphen der künftigen Reichsverfassung, die der kleindeutschen Lösung zuarbeiteten: Kein Teil des zukünftigen deutschen Reiches sollte fortan – das zielte auf Österreich – mit nichtdeutschen Ländern in einem Staat vereinigt sein, Staaten bzw. Staatenbünde aus mehreren Nationalitäten durften nur in Personalunion (d.h. ein und derselbe Herrscher regiert verschiedene, formal eigenständige Staaten) regiert werden, wenn sie mit ihren deutschsprachigen Teilen diesem Reich beitreten wollten. Diese Beschlüsse hätten Österreich, falls es seine Verhältnisse entsprechend eingerichtet hätte, noch die Mitgliedschaft im neuen deutschen Reich ermöglicht, durch die weitere Entwicklung (Wiener Aufstand im Oktober und dessen Niederschlagung Anfang November 1848) jedoch entfernte sich Österreich selber vom geplanten Reich, während man das störrische Preußen durch gesteigerte diplomatische Tätigkeit (Missionen Bassermann, Simson/Hergenhahn und Gagern/Simson) zu seinem Glück zu zwingen suchte.

Das offizielle Bayern empfand die Lage – die intensiven Kontakte zwischen Nationalversammlung und Preußen, während gleichzeitig Österreich mit sich selbst beschäftigt war – als bedrohlich und entfaltete – zuerst mit der Mission Aretin – eine wilde Aktivität, die aber über die Ebene des Projektemachens nicht hinauskam. Daß Österreich die Revolution besiegt zu haben schien, während Preußen immer noch von ihr bewegt wurde, ließ den bayerischen König immer entschiedener bei Österreich Zuflucht suchen, obwohl er sich mit seinem Verhalten im Sommer 1848 keineswegs als Freund Österreichs[875] benommen hatte. Nur der bayerische Minister des Äußeren – es war immer noch der konservative von Bray-Steinburg, der für sich vom neuen deutschen Reich einen Botschafterposten in St. Petersburg erhoffte – hielt sich Optionen in Richtung Nationalversammlung offen, aber er mußte im Konfliktfall hinter dem Willen des Monarchen und seiner inoffiziellen Berater zurückstehen.

Nach dem Regierungsantritt Gagerns, der mit dem Sturz des österreichfreundlich-großdeutschen Anton von Schmerling zusammenfiel, beschleunigte sich die Entwicklung . Österreich meldete sich mit der Note vom 28. Dezember[876] in die deutsche Politik zurück: Wie einen Schuljungen mahnte darin Fürst Schwarzenberg, der neue Leiter der österreichischen Politik, mit Nachdruck den Minister von Gagern zur „Aufmerksamkeit" für seine Auffassungen. Die Regierung in Wien sei zwar an dem deutschen Bundesstaat, wie ihn Gagern sich vorstelle, nicht interessiert, das bedeute aber keineswegs, daß sie sich aus den deutschen Angelegenheiten zurückziehe. Von Gagern habe, als er sein Programm vorlegte, die Erklärung von Kremsier falsch ausgelegt und die Absicht Gagerns, mit Österreich schon jetzt wie mit Ausland über Gesandtschaften zu verkehren, wird unmißverständlich zurückgewiesen. Das war ein erheblicher Rückschlag für Gagern, aber er parierte ihn geschickt damit, daß er am 5. Januar erklärte, er wolle keineswegs eine sofortige Trennung von Österreich, sondern eine Regelung des beiderseitigen Verhältnisses nach Verhandlungen. Die souveräne Reaktion wurde auch dadurch möglich, daß Gagern am 2. Januar 1849 mit dem Rheinpreußen Ludolf Camphausen, von März bis Juni 1848 preußischer Ministerpräsident, dann Bevollmächtigter Preußens bei der Frankfurter Zentralgewalt, ein Gespräch geführt hatte, von dem er eine gewisses Wohlwollen Preußens für seinen Kurs ableitete.[877]

Die Liberalen in der Nationalversammlung steuerten nun offen auf die kleindeutsche Lösung zu. Die Nationalversammlung bestand zu diesem Zeitpunkt eigentlich aus drei Minderheiten: der Rechten, die im bisherigen Deutschen Bund den bestmöglichen Stand der deutschen Nationalität sah, den Liberalen mit dem von Preußen geführten Bundesstaat als Ziel, und der Linken, die sich vor allem in den Fragen der inneren Ausgestaltung des Bundesstaates von den Liberalen unterschied. Die Minderheiten blokkierten sich gegenseitig, aber zwei Minderheiten oder Teile der Minderheiten, die einen gemeinsamen Nenner fanden, konnten eine Mehrheit bilden.

Da nach der Beratung der inneren politischen Gestaltung – Grundrechte usw. – nun die nationale Frage im Vordergrund stand und diese bis zu einem gewissen Grad eine mehr organisatorische und pragmatisch zu lösende Frage war, fand auf der Basis der bisherigen politischen Struktur eine neue politische Strukturierung der Nationalversammlung statt, ohne daß die alte gänzlich aufgehoben wurde. Linke und Linksliberale meist süddeutscher Herkunft, unter denen der Würzburger Abgeordnete Karl Kirchgeßner eine besondere Rolle spielte, verbündeten sich mit jenen, überwiegend der Rechten angehörenden Abgeordneten, die eine Beteiligung Österreichs an dem zu schaffenden deutschen Reich anstrebten.

Diese Koalition zeichnete sich bereits beim Sturz des Österreichers Schmerling Mitte Dezember ab, damals war Schmerling zuerst von seiner eigenen Fraktion (Casino) gestürzt worden, bevor er tagsdarauf am 15. Dezember sein Ministeramt aufgab In der Wahl des Parlamentspräsidenten am 18. Dezember wurde Kirchgeßner dem Kleindeutschen Eduard Simson gegenübergestellt, er unterlag jedoch ganz knapp. Immer deutlicher formierten sich die Abgeordneten, Fraktionen ebenso übergreifend wie teilend, in zwei Lagern. Am 15. Februar zeigten sich die Großdeutschen-Proösterreichischen, nachdem sie sich mehrfach im Pariser Hof getroffen hatten, in einer Versammlung in der „Mainlust" der Öffentlichkeit, und am 17. Februar traten die Kleindeutsch-Erbkaiserlichen im „Weidenbusch"[878] ebenfalls als feste Organisation auf.

Zunächst triumphierten die Großdeutschen. Der kleindeutsch dominierte Verfassungsausschuß hatte Mitte Januar seinen Bericht, das Reichsoberhaupt betreffend, vorgelegt, der zwar den Kaisertitel für das Reichsoberhaupt, aber noch kein erbliches Kaisertum vorsah. Dieser Vorschlag fand zunächst eine knappe Mehrheit, in den weiteren Abstimmungen vom 19., 23. und 25. Januar wurden aber alle anderen Vorschläge, der Mehrheit ebenso wie der Minderheiten des Verfassungsausschusses, abgelehnt; auch die Linke fand mit ihrem Vorschlag eines republikanisch-bürgerlichen Oberhauptes (Präsident) keine Mehrheit. Nach den „Januarabstimmungen“ stand also das kleindeutsch-erbkaiserliche Projekt noch auf sehr schwachen Beinen.

Dann kam Preußen Gagern zu Hilfe: Mit der preußischen Zirkularnote vom 23. Januar schienen Preußen und Nationalversammlung endlich einen gemeinsamen Weg gefunden zu haben. Die Note[879] an die preußischen Gesandten brachte zum Ausdruck, daß „der mit Begeisterung erfaßte Plan einer bundesstaatlichen Verbindung“ für Preußen noch immer Bedeutung habe, daß es an der Zeit sei, daß die Regierungen ihre Meinung zur geplanten und soeben von der Nationalversammlung debattierten Reichsverfassung äußerten, und daß man den unbestrittenen Grundsatz der Zustimmung durch die Regierungen nicht „auf die Spitze treiben” sollte. Das ließ sich hören; umgekehrt konnte man die Note als Anspruch Preußens auf Einflußnahme auf die Verfassungsberatungen und als Plädoyer für eine maßvolle Form der Vereinbarung lesen[880], aber das war das geringere Übel.

Die preußische Äußerung ging nicht zuletzt auf die Initiative Camphausens zurück. Die Feststellung, daß ein vergleichbarer Vorgang – daß ein liberaler Großbürger deutlich einen Regierungsakt beeinflußt oder gar auslöst – in Bayern während der ganzen Revolutionszeit nicht stattgefunden hat, ist an dieser Stelle zur Charakterisierung der bayerischen Verhältnisse nicht zu umgehen. Doch war auch Camphausen in Preußen nur erfolgreich, weil der rationalkonservative Teil der Regierung, auf das spätere „Unionsprojekt“ hinarbeitend, Camphausens Tun tolerierte.

Gagern benützte die günstige Gelegenheit, indem er die Bevollmächtigten aller achtunddreißig deutschen Staaten zu einer gemeinsamen Sitzung (29. Januar) lud und sie nach Verlesen der preußischen Note aufforderte, die gerade in erster Lesung verabschiedete Reichsverfassung ihren Regierungen zur Stellungnahme zu übermitteln.[881] Österreich war überrascht und getroffen von der preußischen Erklärung, die tatsächlich einen gewissen Kurswechsel bedeutete; der altgediente österreichische Gesandte (Graf Trauttmannsdorf-Weinsberg) in Berlin, der das Entstehen der Erklärung nicht bemerkt und gemeldet hatte, wurde wegen mangelhafter Berichterstattung abberufen und durch Prokesch von der Osten ersetzt. Diese Reaktion war aber auch ein Zeichen österreichischer Stärke. Es verhüllte seinen Standpunkt nicht hinter irreführenden Posen, sondern zeigte offen, daß ihm die Richtung nicht paßte.

Im übrigen hatte Österreich bereits vorgesorgt: Schon vor Bekanntwerden der preußischen Note hatte Fürst Schwarzenberg den Grafen Rechberg in vertraulicher Mission nach München, Stuttgart und Frankfurt geschickt.[882] Die Absicht war, die geplante Truppenansammlung bei Frankfurt und eine gemeinsame Erklärung Österreichs und der königlichen Höfe über die Notwendigkeit sofortiger Vereinbarung vorzubereiten. Mit militärischen und diplomatischen Mitteln leitete Schwarzenberg die Gegenrevolution in Deutschland ein, das Bestehen auf einer sofortigen Vereinbarung war nichts anderes als jenes Auf-die-Spitze-treiben, das Preußen hatte vermeiden wollen. König Max empfing den österreichischen Gesandten mit besonderer Auszeichnung. Er wolle nur mit Österreich zusammengehen, sagte der bayerische König, und sei bereit, allein oder zusammen mit den übrigen deutschen Königen einen Sonderbund gegen Preußen zu bilden. Graf Rechberg ließ sich von seinem Getue nicht blenden und notierte gnadenlos als die hervorstechendsten Eigenschaften des bayerischen Königs „seine Unentschlossenheit und die maßlose Sucht, die Rolle einer großen Macht zu spielen". Das machte Max II. aber für Österreich nicht wertlos, und in der Sache hatte Rechberg durchaus Erfolg: der bayerische Außenminister erhielt den direkten Befehl vom König, sich den österreichischen Vorschlägen anzuschließen und den bayerischen Bevollmächtigten in Frankfurt von Xylander entsprechend zu instruieren. Wenn es auch bei der nächstfolgenden Station, Württemberg, für Rechberg nicht so erfolgreich ablief, insgesamt konnte Österreich mit der Mission Rechberg zufrieden sein. Bayern schlug sich voll auf die Seite Österreichs. In seiner schriftlichen Antwort[883] auf die Mission Rechberg verlangte es eine deutsche Verfassung unter Einschluß der österreichischen Länder und ein österreichisches Kaisertum bzw. bei dessen Nichtzustandekommen einen Platz im Direktorium. Österreich und Bayern waren also einig in der Ablehnung eines preußischen Erbkaisertums.

Hingegen stand die preußische Zirkularnote auf unsicherem politischen Boden, denn sie war nicht die Politik des preußischen Hofes insgesamt, sondern nur des preußischen Ministeriums und einiger politischer Restposten aus dem März 1848, deren Zeit gemessen war. So konnte Österreich, ohne die preußische Zirkularnote direkt zu beantworten, in der Note vom 4. Februar 1849[884] seine Position behaupten. Es lehnte die preußisch-liberale Lösung eines Bundesstaates innerhalb des Deutschen Bundes ab („Die Gestaltung eines unitarischen Staates erscheint dem kaiserlichen Kabinett nicht ausführbar für Österreich, nicht wünschenswert für Deutschland."), versprach aber weitere Mitarbeit am Werk der deutschen Einigung – von Bedeutung war nur ersteres, das zweite war eine Floskel, die, wenn man sie ernst nahm, eine Drohung bedeutete. In engem Anschluß an Österreich erhielt der bayerische Gesandte in Berlin Graf (Maximilian) Lerchenfeld, der damit gleichzeitig mit dem Amt eines besonderen Kommissärs nach Frankfurt abgeordnet wurde, am 12. Februar eine Instruktion[885], die zusammen mit einigen weiteren Festlegungen die Grundlage der bayerischen Antwort auf die Gagernsche Note vom 28. Januar bildete: Die am 28. Februar in Frankfurt abgegebene Erklärung Bayerns beharrte weiter auf dem Vereinbarungsprinzip und der österreichischen Beteiligung. In der Oberhauptsfrage verlangte die bayerische Regierung eine vollständige Umarbeitung, doch machte sie jetzt, um das konservative Zusammengehen nicht durch Eifersüchteleien der Ausgeschlossenen zu gefährden, den Rückzieher, Direktoriumsmitglieder nicht ausschließlich im Königsrang zuzulassen[886]; es kam im Anschluß daran zu unbedeutenden Verhandlungen unter den als Direktoriumsanwärter auftretenden Staaten.

Zwar folgten im Lauf der Zeit 31 deutsche Regierungen der Aufforderung Gagerns und stimmten dem Reichsverfassungsentwurf bzw. der kleindeutschen Lösung zu[887], aber es geschah dies zögerlich (erst nach fast einem Monat in der Kollektivnote vom 23. Februar), mit vielen Einschränkungen und nur durch die kleinen und unbedeutenden Staaten, die größeren – neben Österreich, Preußen und Bayern die Könige von Hannover, Sachsen und Württemberg – äußerten sich nicht oder lehnten ab. So hatte der gagernsche Aufruf an die Einzelstaaten nur bedingten Erfolg.

Um den Kleindeutschen nach Möglichkeit zu schaden, stimmten bei den anschließenden Beratungen über das Wahlrecht die großdeutschen Rechten mit der Linken für ein Wahlrecht mit demokratischen Grundzügen. Die Absicht der Rechten war, die kommende Reichsverfassung durch das demokratische Wahlrecht für ein monarchisches Oberhaupt bzw. den preußischen König unannehmbar zu machen. Die Linke nutzte in einem problematischen Pragmatismus das Spiel der Rechten, um ein Wahlrecht in ihrem Sinne zu erhalten. Am 2. März 1849 wurde ein Wahlgesetz, das freie, gleiche, geheime und direkte Wahlen vorsah, in erster Lesung verabschiedet.

Nun störte allerdings Wien die Berechnungen der großdeutschen Koalition, es machte seine eigene Rechnung auf. Am 4. März wurde eine Verfassung oktroyiert, die die staatsrechtliche Einheit der deutschen und nichtdeutschen Länder der Gesamtmonarchie feststellte, Österreich war also nicht mehr aufteilbar in einen engeren und weiteren Bund; am 7. März wurde der Kremsierer Reichstag aufgelöst. Daß auch diesmal nicht an die reine und volle Absonderung Österreichs von Deutschland gedacht war, machte am folgenden Tag ein Vorschlag für die künftige Reichsverfassung deutlich, der in fast ultimativer Form der Nationalversammlung zur Annahme übermittelt wurde: Schwarzenberg verlangte darin den Eintritt des gesamten Kaiserstaates in den deutschen Staatenbund und ein nicht aus Volkswahlen hervorgegangenes, sondern mit Deputierten der Einzelstaaten beschicktes Staatenhaus, in dem 38 Vertretern der österreichischen Staaten nur 32 aus dem übrigen Deutschland gegebenüber stehen sollten.[888]

Nachdem vorher schon eine Delegation großdeutscher Paulskirchenabgeordneter nach Wien bzw. Olmütz, darunter der Münchener von Hermann, gegangen war, von dort aber nur magere und enttäuschende Ergebnisse mitgebracht hatte, entzog das Vorgehen Österreichs zu Anfang März 1849 der großdeutschen Abgeordnetenallianz den Boden; man muß allerdings hinzufügen, daß dieser Boden immer nur aus Sand und Luftblasen bestanden hatte. Am 11. März wurden die Schritte der österreichischen Regierung in Frankfurt bekannt. Einer der Führer der süddeutschen Großdeutschen, Karl Theodor Welcker, ein aufrechter Liberal-konstitutioneller, zog daraus die Konsequenzen und ging über Nacht zu den Erbkaiserlichen über. Am 12. März stellte er den Antrag, die Verfassung, wie sie aus der ersten Lesung gekommen war, samt dem Wahlrecht sofort und endgültig zu verabschieden, außerdem sei der König von Preußen als Erbkaiser zu wählen. Der Antrag war eine Sensation. Er wurde aber nicht sofort verabschiedet, es zeigte sich vielmehr im Lauf der Beratungen, daß Welckers schnellem Gang nur wenige seiner Mitstreiter folgen konnten und die Mehrheiten somit nicht gewechselt hatten. Der Block der Großdeutschen blieb weitgehend erhalten.

Den Kleindeutsch-Erbkaiserlichen bot sich nur eine Möglichkeit des Erfolgs, wenn es gelang, die Fraktion Westendhall, für sich zu gewinnen. Diese kleine Fraktion – von den Zeitgenossen „Linke im Frack" genannt – stand in der Mitte zwischen Liberalismus und Demokratie, sie war den Liberalen vor allem in der Person ihres Fraktionsführers, des Breslauer Juristen Heinrich Simon, für Verhandlungen zugänglich. Die Erbkaiserlichen boten aber zu wenig, und so stimmte bei der Abstimmung am 21. März die Linke einschließlich der Westendhall mit den Großdeutschen; Gagern und seine Partei unterlagen.

In einem schwierigen Finale fand Gagern zu einer Lösung: Mit einem förmlichen Vertrag sicherte er der Westendhall das Wahlrecht in der gewünschten Form und das Suspensivveto zu. Das Suspensivveto – im Gegensatz zum absoluten Veto hat es nur aufschiebende Wirkung – sollte die Möglichkeiten des Reichsoberhauptes, Gesetze zu verhindern, deutlich einschränken. Am 26. März, in der Abstimmung über das Suspensivveto, griff zum ersten Mal der Pakt. Gagern, die Erbkaiserlichen und die verbündete Linke erzielten eine Mehrheit. Am folgenden Tag standen die letzten Artikel der Reichsverfassung zur Abstimmung, darunter die Bestimmungen über das Reichsoberhaupt – daß es von einem „regierenden deutschen Fürsten“ und zwar erblich gestellt werde; sehr knapp kam eine Mehrheit für ein erbliches Kaisertum zustande. Am 28. März wurde der König von Preußen als erblicher deutscher Kaiser gewählt. Nach dem Bericht einer preußischen Zeitung haben von 70 bayerischen Abgeordneten 55 nicht für den preußischen König gestimmt.[889]

Damit waren die Verfassungsberatungen beendet und es galt, die Verfassung in die Wirklichkeit umzusetzen. Als erstes machte sich eine Deputation der Paulskirche unter Führung des Parlamentspräsidenten Eduard Simson auf den Weg nach Berlin, um die Entscheidung des preußischen Königs einzuholen.

Schon der Welckersche Antrag hatte den bayerischen Hof und seine Getreuen alarmiert. Der bayerische Außenminister sah die Lage einigermaßen gelassen[890], aber der Hof fürchtete eine Einigung zwischen Berlin und Wien. Letzten Endes wußte man in München, daß nicht von Bayern, sondern „von einer Verständigung des Berliner Kabinetts mit dem österreichischen ... die Zukunft Deutschlands abhängen“ werde. So intensivierte Bayern die Kontakte zu den übrigen deutschen Königshöfen, um sie von einem Zusammengehen mit Preußen abzuhalten und die Front der Kleinstaaten gegen die Großmächte zu schließen. Bei der unsicheren politischen Lage war jedoch von diesen Staaten keine große Hilfe zu bekommen.

Nach der Kaiserwahl, in den ersten Tagen des April 1849, wurde die Lage für die bayerische Diplomatie noch schwieriger: Sie wußte nicht, wie sich Preußen verhalten würde, und sollten sich Österreich und Preußen doch auf friedlichem Weg Macht und Einflußsphären teilen, so würde Österreich so weit außerhalb Deutschlands stehen, daß es keinen Einfluß mehr für Bayern geltend machen könnte. Der österreichische Gesandte in München erhielt also Anfang April eine – aus dem königlichen Kabinett, nicht dem Ministerium stammende – Ausarbeitung, die sich darüber Gedanken machte, wie der Ausschluß Österreichs aus Deutschland zu verhindern sei. Es wird darin deutlich gemacht, daß die österreichische Politik auf einer Maximalforderung beruhte und mit erheblichen Risiken des Mißlingens behaftet war, welches das kleine Bayern noch mehr zu fürchten hatte als das große Österreich. Was Bayern dagegen vorschlug, war nicht allzu weit entfernt von dem Gagernschen Plan eines engeren und weiteren Bundes, wenn auch eben nicht in der Gagernschen Weise, gleichzeitig wurde um militärischen Beistand in jedem Falle gebeten. Ein für die „großen Höfe“ und die Öffentlichkeit bestimmtes Papier vom 4. April enthielt im Vergleich dazu mehr propagandistisch-ideologisches Material und suchte die bayerische Interessenlage zu verwischen.

Auch auf Preußen selbst suchte man einzuwirken. Eine bayerische Note vom 31. März stellte der preußischen Regierung noch einmal die bayerischen Grundsätze vor Augen: Vereinbarung, Einschluß Österreichs und Ausschluß des Erbkaisertums; die Note war dem bayerischen König zu mild und vorsichtig, der Außenminister mußte sich rechtfertigen. Die Note wurde den bayerischen Gesandtschaften in Abschrift mitgeteilt und der für Württemberg bestimmten Abschrift lag eine eigenhändige Botschaft Max

II. bei, in der er „Zeit zum Handeln“ gekommen sah. Der österreichische Gesandte in München erhielt ebenfalls eine Abschrift der Note mit dem Zusatz, Bayern sei „vorzüglich mit Österreich Hand in Hand zu gehen entschlossen“. Natürlich wollte Bayern mit Österreich gehen, aber hatte Österreich das nötig? Großspurig erklärte der bayerische König Anfang April einem Gesandten: „Ich werde nie darein willigen, erblicher Präfekt zu werden. Wenn der König von Preußen annimmt, bleibt mir nichts übrig, als mich an die Spitze meiner Truppen zu stellen.“ Die bayerische Armee taugte aber höchstens dazu, die eigene Bevölkerung in Schach zu halten, und nicht einmal dessen konnte man ganz sicher sein.

„Man sieht das wenig erfreuliche Spiel der beiden Mächte: Österreich braucht Bayern und will es gegen Preußen möglichst ohne große Opfer festlegen, Bayern hat mit seiner selbständigen deutschen Politik sehr wenig Erfolg, klammert sich an Österreich fest“[890a]; es war keine durchdachte Politik großer Züge, sondern ein Hecheln nach der jeweils am günstigsten scheinenden Möglichkeit, die Stellung der wittelsbachischen Monarchie zu erhalten.

Begleitet wurden diese diplomatischen Aktivitäten von der Suche nach einem neuen Ministerium. Bayern hatte im Laufe des Frühjahrs eine Reihe neuer Minister bekommen. Am 5. März war der – abgesehen vom Außenminister – letzte „Märzminister“ Carl Friedrich von Heintz durch Karl Joseph von Kleinschrod im Justizministerium abgelöst worden, seit dem 7. März war Joseph von Aschenbrenner Finanzminister und seit dem 8. März Georg Friedrich von Forster Innenminister, und Friedrich von Ringelmann übernahm am 16. März das Ministerium für Kirchen- und Schulangelegenheiten. Sie waren Karrierebeamte ohne bedeutendes politisches Vorleben und Profil. Es fehlte ein Frontmann des Ministeriums, der konzeptionell und ressortübergreifend dachte und die Sache der bayerischen Monarchie vor dem Landtag zu vertreten willens und in der Lage war.

Vor allem war für den angesehensten Posten, für das Ministerium des königlichen Hauses und des Äußern, noch ein Mann zu bestellen, der nicht so unsicher zwischen alter und neuer Zeit hin und her tapste wie der altgediente von Bray. Einen solchen glaubte der Monarch in Ludwig von der Pfordten gefunden zu haben; man nahm umgehend Verhandlungen auf. Von Geburt Süddeutscher und Protestant, von Beruf Juraprofessor und durch seine Lehrtätigkeit in Würzburg in Bayern bekannt, war von der Pfordten nach vorübergehender Mitarbeit in der liberalen „Deutschen Zeitung“ als Minister in Sachsen endgültig zum Renegaten am Liberalismus geworden. Daß er dies hinter feinem Taktieren zu verbergen und mit einem Rest von liberalem Ruf zu verbinden verstand, machte ihn für den bayerischen Hof um so viel nützlicher: „er konnte die klerikal-partikularistische Gegenrevolution zugleich führen und verdecken“, bezeichnenderweise wurde er – wieder einmal – auf Anraten von Abels als Ministerkandidat herangezogen.

Es sprach zu Anfang April, als die Deputation der Paulskirche nach Berlin reiste, einiges für ein Entgegenkommen Preußens: Das Ministerium Brandenburg hoffte in seiner Mehrheit, daß der König sich zur Annahme der Wahl entschließen werde, wenn die übrigen deutschen Fürsten ihr Einverständnis erklärten. Der preußische Bevollmächtigte bei der Nationalversammlung Camphausen bereitete die Gründung einer preußisch-deutschen Union mit den Klein- und Mittelstaaten vor, es gab diplomatisch-repräsentative Gefälligkeiten wie den Empfang der Deputation bei Prinzessin Augusta von Preußen, die preußischen Kammern sprachen sich für die Annahme der Frankfurter Beschlüsse aus und eine Erklärung der preußischen Regierung, vor der ersten Kammer abgegeben, schloß ein Entgegenkommen zumindest nicht aus. Beim Empfang im königlichen Schloß am 3. April erhielt die Deputation der Nationalversammlung jedoch eine Antwort, die bereits überwiegend als abschlägig betrachtet wurde. Der russische Gesandte, der in Begleitung der Gemahlin des bayerischen Geschäftsträgers von Lerchenfeld an dem Ereignis teilnahm, freute sich über die Antwort – das war ein schlechtes Zeichen.

Der König von Preußen hatte die Hoffnung auf ein durch die Frankfurter Nationalversammlung vermitteltes Kleindeutschland mit preußischem Vorrang noch nicht aufgegeben, lehnte aber eine Lösung, wie sie in den Abstimmungen vom 26. bis zum 28. März zustandegekommen war, ab. Obwohl die Erwiderung Friedrich Wilhelms IV. an die Deputation der Nationalversammlung nur schwer als Zustimmung zu werten war, gab es noch Gründe, eine preußische Zustimmung zu erhoffen. Am 3. April lud eine Zirkulardepesche des preußischen Außenministers an die preußischen Gesandtschaften die deutschen Regierungen zu neuen Verhandlungen ein, man konnte damit rechnen, daß eine größere Zahl deutscher Regierungen, wenn auch nur um die Revolution zu beenden, sich mit der preußisch geprägten Form der deutschen Einheit abfinden würde. Daß der preußische Außenminister wenig später seine eigene Zirkulardepesche gegenüber dem österreichischen Botschafter desavouierte, wußte man bei den Liberalen nicht, und man hätte es wohl auch nicht geglaubt.

Preußen versuchte ungeachtet der Ablehnung der Kaiserkrone noch zu irgend einem Arrangement mit der Nationalversammlung zu kommen und vermied es, vollendete Tatsachen zu schaffen. Österreichs Fürst Schwarzenberg dagegen versuchte ein Ausgreifen Preußens zu verhindern. Dazu ermunterte er Erzherzog Johann, Österreichs und in gewisser Weise auch Bayerns Vertrauensmann in Frankfurt, zum Verbleib im Amt des Reichsverwesers, als dieser nach der Kaiserwahl zurückgetreten war, er forderte die Mittelstaaten zum Widerstand gegen Preußen und Nationalversammlung auf und versuchte durch die Abberufung der österreichischen Abgeordneten am 5. April das Frankfurter Parlament in seinem Bestand zu erschüttern. Damit hatte sich der Eindruck einer ablehnenden Haltung Friedrich Wilhelms so verfestigt, daß die Deputation abreiste.

Die Gefahr, sich einem preußischen Monarchen beugen zu müssen, schien damit an der bayerischen Monarchie fürs erste vorübergegangen zu sein, für die bayerische Regierung bestand trotzdem immer noch eine bedenkliche Situation. Preußen schien ungeachtet seines zwielichtigen Verhaltens gegenüber der Nationalversammlung eigene nationale Pläne zu verfolgen, und auch Österreich tat, was ihm gut schien, ohne lange nach Bayerns Wünschen zu fragen. In einer neuen Note mahnte Bayern Preußen, den Reichsverweser weiterhin anzuerkennen. Nach Wien schickte man den bewährten von Aretin. Als dieser Audienz bei Fürst Schwarzenberg bekam, hatte Österreich mit der Ministerialerklärung vom 8. April, „die an Deutlichkeit nichts zu wünschen übrig ließ" seine Meinung kundgetan: Die Nationalversammlung, die seinerzeit nur berufen worden sei, um gemeinschaftlich mit den Fürsten das Verfassungswerk zustande zu bringen, habe ihrer gesetzlichen Tätigkeit selbst ein Ziel gesetzt, indem sie das Verfassungswerk für vollendet erklärte; sie habe die ihr zustehenden Befugnisse überschritten, indem sie eigenmächtig die Verfassung beschlossen, vollzogen und als Gesetz verkündet, und indem sie eigenmächtig einen Erbkaiser gewählt und diesen ebenso eigenmächtig für permanent erklärt habe. Für die österreichische Regierung bestehe die Nationalversammlung nicht mehr, Verhandlungen – wie sie Preußen einleiten wollte – könne sie deshalb nicht beschicken. Gleichzeitig ließ Schwarzenberg eine Weisung an den österreichischen Gesandten in München gehen, „daß für den Fall des Eintritts der beiderseits vorgesehenen Ereigniße ... die Kaiserliche Regierung jener Sr. Majestät des Königs von Bayern zur Abwehr eines möglicherweise erfolgenden feindlichen Angriffes oder bei dem Ausbruche von Aufständen im eigenen Lande ... im Sinne des Art. XI der deutschen Bundesakte auf Anrufen der bayerischen Regierung mit seiner Kriegsmacht nach Bedürfniß beistehen“ werde. Auch werde Österreich im Falle, daß Bayern nicht mehr im Zollverein bleiben könne, dieses in seinen Zollverband aufnehmen.

Das regierende Bayern hatte damit die militärische und wirtschaftliche Absicherung für eine gegenrevolutionäre Offensive. Die für den 10. April vorgesehene Einberufung des Landtags wurde, nachdem der 23. April als möglicher Termin ins Auge gefaßt worden war, auf den 15. Mai verschoben. Auch die Bildung des Ministeriums wurde nun zum Abschluß gebracht: Man einigte sich nach einigen Verhandlungen in einem Regierungsprogramm, das als Antrag des Gesamtministeriums vom 15. April[890b] an den König ging. In diesem Antrag versuchte das Ministerium einen Weg zu finden zwischen den Ansprüchen der Monarchie und den Anliegen der Volksbewegung. Es gab in der Hauptsache, „dem Vereinbarungs-Principe“, der Monarchie recht. Bei der Aussicht, wieder einem linksliberalen Landtag gegenübertreten zu müssen, machte es aber, vor allem durch die Gegenüberstellung des früheren, vormärzlichen „patriarchalisch-monarchischen Staatslebens“ und des nun erforderlichen „constitutionell-monarchischen Regierungssystems“, ein bemerkenswertes Kompliment an die Märzrevolution und die Volksbewegung: man verständigte sich darauf, daß man das Rad der Geschichte über den März 1848 nicht zurückdrehen konnte.

Seit 18. April amtierte von der Pfordten als Minister des königlichen Hauses und des Äußeren, daneben nahm er das Ministerium des Handels und der öffentlichen Arbeiten wahr. Bei allem äußerlichen Taktieren zielte die Politik des neuen Kabinetts nun, nachdem es auf Klarheit des Wollens ankam, „kompromißlos ... auf die Verteidigung der bayerischen Souveränität gegenüber Ansprüchen und Forderungen des deutschen Parlamentes“. Das konservative Lager war damit wieder konsolidiert, rationaler und fundamentalistischer Konservatismus arbeiteten in erfolgreicher Arbeitsteilung zusammen: Parteigänger des Fundamentalismus wie die Professoren Phillips und Lasaulx, die zu Beginn der Montez-Affäre auf Nebenstellen abgedrängt worden waren, erhielten im Frühjahr 1849 gegen vielfachen Widerstand ihre Stellungen an den Universitäten zurück, andrerseits entstanden neue gemäßigt-konservative Blätter wie die ab 1. April erscheinende „Landshuter Zeitung“, die die Regierung gegen Angriffe des fundamentalistischen „Volksboten“ in Schutz nahm.

Der Beschluß über die Verfassung, die Kaiserwahl und die Ablehnung der Wahl bedeutete für alle Lager eine Zäsur. Vor allem stellte sich die Frage, wie mit der beschlossenen Reichsverfassung, die mit der Entscheidung des preußischen Königs ja nicht gegenstandslos geworden war, zu verfahren sei, und welche neuen Aussichten sich in der Oberhauptsfrage ergäben.

Während des Winters hatte sich das politische Leben auf lokale Dimensionen zurückgezogen, was nicht heißen soll, daß es erstarb. Der Aufbau der Märzvereine bedeutete eine große Anstrengung, und was darüber noch an Kraft übrig blieb, wurde gebraucht, um die Vorgänge in Frankfurt und München zu beobachten und zu verarbeiten. In Nürnberg fand am 15. Februar eine Volksversammlung statt, deren an die Nationalversammlung gehende Petition sich gegen ein Zweikammersystem („das nach allen Erfahrungen sich als der Freiheit und dem Fortschritt durchaus feindlich erwies, da die bisherigen ersten Kammern die Einführung des Guten und dem Volke Nützlichen durch ihren Widerspruch stets verhinderten") ausspricht und für den Fall, daß doch eine erste Kammer als Staatenhaus eingerichtet würde, deren Bestellung durch allgemeine Wahlen verlangt, auch wird das absolute Veto der Krone abgelehnt.[891] In einer weiteren Petition von Ende Februar schloß man sich den Vorstellungen des Märzvereins bezüglich der zweiten Lesung der Reichsverfassung an.[892] Aufmerksam begleitete der Volksverein die Debatten um das Wahlrecht. Mit einer Petition vom 13. März stimmte er dem Ergebnis zu und fügte den Wunsch nach baldiger Herstellung der nationalen Einheit bei.[893] Das Vereinsblatt, die Mittelfränkische Zeitung, hatte damals schon in mehreren Artikeln für die kleindeutsche Lösung Partei ergriffen. Auch versuchten einzelne Berufs- und Weltsanschauungsgruppen, denen der spätabsolutistische Staat sein Reglement aufgezwungen hatte, sich zu organisieren und ihre Angelegenheiten in die eigenen Hände zu nehmen. Das waren neben Ärzten und Juristen vor allem die Lehrer, denen die fundamentalistische Ära schwere Blessuren zugefügt hatte. In der protestantischen Kirche regten sich Reformbewegungen, mit einigem Erfolg organisierten sich die Deutschkatholiken des Johannes Ronge.

Die bedeutsamste „berufspolitische" Entwicklung war die zunehmende Organisation der Arbeiterschaft. Nach den mühseligen Organisationsbemühungen im Herbst 1848 war sie im Februar 1849 bereits so weit, mit politischen Botschaften an die Öffentlichkeit zu treten. Während eine Grußbotschaft[894] des Münchener Arbeiterbildungsvereins, der in der Unterschrift als „Centralverein sämtlicher Arbeiter-Vereinigungen Bayerns" auftrat, an die Abgeordnetenkammer des Landtags sich mehr im Allgemeinen bewegt, sticht die Nürnberger[895] Petition, ebenfalls an die Abgeordnetenkammer des Landtags gerichtet, durch ihre präzise Verbindung sozialer Belange und politischer Ziele hervor: Die „auf die Arbeit angewiesene Klasse" wünscht die Aufhebung der indirekten Steuern und zum Ersatz die konsequente Durchführung der progressiven Einkommensteuer, den Ersatz stehender Heere durch Volksbewaffnung, unentgeltliche Rechtspflege, Verbesserung des Bildungswesens und Aufhebung der Beschränkungen des Wahlrechts. Gleichzeitig liefen die Bemühungen um eine gesamtbayerische Einigung der Arbeiter.

Anfang April war es soweit. Unter dem Vorsitz von Stefan Born tagte man in Nürnberg.[896] Die Beratungen handelten entsprechend den sozialen Bedingungen Bayerns vorwiegend von den Angelegenheiten der Gesellen und dem Übergang zu selbständiger Berufsausübung. Die Fabrikarbeiter stellten neben den Gesellen-Arbeitern noch eine kleine, eigene Fraktion dar, und der Kommunismus war dementsprechend noch nicht das vordringliche Ziel, eher war es die Vorstellung einer sozial gestalteten bürgerlichen Republik, welche die Beratungen leitete.

Unabhängig vom Parlament und den Abgeordneten begann eine Volksbewegung, welche die im März beschlossene Reichsverfassung in den Grundzügen für bewahrenswert hielt. Das gescheiterte Erbkaisertum galt ihr als Nebensache, die von der Entwicklung bald korrigiert würde, auch der Ausschluß Österreichs mußte bei solchen Voraussetzungen nicht endgültig sein. Es kam die Stunde des „Reichspatriotismus“[897], der vor allem das Kleinbürgertum erfaßte. Die Mehrheit der bayerischen Bevölkerung sprach sich im Zuge dieser Bewegung für Verwirklichung der Reichsverfassung aus, nicht einmal Altbayern stand geschlossen hinter der partikularistischen Wittelsbachermonarchie. Auch wo die Abneigung gegen ein preußisches Reichsoberhaupt unüberwindlich war, hielt man die nach soviel Mühen entstandene Reichsverfassung für ein bewahrenswertes Gut, zu dessen Verteidigung eine hohe Bereitschaft vorhanden war. Das ist, bei allen situationsbedingten Schwankungen, im wesentlichen die Aussage der Berichte der Regierungspräsidien an das Innenministerium.[898]

Am 5. April fand in Heidelberg[899] eine Versammlung von Oppositionellen der deutschen Landtagskammern statt, auch bayerische Abgeordnete hatten sich eingefunden und sogar Abgeordnete des aufgelösten Kremsierer Reichstags waren gekommen; insgesamt waren 30 bis 40 Abgeordnete anwesend. Raveaux führte den Vorsitz, die Linke war in voller Breite mit Karl Vogt (Gießen) über Simon (Trier) bis zu von Trützschler vertreten und von den bayerischen Abgeordneten fielen die Pfälzer Stockinger und Kolb auf.[900] Es waren Abgeordnete vorwiegend aus den süddeutschen Ländern, „welche keine Sympathie für das Kaiserthum haben”[901]. Nach mehrstündiger Debatte wurde beschlossen, „dahin zu wirken: 1) daß die durch die teutsche Nationalversammlung, als einzig und allein hierzu berechtigte Instanz, beschlossene Verfassung einschließlich der Grundrechte und des Wahlgesetzes, unbedingt durchgeführt werde, und 2) daß wenn eine solche unbedingte Durchführung durch den Fürsten nicht zu erreichen sein sollte, welchem zuerst die Würde des Reichsoberhauptes angetragen worden, die Nationalversammlung in fernere Berathung trete und eine Regierung des Gesamtstaates schaffe, welche ihre Beschlüsse ausführe, sei dieß eine einheitliche, sei es eine kollegialische“[902]. Der Beschluß ließ einen bürgerlichen Präsidenten ebenso zu wie ein Direktorium aus gekrönten Häuptern und war insofern nur eine halbe Entscheidung.

In Bayern begann die Reihe der Versammlungen mit großen Volksversammlungen in Ebern und Kitzingen[903] am 1. April 1849, bei der die Abgeordneten Kleindienst aus Baunach, Zink aus Hofheim und Reinhard aus Neustadt als Redner auftraten. Am selben Tag fanden auch Volksversammlungen[904] in Schnaittach (mit den Abgeordneten Crämer und Dr. Morgenstern) und in Prichsenstadt (mit den Abgeordneten Borst, Köhl und Schad) statt. Doch war dic Entscheidung schwierig. Bamberg hatte in Dekan Bauer einen Abgeordneten, der im Vorstand des Weidenbusch saß, während zuhause die liberale Bamberger Zeitung bei der Nachricht von der Kaiserwahl verdrossen abwinkte.[905] Eine Woche später festigte sich bei der Bamberger Zeitung die Überzeugung, daß die Reichsverfassung insgesamt zu Recht bestehe und keinesfalls aufgegeben werden dürfe. Die Politische Wochenschrift[906], das „Organ der demokratischen Vereine Würzburgs“, druckte bald nach der Kaiserwahl unmittelbar nacheinander zwei Artikel, von denen der eine die Hohenzollernwahl bedauert, aber für die Gültigkeit der Reichsverfassung eintritt, während der zweite die Wahl und die Nationalversammlung überhaupt ablehnt. In Nürnberg hatte der Volksverein in einer Versammlung am 3. April, auch diesmal dem Majoritätsprinzip folgend, der Kaiserwahl zugestimmt. Der Abgeordnete Schmitt war bei der Versammlung gegenwärtig und trug den Beschluß mit.[907] In Würzburg sprach Mitte April der Abgeordnete Kirchgeßner zu einer Volksversammlung. Er begründete und rechtfertigte die Wahl des preußischen Königs (und seinen eigenen Richtungswechsel), und die Versammlung stimmte ihm lebhaft zu[908], obwohl es noch im Januar deutlich proösterreichische Stimmungen[909] in Würzburg gegeben hatte.

Immer deutlicher akzeptierte die politische Mehrheit nicht nur die Reichsverfassung, sondern auch die kleindeutsche Lösung, es kam die Parole auf: Wenn schon kein Großdeutschland, dann lieber Kleindeutschland als Keindeutschland.[910] Bayern war, von Ausnahmen abgesehen, mit dem Zollverein, der wirtschaftlichen Vorform Kleindeutschlands, nicht schlecht gefahren und die bisherigen Erfahrungen sprachen dafür, sich in den kleindeutschen Gang der Dinge zu fügen. Abgesehen von den grenznahen Bezirken und dem Einfuß der Wiener Börse, waren die Bindungen zu Österreich nicht mehr bedeutend. Es waren vor allem Adel und Klerus, welche die Verbindungen zu Österreich betonten, ersterer wegen seiner Verwandtschafts- und Besitzverhältnisse, letzterer wegen des konfessionellen Proporzes, in dem Österreich das katholische Gegengewicht zum protestantischen Preußen herzustellen hatte.

Nicht einmal in München sah man in einer Verbindung mit Österreich bei gleichzeitiger Trennung vom übrigen Deutschland durchgehend eine erstrebenswerte Zukunft. Ein Anschluß an Österreich beunruhige nicht wenige Münchener Bürger, sie befürchteten, er werde „die ganze bayerische Industrie, Glas-, Porzellan-, Tuch-, Baumwollen- u.s.w. Fabrikation , die Weinkultur und den Bergbau vernichten“[911], berichtete ein Münchener Korrespondent nach Würzburg; er dürfte sich dabei auf gehobene bürgerliche Kreise bezogen haben. Der kleine Münchener „Vorwärts“ hatte gleich nach der Kaiserwahl, auf den Titel einer bekannten, vor zwei Jahren erschienenen Schrift („Annehmen oder Ablehnen“) zurückgreifend, das Annehmen empfohlen: „Also annehmen, mein deutsches Volk! Es gilt der Sache – es gilt dem Vaterlande. Das Parlament in diesem Augenblick verlassen, heißt die Sache der Freiheit – sich selbst aufgeben.“[912] In Augsburg sprach sich der Deutsche Verein für die Entscheidung vom 28. März aus.[913]

In den großen Volksversammlungen von Frankfurt, Hanau und Offenbach fand gegen Mitte April diese von unten her kommende Bewegung ihren ersten Ausdruck und zugleich Stabilisierung, von da aus wirkte sie auf das Parlament zurück, und vor allem auf dessen Linke. Es kam jetzt darauf an, daß die Volksbewegung Führung und Formung erhielt.

Am 7. April traf die Kaiserdeputation wieder in Frankfurt ein. Der Bericht der Deputation am 11. April in der Paulskirche löste heftige Debatten aus, die sich in den abendlichen Fraktionssitzungen fortsetzten. Im Parlament machte sich bereits der freiwillige oder angeordnete Austritt von Abgeordneten, meist der Rechten angehörend, bemerkbar. Daß das die parlamentarische Gegner stärkte, störte die Rechte nicht mehr, sie hatte das Parlament bereits abgeschrieben. Liberale und gemäßigte Linke beschlossen nach Anhören des Berichts an der beschlossenen Verfassung samt Wahlgesetz festzuhalten und wählten den „Dreißigerausschuß" („Antrag Kierulff"), der sich der Verfassungsfrage widmen und neue Vorschläge zur Einführung der Verfassung machen sollte. Demgegenüber hatte nach der Rede Simsons, der den Bericht über das Ergebnis der Kaiserdeputation vorgetragen hatte, der Donnersberg-Abgeordnete Schlöffel unter anderen einen Antrag auf Einsetzung eines Vollziehungsausschusses gestellt: Das war die revolutionäre Alternative zum Dreißigerausschuß.

Schon bei den Abstimmungen über diese Anträge fielen Entscheidungen, die in den anschließenden abendlichen separaten Fraktionssitzungen nur noch abgesegnet wurden. Damit sich der Antrag Kierulff durchsetzen konnte, waren die Gagern-Liberalen ein Bündnis mit der Linken einschließlich eines Teils der Fraktion Donnersberg eingegangen; es war dies der letzte Versuch, Liberalismus und Demokratie zusammenzuhalten. In der abendlichen Fraktionssitzung spaltete sich die Fraktion Donnersberg dann formell und endgültig. Trützschler und mit ihm die knappe Mehrheit samt dem Bamberger Titus[914], erklärten ihren Austritt aus dem Donnersberg, während Ludwig Simon die Minderheit zusammen mit dem Deutschen Hof, in dem nach Blums Tod Karl Vogt (Gießen) der maßgebende Mann war, in Einheit mit den Gagern-Liberalen auf erbkaiserlichem Kurs und im Märzvereinsbündnis hielt. Die Gruppe um Trützschler markierte in zwei weiteren Entscheidungen ihren Weg: sie sprach sich förmlich gegen das Erbkaisertum aus (16. April 1849) und erklärte am 20. April ihren Austritt aus dem Zentralmärzverein, weil sie dessen ausschließlich parlamentarisch-legale Orientierung für nicht mehr engemessen hielt.

Immerhin konnte der Dreißigerausschuß schon am 14. April melden[915], daß sich 28 deutsche Regierungen mit Reichsverfassung und Kaiserwahl einverstanden erklärt hatten. Das war eine Meldung, die eine Politik des – nichtrevolutionären – Maßhaltens rechtfertigen konnte, sofern man übersah oder übersehen wollte, daß die größeren[916] und entscheidenden Staaten, darunter Bayern, nicht zugestimmt hatten. Wie die Entscheidung fallen würde, deutete sich an, als der preußische Ministerpräsident am 21. April erklärte, die Reichsverfassung sei in der vorliegenden Form nicht annehmbar. Eine Woche später, am 28. April 1849, gab dann Ministerpräsident Graf Brandenburg in einer Depesche an den Bevollmächtigten bei der Frankfurter Zentralgewalt Camphausen die endgültige Ablehnung der Reichsverfassung durch Preußen bekannt. Über eine Zirkulardepesche an die preußischen Gesandtschaften wurden am selben Tag die Regierungen der deutschen Einzelstaaten zu Verhandlungen mit Preußen eingeladen und damit das Projekt einer preußischen „Union" auf den Weg gebracht.[917] Ort der Verhandlungen sollte Berlin sein, eine gewisse Mitwirkung der Nationalversammlung sowie des Volkes wurde propagandistisch angedeutet, war aber tatsächlich nicht angestrebt.

Am 23. April gab Bayern, gestützt auf mehrfache österreichische Garantien und im Zeichen eines sich anbahnenden Bündnisses mit Württemberg, seine endgültige Ablehnung der Reichsverfassung in einer Note bekannt. Als Gründe wurden angegeben der Ausschluß Österreichs, der übertriebene Zentralismus der Verfassung und die speziellen Verhältnisse Bayerns als Nachbar Österreichs. Deutlicher als bisher wird nun wieder der Deutsche Bund als die geeignetste Form der nationalen Einheit herausgestellt.[918] Damit hatten sich die drei größten deutschen Staaten gegen die Reichsverfassung gestellt.

Der Inhalt der „noch mehr im Sinne als in der Ausdehnung monströse(n)“[919] Note wurde inoffiziell umgehend bekannt. Für den 27. April wurde eine Versammlung der bayerischen Abgeordneten der Nationalversammlung angeregt, diese kam aber nicht zustande. Sie „wurde wieder abgesagt, angeblich weil die bayerische Note (vom 23.4.1849 - der Verf.) noch nicht offiziell bekannt gemacht wurde, was aber nur ein Vorwand ist“[920] – anscheinend versagten sich die zahlreichen rechten und politisch nicht gebundenen Abgeordneten einer offenen Manifestation gegen die Regierung. Die bayerischen Abgeordneten der Rechten begannen bereits das Parlament zu verlassen. „Die Ratzen (süddt. für Ratten - der Verf.) verlassen das Schiff“, schrieb das Frankfurter Journal, eine im süddeutschen Raum weitverbreitete Zeitung, und ließ erkennen, daß es vor allem die „ultramontanen und partikularistischen Bayern“ meinte, und die gleichgestimmten Zeitungen[921] druckten es nach.

Die bayerische Note vom 23. April, die erste bedeutsame Maßnahme des Ministeriums von der Pfordten, trat einer bereits stark angewachsenen Volksbewegung entgegen. In Würzburg, wo die aus dem deutschen Südwesten, aus Hessen und Frankfurt kommenden Einflüsse besonders wirksam waren, hatten Mitte April die ansässigen politischen Vereinen zwei Adressen aufgelegt, die sich an die bayerische Abgeordnetenkammer und an die Nationalversammlung richteten; beide wurden aufgefordert, das Ihre zur Durchsetzung der Reichsverfassung zu tun.[922] Bei aller Entschiedenheit in der Anerkennung der Reichsverfassung beharrten sie auf Beibehaltung der legalen Mittel.

In Mittelfranken sollte die Agitation für Durchsetzung der Reichsverfassung mit einer Versammlung bei Muggenhof am 15. April beginnen. Eingeladen hatten die Politischen Vereine von Nürnberg und Fürth.[923] Um den am weitesten links stehenden Vereinen nicht das Feld zu überlassen, zogen die anderen Vereine schnell nach: der Volksverein sprach sich am 17. April für Einberufung des Landtags aus[924] und am 18. April folgte der Konstitutionelle Verein Nürnberg mit einer Petition für Anerkennung der Reichsverfassung[925].

In Schwaben[926] waren, von Nördlingen abgesehen, Günzburg, wo der Einfluß des deutsch-katholischen Predigers Albrecht aus Neu-Ulm wirksam wurde, sowie Kempten und Immenstadt mit den Abgeordneten Waibel und Schlund Schwerpunkte der Bewegung, später kam noch Lindau hinzu. Augsburg war durch die Druckereien und den Geldhandel (Börse) die am meisten ans österreichische Lager gebundene Stadt Bayerns, hier entstand erst im März 1849 auf Initiative des aus Bamberg zugewanderten Advokaten Dr. Kronacher ein Märzverein, der sich aus (meist armen) katholischen Kleinbürgern und aus Arbeitern rekrutierte. Es waren erkennbar zunächst die Liberalen, die mit der Petitionsbewegung begannen, um einem revolutionären Aufbruch vorzubeugen.

Die bayerische Note vom 23. April steuerte auf eine Kraftprobe zu. Doch schloß sich am selben Tag der König von Württemberg unter dem Druck der wachsenden Volksbewegung den 28 Anerkennerstaaten an. Der Erfolg wirkte ansteckend, noch einmal schien der legale Weg zum Ziel zu führen; was in Württemberg möglich war, konnte in Bayern nicht völlig unmöglich sein. Bayern sollte der Dominostein werden, der schließlich Preußen umlegte, und zwar sanft und ohne Revolution, darauf zielte eine Rede Karl Vogts (Gießen) in der Nationalversammlung[927] ab. Bayern rückte also in den Mittelpunkt des Interesses. Ein Kongreß der Märzvereine beschloß, die Agitation für die Anerkennung der Verfassung auf München zu konzentrieren[928], denn Freund und Feind[929] der Reichsverfassung sahen hier den Ort der Bewährung.

Auch das Gagern-Bündnis schöpfte Hoffnung, am 26. April forderte die Nationalversammlung die betreffenden Regierungen auf, die Anerkennung der Reichsverfassung nachzuholen und dem Volk beim Ausdruck seines Willens nicht hinderlich zu sein und weder Landtage zu vertagen noch aufzulösen.[930] Gleichzeitig sollten Reichskommissare die Oberhäupter der noch abseits stehenden Staaten aufsuchen und zum Annehmen der Verfassung bewegen, selbst Verfassungsänderungen stellte man ihnen in Aussicht. Daß tagsdarauf der preußische König die zweite Kammer des preußischen Landtags, die sich durchaus in den Grenzen der (oktroyierten) Verfassung bewegt hatte, auflöste, wurde vielfach als offen gegenrevolutionärer Akt empfunden, hielt aber die Liberalen nicht ab, weiter auf eine Einigung mit den Fürsten zu setzen. Für Berlin war Bassermann, für Bayern der Badener Liberale Karl Mathy vorgesehen. Mathy hatte als Unterstaatssekretär im Reichsministerium zu den Stützen des Österreichers von Schmerling gehört und war schon immer ein Anhänger der Nur-mit-Österreich-Losung gewesen, insofern war seine Wahl nicht ungeschickt. Trotzdem war sein Gang nach München erfolglos.

Der offene Widerstand der großen Monarchien ließ die in der Nationalversammlung auftretenden Spannungen und Spaltungen auch in der Volksbewegung aufbrechen. Die liberale Hauptpartei um Gagern verlor deutlich an Ansehen. Wenn in Würzburg Zeitungsartikel die unterschiedlichen Richtungen erkennbar machten, so wurden in der Beilage der Mittelfränkischen bereits Spottgedichte über Gagern abgedruckt. Doch unterblieb der einzig angemessene und sinnvolle Entschluß, die Revolution vom März und Mai 1848 mit militärischen Mitteln zu verteidigen. Das liberale Establishment wollte prinzipiell nicht, und das linksliberal-demokratische Märzvereinsbündnis konnte sich nicht von seinen angenehmen Illusionen trennen. In der Hoffnung, die Revolution doch noch zu retten, wurden alte Suppen wieder aufgewärmt, und Zeitungen, deren Spalten schon Besseres enthalten hatten, priesen sie ihren Lesern an: „Man glaubt, daß nun die Kaiserpartei in der Nationalversammlung in Frankfurt gesprengt ist, und daß man sich dort für ein Direktorium entscheiden wird. Geschieht dies, so hofft man, daß dann die größern Regierungen auch die übrigen Theile der beschlossenen Reichsverfassung nicht ernstlich beanstanden werden und so doch eine befriedigende Lösung der Verfassungsangelegenheit erfolgen könnte."[931]

Mit der Verstärkung der Volksbewegung ging also auch deren Differenzierung einher, und das bedeutete aber auch ein Wiederauftreten bzw. eine Zunahme „radikaler" Tendenzen. In der Pfalz versammelten sich am 22. April Abgeordnete aus Landtag und Paulskirche und sprachen sich für unverzügliche Einberufung des Landtags aus. Nach dem 23. April, nach Bekanntwerden der bayerischen Note, begann sich die Entwicklung zum Aufstand hin zu beschleunigen.

Nach den eher leisen Bemühungen von Konstitutionellem und Volksverein Nürnberg begann der Politische Verein Volksversammlungen[932] zu organisieren. Das Kollegium der Gemeindebevollmächtigten beschloß auf Antrag des Silberarbeiters (Juwelier) Bock am 23. April eine würdevoll eindringliche Adresse an den König um Anerkennung der Reichsverfassung. 3.854 Unterschriften aus der Bürgerschaft gaben der Adresse zusätzlich Gewicht, der Magistrat beteiligte sich erst nach einigem Drängen.[933] Aus allen größeren fränkischen Städten kamen nun Adressen um Einberufung der Kammern und Anerkennung der Reichsverfassung. Sie waren meist das Ergebnis von Volksversammlungen, an denen häufig Abgeordnete teilnahmen. Immer häufiger schalteten sich die Gemeindebehörden[934] ein, um die Bewegung nicht ausufern zu lassen. In Schwaben, vor allem aber in Franken war die Stimmung so eindeutig für Annahme der Reichsverfassung, daß nach Angaben der Regierungspräsidenten die „Gutgesinnten" – die Regierungstreuen – sich nicht an die Öffentlichkeit wagen konnten.

Nur in München[935] agierte die Rechte offen. Der Verein für konstitutionelle Monarchie und religiöse Freiheit (Piusverein) beschloß in seiner Versammlung vom 26. April eine „Offene Zustimmung" zu der bayerischen Note vom 23. April und überreichte sie am 29. April dem Minister, und auch der Konstitutionell-monarchische Verein unterstützte die bayerische Note. Der Märzverein versuchte dagegen anzugehen. Er warb um Unterschriften für seine zwei Adressen – für Anerkennung der Reichsverfassung und Einberufung des Landtags – und suchte durch eine Bürgerversammlung den Magistrat zu einer Stellungnahme für die Reichsverfassung zu drängen. 70 Münchener Bürger aus dem Umfeld des Märzvereins riefen für den 27. April nachmittags 4 Uhr zu einer Bürgerversammlung auf, welche den Magistrat auf Trab bringen sollte. Der Magistrat, der im vergangenen Herbst beim Oktoberfest noch schwarz-rot-gold-farbene Bänder gestiftet hatte, blieb aber untätig, und im Kollegium der Gemeindebevollmächtigten drang die – immerhin – einzige Stimme für Annahme der Reichsverfassung nicht durch.

Die vom Märzverein ausgehende Initiative brachte es auf ungefähr 1.200 Unterschriften[936], das war zahlenmäßig in etwa die Mitgliedschaft des Münchener Märzvereins; dagegen boten die beiden Adressen der konservativen Vereine an die 10.000-12.000 Unterschriften auf. Kaufmann Schulze, vor einem Jahr am Volksverein beteiligt, war[937] Initiator einer der beiden konservativen Adressen („Rosenthaladresse"), er[938] hatte auch am stärksten gegen die Märzvereinsaktionen angekämpft. Der Aufwand gerade auf konservativer Seite geschah auch im Hinblick auf die Mission Mathy, der Ende April in München ankam und nach einigen Tagen frostiger Behandlung ergebnislos abreisen mußte.[939] München war damit, nachdem im Frühjahr 1848 die königliche Agitation und einige besondere Ereignisse (Februarrevolte) die Zustände chaotisch verwirrt hatten, wieder zur Normalität zurückgekehrt.

In Franken, vor allem in Nürnberg, nahm hingegen die Volksbewegung an Umfang und Intensität zu. In Nürnberg wurde die betuliche Gemeindebevollmächtigtenadresse von der Agitation des Politischen Vereins in den Hintergrund gedrängt, der am 26. April eine bedeutende Volksversammlung veranstalten konnte, auf der revolutionär drohende Töne laut wurden. Einige Tage später beschloß eine Versammlung der Offiziere der Land- und Stadtwehr von Nürnberg gegen eine deutliche Minderheit, man werde sich nicht „gegen die Beschlüsse der Nationalversammlung gebrauchen" lassen.[940] Der wendige Professor Scheurl, dem seine konstitutionellen Wähler (Wahlmänner) in scharfen Erklärungen seine Beteiligung am rechten Zentrum vorhielten[941], sprach sich mit Einschränkungen für Anerkennung der Reichsverfassung aus.[942] Die Liberalen waren gezwungen, sich an der Volksbewegung zu beteiligen. Das seit Frühjahr 1848 in wechselnder Zusammensetzung bestehende Komitee für Volksversammlungen, das gleichzeitig als Zentralkomitee für ganz Franken auftrat, wurde um einige Personen verstärkt, die auf dem Weg der Kooptation in dieses Gremium gelangten, doch behielten die Liberalen ihren vorherrschenden Einfluß. Der Aufruf des Komitees an die fränkischen Mitbürger forderte zwar auf, „die Reichsverfassung mit aller Macht, auch mit seinem Blute" zu schützen[943], aber im wesentlichen zielte der Aufruf auf parlamentarisch-legales Verhalten ab. Für den 2. Mai wurde vom Komitee eine große allgemeine Volksversammlung einberufen.

Eine wesentliche Rolle mußte unter diesen Umständen den Abgeordneten zukommen. Abgeordnete der Linken hatten sich um den 23. April – zum Zeitpunkt eines zwischenzeitlich in Erwägung gezogenen Beginns der Landtagsverhandlungen – in München versammelt. Es hieß, es werde demnächst eine „energische Ansprache" an die Regierung ergehen, „deren Zweck einerseits die sofortige Anerkennung der deutschen Reichsverfassung, andrerseits die endliche Einberufung der Kammern sein wird. Ob zur Ergreifung dieser Maßregel am 1. Mai, wie beabsichtigt, in Nürnberg eine Versammlung gehalten, oder ob sich bloß der schriftlichen Verständigung bedient werden soll, ist noch nicht bestimmt."[944] Bamberger Abgeordnete – Prell, Ultsch – und Dr. Morgenstern (Fürth) luden[945] dann am 27. April die Mitglieder der Linken und des linken Zentrums der bayerischen Kammer der Abgeordneten auf den 2. Mai – es war der Tag der geplanten großen Volksversammlung – zu einer Besprechung in den Bamberger Hof in Nürnberg ein.

Am 29. April trafen sich unter halb konspirativen Bedingungen – die Behörden erfuhren erst in Nachhinein davon – die fränkischen demokratischen Vereine für Volksfreiheit in Bamberg im Gasthof zur Rose in der Königsstraße.

Daß Bamberg als Versammlungsort gewählt wurde, mag mit der Person des Paulskirchenabgeordneten Titus zusammenhängen, außerdem war Bamberg immer noch wenigstens formell der Sitz des demokratischen Kreisvereins. Sicherging es auch darum, die Behörden zu überraschen, und vielleicht rechneten sich in Bamberg die Demokraten gegenüber den müden Bamberger Liberal-Konstitutionellen bessere Möglichkeiten aus als in Nürnberg, wo die Liberalen und Linksliberalen[946] trotz aller Anstrengungen des Politischen Vereins die Überlegenen waren. Es kamen zunächst zwei Aufrufe[947] zustande, von denen der eine an die Soldaten appellierte, sich nicht besinnungslos gegen die eigenen Interessen mißbrauchen zu lassen und der andere die Bevölkerung aufrief, sich zu organisieren, Ausschüsse zu bilden und Vertreter zu wählen: „Eine Versammlung von Abgesandten aus allen fränkischen Gauen wird bald (gemeint ist der 2. Mai - der Verf.) dem Willen des Volkes einen einheitlichen Ausdruck geben, und wenn die Regierung es wagen sollte, das Aussprechen dieses Willens mit Gewalt zu verhindern, so wird das Volk in Masse aufstehen und den Beweis liefern, daß der kräftige Wille eines einigen Volkes alle Hindernisse vor sich niederwirft." Als der Versammlung die Auflösung der preußischen, hannoverschen und sächsischen Kammern und die in den Debatten der Paulskirche aufkommenden revolutionären Tendenzen[948] bekannt wurden, riefen die Versammelten die Abgeordneten der bayerischen Linken, vor allem deren fränkische Mitglieder, nicht nur zur Zusammenkunft, sondern auch zur Konstituierung in Nürnberg auf, „bis entweder die Reichsverfassung in Bayern unbedingt anerkannt oder der Zusammentritt der bairischen Volkskammer möglich wird".

Die Behörden hielten die Aufrufe, vor allem den an die Soldaten gerichteten, für gefährlich, Hochverrat verübend und revolutionär. So weit es ging, versuchten sie die Verbreitung der Aufrufe zu verhindern, der Regierungspräsident von Oberfranken eilte vom Amtssitz Bayreuth nach Bamberg[949] und in Nürnberg[950] versuchte der Magistrat die Wirkung der Bamberger Aufrufe dadurch zu beeinträchtigen, daß er sie in einem eigens angefertigten Plakat des Hochverrats beschuldigte. Es war nicht ganz abwegig, den Aufrufen Hochverrat zu unterstellen, deutlich ausgesprochen war er aber nicht: die Konstituierung sollte ein Provisorium sein bis zur (legalen) Anerkennung der Reichsverfassung durch die Regierung oder bis zur (legalen) Einberufung des Landtags.

Im Grunde beabsichtigten die Bamberger Aufrufe, derjenige an die Abgeordneten eingeschlossen, noch keinen revolutionären Schritt, sondern einen taktischen Notbehelf. Die seit einiger Zeit umgehende Parole der Lostrennung Frankens von Bayern stand hinter oder neben den Aufrufen, doch hatte die Lostrennung Frankens nur dann Sinn, wenn sie in eine nationale, revolutionäre Gesamtstrategie eingebaut war und nicht binnen kurzem in der Suche nach einem neuen edelblütigen Landesherrn oder Landesverweser endete. Möglicherweise wollten die fränkischen Demokraten Anstoß geben zu weitreichenden revolutionären Entwicklungen und den liberal-linksliberalen Block näher an die Revolution heranführen, faktisch aber blieb man im Rahmen des Märzvereinsbündnisses und des liberal-demokratischen Paulskirchenblocks, das – wie man andernorts dem Donnersberg-Abgeordneten von Trützschler vorhielt – revolutionäre „Sonderfähnlein"[951] konnten oder wollten die fränkischen Demokraten nicht bilden.

So vereinigten sich am Vormittag des 1. Mai auch in Bamberg die Ausschüsse von Konstitutionellem und Demokratischem Verein zu gemeinsamem Vorgehen und nachmittags genehmigte eine Volksversammlung Adressen für die Annahme der Reichsverfassung und Einberufung des Landtags. Bei der aktenkundigen Lethargie des Konstitutionellen Vereins (ein Bericht der Bamberger Behörden vom 1. Mai erwähnt kurz die politischen Vereine, „von denen übrigens der constitutionelle Verein schon längst kein Lebenszeichen mehr gegeben") hatten die Bamberger Demokraten einigen Grund zu der Annahme, die Führung der Bewegung in ganz Oberfranken, wo sich nirgends ein bedeutsames Industrie-Bürgertum – und damit auch kein einflußreicher Liberalkonstitutionalismus – gebildet hatte, übernehmen zu können, insofern konnte ihr Beginnen an verschiedenen Punkten enden. Doch hatte es in Bamberg damit sein Bewenden, über den 1. Mai hinaus wurden keine bedeutenden Vorstöße mehr unternommen, es gelangen immer nur partielle und lokale Aktionen und Nürnberg wurde wiederum das Zentrum der Bewegung.

In den beiden „gefährlichsten" Regierungsbezirken Mittel- und Oberfranken, aber auch in Unterfranken und Schwaben hielten Anfang Mai, vor der Nürnberger Versammlung, die Behörden die Lage in jedem Fall für brisant. Sie stellten eine geringe Macht der kasernierten Truppen fest, deren Verläßlichkeit obendrein in vielen Fällen nicht gesichert war. Sie mußten ferner feststellen, daß die Reservetruppen (Land- und Stadtwehren) zum großen Teil – und zwar ebenfalls aus Gründen mangelnder politischer Verläßlichkeit – nicht einsatzfähig waren. Die Land- und Stadtwehren sprachen sich zunehmend für die Reichsverfassung und gegen den Einsatz nach innen aus. Aus Aschaffenburg, Würzburg[952] und Bamberg wurden derartige Vorgänge bekannt, Nürnberg[953] folgte nach einigen Tagen, und schon wurde die Vereidigung der Land- und Stadtwehren auf die Reichsverfassung vorgeschlagen. Es war nicht zu übersehen, daß die politische Mehrheit auf der Seite der Reichsverfassung stand, und zwar von den Republikanern bis hinüber zu den gemäßigten Konstitutionellen, welche nichts weiter wollten als ein durch die Annahme der Verfassung herbeigeführtes Ende der Revolution. „Es waren gerade die gemäßigten und konstitutionell gesinnten Kreise, darunter die Beamten und Offiziere, die am nachdrücklichsten den König beschworen, von einer zweiten Auflage der Metternichschen Sündenpolitik abzulassen ...“.[954] Auch das Anwachsen der revolutionären Demokratie zeichnete sich ab, die Erhebungen in der Pfalz und in Sachsen kündigten sich an und auf den 2. Mai war auch eine große Volksversammlung für die Rheinpfalz nach Kaiserslautern einberufen.

Unter diesen Umständen fand am 2. Mai die erste große Nürnberger Versammlung statt. Der Nürnberger Magistrat versuchte mit dem Hinweis auf das in Aussicht stehende Zusammentreten des Landtags abzuwiegeln und empfahl sogar fernzubleiben[955], Regierungspräsident von Welden kam hingegen von Ansbach nach Nürnberg, um sofort einschreiten zu können.

Am Vormittag des 2. Mai fanden Vorbesprechungen der auswärtigen Vereine statt. Der Kontakt mit den Abgeordneten, soweit sie in Nürnberg anwesend waren, verlief enttäuschend, eine Deputation wurde mit Redensarten[956] abgefertigt. Nachmittags fand dann die große Volksversammlung[957] auf dem Judenbühl statt. 15.000 Teilnehmer aus Nürnberg und Umgebung waren gekommen, der Landtagsabgeordnete Jakob Schmitt war der Hauptredner. Trotz aller Andeutungen eines möglichen revolutionären Weges blieben die vorwiegend aus dem Kleinbürgertum kommenden Redner beim legalen Weg und versuchten mit einer weiteren Adresse die bayerische Regierung zur Einberufung des Landtags und Anerkennung der Reichsverfassung zu drängen.

Während der Versammlung und nachher wurde ein Aufruf an alle Männer Frankens, man möge sich zur Verteidigung der Reichsverfassung vorbereiten, verbreitet; die Behörden sahen darin Vorbereitungen für einen späteren Aufstand.[958] Daß für den 13. Mai eine weitere Volksversammlung angekündigt wurde, konnte man jedoch als Zusicherung, den legalen Weg wenigstens bis dahin nicht zu verlassen, und als Entgegenkommen gegenüber dem Magistrat auffassen. Die Schwierigkeiten, die die Behörden beim Vorgehen gegen die Verfasser und Verbreiter des Aufrufs und die Redner der Volksversammlung hatten, zeigen recht deutlich, welch großen, nie mehr ganz zu beseitigenden Spielraum für politisch-demokratisches Handeln die Revolution vom März 1848 gebracht hatte.

Der berichterstattende Regierungspräsident meldete, auf der Versammlung am 2. Mai seien vor allem „die Arbeiter-Classe und das Proletariat der Vorstädte, dann Stadtbewohner, Weiber und Kinder“ vertreten gewesen, das Landvolk habe sich hingegen ferngehalten.[959] Eine gewisse Tendenz zur Abwertung wird man beim Berichterstatter wohl unterstellen dürfen, doch ist der Kern der Aussage, daß das (gehobene) Bürgertum fernblieb und die Bauern in die Verfassungsbewegung nur unzureichend einbezogen waren, wohl zutreffend. Daß das Bürgertum in großer Zahl einem Aufruf zur Bewaffnung folgen würde, war noch nicht sicher; und wie in Mittelfranken rechneten auch in Oberfranken Anfang Mai die Behörden noch nicht mit dem Eingreifen der Bauern. Nur langsam weiteten die kleinbürgerlich-städtischen Sprecher der Verfassungsbewegung ihre Bemühungen um die nach wie vor mit dem Ablösungsgesetz unzufriedenen Bauern aus.

Hingegen gab es vor allem bei den Arbeitern in teilweiser Verbindung mit Turnerschaften Ansätze, durch Bewaffnung sich auf die absehbar kommenden Dinge vorzubereiten. Der Nürnberger Arbeiterkongreß hatte sich nicht mit großartigen politischen Deklamationen hervorgetan, es mehrten sich aber in der folgenden Zeit die Aktivitäten und verschlüsselten politischen Botschaften. So konnte denn der Regierungspräsident von Mittelfranken nicht ganz glauben, daß ein für den Abend des 2. Mai angekündigter Arbeiter-Ball lediglich dem Wunsch nach Maienlust und Tandaradei entsprungen sein sollte. Am 3. Mai wurden in der Mittelfränkischen die „deutschgesinnten jungen Männer" mit Schießerfahrung zur Bildung von Kompanien aufgerufen. Der Arbeiterverein brachte schließlich zwei Kompanien mit insgesamt 300 Mann zuwege. Ein Volksheer war dies noch nicht, und die Behörden konnten eine weitere Ausdehnung der Bewaffnung verhindern.[960]

Da wurde der sächsische Aufstand bekannt. Am Morgen des 4. Mai war der König von Sachsen mit seinen Ministern aus Dresden geflohen, am Nachmittag trat eine provisorische Regierung zusammen, vom 5. bis 9. Mai wurde um Dresden gekämpft, und trotz der Niederlage in Dresden war die Revolution nicht besiegt.

In der Paulskirche hatte unterdessen die Linke (Karl Vogt) die einzelstaatlichen Kammern aufgefordert, „sich sofort in ihrer letzten Zusammensetzung, aus eigener Machtvollkommenheit an jedem passenden Orte zu versammeln und ... Maßregeln zu treffen, um den Widerstand ihrer Regierungen gegen die Reichsverfassung zu beseitigen", auch sollte das Militär auf die Reichsverfassung vereidigt werden.[961] Wenn auch diese Anträge von den Gagern-Liberalen abgelehnt wurden, so hätte doch der in den nächsten Tagen in Frankfurt zusammentretende Kongreß der Märzvereine einiges bewegen können. Der Kongreß vom 6. Mai[962] entschied sich jedoch gegen Anträge aus dem Trützschler-Flügel auf aktive militärische Verteidigung der Reichsverfassung. Am Tage vorher hatte in Frankfurt ein Treffen bayerischer Abgeordneter der Nationalversammlung und des Landtags stattgefunden. Auch ihr Aufruf hielt sich an den legalen Kurs der gemäßigten Linken, doch fanden daneben auch die Aufrufe des Trützschler-Flügels zur Unterstützung der Pfalz und zur militärischen Abwehr der Gegenrevolution Eingang in bayerische Blätter. In der Rheinpfalz hatte am 6. Mai die Versammlung von Neustadt a.d. Haardt ganz nahe an die Revolution herangeführt, den entscheidenden Schritt aber verschoben.

In der Nationalversammlung gingen unterdessen Gagern und seine Partei, nachdem des Bündnis mit der gemäßigten Demokratie unter dem Druck der Ereignisse zerbrach, dem Bankrott entgegen. Nach einigen wichtigen, verlorenen Abstimmungen und nachdem ihm der Reichsverweser das Vertrauen entzogen hatte, trat von Gagern am 10. Mai zurück. Die liberalen Abgeordneten verloren sich daraufhin wie Spreu im Wind, ein kümmerlicher Rest verabschiedete sich am 20 Mai mit einer Erklärung.

Trotzdem betrachteten die bayerischen Behörden die Entwicklung mit Sorge. Zwar schob die bayerische Regierung der Note vom 23. April weitere, an die eigene Bevölkerung gerichtete Erklärungen nach, in denen sie ihren Standpunkt bekräftigte, doch die

Behörden in den Außenstellen sahen die Lage anders. Die Versammlungen in Frankfurt, der erneute Aufstand im Rheinland (Elberfeld, Düsseldorf) und die von den städtischen Zentren aus langsam die Bauern erfassende Verfassungsbewegung zeigten, daß die Kraft der Revolution auch nach der Niederlage in Dresden nicht gebrochen war. Die zahllosen Versammlungen und Manifestationen und die Schwäche der eigenen militärischen Mittel vor Augen riet der Regierungspräsident von Mittelfranken[963], der am weitesten vorgeschobene Posten der Gegenrevolution, zum Nachgeben: „im Gefühle der vollkommensten Ohnmacht“ sehe er den kommenden Ereignissen in Nürnberg entgegen, noch sei es Zeit nachzugeben, später werde alles nur noch schlimmer. Vor allem die bevorstehende Vereidigung der Nürnberger Stadtwehr löste die Angst des hohen Beamten aus. Die Behörden von Bamberg[964] fürchteten zur selben Zeit „eine demokratische Erhebung“, die „jetzt noch ruhigen und nur theilweise infizierten Landgemeinden“ würden bald in Bewegung geraten.

Trotz ihres forschen Auftretens war die Lage der bayerischen Regierung prekär: Oberst von Xylander gab in Frankfurt zu, daß seine Regierung nicht mehr als 10-12.000 Mann an verläßlichen Truppen auf die Beine bringen könne.[965] Nicht nur durch freiwillige Zustimmung der Bevölkerung, sondern durch ausgedehnte Verhaftungen unter Studenten und im radikaldemokratischen Milieu (Redakteure des „Gradaus“) konnte die bayerische Regierung wenigstens Altbayern als politische Basis behaupten. Der Münchener Märzverein hatte keine über München hinausgehende Bedeutung. Sein Vorstand, Advokat Riedel, trat schließlich, in einem Rückfall in liberale Positionen, sogar dafür ein, den bayerischen König als Reichsstatthalter einzusetzen[966] – eine Gefahr ging von solchen Vorschlägen nicht aus.

Doch zeichnete sich am 9. Mai in Nürnberg eine Wendung ab. Das Komitee für Volksversammlungen wurde an diesem Tage[967] durch Zuwahl von 25 auf 36 Mitglieder verstärkt, und verstärkt wurde damit vor allem das liberale Element. Diesem gelang es am selben Tage auch, die auf den 10. Mai nach dem Vorbild Schweinfurts geplante Vereidigung der Stadt- und Landwehr von Nürnberg zu verhindern, was der Regierungspräsident von Mittelfranken mit aufkeimender Hoffnung registrierte.[968] Wohl blieb es in Unterfranken weiterhin sehr unruhig, aber in Mittelfranken zeichnete sich eine Abflachung ab. Im übrigen agierten die einzelnen Landesteile immer noch weitgehend getrennt, die Verbindungen waren nur oberflächlich, gegenüber Altbayern bestanden sogar grobe Fehleinschätzungen.[969] Allenfalls orientierte man sich in Mittelfranken an der Rheinpfalz, aber auch hier waren die führenden Männer (Schüler, Culmann u.a.) noch weit davon entfernt, an revolutionär-militärische Maßnahmen zu denken. In Anlehnung an die Pfalz und in Anwendung der eigenen, streng legalistischen Vorstellungen hatte man in Mittelfranken Reichskommissare verlangt. Von Nürnberg reiste eine Deputation auf dem Umweg über die Pfalz nach Frankfurt. Man hatte Karl Vogt (Gießen), Simon (Trier) und Raveaux als Kommissare gewünscht, der Antrag fand auch Unterstützung durch den Abgeordneten von Reden, aber die (neue) Reichsregierung versagte die Zustimmung und Karl Vogt kam als Privatperson.[970]

So kam der entscheidende 13. Mai. In Offenburg war für diesen Tag eine große Versammlung angesagt, die dann tatsächlich zum Ausgangspunkt der badischen Erhebung wurde. In Nürnberg hatte das leitende Komitee für Volksversammlungen, in dem „alle politischen Färbungen" vertreten waren[971], eine große, friedliche Kundgebung angestrebt. „Hundert Tausende" sollten kommen, hatte es im letzten Aufruf[972] geheißen, die Macht der bloßen Gegenwart einer riesigen Menschenmenge sollte, so das Kalkül, die Regierung zum Einlenken veranlassen.

Es kamen an einige zehntausend[973], darunter waren Landtagsabgeordnete und Abordnungen auswärtiger Vereine, auch aus Schwaben kamen Deputationen. Der Hauptredner der Veranstaltung[974] war der Abgeordnete Karl Vogt. Vogt, der noch vor zwei Monaten in der Paulskirche eine „Politik des Schwertes" befürwortet hatte, brachte nur seine „müden, wenig revolutionären Empfehlungen"[975] vor, die Anwesenden wurden – wieder – auf die Reichsverfassung vereidigt.

Im wesentlichen aber war mit dem Tag von Nürnberg die Revolution in Bayern beendet. Es war in einer noch keineswegs entschiedenen oder gar schon verlorenen Situation versäumt worden, eine breite, sich durch ganz Süddeutschland ziehende militärische Front zur Verteidigung der Nationalversammlung und der Reichsverfassung aufzustellen. Später, mit abnehmender Wahrscheinlichkeit des Gelingens, wurden die noch vorhandenen Möglichkeiten nicht mehr wahrgenommen.

So blieb dem am 15. Mai zusammentretenden Landtag nur mehr wenig zu tun. Die Regierung versuchte zunächst im Zusammenspiel mit dem Kammerpräsidenten (und ehemaligen Minister Gustav) von Lerchenfeld den Sitzungsbeginn zu verzögern. Am 16. Mai waren die Abgeordneten der Zweiten Kammer fast vollzählig in München anwesend. Am Vormittag hielten Linke und linkes Zentrum eine Beratung ab. Eine vierköpfige Deputation suchte den Kammerpräsidenten auf, doch erst als ein Mitglied der Deputation ihm vorwarf, daß er „mehr Ministerialkommissär als Präsident der Kammer der Abgeordneten zu sein scheine", gab Lerchenfeld nach und beraumte für den folgenden Tag die Eröffnungssitzung an.[976] Das Ministerium trat dem Landtag mit einer Erklärung[977] gegenüber, die im wesentlichen die Note vom 23. April wiedergab. Als die führenden Abgeordneten des rechten Zentrums (v. Scheurl, v. Lerchenfeld, Forndran, Grießmaier) der Regierung ziemlich offen zustimmten, kam es im mittelfränkischen Raum zu Manifestationen gegen sie. Die Regierung versuchte die immer noch bestehende oppositionelle Mehrheit in der Zweiten Kammer durch Ausschluß der pfälzischen Abgeordneten zu brechen; die Pfalz war inzwischen in den Aufstand eingetreten. Dies gelang nicht, eine Mehrheit – es gehörten 75 von 143 Abgeordneten zur Opposition – sprach sich für die Reichsverfassung aus. In der Ersten Kammer plädierten Fürst Leiningen und Oettingen-Wallerstein für die Reichsverfassung.

Während des Landtags, am 23. Mai, kam eine Delegation der Nationalversammlung – Wigard (Deutscher Hof/gemäßigte Linke), Lodemann und ein weiterer Abgeordneter – nach München und boten Max II. gegen Anerkennung der Reichsverfassung die Reichsstatthalterschaft an. Das Gespräch mit von der Pfordten verlief so, daß die Abgeordneten unter Verzicht auf einen ausdrücklichen Bescheid wieder abreisten.[978]

Noch einmal ging in Anlehnung an den beginnenden badischen und pfälzischen Aufstand eine Welle von Kundgebungen[979] durch das Land. Am 13. Mai hatte auch in Würzburg eine große Volksversammlung[980] stattgefunden und sich für Annahme der Reichsverfassung ausgesprochen. Wieder bemühten sich die Magistrate – es waren insgesamt über 20 – durch Bittgänge vom Monarchen die Zustimmung zur Reichsverfassung zu erreichen. Sie handelten dabei vielfach auf die Initiative des liberalen Nördlinger Bürgermeisters Karl Brater. Hinter der verstärkten Aktivität der Magistrate – es waren meist von rechten Liberalen gestellte Magistrate, München war bezeichnenderweise nicht darunter – stand die grundsätzliche liberale Überzeugung von der schließlichen Erreichbarkeit eines Kompromisses mit den Fürsten ebenso wie die unmittelbare Wahrnehmung einer immer noch möglichen Revolution. Immer wieder bildeten sich neue, lokale Bewegungen (z.B. Wunsiedel, Hof) und noch Ende Mai mußte das Regierungspräsidium von Oberfranken einräumen, „daß fast in allen Theilen des Kreises eine solche maechtige Aufregung der Gemüther vorhanden sey, daß es vielleicht nur eines unbedeutenden Impulses bedarf, um die helle Flamme des Aufruhrs aufbrechen zu sehen“.[981] Zur selben Zeit sah auch der Regierungspräsident von Mittelfranken die große Gefahr, daß die Truppen bei einem immer noch möglichen Aufstand nicht funktionieren.[982]

Doch blieb in Bayern der unbedeutende, aber folgenreiche Impuls aus. Zwar versuchte der Nürnberger Arbeitern unter Leitung des Glasergesellen Faaßen lange Zeit nicht nur technische, sondern durch Kontakte zu Bauernvereinen[983] auch politische Voraussetzungen für eine militärische Aktion schaffen, aber seine Kräfte waren bei der Stärke der Behörden einerseits, der Indolenz des Bürgertums und der Verzagtheit des Kleinbürgertums andererseits zu schwach, um einen Aufstand auszulösen. Wohl aber gab es Zuzüge zu den Aufständen in Baden und der Pfalz, sowohl von Einzelpersonen wie auch von geschlossenen Verbänden wie zum Beispiel aus Schweinfurt.

Am 30. Mai beschloß die auf 130 Abgeordnete zusammengeschrumpfte Nationalversammlung, ihre Beratungen in Württemberg fortzusetzen; als „Rumpfparlament“ tagte sie ab 6. Juni in Stuttgart, bis sie von der württembergischen Regierung, auf die sie ihre Hoffnung gesetzt hatte, am 18. Juni des Landes verwiesen wurde. Es kam noch einmal zu Akten beispielhaften persönlichen Mutes, als im Raum Nürnberg versucht wurde, Ersatzwahlen für die ausgetretenen Abgeordneten bzw. eine neue Reichsversammlung zu organisieren; schon aber ließ die Beteiligung zu wünschen übrig.

Als die Regierung am 10. Juni den Landtag auflöste, konnte sie dies ohne großes Risiko geschehen. Die Stunde der Truppen, der Polizei war gekommen. Der König, der das ganze Revolutionsjahr über zu keiner offenen, entschieden gegenrevolutionären Tat fähig gewesen war, wollte abrechnen. Es war mühsam, ihm klarzumachen, daß nach seinen Kriterien ganze Landstriche entvölkert würden. Darauf zog er im Triumph durch das Land und tat freundlich.

Und auch die Stunde der Wendehälse war gekommen: So berichtete[984] Ende Juni der Regierungspräsident von Oberfranken, als er mit einer Verhaftungswelle seinen Bezirk ruhiggestellt hatte, von einem Umschwung in der Stimmung der Bevölkerung, und es gelang ihm dabei – in Form einer Freudschen Fehlleistung – der schöne Satz: „So kräftig und nachhaltig ist diese Wirkung (der Verhaftungen - der Verf.), daß sie bis daher alle offenen Gegenschritte, ja sogar die sonst so vorschnellen Ausbrüche des Unwillens der Umsturzparthey aus der Tagesliteratur fernehielt, während den Betroffenen nicht selten demüthigende und wohl auch höhnische Aeußerungen der sich rasch demüthigenden (! - der Verf.) Gutgesinnten zu Ohren kommen.“ – Kein schöner, aber ein angemessener Schluß.

12. Zusammenfassung

Bayern erreichte den Beginn der bürgerlichen Umwälzung nach einer jahrhundertelangen übersteigerten Machtpolitik der regierenden Dynastie, seine Ressourcen reichten nicht aus, um mit den größeren und gewerbereicheren deutschen Staaten beim Aufbau komplexer Verwaltungsstrukturen und beim wirtschaftlichen Aufschwung („Aufgeklärter Absolutismus“) mithalten zu können. Erst die Schubkraft der Französischen Revolution gab Bayern und seinem leitenden Minister (1799-1817) Maximilian von Montgelas die Gelegenheit, auf beiden Ebenen voranzukommen. Die Säkularisation (1803), welche die Macht der Kirche als eines Staates im Staat einschränkte, begünstigte den Vorgang. So gelang in diesen Jahren ebenso die Vollendung des Absolutismus wie auch eine gewisse Reform des Feudalismus. Doch blieb der Feudalismus nach wie vor das vorherrschende gesellschaftliche Verhältnis in Bayern, und dies um so mehr, als in den neubayerischen Gebieten ein noch sehr urtümlicher Feudalismus bestand.

Die Verfassung von 1818 sicherte diese Verhältnisse ab. Sie war eine Verfassung der Restauration, auch wenn sie Möglichkeiten einer anderen Entwicklung offen ließ. Doch konnten diese Möglichkeiten nicht entwickelt werden: bei den Liberalen reichte nicht die Kraft, und beim Staat – von einer kurzen, illusionsbeladenen Phase nach dem Regierungsantritt Ludwigs I. (1825) abgesehen – nicht der Wille. Die (Alt-)Liberalen markierten seit dem ersten Landtag von 1819 die Defizite, welche die bayerische Verfassung von 1818 in Wortlaut und Verwirklichung gegenüber einem tatsächlichen Konstitutionalismus aufwies. Ihre Forderungen waren und sind die im März 1848 präsentierten „Märzforderungen“.

Um 1830 kam es wie im übrigen Deutschland auch in Bayern unter Berufung auf Möglichkeiten der Verfassung zu Versuchen, die feudalen Verhältnisse vor allem durch eine Reform der politischen Institutionen zurückzudrängen. Diese ersten Versuche wurden nach einigen Erfolgen (Landtag von 1831, Hambacher Fest 1832) mit Härte niedergeschlagen. Im Gegenzug bildete sich – stärker und wirksamer als irgendwo anders in Deutschland – eine fundamentalistische Struktur aus Adel und Teilen des Klerus heraus, die mit Karl von Abel ab 1837 zur bestimmenden Kraft im Staate wurde. Es lag auch an der Politik dieses Ministeriums, daß Bayern trotz Beitritt zum Zollverein (1834) beim Wachstum von Bevölkerung und Industrie deutlich hinter anderen deutschen Staaten zurückblieb.

Mehr auf Grund der gesamtdeutschen Entwicklung als durch innerbayerische Opposition geriet der Fundamentalismus 1846/47 an seine Grenzen; labile Übergangsministerien (Maurer - Zu Rhein, Oettingen-Wallerstein - Berks) folgten. Die fundamentalistische Partei rächte sich für den Verlust der Macht im Februar 1847 dadurch, daß sie ein Verhältnis des Königs mit einer Tänzerin (Lola Montez) demagogisch gegen diese Ministerien verwendete. Es gelang ihr, einen Großteil der Bevölkerung Münchens hinter sich zu bringen und im Februar 1848 die Tänzerin – als Symbol der Abkehr vom Fundamentalismus – zu vertreiben. Ihren Erfolg konnte sie aber nicht mehr ausbauen, die von Frankreich ausgehende Revolution drängte sie in den Hintergrund.

Ende Februar 1848 lösten die Meldungen vom Aufstand in Paris in ganz Deutschland die Revolution aus. Die Bauern suchten mit massiven Maßnahmen dem Feudalismus ein Ende zu setzen, in den Städten wurden die seit langem bestehenden und als notwendige Ergänzung der Verfassung von 1818 betrachteten Märzforderungen in großen Petitionen vorgetragen. In München brachte es konservative Regie dahin, daß eine sehr maßvolle Petition mit einer Proklamation (6. März) beantwortet wurde, die mit Versprechungen und geringfügigen Zugeständnissen die Lage der Monarchie zu stabilisieren suchte. Die Verfassungsbewegung in den übrigen bayerischen Städten, die anhaltenden Bauernaufstände, erste Ansätze demokratischer Bestrebungen in Bayern sowie die Niederlagen des Absolutismus in Wien (13./14. März) und Berlin (18. März) schoben die Proklamation beiseite und bewirkten auch in Bayern eine deutliche Zäsur. Der Thronwechsel von Ludwig I. zu Max II. war nur die äußerliche Seite dieser Zäsur. Wesentlicher war, daß der bayerische Landtag unter dem Druck der Volksbewegung im Frühjahr 1848 deutliche Veränderungen an der Verfassung von 1818 bzw. in den politischen und sozialen Verhältnissen Bayerns vornehmen mußte.

Andererseits waren diese Veränderungen einigermaßen begrenzt. Die Bürokratie erfuhr keinerlei Eingriffe und die Gesetze ließen es an Rücksicht auf die traditionellen Mächte nicht fehlen. Die besonderen Verhältnisse Altbayerns, vor allem aber der Residenzstadt München gaben der gegenrevolutionären Partei von Anfang an starken Halt, so daß sie auf die Tätigkeit des Landtags Einfluß nehmen, sich bei den Wahlen zur Nationalversammlung breit entfalten und sehr früh (Mai 1848) mit einem (Gegen-)Entwurf in der nationalen Frage hervortreten konnte.

Eine breite Volksbewegung, teils in Vereinen formiert, teils ungebunden, suchte demgegenüber weitergehende Veränderungen durchzusetzen. Sie war weder mit den Ergebnissen des (Reform-)Landtags von 1848 zufrieden, noch konnte sie sich mit der Betulichkeit der Frankfurter Nationalversammlung ohne weiteres abfinden. In Ausmaß und Richtung des Weitergehens unterschieden sich im Prinzip Liberale und Demokraten, doch war die Trennung und Ausprägung der Parteien in Bayern nicht sehr deutlich, vermittelnde – linksliberale oder liberal-konservative – Strömungen waren sehr einflußreich. Radikale – eine Revolution entscheidende – Gruppen waren so schwach, daß sie sich kaum aus dem größeren (liberalen) Verband lösen oder gegen ihn auftreten konnten. Ihre unbedeutende Stellung war das Ergebnis langfristig wirksamer Faktoren (relative sozioökonomische Rückständigkeit) wie auch einer nur begrenzten Wahrnehmung revolutionärer Potenzen in der breiten, unverfaßten Volksbewegung (Bauern).

Der („revolutionäre") Landtag von 1849, selber ein Ergebnis bereits erreichter Veränderungen (Wahlrecht), zeigte noch einmal die Notwendigkeit weiterer Veränderungen auf. Seine linksliberale Mehrheit traf aber keine Anstalten, daraus Konsequenzen zu ziehen, nach dem Auftrumpfen der Gegenrevolution in Berlin und Wien vermied sie eine Konfrontation mit der Staatsmacht und erwartete sie von der Frankfurter Nationalversammlung entscheidende Schritte. Trotz emotionaler Schwierigkeiten wegen der Abtrennung Österreichs standen die bayerischen Liberalen, Linksliberalen und Demokraten hinter den Entscheidungen der Nationalversammlung vom März 1849, eine breite Welle der Zustimmung ging durch das Land und die politische Mehrheit stand hinter der Reichsverfassung. Da aber Maßnahmen zur militärischen Sicherung ausblieben, setzte sich die regierende Dynastie mit ihren Verbündeten in einer durch die Nachwirkung der Revolution modifizierten Reaktion durch.

Anmerkungen

1 Angaben zu Personen in: Biografisches Wörterbuch zur Bayerischen Geschichte von Karl Bosl (Regensburg 1983) sowie Walter Schärl und den gebräuchlichen Nachschlagewerken.

2 Weis, S. 53.

3 Vgl. Weis, S. 79-84.

4 Bayern entsteht: Montgelas und sein Ansbacher Mémoire von 1796. Katalog zur Ausstellung des Hauses der Bayerischen Geschichte in Zusammenarbeit mit dem Bayerischen Hauptstaatsarchiv in Ansbach und München 1996/97. Hg. von Michael Henker, Augsburg 1996.

5 Spindler, S. 108.

6 Bosl, Volk – Staat – Verfassung, S. 4.

7 Bayern entsteht (Ausstellungskatalog), S. 5.

8 Riezler, S. v., Das glücklichste Jahrhundert bayerischer Geschichte, München 1911; Doeberl M., Ein Jahrhundert bayerischen Verfassungslebens, München 1918.

9 Nipperdey, S. 347, S. 344-346.

10 Wehler, S. 689-702.

11 Eine Edition der Regierungspräsidentenberichte ist in Vorbereitung.

12 Eindringlich und ausführlich weist Diezel (S. 284 ff.) auf das Versagen der fränkischen Bewegung hin.

12a S. v. Riezler, zit. nach Kessler, S. 15.

13 Zum Zusammenbruch des bayerischen Staatskreditwesens um 1814 vgl. Hans-Peter Ullmann (über das bayerische Staatsschuldenwesen) in: Helmut Berding (Hg), Privatkapital, Staatsfinanzen und Reformpolitk im Deutschland der napoleonischen Zeit, Ostfildern 1981.

13a Wehler, S. 296.

14 Text nach E. R. Huber (Hsgb), Dokumente, S. 155-171.

15 Hanns Hubert Hofmann, Adelige Herrschaft und souveräner Staat. Studien über Staat und Gesellschaft in Franken und Bayern im 18. und 19. Jahrhundert, München 1962.

16 Weis, S. 59.

17 Karl Otmar von Aretin, Der Sturz des Grafen Montgelas, in: ZBLG 20 (1957), S. 83-135.

18 Weis, S. 85.

19 Nipperdey, S. 94.

20 Eine Denkschrift aus diesem Kreis abgedr. bei Wilhelm Mommsen, Deutsche Parteiprogramme, S. 181-186.

21 Spindler, S. 157.

22 Ziegler-Schultes, Entweder – oder! S. XI gibt für Landshut an: 1845 wurden bei 10.000 Einwohnern nur 70 Eheschließungen vorgenommen, 30,1 Prozent der Kinder wurden unehelich geboren, für „Deutschland" lag die Vergleichszahl bei 11,5 Prozent. – Für München ausgiebiges Zahlenmaterial mit gleicher Tendenz bei Hummel.

23 Von den Zeitgenossen wurde der Ausdruck „ultramontan" immer auch als politischer Begriff bzw. Parteibezeichnung verwendet. Der heute gängige Ausdruck Fundamentalismus wird hier eingeführt, um innerkirchliche und allgemeinpolitische Bestrebungen und Strukturen auseinander zu halten. – Calliess (S. 83) spricht von einer „Klerikalisierung" der politischen Verhältnisse unter Abel. – Zimmermann, S. 210 ff.

24 Finken, S. 159 f. – Micus, Rosa, Das Sängerfest 1847, in: Karl Möseneder (Hg.), Feste in

Regensburg, Regensburg 1986, S. 480-488.

25 Sängerfest vom August 1845 bei Zimmermann, S. 238.

26 Wehler, S. 89-91.

27 RBl 1840 Sp. 249-253.

28 Vergleich von Hohenaltheim (1842) bei Kessler, S. 28.

29 Wehler, S. 151.

30 Vgl. Nipperdey, S. 348.

31 Reiter, S. 28-37.

32 Calliess (S. 83) verweist ebenfalls auf diese Auswirkung der fundamentalistischen Politik.

33 Die Angaben zu Namen und Alter sind noch immer unterschiedlich: Barche, AK Biedermeier gibt auf S. 181 als Namen Maria Dolores, als Geburtsjahr 1818 an, Rauh/Seymour hingegen Eliza und als Geburtsdatum „höchstwahrscheinlich Anfang 1820".

34 Auf dem („revolutionären") Landtag 1849 kam es zu einer in schriftlichen Erklärungen ausgetragenen Kontroverse zwischen den vormaligen Ministern Abel und Maurer; dabei behauptet Maurer, Abel sei noch am 9. Februar für die Einbürgerung der Montez eingetreten.

35 Abgedr. bei Chroust, Anton (Hg.), Gesandtschaftsberichte aus München 1814-1848, Dritte Abteilung, Die Berichte der preußischen Gesandten, Bd. 4, Vom „Verfassungsverständnis" bis zur Thronentsagung König Ludwigs I. (vom August 1843 bis zum März 1848), München 1951, S. 223-225. Vgl. auch Hummel, S. 526-528; ferner Diezel, S. 58-62. D. nennt das Dokument zutreffend ein „Aktenstück, in welchem die perfideste Heuchelei die Sprache des ehrlichen Mannes ziemlich täuschend nachahmte".

36 So schrieb z.B. die ByrZ (Nr. 28 v. 28.1.1848, S. 109) in einer „Rundschau beim Jahresschluß", Preußen habe mit den Februarpatenten sein Versprechen von 1815 wahr zu machen begonnen. – Vgl. briefliche Äußerungen des Freiherrn von Rotenhan bei Zimmermann, S. 228.

37 Den Zeitgenossen war dieser Umstand bekannt. das Münchener Tagblatt (Nr. 45/1848, S. 220) gab an: „Im Jahre 1836 waren unter 100 Geburten doch noch weniger als die Hälfte, nämlich 48 uneheliche; 1847 ist dieses Verhältniß nach und nach nicht allein das umgekehrte, sondern bereits so geworden, daß auf fast 2/3 uneheliche 1/3 eheliche treffen."

38 Hummel, S. 85.

39 Karl Dickopf, Georg Ludwig von Maurer 1790-1872. Eine Biografie, Kallmünz 1960 (Münchener Historische Studien, Abt. Neuere Geschichte, Bd. 4), bes. S. 28-32.

40 Rauh/Seymour, S. 46.

41 Die von Doeberl bis herauf zu Spindler vertretene These eines Systemwechsels ist allgemein aufgegeben worden – vgl. Reiter, S. 45, Callies, S. 90 f. und Finken, S. 160.

42 MA I 446.

43 Rauh/Seymour, S. 42.

44 Seitz, S. 13 f. – In mit der neuen Richtung sympathisierenden Blättern (z.B. Bayerische Landbötin Nr. 7 v. 15.1.1848, S. 53.) wurde im Gegenzug auf die große Zahl der unter den vorangegangenen Ministerien gemaßregelten und zum großen Teil des Landes verwiesenen Professoren hingewiesen.

45 Materialien in MInn 44969. – Nach Dirrigl (S. 233) notierte Varnhagen von Ense schon am 4. März 1847 – so schnell und weit wurde also das Memorandum verbreitet – in sein Tagebuch, die Abelsche Adresse an den König von Bayern sei „sehr stark, fast maßlos".

46 Langewiesche, Würzburg, S. 196.

47 Friedrich Wilhelm Graf, Die Politisierung des religiösen Bewußtseins. Die bürgerlichen Religionsparteien im deutschen Vormärz: Das Beispiel des Deutschkatholizismus, Stuttgart-Bad Cannstatt

1978 (Neuzeit im Aufbau 5).

48 Nach Angaben der Passauer Zeitung (Nr. 14 v. 14.1.1848) wurden 1847 auf der Münchener Schranne 464.615 Schäffel Getreide aller Art verkauft und 9.427.167 fl dafür erlöst; kein zweiter Getreidemarkt in Deutschland habe in einem einzigen Jahr so viel bar umgesetzt, kommentiert die Zeitung.

49 MInn 46237.

50 Bericht abgedr. in WAbl Nr. 36 v. 5.2.1848, S. 141 f.

51 vgl. Romantik und Restauration (Nerdinger), S. 9-16.

52 MInn 46236.

53 Eine interessante Arbeit zur Lage der Unterschichten in Oberfranken, allerdings einen vorhergehenden Zeitraum betreffend, ist: Claus Kappl, Die Not der kleinen Leute. Der Alltag der Armen im 18. Jahrhundert im Spiegel der Bamberger Malefizamtsakten, Bamberg 1984 (Historischer Verein Bamberg, Beiheft 17).

54 Vgl. Reiter, S. 44-48.

55 Zimmermann, S. 230.

56 Der Volksbote für den Bürger und Landmann (Nr. 25 v. 29.5.1848, S. 97) nennt den Kaufmann Silbermann aus Staffelstein, der sich später bei der Bekämpfung der Bamberger Demokraten hervortat.

57 Reiter, S. 41.

58 Deuerlein, S. 29.

59 Hummel, S. 78.

60 Vgl. den aufschlußreichen Beitrag von Gisela Barche in: Biedermeiers Glück und Ende, S. 181-185.

61 Zimmermann, S. 233.

62 Nach Ablauf der Montezepisode urteilte der liberale NK (Nr. 55 v. 24.2.1848, S. 2): Es sind jetzt viele „Broschüren und Karikaturen" über die Februarereignisse im Umlauf. „Sie sind alle Schmierereien, die nicht des Lesens wert sind und denen man ansieht, daß sie nur der Spekulation auf Gewinn ihr Entstehen verdanken ..."

63 Rauh/Seymour, S. 82.

64 Bericht des Universitätskommissars v. Zwehl an MInn, München, 10.7.1848 in MInn 46056: „Bis zu den heuerigen Märztagen war die Studentenschaft in Korpsburschen und sogenannte Obscuranten streng geschieden. Diese Schranke wurde bei den gemeinschaftlichen Demonstrationen gegen die Verbindung „Allemania" ... niedergerissen." – Auch aus dem bürgerlichen Lager gab es kritische Stimmen gegen die Verbindungen. Der NK (Nr. 53 v. 22.2.1848, S. 1) schrieb, in den (amtlich zugelassenen) Verbindungen werde „im Voraus" das „Herrschsüchteln und Drücken der Mindern" eingeübt. – Der Münchener Gevattersmann (Nr. 34 v. 9.6.1848, S. 135) meldete, die Studentenverbindungen Palatia und Suevia hätten sich nicht an dem Grußwort der Münchener Studentenschaften an die Studentenversammlung in Jena/Eisenach beteiligt.

65 Vgl. die Auseinandersetzung in den Nummern 37 (S. 3), 45 (S. 3) und 72 (S. 2) der „Deutsche-Brüsseler Zeitung" zu einer Schrift von Jakob Venedey (Die spanische Tänzerin und die deutsche Freiheit). – MInn 44969.

66 Vgl. Dirrigl, S. 234-241.

67 Deutsche-Brüsseler Zeitung Nr. 6 v. 20.1.1848, S. 3 („Vermischte Nachrichten").

68 Reiter, S. 48. – Zu den Einzelheiten vgl. Dirk Götschmann in ZBLG 57.

69 U.a. urteilte der NK, die neue Presseverordnung trage nicht „die Garantie ihres richtigen Vollzuges in sich". – NK Nr. 6 v. 6.1.1848, S. 1.

70 Mailer (Teil II), S. 6 f.

71 So – unzutreffend – Hummel, S. 196.

72 Bei Dirrigl (S. 243) findet sich ein Hinweis, daß gerade die Dienerschaft der adeligen Häuser mit gegen die Montez gerichteter Literatur versorgt wurde.

73 Vor allem in NK Nr. 26 v. 26.1.1848, S. 1.

74 Rauh/Seymour, S. 89.

75 Nach einem Zeitungsbericht (Tagblatt der Stadt Bamberg Nr. 39 v. 8.2.1848, S. 175) hatte auch „der bekannte Dr. Carl Riedel“, ein jungdeutscher Publizist, später Mitglied des Münchener Bauhofklub und Ersatzmann des 50er-Ausschusses, an dem Fest teilgenommen.

76 Vor allem der – ministeriell inspirierte – Bericht der Augsburger Allgemeinen Zeitung war recht wohlwollend und wurde von vielen Zeitungen (wie z.B. der Passauer Zeitung Nr. 24 v. 24.1.1848, S. 1) übernommen.

77 Nach Valentin (Bd. I, S. 138) stammt der Bericht von Thiersch.

78 NK Nr. 1 v. 1.1.1848, S. 1.

79 Zu den Einzelheiten Seitz und Valentin, Bd. I, S. 133-136.

80 Hummel, S. 71 f.

81 Hummel, S. 75 – Oettingen-Wallerstein führte als Grund an, daß der Beschluß in ohnehin wirtschaftlich schwieriger Zeit „in unglaublichem Grade Schuldige mit Schuldlosen“ bestrafe. Wenn er dann von „der unerhörten Art“, wie die Schließung der Universität „provoziert“ wurde, und „der noch hunddertmal unerhörteren, in welcher E. K. Maj. hintergangen wurden“, spricht, deutet er m. E. auf die Fundamentalisten als die eigentlichen Drahtzieher („ich wußte, daß und wer sie [die Schließung – der Verf.] wollte“) hin.

82 Ausführliche Darstellung der Vorgänge am Nachmittag des 10. Februar bei Hummel, S. 76-82 und Seitz.

83 Alle Zitate aus Hummel, S. 75-78.

84 Hummel (S. 78) nennt die Magistratsräte Klaußner, Lindauer, Lunglmair, Widnmann und die Gemeindebevollmächtigten Zaubzer und Sedlmayr; es handelt sich ausnahmslos um Personen aus dem gemäßigt-konservativen und streng konservativen Spektrum.

85 Im amtlichen Verzeichnis – MInn 45825 – wird die Zahl der Mitglieder mit 18 angegeben, dagegen Suevia 42, Palatia 45, Bavaria 44, Franconia 34 und Isaria 44; vgl. Hummel, S. 72.

86 NK Nr. 42 v. 11.2.1848, S. 2. – Der (Nürnberger) Korrespondent von und für Deutschland hatte gemeldet: „Die Aufregung unter den Studenten scheint leider nicht im Abnehmen begriffen zu sein ...“ Die NWZ (Nr. 43 v. 12.2.1848, S. 1) übernahm den Passus. Er drückt damit keine Parteinahme für die Montez aus, wohl aber ein distanziertes Verhältnis zu den Angriffen auf sie.

87 DcZ Nr. 41 v. 10.2.1848, S. 162.

88 DcZ Nr. 8o v. 20.3.1848, S. 317 f.

89 MTbl Nr. 42 v. 11.2.1848, S. 207. – Ähnlich äußerte sich die Bayerische Landbötin (Nr. 19 v. 12.2.1848, S. 151): „München, 10. Feb. Lange schwiegen wir von den unangenehmen Reibungen ...“

90 Später (Nr. 55 v. 24.2.1848) druckte das Münchener Tageblatt eine in der Leipziger Allgemeinen Zeitung erschienene Erklärung der Alemannia ab, in der sich die Mitglieder der Alemannia als „erklärte Feinde des Ultramontanismus“ und Anhänger der „liberalen Partei“ ausgaben, ihrem Verhalten also vorwiegend politische Motive unterlegten.

91 So druckte sie einen aufschlußreichen Text aus dem Münchner Eilboten ab: „Es besteht die Vermutung, daß weniger *unter der* Studentenschaft als *außer* und *hinter* ihr Einwirkungen versucht worden, daß eine im Finstern (eine häufige Umschreibung für Fundamentalismus – der

Verf.) schleichende Böswilligkeit auf mehr als *eine* Weise die Studenten, ohne daß diese selbst ahnen mögen, Werkzeuge zu sein, zur Standarte von Unruhen zu mißbrauchen und durch ihre Hand die Fackel bürgerlicher Zwietracht unter das Volk schleudern zu lassen beabsichtigte. Bald wird man die geachtetsten Blätter sich dem richtigen Verständniß zuwenden sehen. Möge die Universität *nicht* geschlossen *bleiben*." Ein anderes Mal druckte sie eine Stelle aus der MfrZ ab, die sich kritisch mit der Spende des Grafen Arco auseinandersetzte. In Nr. 45 (v. 14.4.1848, S. 387) brachte Der Bayerische Eilbote, gestützt auf Meldungen des Landshuter Tagblattes und eine Petition von Gemeinden aus der Umgebung von Landshut, weitere Angaben über die Amtsführung von Pechmanns (excessive Anwendung der Prügelstrafe, Aushorchen von Wirten, unzulässige Bevormundung der Gemeinden). Der Artikel trägt das Korrespondentenzeichen „#", es ist dies das Zeichen von Carl Wilhelm Vogt. Es war wohl auch kein Zufall, daß das Münchener Tagblatt, wie um die Maßstäbe wieder zurechtzusetzen, zu eben dieser Zeit eine Meldung über die Häufigkeit unehelicher Geburten in München brachte.

92 Die DcZ (Nr. 46 v. 15.2.1848, S. 182) weist auf eine entsprechende Erklärung in der Augsburger Allgemeinen Zeitung hin.

93 Hummel, S. 79 f.

94 Hummel, S. 75, Anm. 41.

95 Zimmermann, S. 229.

96 Hummel, S. 82, Anm. 66.

97 Der Platz vor dem Akademiegebäude wurde gewählt, weil auf dem Platz vor dem Rathaus (Schrannenplatz/Marienplatz) schon Getreide für den folgenden Markttag aufgestellt war. Markttag war aber nicht, wie Hummel auf S. 84 angibt, Sonntag, sondern Samstag, schließlich war der 11. Februar erst Freitag.

98 Hummel zitiert in der Einleitung Äußerungen von Zeitgenossen, die München auf Grund der Ereignisse im Februar und März 1848 eine herausragende revolutionäre Bedeutung zuerkennen oder ihr diese absprechen, und er entwickelt daraus auf S. 20 seine Fragestellung, ob die Februarereignisse nur eine dreitägige Privatstreitigkeit zwischen König und Bevölkerung ohne politischen Hintergrund gewesen seien oder ob dadurch „Staat und Gesellschaft doch revolutionär verändert" wurden, „und zwar *vor* der Februarrevolution in Paris und *vor* den Märzrevolutionen in Berlin und Wien und damit auch ohne deren oft behauptete Katalysatorenfunktion". Eine Antwort ist seiner Darstellung nur indirekt zu entnehmen, etwa wenn er auf S. 85 f. auf die absurden Folgerungen hinweist, welche sich aus der Auffassung ergäben, die Februarereignisse seien eine Revolution gewesen. Andererseits ist es abwegig, die Februarereignisse als „konservative Reformpolitik des II. Bürgermeisters Kaspar von Steinsdorf" darzustellen.

99 Rauh/Seymour, S. 96. – Es heißt dort allerdings fälschlich Arco-Stepprey.

100 Reiter, S. 42.

101 Hummel, S. 83.

102 MTbl Nr. 44 v. 13.2.1848, S. 215.

103 Brunner, S. 33.

104 FM Nr. 62 v. 2.3.1848, S. 1: „Was die Verweisung der Gräfin Landsfeld betrifft, so halten wir dieselbe, abgesehen von allen andern Rücksichten, und nur von dem politische Gesichtspunkte ausgehend, schon deshalb für ein glückliches Ereigniß, weil ihre Einmischung in die öffentlichen Verhältnisse des Landes mit jedem Tage weiter griff ..."

105 Graf Arco-Valley war zusammen mit Zipperer im Vorstand des Münchener Vinzenz-Vereins – Bayerische Landbötin Nr. 1 v. 1.1.1848, S. 5.

106 Ähnlich Brunner, S. 34: Man habe den Sturz des Abelschen Regiments mit Freude begrüßt, „mochte er auch der spanischen Tänzerin zu verdanken sein. Nun sah man die Ultramontanen im

Hintergrund eifrig an der Arbeit, die Münchener Ereignisse zur Wiederherstellung ihrer Macht zu verwerten. Der Befriedigung folgte also bald das Mißtrauen." Vor allem die protestantische Bevölkerung habe gewünscht, der bayerische König möge Nürnberg zur Residenz machen und hier das begonnene Werk der „Vernichtung der Pfaffenherrschaft" fortsetzen und vollenden. „Wenn nun der Drang des Augenblicks einmal zu freieren Worten fortgerissen hatte, so darf doch die Bedeutung der Münchener 'Revolution' nicht sehr hoch geschätzt werden. Für sich allein hätte sie keinen Einfluß auf die weitere Entwicklung ausgeübt, und bald wäre alles wieder gewesen wie zuvor." Ebenso S. 57: „In dem Münchener Lola-Skandal kann die Einleitung zur Revolution nicht gesehen werden."

107 AK Biedermeiers Glück und Ende, S. 723 f.

108 Nickel, S. 43.

109 Nachgedr. in: NK Nr. 54 v. 23.2.1848, S. 2.

110 Vgl. eine Korrespondenz im NK (Nr. 47 v. 16.2.1848, S. 2.): „Der Name Wallerstein ist nun fast in aller Munde. Er ist durch die Ereignisse der letzten Tage, wie einst durch die Cholerazeit, ein Mann des Volkes geworden."

111 Callies, S. 96 f.

112 FTbl Nr. 34 v. 29.2.1848, S. 145.

113DcZ Nr. 52 v. 21.2.1848, S. 206.

114 Aus „A. Anz." (? – vermutlich Augsburger Anzeigblatt) übernommen von FTbl Nr. 32 v. 25.2.1848, S. 137. – Späteren Zeitungsmeldungen (z.B. BZ Nr. 14 v. 14.9.1848, S. 2) zufolge ist die Anordnung faktisch nicht in Kraft getreten.

115 Seitz, S. 46.

116 Valentin I, S. 140.

117 Doeberl, Entwicklungsgeschichte Bayerns, zit. nach Hummel, S. 85.

118 Nach Hummel, S. 39.

119 Fournier, S. 290.

120 MNN Nr. 46 v. 15. 2. 1849, S. 365.

121 FM Nr. 81 v. 21. 3. 1848, S. 3. – Ahnlich urteilt im Grunde auch der Pfälzer Liberrale G. F. Kolb (Lebenserinnerungen, S. 102): „Unterdessen aber förderte die neue Gräfin Landsfeld (Lola) die Strebungen der Ultramontanen durch ihre maßlosen Extravaganzen."

122 Ich korrigiere damit frühere Auffassungen in Reiter, S. 43.

123 Callies, S. 97.

124 Text bei Reiter, S. 55.

125 So übernimmt das Würzburger Abendblatt (Nr. 58 v. 27.2.1848, S. 229) einen Artikel der eindeutig liberalen Augsburger Abendzeitung, in dem es heißt, die Rosipal-Petition finde „nichts weniger als allgemeinen Anklang, besonders wo es sich um Vereinigung der Polizei mit dem Magistrat handelt". Hingegen verteidigt der NK (Nr. 52 v. 21.2.1848, S. 1 f.) die Petition. – In Würzburg stellten laut FTbl. (Nr. 36 v. 3.3.1848, S. 155) die Gemeindebevollmächtigten am 25. Februar Antrag auf Öffentlichkeit der Verhandlungen.

126 Donau-Zeitung Nr. 55 v. 24.2.1848, S. 1.

127 Vgl. Brunner, S. 16 f.

128 NK Nr. 13 v. 13.1.1848, S. 1.

129 Einige dieser Artikel aus den Januar- und Februarnummern des NK sind mit „L" signiert und könnten von dem späteren Märzminister Gustav von Lerchenfeld stammen, andere gehen vielleicht auf den Pfälzer Advokaten Willich zurück.

130 Das FTbl (Nr. 37 v. 4.3.1848, S. 161) bringt eine Meldung aus München vom 1. März, wonach

dem badischen Abgeordneten Bassermann „wegen seines Antrags“ (vom 12. Februar) eine Dankadresse zugeschickt werden soll. – Nach einem Bericht (München, 2. März) in Tagblatt der Stadt Bamberg (Nr. 64 v. 4.3.1848, S. 287) wurde „seit ein paar Nächten“ „nieder mit Berks!“ an die Hauswände geschrieben.

131 Hummel behandelt die Märzereignisse in München im Kapitel „6. Kriminalität und öffentliche Sicherheit“ (!), bes. S. 378-382.

132 ByrZ Nr. 66 v. 6.3.1848, S. 261.

133 Ebd., S. 262. – Laut NWZ (Nr. 66 v. 6.3.1848 [Beil.], S. 1) waren am Abend des 2. März „eine Anzahl Bürger bei Ott (Gasthaus – der Verf.) versammelt, und beriethen eine Adresse an den König“. Am Vormittag des 3. März wurde im Gasthaus Gmähle beraten, der dabei entstandene Text wurde von der Rathaus-Volksversammlung angenommen.

134 Text bei Reiter, S. 56 f.

135 Text bei Reiter, S. 59.

136 In den zahlreichen Flugschriften und Broschüren, welche über diese Vorgänge berichteten, wurden ziemlich übereinstimmend Rosipal, Reschreiter, Radspieler und Zipperer als Mitglieder der Deputation genannt.

137 Dr. Ludwig Greiner, Rechtskonzipient aus Pirmasens; in der liberal-demokratischen Bewegung und im Märzverein tätig, Abgeordneter für Zweibrücken im Landtag 1848/49, 1849 Mitglied der prov. Rheinpfälzischen Regierung. Dr. Greiner besaß nicht das Münchener Bürgerrecht, sondern nur – durch Heirat mit einer Münchener Bürgerstochter – Aufenthaltsrecht. – Vgl. Hummel, S. 142, Anm. 40.

138 Das Tagblatt der Stadt Bamberg (Nr. 67 v. 7.3.1848, S. 299 f.) erwähnt unter den Rednern als besonders beeindruckend einen Advokatenkonzipienten.

139 Dr. Georg Hermann, Rechtskonzipient aus Aschaffenburg; er war, verschiedenen Andeutungen zufolge, auch bei der Ausarbeitung der Münchener Adresse vom 3. März beteiligt.

140 Der Freie Staatsbürger v. 5.10.1848, S. 14. – Nach Hummel (S. 187, Anm. 19) war er Verleger des „Volksboten“.

141 Hummel, S. 187.

142 Bei Nickel wird auf S. 43 – irrtümlich – der 13. März und bei Spindler auf S. 216 – ebenfalls irrtümlich – der 31. März angegeben.

143 Hummel, S. 87.

144 Der VbBL (Nr. 9 v. 11.4.1848, S. 33) berichtete anläßlich eines Vorgangs in der Kammer der Abgeordneten von dem Einsatz „der wackern Münchener Bürger“ für die alten Kammern.

145 Trotz seiner Opposition gegen das Ministerium Abel auf dem Landtag von 1846 galt – durchaus zutreffend – Fürst Wrede als reaktionär. Zur Rolle Wredes vgl. Seitz, S. 62 f., ferner Götschmann und Gollwitzer.

146 Vgl. Mayer, Reformlandtag, S. 25.

147 RBl Nr. 7 v. 4.3.1848, Sp. 97-100.

148 Reiter (S. 63) verweist in Übereinstimmung mit Seitz (S. 67) auf ein im Umkreis der Regierung entstandenes Flugblatt, das vor den Gefahren einer durch Landfremde hervorgerufenen Revolution warnt.

149 Text bei Hummel, S. 528, Obermann, Flugblätter, S. 53 f., Reiter, S. 64 f. und Stolze, S. 44-47.

150 Brunner (S. 34-36) faßt die Berichte der Nürnberger Zeitungen korrekt zusammen; ferner Zimmermann, S. 239. – Erwähnenswert ist auch der Bericht in FTbl Nr. 37 v. 4.3.1848, S. 162.

151 Text bei Obermann, Flugblätter, S. 41.

152 Zimmermann, S. 241.

153 Nickel, S. 45.
154 ByrZ Nr. 65 v. 5.3.1848, S. 257.
155 Tagblatt der Stadt Bamberg Nr. 67 v. 7.3.1848, S. 300.
155a Bezüglich Aschaffenburg sind einige Arbeiten zu 1848 von Monika Schmittner u.a. zu erwarten; ferner Sylla u.a.
156 WAbl Nr. 64 v. 4.3.1848, S. 253. – Zimmermann, S. 238: Würzburg verhielt sich „musterhaft".
157 Vgl. Langewiesche, Würzburg, S. 197.
158 WAbl Nr. 72 v. 12.3.1848, S. 285.
159 WAbl Nr. 76 v. 16.3.1848, S. 305.
160 Berichte über Volkach und Lohr in WAbl. Nr. 78 v. 18.3.1848, S. 311.
161 NWZ Nr. 76 v. 16.3.1848, S. 2.
162 Finken, S. 269.
163 Laut Bericht der Gend. Brig. Bamberg v. 5.3.1848 in MInn 46044: Kgl. Advokat Titus, Stadtgerichtsakzessist Dr. Morgenstern, Druckereibesitzer Heger, Magistratsrat und Rotgerbermeister Adam Ultsch und Kaufmann Schruck. – Ebenso Tagblatt der Stadt Bamberg Nr. 64 v. 4.3.1848, S. 288; Zimmermann, S. 240.
164 Text als Beilage zum FM Nr. 64 vom 4.3.1848.
165 Gemeint sind die Beschlüsse der Demokratenversammlung vom 12. September 1847 in Offenburg („Forderungen des Volkes"), die als Flugblätter weite Verbreitung fanden – Text bei Obermann, Flugblätter, S. 35-37. – Die Bamberger hat mit nur unwesentlichen Umstellungen und Auslassungen den Offenburger Text als Grundlage.
166 FM Nr. 75 v. 15.3.1848, S. 1.
167 Bayerische Landbötin Nr. 34 v. 18.3.1848, S. 276.
168 Callies, S. 96-101; Valentin I, S. 504.
169 Valentin, Leiningen, S. 218. – Bemerkenswert an dieser Äußerung ist, daß Leiningen die Ausrufung des den Fundamentalisten nahestehenden Luitpold für wahrscheinlich hielt.
170 Valentin, Leiningen, S. 213.
171 Materialien zur Entstehung der Prokl. in MInn 44263. – Ausführlich Stolze in ZBLG. – Mailer (S. 6) erwähnt einen „Vorschlag zum Manifest" (= Proklamation) aus der Feder eines „Friedrich Römer". Es liegt hier eine Verwechslung des württembergischen Abgeordneten und Ministers Friedrich Römer mit dem (damals in Bayern wohnenden) Publizisten Friedrich Rohmer vor.
172 Götschmann, S. 251.
173 In einem Brief an Montez-von Landsfeld v. 8.3.1848, abgedr. in: Rauh/Seymour, S. 136.
174 Finken, S. 294.
175 Diezel, S. 108.
176 Zu Nürnberg vgl. Zimmermann, S. 243. – In Erlangen traf die Proklamation am 7. März vormittags ein und wurde mit einer Feier beantwortet, in Fürth fand am 9. März ein „Volksfest und Jubelfest" statt (FTbl Nr. 41 v. 11.3.1848, S. 189 u. 191). – Zur Feier aus Anlaß der Proklamation in Windsheim vgl. FTbl Nr. 42 v. 14.3.1848, S. 196. – In München wurden nach DcZ (Nr. 74 v. 14.3.1848, S. 294) die Bürger Rosipal, Reschreiter, Radspieler, Zipperer und Dr. Greiner als die Repräsentanten der Münchener Märzbewegung öffentlich geehrt.
177 Die in einer Broschüre (s. Lit.verz.) zusammengefaßten Grußadressen an die Bürger Münchens kamen aus Kaufbeuren, Kronach, Kempten, Weißenhorn, Speyer, Schongau, Bamberg, Landshut, Deutsch-katholische Gemeinde Ulm, Israelitische Gemeinde Fellheim, Würzburg, Schweinfurt, Winklarn (Opfz.), Israelit. Bewohner von Wallerstein, Memmingen, Staffelstein, Zweibrücken, Wiesentheid, Landau (Pfalz), Amberg; Delgationen kamen aus der Pfalz, Würzburg und Bamberg.

178 MInn 44263, Bl. 17 ff.

179 Bemerkenswert sind die Feststellungen bei Brunner, der anscheinend an diese demokratische Tradition anknüpfte: „Die Proklamation war sehr geschickt abgefaßt. Neben einigen wertvollen Zugeständnissen enthielt sie schöne Redensarten. Unendlich viel mehr, als sie geopfert, hatte die Krone gewonnen. Ganz Bayern südlich der Donau, vor allem München, ist fürderhin für die Revolution ausgeschaltet; ... Aus einer Niederlage des Königtums war ein Triumph geworden." – Brunner, S. 58.

180 FM Nr. 69 v. 9.3.1848, S. 2. – Erste Hinweise auf die Existenz einer monarchistisch-fundamentalistischen Gegenbewegung in Bamberg ergeben sich aus einer vom FM erwähnten Predigt des Bamberger Kaplans Dennefeld, der dem Komitee für Volksversammlung „Aufreizung zum Abfall" von der Monarchie vorgeworfen hatte.

181 Finken (S. 280) erwähnt nur die DcZ und den FM.; Doeberl zitiert als Beispiel für die „radikale Presse" eine Stelle aus dem Fränkischen Merkur.

182 Doeberl, S. 24.

183 Zimmermann, S. 241.

184 Beilage zum FM.

185 FTbl Nr. 43 v. 15.3.1848, S. 200.

186 FTbl Nr.40 v. 10.3.1848, S. 186.

187 FM Nr. 74 v. 14.3.1848, S. 2.

188 Hinweise in den entsprechenden Nrn. von FM, DcZ, MfrZ, Passauer Zeitung und vor allem NK Nr. 81 (Morgenausgabe) v. 21.3.1848 und Nr. 83 (Morgenausgabe) v. 23.3.1848.

189 Vgl Valentin I, S. 140.

190 Rauh/Seymour, S. 140.

191 Text bei Reiter, S. 86 f.

192 Neben Fränkischer Merkur, Nürnberger Kurier u. a. druckte auch die verhältnismäßig vorsichtige Neue Würzburger Zeitung (Nr. 79 v. 19.3.1848, Beil. S. 2) eine Privatkorrespondenz (München, 17. März), daß „bezahlte" Unruhen stattfänden. Der Korrespondent von und für Deutschland meldete (Übernahme in NWZ Nr. 81 v. 21.3.1848, S. 1), die „Adels- und andre Ultramontane-Partei" beabsichtige Thronwechsel oder Mitregentschaft; auch die Augsburger Allgemeine Zeitung brachte Meldungen vergleichbaren Inhalts. Die Gegenerklärungen des Grafen Arco sowie des – nicht dem fundamentalistischen Flügel angehörenden – Pfarrer Ramoser in eher abgelegenen Blättern (Bayerische Landbötin Nr. 35 v. 21.3.1848, S. 284 f. und Nr. 36 v. 23.3.1848) sind nicht sehr aussagekräftig. Zweifellos muß in dieser Frage noch nachgearbeitet werden.

193 Vgl. Bericht des FM Nr. 82 v. 22.3.1848 (Beil.).

194 DcZ Nr. 78 v. 18.3.1848, S. 309.

195 Rauh/Seymour, S. 141.

196 MInn 45035.

197 Hinweise bei Zimmermann (S. 247) auf einen jahrzehntelangen Rechtsstreit der Bauern der Standesherrschaft Hohenlohe, zu Oettingen-Wallerstein. Vgl. Keßler und zu Altbayern Reiter, S. 74 und 76.

198 Lage und Verhalten der bayerischen Bauern in Vormärz und Revolution sind nur sehr wenig erforscht, auch die Unruhen in Mainfranken warten noch auf eine ernsthafte Untersuchung ihrer schichtenspezifischen Ausprägung und Zielsetzung; allgemeine (und meist abwertende) Angaben bei Zimmermann, S. 247 ff.

199 Obermann, Deutschland, S. 273.

200 Vgl. Zimmermann, S. 255 f.

201 MInn 46129; darin der Schriftwechsel Castell u.a. und Moy, ferner Dokumente zu den Vorgängen in Unterfranken (Aschaffenburg, Großwallstadt, Rothenbuch).

202 Zimmermann, S. 253.

203 FTbl. Nr. 46 v. 21.3.1848, S. 224.

204 Z.B. der Aufruf des Gutsbesitzers Moritz Stöcker in FTbl. Nr. 44 v. 17.3.1848, S. 206. – Nach dem Tagblatt der Stadt Bamberg (Nr. 93 v. 2.4.1848, S. 446) ging die Petition mit mehr als 3.000 Unterschriften nach München.

205 Passauer Zeitung Nr. 72 v. 12.3.1848, S. 1.

206 Nickel, S. 49-55.

207 Dazu insbesondere Keßler, S. 37-73.

208 Wehler, S. 710.

209 RBl 1848, Sp. 137-139.

210 Finken, S. 311.

211 Vgl. Reiter, S. 67-83.

212 Donau-Zeitung Nr. 119 v. 29.4.1848, S. 2.

213 MH 4.

214 „Zeitgemäße Worte ...“ – Nach: Der Bayerische Landbote Nr. 131 v. 9.5.1848, S. 580, in der Passauer Filiale des (eher konservativen) Verlages Pustet (Regensburg) erschienen.

215 Aufschlußreiche Beispiele aus Mittelfranken (Absberg, Gunzenhausen, Gräfensteinberg) bei Zimmermann, S. 248 (Nürnberg) und 260-262.

216 Zimmermann, S. 245. – Die anschließenden Bemerkungen Zimmermanns über die Oppositionsrolle des Adels gehen fehl.

217 Doeberl, S. 18-21.

218 MpZ Nr. 68 v. 17.3.1848, S. 271. – Vgl. Hummel, S. 150.

219 Vgl. Berichte aus München in NK Nr. 81 (Morgenausgabe) v. 21.3.1848, S. 1 und Nr. 83 (Morgenausgabe) Nr. 83 v. 23.3.1848, S. 1. – Die gegenteilige Auffassung von Doeberl (S. 16), die Liberalen hätten die Gerüchte um die Rückkehr der Montez-von Landsfeld ausgenutzt, ist abwegig. – Seitz weist die Annahme fundamentalistischer Machenschaften zurück, Zimmermann (S. 257) stimmt beiläufig (Die Klerikalen nutzten die Gelegenheit, „um Rache zu nehmen“) zu.

220 Valentin I, S. 393: „in formal rechtswidriger Weise“. – Hummel (S. 88) nennt dagegen die Ausbürgerung der Montez eine „richtige Forderung zum richtigen Zeitpunkt“.

221 Einen die Rückberufung von Pechmanns kritisierenden Artikel der DcZ übernahmen auch liberale Blätter wie die ByrZ (Nr. 83 v. 23.3.1848, S. 329): man habe einen freigesinnten Bürgerlichen erwartet, der die bisherigen Errungenschaften garantiert, und zwar besonders in diesen Tagen, „wo eine gewisse Partei mit Geld und Worten Unfrieden herbeizuführen trachtet, welcher dem begonnenen Fortschritt in jeder Beziehung hemmend in den Weg treten würde“. In deutlichem Anklang an die DcZ erhob auch die Passauer Zeitung (Nr. 84 v. 24.3.1848 S. 1) Vorwürfe gegen von Pechmann. Sie ließ sich „aus Landshut melden, daß v. Pechmann als Landrichter daselbst sehr unbeliebt war, wozu Handlungen, wie die, daß er ein altes Weib der Art mit Ruthenhieben bedienen ließ, daß dieselbe sofort in's Krankenhaus gebracht werden mußte, natürlich das Ihrige mit Recht beigetragen haben“.

222 Valentin I, S. 393 und S. 396.

223 Gollwitzer, S. 717.

224 MInn 47486.

225 Zimmermann, S. 258.

226 Die Behauptung von Hummel (S. 103 und 104), Valentin habe den ehemaligen preußischen

Leutnant und späteren Revolutionär August von Willich mit dem pfalzbayerischen Advokaten Friedrich Justus Willich verwechselt, ist falsch. Valentin unterscheidet sehr wohl korrekt und für jeden kompetenten Leser ersichtlich zwischen dem preußischen und pfalzbayerischen Willich.

227 Vgl. Diezel, S. 196. D. beruft sich auf eine vom vormaligen Justizminister Heintz 1849 in der Kammer der Reichsräte vorgelesene Fassung.

228 Z.B. Nürnberger Kurier: „Schon die Wahl dieses Mannes und der Umstand, daß er dieselbe angenommen, verbürgen den zeitgemäßen Inhalt der betreffenden Instruktion." – NK Nr. 86 (Morgenausg.) v. 26.3.1848, S. 1.

229 Vgl. Doeberl, S. 31 f. – Cucumus war im Vormärz gemaßregelt worden; als Mitglied der Nationalversammlung blieb er fraktionslos.

230 Vgl. die bei Finken auf S. 276 aufgeführte Mitgliederübersicht.

231 Zimmermann, S. 259.

232 Götschmann (S. 252) weist auf „Thon-Dittmers mangelhaftes politisches Gespür" hin.

233 VKdA 1848, Bd. I, S. 13-19.

234 VKdA 1848, Bd. I, S. 31 ff.

235 Finken, S. 282.

236 Finken, S. 311, Anm. 16.

237 Hummel, S. 306.

238 Finken, S. 283.

239 Text bei Reiter, S. 86 f.

240 Die konservativ-liberale Augsburger Allgemeine Zeitung signalisierte Zustimmung, der Nürnberger Kurier verbarg seine Bedenken nicht und die ByrZ (Nr. 85 v. 25.3.1848, S. 337) sagte offen: „die Thronrede hat uns enttäuscht", Sie verwies auf das Fehlen wichtiger Punkte, auf unscharfe Formulierungen und fehlende Zusagen.

241 Calliess, S. 199.

242 Dirrigl, S. 260 und 270.

243 Rudolph Christmann (1814-1867), Gutsbesitzer in Dürkheim (Pfalz), Mitglied der KdA Bayern ab 1845, 1848 Mitglied in Nationalversammlung, Fraktion Deutscher Hof; Eduard Eppelsheim, Rentier und Gutsbesitzer in Dürkheim, Mitglied in KdA Bayern ab 1845; Dr. Georg Jakob Stockinger (1798-1869), Anwalt in Frankenthal (Pfalz), Mitglied in KdA Bayern 1837, 1845, 1847, 1848, und 1849, Mitglied in Nationalversammlung, Fraktion Westendhall, und im (Stuttgarter) Rumpfparlament; Friedrich Justus Willich, Anwalt in Frankenthal, Mitglied in KdA Bayern von 1831-1837 und 1845-1849, vorübergehend bayer. Gesandter am Deutschen Bundestag; Dr. Karl Kirchgeßner, Anwalt in Würzburg, Mitglied der KdA Bayern von 1845-1848 und 1850-1856, Präsident des Reformlandtages 1848, Mitglied des Siebzehnerausschusses, Mitglied der Nationalversammlung, Fraktion Württemberger Hof.

244 Kolb, Zeit des Frankfurter Parlaments, Bd. 3, S. 82.

245 Doeberl, S. 14; ebd. die folgenden Zitate.

246 Doeberl, S. 15.

247 Doeberl, S. 18; ebd. die folgenden Zitate.

248 Vgl. Valentin I, S. 466 f.

249 Texte bei Doeberl, S. 207 f. und Doeberl (Bayern und Deutschland) S. 71-73.

250 Doeberl, S. 18.

251 Doeberl, S. 20.

252 Der Bayerische Landbote, S. 385.

253 Ähnlich WAbl Nr. 88 v. 28.3.1848, S. 356: „eine zwar ziemlich kleine, aber aus lauter gut gekleideten Männern bestehende Schaar“ pfiff vor dem Hause des preußischen Gesandten.

254 Valentin I, S. 504.

255 Valentin I, S. 505 f.

256 NWZ Nr. 87 v. 27.3.1848 (Beil.) und Nr. 88 v. 28.3.1848.

257 Mailer, S. 11 – Liste der Teilnehmer bei Hummel, S. 100.

258 Nach Brunner (S. 69) und Diezel (S. 135) hatte die Versammlung am 150 Teilnehmer.

259 ByrZ Nr. 98 v. 7.4.1848 (Beilage).

260 Kolb, Zeit des Frankfurter Parlaments, Bd. 3, S. 191.

261 Ders., Bd. 2, S. 89.

262 Ders., Bd. 3, S. 194.

263 Hildebrandt, Parlamentsopposition, S. 39.

264 Dazu Doeberl, S. 34 ff. – Text bei Domarus, S. 99 ff.

265 Dirrigl, S. 291.

266 DcZ Nr. 150 v. 29.5.1849, S. 597: „Eine der traurigsten Erscheinungen der jüngsten Tage ...“ – Deutliche Kritik auch in NWZ Nr. 143 v. 23.5.1848, S. 3.

267 Zimmermann, S. 263.

268 Der Münchener/Politische Gevattersmann (Nr. 14 v. 17.5.1848, S. 56) wies darauf hin, daß der Befehlshaber des Münchener Künstlerfreikorps (Wilhelm) Gail „zu den wohlhabenden, einige sagen sogar zu den wenigen reichen Künstlern gehöre“.

269 Einem handschriftlichen Vermerk im Exemplar der Bayer. StaBi. M.ü. zufolge stammt es von Graf Pocci.

270 Zimmermann, S. 255.

271 DcZ Nr. 94 v. 3.4.1848, S. 373.

272 Donauzeitung und Passauer Zeitung.

273 „Nur eine Fraktion aus den verschiedensten Ständen scheint von der allgemeinen Entmuthigung eine Ausnahme zu machen. Ihr kräftigeres Auftreten ist aber wirklich nur leerer Schein. Bei dieser Fraktion gehört es zum guten Ton, über die Behörden und ihre Maßregeln zu raisonnieren, ein terroristisches Einschreiten der Polizei-Verwaltung, namentlich Haussuchungen, Arretierungen, Verletzung des Briefgeheimnisses u.s.w. unbekümmert um gesetzliche Begründung als durch die Umstände geboten und gerechtfertigt zu verlangen, und selbst in der Verkündung des Standrechts das einzige Heil der Gegenwart zu erblicken, obgleich noch vor ganz kurzer Zeit jede polizeiliche Anordnung von ihr selbst lediglich als Ausfluß der Willkür bezeichnet und bekrittelt worden ist.“ An einer solchen „Fraktion“ werde die Einwohnerschaft sich nicht orientieren, aber bedauerlicher Weise würde diese Richtung durch die „Bewegungsmänner ausgebeutet, um an Reaktion glauben zu machen, und Verdächtigungen gegen die höheren Stände, gegen die Behörden, vielleicht selbst gegen die Staats-Regierung abzuleiten.“ Bamberg, 31.5.1848, Rpräs. Oberfranken an MInn, MInn 46045.

274 Vgl. Hummel, S. 154. – Kandidatenliste in Augsburger Postzeitung Nr. 107 v. 16.4.1848, S. 426 f., Nr. 109 v. 18.4.1848 und Beil. Nr. 33 v. 22.4.1848, S. 129; ferner Der Bayerische Landbote Nr. 109 v. 18.4.1848, S. 433.

275 Der Bayerische Landbote Nr. 112 v. 20.4.1848 (Beil.), abgedruckt bei Hummel, S. 533 f.

276 Zu einer landesweiten vereinsmäßigen Organisation des gemäßigten Konservatismus ist es erst auf dem Landtag von 1849 (rechtes Zentrum) gekommen. Vielfach ging er zunächst, im Zeichen des antirevolutionären Bündnisses, mit den Liberalen. Der sich als überparteilich verstehende Konstitutionelle Verein von Würzburg (vgl. Langewiesche, Würzburg, S. 209) vereinigte zu-

nächst, wie auch der Bamberger Konstitutionelle Verein, Konservative und Liberale. Später formierte er sich im rechten Zentrum des Landtags von 1849, bei Wahlen sog der fundamentalistische Konservatismus die Mehrheit des konservativen Milieus auf.

277 AAZ (Augsburger Allgemeine Zeitung) Nr. 110 v. 19.4.1848, S. 1745 – Der Bericht ist in mehreren Zeitungen nachgedruckt.

278 Bluntschli erwähnt eine Gruppe, die sich Anfang März zur Abwehr der revolutionären Demokratie gebildet hatte und Mitte April ihr Programm veröffentlichte. Ob damit der Ottsche Klub oder Der Konstitutionell-monarchische Verein gemeint sind, ob beide vielleicht sogar identisch sind (Hegnenberg-Dux, der spätere Leiter des rechten Zentrums, war im Ottschen Klub tätig), müßte noch geklärt werden.

279 Hummel, S. 151.

280 Hinweise bei Hummel, S. 142 und 151.

281 Mailer (S. 24) weist auf die Beziehung Fallmerayers zum Ott-Klub hin.

282 Daß die Augsburger Postzeitung – vgl. Hummel, S. 151, Anm. 78 – die Liste herabsetzend als „Charivari-Liste", als buntes Durcheinander, bezeichnete, deutet darauf hin, daß fundamentalistische Elemente im Ottschen Wahlklub nicht vertreten waren.

283 Der Ausschuß bestand nach Der Bayerische Landbote Nr. 106 v. 14.4.1848 S. 459 f. aus (in der Reihenfolge der Stimmen bei ca. 120 Wählern): 1. Kaufmann Gustav Schulze, 2. Dr. Greiner, 3. Reschreiter, 4. Rosipal, 5. Leo Hänle, 6. Rolland, 7. Dr. Hermann, 8. Prof. Lindemann, 9. Weishaupt sen., 10. Kaufmann Doll, 11. Kaspar Braun, 12. Gabriel Sedlmayr, 13. Friedrich Schneider, 14. Weinhändler Schimon, 15. Koch Ettinger, 16. Dr. Röttger, 17. Weinhändler Fries, 18. Ott Sen., 19. Fabrikant Denzel, 20. Buchbinder Sauer, 21. Hermann Marx, 22. Lippmann Marx, 23. Bäcker Seidl, 24. Buchhändler Keck. Als Ersatzleute wurden gewählt: Buchdrucker Weiß, Juwelier Keyhl, Prof. Müller, Kunsthändler Widmayer, Vergolder Radspieler, Dr. Hohenadel, Rektor Beilhack, Juwelier Scheuer, Carl Stöhr, Lithograph Hohe, Uhrmacher Fingerl, Buchhändler Kayser. Dieser Personenkreis wandte sich in der weiteren Entwicklung mehrheitlich – mit Ausnahme von Schimon – dem gemäßigt konservativen Lager zu, wobei auch der Ott'sche Wahlklub vom Frühjahr 1848 (Wahlen zur Nationalversammlung), dem mehere der Genannten beitraten, als tendenziell konservativ zu betrachten ist. – Nähere Angaben zu einzelnen Personen bei Hummel, S. 141-148; Reiter, S. 100 f.

284 Text in Der Bayerische Landbote Nr. 103 v. 11.4.1848, S. 445.

285 Heinrich Simon Lindemann (1807-1855), Professor für Philosophie und Pädagoge, Gegner der Fundamentalisten, Mitglied im Vaterlandsverein und Deutschkatholik, 1852 aus politischen Gründen in Ruhestand versetzt. – Vgl. Hummel, S. 154.

286 Der Bayerische Landbote, S. 460 und DcZ Nr. 106 v. 15.4.1848, S. 421.

287 Hummel, S. 144.

288 Ein zusammenfassender, instruktiver Bericht über den Bauhofklub findet sich in FM Nr. 144 v. 23.5.1848, S. 2; ferner FM Nr. 107 v. 16.4.1848, S. 2.

289 Das Gewirr der Versammlungen hat bei Tornow zu einigen falschen Angaben geführt, die von Hummel und Reiter korrigiert wurden.

290 Vgl. die „Erwiederung" mehrerer Ausschußmitglieder auf eine Erklärung des Ausschußmitgliedes Rosipal in: Der Bayerische Landbote, S. 483.

291 Hummel, S. 143.

292 DcZ Nr. 107 v. 16.4.1848, S. 426.

293 Reiter, S. 102; Mailer, S. 17.

294 Siehe Literaturverzeichnis. – Dr. phil. Carl Andreas Riedel, geb. 26.6.1804 als Sohn eines

rationalistischen Pfarrers in Neustädtlein (Oberfr.), Theologiestudium und Pfarramt in Weißenstadt, ab Mitte der 30er Jahre Mitarbeiter der Fränkischen Merkur, um 1840 in Berlin, wo er über Marheinecke zum Kreis um Karl Marx und Bruno Bauer stieß (vgl. Ingrid Pepperle, Junghegelianische Geschichtsphilosophie und Kunsttheorie, Berlin 1978, S. 250), verfaßte Bücher zur neueren Geschichte. Nach den Wahlen ist er in München nicht mehr nachweisbar, er hielt sich vermutlich zunächst in Frankfurt auf und trat erst wieder als Führer eines Schweinfurter Freischärlerzuges im badischen Aufstand in Erscheinung. Er flüchtete nach Nordamerika, wo er bis zu seinem Lebensende um 1880 populärwissenschaftliche Literatur verfaßte. – Vgl. Kantzenbach, S. 190-200. – Die Angaben zu Riedel bei Hummel (S. 148) bedürfen der Korrektur.

295 Der Bayerische Landbote Nr. 111 v. 19.4.1848, S. 486 f.

296 DcZ Nr. 113 v. 22.4.1848, S. 450; vgl. Hummel, S. 147.

297 Abgedr. bei Obermann, Flugblätter, S. 131-133 und Hummel, S. 537 f. – In dem Bericht des Fränkischen Merkur (Nr. 114/115 v. 23./24.4.1848, S. 3.) über die Beratung von Programm und Kandidatenliste am 18. April wurde vor allem Dr. Greiner hervorgehoben, „der sich durch sein kräftiges Handeln in der letzten Vergangenheit bereits in ganz Deutschland genügend bekannt gemacht hat“.

298 FM Nr. 114/115 v. 23./24.4.1848, S. 3.

299 Bericht in DcZ Nr. 117 v. 26.4.1848; Reiter, S. 102.

300 Brunner, S. 69.

301 Mitgliederverzeichnis in WAbl Nr. 97 v. 6.4.1848, S. 399.

302 WAbl Nr. 98 v. 7.4.1848, S. 405.

303 Text in WAbl Nr. 99 v. 8.4.1848, S. 409.

304 Am 2. April (3. Sitzungstag) war von der demokratischen Linken (Abgeordneter Zitz aus Mainz) der Antrag gestellt worden, der Bundestag möge sich ausdrücklich von den vormärzlichen Ausnahmegesetzen (Karlsbader Beschlüsse und deren Novellierungen) „lossagen und die Männer aus ihrem Schoße entfernen, die zur Hervorrufung und Ausführung derselben mitgewirkt haben“. Der badische Liberale Bassermann entschärfte den Antrag durch eine Wortänderung, und in dieser Form wurde der Antrag mit großer Mehrheit angenommen, worauf Hecker mit über 40 anderen die Sitzung verließ. – Vgl. Valentin I., S. 477.

305 WAbl Nr. 103 v. 12.4.1848, S. 427.

306 WAbl Nr. 104 v. 13.4.1848, S. 431.

307 WAbl Nr. 107 v. 16.4.1848, S. 443.

308 Langewiesche, Würzburg, S. 208.

309 Neben Widmann, dessen Biografie wohl weitere Forschung verdiente, scheinen die beiden Juristen Dr. Rott und Dr. Philipp Held eine gewisse Rolle gespielt zu haben, beider Berufung als Privatdozenten an die Universität München (WAbl Nr. 135 v. 15.5.1848, S. 554) sollte vermutlich dieses politische Spektrum ausdünnen. Valentin Albert Oestreicher scheint biografischen Angaben im WAbl (Nr. 138 v. 18.5.1848, S. 570) zufolge – 1828/31 Schuladspirantenlehrer in Würzburg, von 1832 bis 1848 Sprachlehrer in Schweiz, Frankreich und England – aus der Vormärzopposition zu stammen.

310 Vgl. Zimmermann, S. 270 f.

311 Bayreuth, 9.4.1848, Rggs.Präs. Oberfranken an MInn, MInn 46044.

312 Ldger. Bamberg II an. Rggs.Präs. Oberfranken v. 11.4.1848, MInn 46044. – Der Bericht des Landrichters des Landgerichts Bamberg II, von Bovery, zeigt, daß die Kontakte zwischen Stadt und Land noch sehr oberflächlich waren. Es erfolgten durch den Advokaten Prell Einladungen zu der Versammlung, aber der Zuzug war nicht bedeutend, Prell soll bei seinen Bemühungen die angesprochenen Gemeindevorstände zu Ruhe und Ordnung ermahnt haben. – Laut NK (Nr. 103 v.

12.4.1848, S. 1) war die Versammlung von 20.000 Menschen besucht.

313 WAbl Nr. 109 v. 18.4.1848, S. 452. – Bericht in Tagblatt der Stadt Bamberg Nr. 105 v. 14.4.1848, S. 513: Danach trat am 13.4. abends im Erlanger Hof auf Initiative und unter Leitung von RA Burkart II, RA von Hornthal, Appell. Ger. Access. Dr. Schüttinger, Assessor von Seefried, Prof Kober und prakt. Arzt Dr. Rapp eine constitutionell-monarchische Bürgerversammlung zusammen. – Den Vorgängen in Bamberg kam offensichtlich überregionale Bedeutung zu, so daß mehere Zeitngen Notizen über Bamberg brachten, das FTbl (Nr. 62 v. 18.4.1848, S. 328) berichtet von einer Volksversammlung in Bamberg am 14. April, die sich für Teilnahme an den Wahlen bei entschiedenem Eintreten für die konstitutionelle Monarchie und gegen die Republik aussprach.

314 Tagblatt der Stadt Bamberg Nr. 109 v. 18.4.1848, S. 535 f.

315 FM Nr. 117 v. 26.4.1848, S. 2.

316 Stadtcomm. Bamberg an Rpräs. Oberfranken v. 12.4.1848, MInn 46044.

317 Vgl. Zimmermann, S. 272.

318 Vgl. Diezel, S. 172 und Zimmermann.

319 Laut ByrZ (Nr. 105 v. 14.4.1848, S. 420) wurde bei einer Volksversammlung am 12.4. von 509 Teilnehmern ein 13köpfiges Wahlkomitee gewählt, das am 22.4. zu ersten Mal zusammentrat, eine überlokale Wirksamkeit ist jedoch nicht ersichtlich.

320 Bei Petrus Müller auf S. 120 irrtümlich „März".

321 Brunner, S. 52.

322 NWZ (Nr. 117 v. 27.4.1848) übernimmt einen Artikel des Korrespondent von und für Deutschland, der von einer Versammlung in Altdorf berichtet, in der Dr. Lunckenbein von Diezel vorgestellt wurde.

323 Zimmermann, S. 268.

324 Mittelfänkische Zeitung Nr. 100 v. 9.4.1848, S. 1 f.

325 Rede Eisenmann ist wiedergegeben in: FTbl. v. 13.4.1848, (Beil.) S. 311 f.

326 Text und Mitgliederverzeichnis in MfrZ Nr. 116 v. 25.4.1848, S. 1 – Umschreibende Wiedergabe bei Brunner (S. 47 f.) mit Hinweis auf Korrespondent von und für Deutschland. – Nach Diezel (S. 170) war dieses Programm ein eigentlich „durch uns Demokraten hervorgerufenes, ziemlich freisinniges politisches Glaubensbekenntnis", zu dessen Unterzeichnung Eisenmann von der „Bourgeoisie" genötigt wurde, „um seine Wahl möglich zu machen", nachdem sein Ansehen ziemlich gesunken war.

327 FTbl Nr. 61 v. 15.4.1848, S. 325.

328 Nickel, S. 70.

329 Keßler, S. 79 ff.

330 Laut Donau-Zeitung trafen sich am 22. April ca. 200 Personen aus Landshut, Passau, Straubing, Deggendorf, Landau, Viechtach, Kötzting, Dingolfing, Mallersdorf, Eggenfelden und Vilshofen unter Vorsitz des Regierungsrates Pfeufer (Landshut) in Deggendorf. Mehrere Kandidaten stellten sich vor, eine gemeinsame Kandidatenliste kam aber nicht zustande, konstitutionelle Monarchie auf breitester Grundlage war die allgemeine Orientierung.

331 Richtlinien des Vorparlaments (Auszug) bei Mailer auf S. 13 mit einem sinnstörenden Druckfehler, es muß heißen: „Der Wählende braucht nicht dem Staate anzugehören" statt „... Stande." – Huber, Dokumente, S. 335, 337, 338.

332 Dazu Botzenhart, S. 141 ff.

333 Das Verzeichnis in MInn 43864 Bl. 412-415 führt 70 Abgeordnete auf. – Vorläufige Angaben über die Fraktionszugehörigkeit sind Eisenmann zu entnehmen, die Angaben in Doeberl (S. 191) zu einzelnen Abgeordneten sind problematisch.

334 NWZ Nr. 165 v. 15.6.1848, S. 3.

335 Hummel, S. 115 ff.

336 Hummel, S. 126.

337 Die Polemik bei Hummel (S. 123, Anm. 19) gegen Th. Hamerow ist unberechtigt. Die Zahlen für Nürnberg sind korrekt und mehrfach (z.B. MfrZ Nr. 298 v. 27.10.1848, S. 1) abgesichert, sie ergeben eine Wahlbeteiligung von 65,7%. Hummel gibt auf S. 115 für Nürnberg eine Wahlbeteiligung von 65,4%, auf S. 123 65,7% an. Die Wahlbeteiligung in München lag – falls man 8.983 Wahlberechtigte und 6.901 tatsächliche (Ur-)Wähler annimmt – bei 76,8%. Die unterschiedliche Wahlbeteiligung von München und Nürnberg steht – auch wenn das Ergebnis aus diesem oder jenem Grunde stört – damit eindeutig fest. – Langewiesche (Würzburg; S. 205) gibt an, es hätten sich im Herrschaftsgericht Sommerhausen (Ufr.) von 2.444 Einwohnern 414 an den Urwahlen beteiligt, und errechnet daraus ein Wahlbeteiligung von 16,9%. Es ist aber politisch aussagefähiger, die – siehe oben – Wahlbeteiligung von jenem männlichen Fünftel der Gesamtbevölkerung zu berechnen, das ergibt eine Wahlbeteiligung von 489:414 (84%).

338 Brunner, S. 53 f.

339 Brunner, S. 55.

340 Für Mittelfranken sind folgende Zahlen bekannt: bei 527.800 Einwohnern waren 132.000 zur Teilnahme an den Urwahlen berechtigt, daraus sollten in den 264 Wahlbezirken 1.056 Wahlmänner hervorgehen, welche die 8 Abgeordneten für Mittelfranken zu wählen hatten – FTbl Nr. 66 v. 25.4.1848, S. 351 f.

341 Das Verzeichnis bei Mailer (S. 29-33) leidet darunter, daß bei Doppelwahlen (Wahl einer Person an verschiedenen Orten) nicht das endgültige Ergebnis erkennbar ist.

342 Mailer, S. 34.

343 Eine genaue Zuordnung anhand von Eisenmanns „Parteyen" ist schwierig wegen der hohen Zahl von äußerlich fraktionsfreien, faktisch jedoch konservativen Abgeordneten. Daneben gibt es Fälle, bei denen trotz äußerer Fraktionszugehörigkeit die politische Identität fraglich bleibt. – Angaben zu fränkischen Abgeordneten (Behr, Eisenmann, Rotenhan, Döllinger, Edel, v. Hermann, Kirchgeßner, W. Stahl, v. Zerzog, v. Raumer, Barth) bei Zimmermann, S. 311-319.

344 Eisenmann, Parteien, S. 26.

345 Vgl. Hummel, S. 163-166. – Zu seiner Beurteilung ist vor allem seine These vom Sommer 1848 – Zimmermann, S. 327 – heranzuziehen, wonach die Einzelstaaten ein Vermittlungsorgan zwischen sich und der Nationalversammlung hätten einrichten sollen.

346 Vgl. Hummel, S. 157 f.

347 In den ersten Versammlungen des Münchener Bauhofklubs wurde Öffentlichkeit der Sitzungen der KdR verlangt, bei der Meldung im FTbl (Nr. 59 v. 12.4.1848, S. 305), in Augsburg sei Öffentlichkeit der KdR gefordert worden, liegt wahrscheinlich eine Verwechslung mit Münchener Versammlungen vor.

348 FTbl Beilage v. 23.3.1848, S. 235.

349 FM Nr. 97 v. 6.4.1848, S. 12 f. („Aus Franken, 4. April"). – Mit „Minoritätswahlen" wird auf den Sachverhalt angespielt, daß durch die Art der Wahl der Ersatzabgeordneten mit nur wenigen Stimmen in den Landtag zu kommen möglich war; im Vormärz kamen die Ersatzabgeordneten häufig dadurch zum Zuge, daß die Regierung den eigentlichen Mandatsträger, meist auf rechtlich fragwürdige Art, an der Ausübung des Mandats hinderte. – Das Tagblatt der Stadt Bamberg (Nr. 110 v. 19.4.1848, S. 539) meldete, „sicherem Vernehmen" nach werde der Landtag zum 1. Mai geschlossen.

350 Petitionen aus Regensburg – vgl. Finken, S. 283 und die (zweite) Münchener Bürgeradresse; vgl. Reiter, S. 86 f.

351 Nr. 92 v. 1.4.1848, S. 1.

352 NK Nr. 127 (Beil.) v. 6.5.1848.

353 Ein Artikel in Nr. 122 v. 1.5.1848, S. 1, („Ein- oder Zweikammer-System?“) äußert sich sehr kritisch gegen den Adel und bringt dadurch indirekt die Ablehnung der Ersten Kammer zum Ausdruck; ein anderer Artikel versucht die Erste Kammer durch tiefgreifende Umgestaltung zu retten. Zu Jahresbeginn hatte der NK (Nr. 3 v. 3.1.1848, S. 1) die fehlende Öffentlichkeit der Sitzungen und die nichtssagenden Protokolle kritisiert.

354 MfrZ Nr. 111 v. 20.4.1848, S. 2. – Das liberale Regensburger Tagblatt sieht am 20. Mai in dem schwierigen Entstehungsprozeß des Gesetzes bereits die „Wehen der Reaction“ – Finken, S. 293, Anm. 83.

355 Doeberl, S. 57.

356 Finken, S. 293. – Der NK (Nr. 127 v. 6.5.1848, S. 1) bezeichnete das Wahlgesetz des bayerischen Landtags als Rückschritt gegenüber den Frankfurter Beschlüssen. In Nr. 168 v. 16.6.1848 (Beil.) weist er darauf hin, daß Minister Thon-Dittmer im Landtag politische Erklärungen bei Wahlmännerversammlungen zugelassen habe, im Landtagsabschied, d.h. in der endgültigen Fassung sei diese Möglichkeit wieder – wohl auf Einspruch des Staatsrats – beseitigt.

357 Dazu Finken, S. 293-297.

358 NK Nrn. 136 und 137 v. 15. u. 16.5.1848.

359 MfrZ Nr. 126 v. 5.5.1848, S. 2.

360 Finken, S. 296; – Die mehrmalige Bezeichnung Stockingers als Demokrat durch Finken ist nicht zutreffend.

361 NK Nr. 129 v. 8.5.1848, S. 1.

362 Finken, S. 299.

363 Nach Finken, S. 298.

364 Hummel, S. 29, Anm. 34.

365 Finken, S. 300. – Freiherr von Closen wird meist als Liberaler bezeichnet. Es waren aber eher ständisch-feudale Motive mit ihren antietatistischen und antibürokratischen Folgerungen und eine wohl durch seine Herkunft – sein Vater stand in ausländischen Diensten – bedingte Weltläufigkeit und Weitsicht, die ihn im Vormärz an die Seite der Liberalen stellten, 1848/49 hat sich Closen, vermutlich in der subjektiven Absicht, zwischen den Lagern zu vermitteln, in den Dienst der Gegenrevolution ziehen lassen.

366 Nr. 137 v. 16.5.1848, S. 1.

367 Finken, S. 301.

368 Finken, S. 302; Botzenhart, S. 114.

369 Zum Folgenden vgl. Finken, S. 310-316; Volkert u. Stolleis.

370 Zimmermann, S. 279.

371 VKdA, Bd. 8, S. 5-17. – Bemerkenswert sind darin auch die Regelungen bezüglich des protestantischen Oberkonsistoriums, die zum ersten Mal annähernd eine Gleichberechtigung des bayerischen Protestantismus herbeiführten.

372 Valentin II, S. 429.

373 NK Nr. 138 v. 17.5.1848, S. 1 und Nr. 141 v. 20.5.1848, S. 1.

374 Hier: Programm des Fürther Bürgervereins zur Landtagswahl im Herbst 1848, in: FTbl Nr. 172 v. 27.10.1848, S. 916.

375 Nachgedr. in Tagblatt der Stadt Bamberg Nr. 155 v. 5.6.1848, S. 786.

376 Finken, S. 327.

377 FTbl Nr. 91 v. 7.6.1848, S. 495.

378 FM Nr. 178 v. 26.6.1848, S. 1.

379 Hummel auf S. 254 unter Hinweis auf Arbeiten von Tilly und Hohorst.

380 FTbl Nr. 106 v. 4.7.1848, S. 581.

381 Zimmermann, S. 282.

382 Eine differenzierte Untersuchung solcher Unruhen hinsichtlich sozialer Ursachen und politischer Auswirkungen ist nach wie vor wünschenswert – und zwar aus historischen Gründen ebenso wie aus systematischen –, betrifft sie doch eine Handlungsweise, die heutzutage meist vielfach mit dem Ausdruck „autonom" erfaßt wird und eben deshalb einiger Diskussion bedarf. Bei näherem Hinsehen wird hinter solchen Unruhen ein Geflecht sozialer und politischer Konflikte sichtbar, wie dies ein kleiner Hinweis veranschaulichen mag: Nach einer Meldung des FTbl (Nr. 109 v. 8.7.1848, S. 595) hatten 7 Gemeinden des Landgerichts Herzogenaurach Militär gegen holzräuberische Rotten angefordert. Nun war Herzogenaurach eine eher „linke" Gegend, es scheint sich um einen Konflikt zwischen „Dorfarmut" und „Dorfreichtum" in einer komplizierte politischen Situation zu handeln.

383 Dirrigl, S. 289.

384 Dirrigl, S. 290. – Die Grenzen zwischen den verschiedenen konservativen Richtungen sind nicht immer klar erkennbar; so wird der Abgeordnete (Professor) Johann Nepomuk Sepp, der im allgemeinen nicht öffentlich mit dem fundamentalistischen Flügel auftrat, im Tagblatt der Stadt Bamberg (Nr. 298 v. 29.10.1848, S. 1565) als Korrespondent der (fund.) Augsburger Postzeitung angegeben.

385 WAbl Nr.117 v. 27.4.1848, S. 483. – Der Münchener Gevattersmann (eigentlich „Politischer Gevattersmann"), eine kleine, kurzlebige Zeitung, die vermutlich später im „Gradaus" aufging, (Nr. 5 v. 6.5.1848, S. 19) meldet: „In Dingolfing sind unter 34 Wählern nicht weniger als 11 geistliche gewesen. So soll es auch im Laabertal und in andern Gegenden gewesen sein."

386 Dirrigl, S. 265.

387 FTbl Nr. 51 v. 29.3.1848, S. 253.

388 Verordnung v. 15.11.1848; – vgl. Doeberl, S. 38 f.

389 Der demokratische „Gradaus" (Nr. 6 v. 26.10.1848, S. 37 f.) gibt einen Überblick über die politische Biografie von Friedrich Rohmer – Rohmer habe gegen die Württemberger Liberalen gekämpft, für den Minister von Abel gegenüber der bei Ott(!) tagenden Gesellschaft „Die Harmlosen" mit scharfen Worten Partei ergriffen und sich erst nach dessen Sturz von ihm distanziert, trotzdem in der Schweiz im Sinne Abels, Metternichs und der Ultramontanen gewirkt – und beendet sie mit dem Urteil, er sei „ein charakterloses, käufliches Subjekt". Spätestens im Herbst 1848 fand auch die NMZ (Nr. 98 v. 20.10.1848, Beil.) kein Gefallen mehr an Rohmer.

390 In der DcZ (Nr. 144 v. 12.6.1849, S. 566) wird Bluntschli als Vertrauter des Außenministers Graf Bray-Steinburg dargestellt.

391 Zimmermann, S. 259.

392 RBl 18 v. 14.4.1848, Sp. 209-304.

393 Dr. Josef Haller (1810-1866). – Haller war früher Redakteur des Fränkischen Merkur, 1839 ging er in die Emigration, war dann Paris-Referent der Augsburger Allgemeinen Zeitung und ging allmählich zu konservativen Positionen über. – Vgl. Hans Adler (Hg), Literarische Geheimberichte. Protokolle der Metternich-Agenten, Köln 1981, Bd. 2, S. 166.

394 WAbl Nr. 153 v. 2.6.1848, S. 627.

395 Brunner S. 69 f. – Laut FTbl (Nr. 88 v. 2.6.1848, S. 480) fand die Gründung unter Vorsitz des Kreis- und Stadtgerichtsassessors (und Nürnberger Ersatzmannes zur Nationalversammlung) Kalb statt.

396 FTbl Nr. 88 v. 2.6.1848, S. 480.

397 Petrus Müller, S. 121. – Nach FTbl (Nr. 88 v. 2.6.1848, S. 480) bildete sich in Nürnberg „unter Vorsitz des Kreis- und Stadtgerichtsassessors Kalb“ ein „sehr zeitgemäßer Verein“, der für „die vollste Freiheit innerhalb der gesetzlichen Ordnung unter dem Hauptgrundsatze der konstitutionell-monarchischen Staatsverfassung“ eintreten will.

398 MfrZ Nr. 166 v. 14.6.1848, S. 1.

399 FTbl Nr. 98 v. 20.6.1848, S. 532.

400 Es gibt ferner im Herbst in der Presse (Der Bayerische Landbote) verstreute Notizen über einen Israelitischen Fortschrittsverein in München.

401 ByrZ Nr. 144 v. 24.5.1848, S. 576 und Nr. 149 v. 29.5.1848, S. 593; in der ByrZ Nr. 251 v. 9.9.1848, S. 1000, wird die Mitgliederzahl mit 68 angegeben.

402 NMZ Nr. 70 v. 17.9.1848, S. 282.

403 FTbl. Nr. 104 v. 30.6.1848, S. 569 f.

404 NK Nr. 88 (Abendausg.) v. 28.3.1848, S. 1.

405 Vgl. Berichte des Stadtkommissariats Bamberg in MInn 46045. – Vgl. Zimmermann, S. 288. – Bekanntmachung der Gründung des Bamberger Konst. Vereines in Tagblatt der Stadt Bamberg Nr. 184 v. 7.7.1848, S. 942 f.

406 Zimmermann, S. 288 f. – Das Tagblatt der Stadt Bamberg (Nr. 201 v. 24.7.1848, [Beil.] S. 1037) enthält den Aufruf an Titus, in der folgenden Nummer (S. 1044) unterstützt der Konstitutionelle Verein den Aufruf.

407 Erklärung eines Dr. Ullrich in NMZ Nr. 38 v. 11.8.1848, S. 150.

408 Dieter Albrecht, Briefwechsel, S. 3 f.

409 NK Nr. 164v. 12.6.1848, S. 2.

410 Valentin II, S. 437.

411 Der Bayerische Landbote Nr. 166 v. 13.6.1848, S. 731.

412 FM Nr. 171 v. 19.6.1848, S. 1.

413 Text in NK Nr. 178 v. 26.6.1848, S. 1.

414 „Während Alles sich sehnt und endlich den Tag angebrochen wähnt, wo die Schule von dem längst kaum mehr zu ertragenden Joche der geistlichkeit befreit werden soll: hat jene unterirdisch minierende Partei, die nicht ruht noch rastet, Unheil über Deutschland hereinzuwälzen, wieder einen Schlag ausgeheckt, ... Die ultramontanen Blätter ...“ – NK Nr. 170 v. 18.6.1848, S. 1; ebenfalls scharfe Angriffe in NK Nrn. 178 und 179. – Weitere Berichte in den Münchener und häufig auch auswärtigen Zeitungen; in Absprache mit dem Innenministerium wurde der Vorgang stillschweigend übergangen – MInn an Erzbischof von Reisach, München 23. 6.1848 (Konzept), in MInn 46056. – Die Münchener Neuesten Nachrichten v. 24.6.1848, S. 659 f., bringen die Münchener Adresse in Zusammenhang mit ähnlich lautenden und an die Nationalversammlung gerichteten Adressen in Mainz, Köln, Aachen, Breslau usw.

415 Der Nürnberger Kurier Nr. 170/1848 (Beil.) führt zur Erklärung Rosipals Äußerungen in der Adreßangelegenheit an. Rosipal sei im März an die Spitze geschoben worden, habe damals bereits den Kunktator gespielt und sei nun völlig in die Arme der Reaktion zurückgetaumelt.

416 Der Münchener Gevattersmann Nr. 56 v. 6.7.1848, S. 223; – Das FTbl (Nr. 108 v. 7.7.1848, S. 590) meldet aus „München, 1. Juli“, daß „gestern Abends“ im Bayerischen Hof von „einer zahlreichen Bürgerversammlung“ die Gründung eines Vereins beschlossen wurde, „dessen Aufgabe es sein soll, den Wühlereien des Radikalismus ebenso entschieden entgegenzutreten wie einer etwaigen Reaktion“. – Ebenso Tagblatt der Stadt Bamberg Nr. 180 v. 3.7.1848, (Beil.) S. 926. – Die NMZ (Nr. 55 v. 31.8.1848, S. 220) berichtet, er bestehe aus „über 600 der angesehensten, aufgeklärtesten und entschieden konstitutionell-monarchisch gesinnten“ Bürgern Münchens.

417 Gebhardt, S. 37. – Nach dem FTbl. (Nr. 117 v. 22.7.1848, S. 642) hatte der Konst. Verein Nürnberg von sich aus mit dem Berliner Verein Kontakt aufgenommen und als Antwort u.a. die Einladung zum Kongreß bekommen.

418 ByrZ Nr. 210 v. 30.7.1848, S. 838.

419 Hildebrandt, Die Paulskirche, S. 85.

420 Hildebrandt, Die Paulskirche, S. 89.

421 Valentin II, S. 40.

422 Valentin II, S. 28 f.

423 Valentin II, S. 41.

424 FTbl Nr. 111 v. 12.7.1848, S. 605 (Fürth); FTbl Nr.113 v. 15.7.1848, S. 619 (Ansbach); ByrZ Nr. 220 v. 9.8.1848, S. 875 (Bayreuth); NWZ Nr. 218 v. 8.8.1848 und Nr. 219 v. 9.8.1848 (Beil.) (Würzburg); Tagblatt der Stadt Bamberg Nr. 196 v. 19.7.1848, S. 1010 (Bamberg); Tagblatt der Stadt Bamberg Nr. 196 v. 19.7.1848, S. 1010 (Weismain); NWZ Nr. 198 v. 18.7.1848, S. 2 (München).

425 Zimmermann (S. 281) wählt dafür das eindrucksvolle Bild vom Hornissenausräuschern.

426 Tagblatt der Stadt Bamberg Nr. 213 v. 5.8.1848, S. 1095 und Nr. 216 v. 8.8.1848, S. 1112. – Was mit diesen „Sonderbestrebungen" gemeint ist – das Verhalten der Regierung oder des weit nach links rückenden Landtags –, müßte näher untersucht werden.

427 FTbl Nr. 118 v. 25.7.1848, S. 645 f.

428 FTbl Nr. 114 v. 18.7.1848, S. 626 f.

429 FTbl Nr. 124 v. 4.8.1848, S. 682. – Als Vorstandsmitglieder werden genannt: F. Lachner, A. Elsäßer, Rheingruber, Joh. Jak. Gerstendörfer, Chr. Riegel, Philipp Leber und R.A. Eberlein als Ersatzmann; unter ihnen trat später vor allem A. Elsäßer hervor.

430 FTbl Nr. 124 v. 4.8.1848, S. 682.

431 FTbl Nr. 175 v. 1.11.1848, S. 962.

432 FTbl Nr. 126 v. 8.8.1848, S. 696.

433 NWZ Nr. 181 v. 1.7.1848.

434 nachgedruckt in NWZ Nr. 239 v. 29.8.1848, S. 1.

435 NWZ Nr. 199 v. 19.7.1848, (Beil.) S. 1.

436 Tagblatt der Stadt Bamberg Nr. 224 v. 16.8.1848, S. 1161.

437 Tagblatt der Stadt Bamberg Nr. 244 v. 5.9.1848, S. 1272.

438 Gebhardt, S. 43.

439 Bericht in MfrZ Nr. 164 v. 12.6.1848, S. 1.

440 Zimmermann, S. 293.

441 Petrus Müller, S. 121.

442 Ebd., S. 122.

443 Nr. 167 v. 15.6.1848, S. 1.

444 Text der auf einer Versammlung des Volksvereins am 27.6. entstandenen „Vertrauensadresse", in: MfrZ Nr. 182 v. 30.6.1848, S. 1.

445 Nr. 233 v. 23.8.1848, S. 1.

446 MfrZ Nr. 196 v. 14.7.1848, S. 1.

447 MfrZ Nr. 197 v. 15.7.1848, S. 1.

448 Diezel, S. 210.

449 Diezel, S. 211.

450 „Der Nürnberger Abgeordnete Herr Dr. Krafft und seine Abstimmung", in: Nr. 197 v. 15.7.1848, S. 1.

451 Eine Anspielung auf die „Vinckesche Klausel“, der zu Folge die Gesetzgebung zur Reichszentralgewalt „vorbehaltlich des Einverständnisses der deutschen Regierungen“ erfolgen sollte. – Vgl. Valentin II, S. 39.

452 Bericht in MfrZ Nr. 203 v. 21.7.1848, S. 1.

453 Valentin II, S. 73 f. – Es ging jedoch dabei nicht nur um die Aufrechterhaltung einer „Fiktion“ (Valentin), sondern um praktische konservative Politik im Sinne der Vereinbarungstheorie.

454 Valentin II, S. 91 f. und S. 229 ff. – Auch die Münchener Liberalen (Bürgerverein) sandten einen Offenen Brief an das preußische Volk. – Münchener Neueste Nachrichten v. 21.8.1848, S. 1463 f.

455 MfrZ Nr. 218 v. 5.8.1848, S. 1.

456 MfrZ Nr. 236 v. 26.8.1848, S. 1.

457 Gemeint ist die Verordnung vom 12. August 1848.

458 FM Nr. 198 v. 17.7.1848, S. 2; die Meldung ist aus der DcZ übernommen.

459 Keßler, S. 115 f.

460 DcZ Nr. 241 v. 5.9.1848, S. 961 f. – Hier auch die weiteren Zitate. – Darstellung der Versammlung bei Keßler; ferner Zimmermann, S. 298 f. und Valentin. II, S. 435.

461 Valentin II (S. 706) hat dieses Urteil, allerdings mit einem späteren Hinweis auf weiteren Forschungsbedarf, übernommen. – Vor Hummel hat schon Nickel (S. 100) Valentins Auffassung korrigiert mit der Bemerkung, Nördlingen sei „kein Treffen republikanischer Kreise, sondern vielmehr eine Ansammlung linksliberaler Vereine“ gewesen.. Das ist vermutlich richtig gemeint, aber nicht ganz richtig gesagt: angesammelt und versammelt hat sich in Nördlingen der gesamte Liberalismus, aber durchgesetzt hat sich der Linksliberalismus.

462 Nickel, S. 98.

463 MfrZ Nr. 248 v. 7.9.1848, S. 1.

464 MfrZ Nr. 253 v. 12.9.1848, S. 3.

465 Nickel, S. 98.

466 Nickel, S. 93 f. – Nickel untertreibt den Unterschied von Konst. V. und Volksverein.

467 FTbl. Nr. 103 v. 28.6.1848, S. 562.

468 „Sputet Euch, die Zeit drängt gewichtig, gebet Thaten, denn vor Thaten wird sich alles beugen ...“ – FTbl. Nr. 102 v. 27.6.1848, S. 554 f.

469 Zimmermann, S. 295; Diezel, S. 188 f.

470 FTbl. Nr. 114 v. 18.7.1848, S. 626 f.

471 Nach FM (Nr. 159 v. 7.6.1848, S. 1) hatte die Adresse nach mehreren Tagen erst 200 Unterschriften.

472 Der Bayerische Landbote Nr. 123 v. 1.5.1848, S. 541.

473 Dr. Alexander Ringler war zusammen mit Emil Roller Herausgeber der „Leuchtkugeln“, einer satirisch-unterhaltenden Zeitschrift.

474 Der Bayerische Landbote Nr. 113 v. 21.4.1848, S. 500. – Daß die Veranstaltung bei Weinwirt Schimon stattfinden sollte, deutet auf eine linksliberale Ausrichtung des Vereins hin. Der Verein ist nicht identisch mit dem Anfang April gegründeten Verein zur Besprechung vaterländischer Angelegenheiten, hingegen dürfte es sich um jenen Verein handeln, der als „Verein für Volkswohl“ auf der Kandidatenliste des Bauhofklubs steht.

475 Die auf einen Gesandtenbericht zurückgehende Mitteilung bei Valentin II (S. 5), der Bauhofklub habe sich nach den Wahlen aufgelöst, sei Ende Mai neu gebildet worden und habe bald über 800 Mitglieder verfügt, ist im genauen Wortsinn nicht zutreffend, wohl aber in der Tendenz. Es gab anscheinend immer wieder Bemühungen, einen linksliberal-demokratischen Verein ins Leben zu

rufen. So meldete der NK (Nr. 172 v. 20.6.1848, S. 1), es sei ein Verein im Entstehen mit ähnlicher Tendenz wie der (zu eben dieser Zeit gegründete) Volksverein in Nürnberg.

476 Passauer Zeitung Nr. 141 v. 21.5.1848, S. 3. – Die Meldung über eine Flucht nach Amerika ist nicht zutreffend, J. Knorr hat am ersten Demokratenkongreß teilgenommen.

477 Passauer Zeitung Nr. 142 v. 22.5.1848, S. 2.

478 Passauer Zeitung Nr. 153 v. 2.6.1848, S. 1.

479 Passauer Zeitung Nr. 142 v. 22.5.1848, S. 2.

480 Zimmermann, S. 287.

481 Zimmermann, S. 286.

482 Laut NWZ (Nr. 116 v. 27.4.1849, S. 3) handelte es sich um den „Deutschland" überschriebenen Artikel in Nr. 88 des FM.

483 FM Nr. 163/164 v. 11./12.6.1848, S. 1.

484 NWZ Nr. 171 v. 21.6.1848, S. 3.

485 Über seine Biografie ist wenig bekannt. 1848 schrieb er Beiträge – politische Meldungen und Gedichte – für die Zeitung Der Bayerische Eilbote, er war ferner Mitarbeiter der „Leuchtkugeln" und gelegentlich der Münchener Neuesten Nachrichten.

486 Abträgliche Bemerkungen über Vogt finden sich in den Leipziger „Grenzboten". – Was es mit diesen Vorwürfen auf sich hat, ist nicht zu klären. In „Der Bayerische Eilbote" veröffentlichte Vogt Gedichte und Beiträge. In einem Beitrag (Nr. 45 v. 14.4.1848, S. 387) gibt er an, er kenne den Münchener Polizeidirektor von Pechmann von der Universität her und stehe deshalb mit ihm auf Du. An derselben Stelle sagt er – unter Verwendung einer Eingabe der Bauern aus der Umgebung von Landshut – von Pechmann den Vollzug der Prügelstrafe als Landrichter in Ingolstadt und Landshut nach.

487 MNN v. 25.6.1848, S. 667.

488 Bericht der Gensd.Brigade Au an Gensd.Comp.Comm. München v. 26.6.1848 in MInn 46056. Der Bayerische Eilbote Nr. 77 v. 28.6.1848 erwähnt eine Volksversammlung vom 23. Juni, bei der Dr. jur. Reder, dann C.W. Vogt, „dem Mitredakteur und # Referenten des 'Eilboten'", und dem Cand. philol. Gotthelf die Ausarbeitung einer Adresse aufgetragen wurde

489 Der in der Quelle genannte Maffei-Arbeiter Roß dürfte identisch sein mit dem vom Bauhofklub her bekannten Arbeiter Roos, denn das Wort „Roß" wird im bayerischen Dialekt langgezogen ausgesprochen (wie „Roos"). Die Angabe der DcZ (Nr. 211 v. 1.8.1848, S. 841), Roos sei „Schwertfegergeselle" – er übte also eine Tätigkeit im Metallbereich aus – unterstützt diese These. – Der Nürnberger Korrespondent von und für Deutschland stellte in einer Meldung (übernommen von NWZ Nr. 180 v. 30.6.1848, [Beil.] S. 1) die Ausschußwahl als Vereinsgründung dar und führt diesen als dritten politischen „Klub" neben dem „ultramontanen" Verein für konstitutionelle Monarchie und religiöse Freiheit und dem Konstitutionell-monarchischen Verein auf.

490 Bericht der Gensd.Brigade Au an Gensd.Comp.Comm. München v. 29.6.1848 in MInn 46056.

491 Bericht der Gensd.Brigade Au an Gensd.Comp.Comm. München v. 8.7.1848 in MInn 46056.

492 NWZ Nr. 189 v. 9.7.1848, S. 2.

493 Erwähnungen in NWZ Nr. 198 v. 18.7.1848, S. 2 und Münchener Tagblatt Nr. 197 v. 17.7.1848, S. 965. Auch der Fränkische Merkur (Nr. 202 v. 21.7.1848, S. 1) meldete um diese Zeit eine von dem Verein für Volksrechte aufgelegte Adresse in der Schlewig-Holstein-Frage, ebenso Der Reichsbote Nr. 13 v. 29.7.48, S. 98.

494 Destouches, Gewerbegeschichte, S. 10 ff.

495 Hummel, S. 498.

496 Hummel, S. 499.

497 Die Entwicklung des Münchener Gewerbevereins, die durchaus paradigmatisch ist für andere Vereine in Altbayern und darüber hinaus, ist ein guter Grund und Anlaß zur Diskussion theoretischer Fragen: Hans-Ulrich Wehler (S. 695 ff.) favorisiert zur Erklärung von Revolutionen die Theorie der Relativen Deprivation. Sie erklärt Revolutionen aus der individuell und kollektiv erfahrenen Diskrepanz zwischen Erwartungen und dem Grad ihrer Erfüllung. Daß es um 1840/1850 unendlich viele dieser Diskrepanzen in allen möglichen Formen gab, ist keine Frage. Wie aber Erwartungen, die sich in der Regel am Gegebenen, also am Status quo, ausrichten, den Weg zu einer neuen, revolutionären Lösung finden, ist m.E. eine offene Frage. Mir scheint das Handlungssyndrom der relativen Deprivation wegen seiner Orientierung am Status quo eher gegenrevolutionäres, reaktionäres Verhalten zu erklären, wofür der angeführte Münchener Verein ein Beispiel abgeben mag.

498 Nr. 117 v. 26.4.1848, S. 2.

499 Nr. 206 v. 25.7.1848, S. 1 f.

500 FTbl Nr. 131 v. 16.8.1848, S. 720 f. – Der Bericht über Eltersdorf ist getrennt vom Bericht (Nr. 131, S. 717) über die Erlanger Versammlung der Konstitutionellen. In einer der folgenden Nrn. (138, S. 758) gab sich der Patriotische Verein als Teilnehmer der (Liberalen-) Versammlung zu erkennen.

501 FTbl Nr.103 v. 28.6.1848, S. 562.

502 Diezel S. 213.

503 Tagblatt der Stadt Bamberg Nrn. 262-265 (23.9.-26.9.1848).

504 Diezel, S. 187.

505 FTbl Nr. 122 v. 1.8.1848, S. 665.

506 Berichte über Versammlungen v. 7. und 14. Oktober in: Der Freund der Wahrheit und des Volkes Nr. 48 v. 9.10.1848, S. 202 und Nr. 56 v. 18.10.1848, S. 231 f.

507 Diezel (S. 214) stellt fest, daß die Nördlinger Versammlung „für Franken nicht ohne Bedeutung blieb“, was er aber dazu anführt, stützt diese Behauptung nicht bzw. nur in dem Sinne, daß die dabei vernehmbaren, von den Württembergern stammenden demokratisch-republikanischen Parolen ähnlichen Tendenzen in Bayern wieder Auftrieb gaben.

508 Zu Bamberg vgl. Bericht in FTbl (Nr. 143 v. 6.9.1848, S. 781) über Versammlung und Abstimmung des konstitutionellen Vereins Bamberg. – Zum Würzburger konst. Verein vgl. BZ Nr. 2 v. 2.9.1848, S. 3 und Nr. 10 v. 10.9.1848, S. 2. – Zu Schwabach („Verein für Freiheit und Ordnung“) vgl. Tagblatt Bamberg Nr. 254 v. 15.9.1848, S. 1326. – Der Freund der Wahrheit und des Volkes berichtet (Nr. 18 v. 4.9.1849, S. 76), der Vertreter Würzburgs auf der Nördlinger Versammlung, Professor Hofmann, habe als Grund für den Nichtanschluß angegeben, daß der Beschluß „einer Auslegung fähig sei, die dem Zwecke des hiesigen Vereins entgegen sei“; der Bamberger Verein argumentiere ähnlich.

509 Vgl. Bericht über (11.) Versammlung am 29. August in MfrZ Nr. 248 v. 7.9.1848, S. 1. – Aufrufe in MfrZ Nr. 243 (Beil.) v. 2.9.1848, S. 1.

510 Der Doktortitel bei Valentin (Bd. II, S. 434) beruht auf Irrtum.

511 Zu den Vorgängen vgl. Hummel, S. 180 f.

512 Münchener Tagblatt Nr. 235 v. 24.8.1848, S. 1176.

513 Hummel (S. 182) bringt den Vorfall in einen Zusammenhang mit Vorgängen an der Münchener Sparkasse, diese war im Frühjahr 1848 in Zahlungsschwierigkeiten geraten. Der Höhepunkt der Sparkassenaffäre fand aber – vgl. Hummel, S. 441 – im Mai statt, für die Schatzaffäre war sie nicht mehr wichtig.

514 Münchener Tagblatt Nr. 227 v. 16.8.1848, S. 1141.

515 Politischer Gevattersmann, S. 443.

516 Hummel, S. 509 f.

517 Hummel, S. 510. – Ein bei Schlette (S. 402) abgedruckter Brief des Franz Spengler erwähnt Versammlungen der Maurer, Steinmetze und Zimmerleute und deren von dem Literaten Vogt angeleitete Aktivitäten. Spengler berichtete weiter, die Maurer usw. seien „ganz in den König vernarrt" und hätten einen „Prinzen Eduard zum Vorstand". Einen Prinzen Eduard gab es im bayerischen Königshaus nicht, aber Der Bayerische Eilbote (Nr. 154 v. 24.12 1848) und der Bayerische Landbote (Nr. 359 v. 23. 12. 1848) berichten über einen von einem Prinzen Eduard von Sachsen-Altenburg geleiteten Unterstützungsverein. Der Prinz Eduard von Sachsen-Altenburg, Herzog von Sachsen, stand schon im Sommer 1848 mit dem bayerischen Innenministerium in Verbindung und gab, wie bei Hummel (S. 482, Anm. 30) hervorgeht, Ratschläge zur Gängelung der Dienstboten und Gesellen. – In einem Brief an Montez-von Landsfeld erwähnt Ludwig I. einen „Schwager Georg von Sachsen-Altenburg" – Vgl. Rauh/Seymour, S. 60. – Später stand E. v. S.-A. in militärischen Diensten in Bayern.

518 Vgl. Hummel, S. 518, Anm. 54.

519 Hummel, S. 510.

520 Hummel, S. 484.

521 Hummel, S. 388.

522 Der Bayerische Landbote Nr. 123 v. 1.5.1848, S. 541.

523 Hummel (S. 490) polemisierend gegen Schlechte, Arbeiterverbrüderung; dabei beruht Hummels Darstellung der Münchener Arbeiterbewegung weitgehend auf Schlechte und geht kaum über diese hinaus.

524 Schlechte, Arbeiterverbrüderung, S. 396, Anm. 2.

525 Hummel, S. 486.

526 Ausführlicher bei Hummel, S. 489.

527 Hummel, S. 414.

528 Vgl. Reiter, S. 110.

529 Vgl. Schlechte, S. 396, Anm. 1. – Bei Birker keine Angaben zu 1848/49.

530 Münchener Tagblatt Nr. 182 v. 2.7.1848, S. 899.

531 Vgl. Hummel, S. 512 f.

532 Münchener Neueste Nachrichten v. 10.7.1848, S. 877; die Ankündigung der Versammlung ist von Roos unterzeichnet.

533 Münchener Tagblatt Nr. 201 v. 21.7.1848, S. 981.

534 Aus einem Antwortschreiben (in: Der Münchener Gevattersmann Nr. 91 v. 16.8.1848, S. 362 f.) geht hervor, daß er, und wohl auch der gesamte Verein, politisch in Richtung Robert Blum tendierte.

535 Münchener Tagblatt Nr. 214 v. 3.8.1848, S. 1073.

536 FTbl. Nr. 118 v. 25.7.1848, S. 645.

537 MNN v. 22.7.48, S. 1051 (Anzeige Nr. 2985).

538 Schlechte, S. 396-398.

539 Schreiben des Arbeiterbildungsvereins München an das Zentralkomitee v. 26.10.1848 in Schlechte, S. 400. – In der Lokalpresse (z.B. MNN v. 28.11.1848, S. 2809 f.) wurden die Arbeiter über die Entwicklung informiert und zum Beitritt angesprochen.

540 Schlechte, S. 399.

541 FTbl Nr. 139 v. 30.8.1848, S. 762.

542 MifZ Nr. 279 v. 8.10.1848, S. 4.

543 ByrZ Nr. 251 v. 9.9.1848, S. 1000.

544 FTbl Nr. 124 v. 4.8.1848, S. 677; hier wird auch eine Adresse gleichen Inhalts von Münchener Arbeitern belegt. – Bericht in FM Nr. 214 v. 2.8.1848, S. 1: „Augsburg, 30. Juli. Eine zahlreiche Versammlung der Gesellen fand im Baugarten gestern Abend wieder statt, deren Hauptzweck darin bestand: die Unterschriften zu der Adresse nach Frankfurt zu vervollständigen. Ein ungeregeltes Gespräch gab neuen Beleg der schon früher ausgedrückten Gesinnungen und wie fest man gesonnen ist, den Forderungen der Meister ein Gegengewicht anzuhängen. Es kann nicht ohne Wirkung sein und wird der Partei, welche für Gewerbfreiheit ist, ein neues Halt in die Hand geben.“

545 FTbl Nr. 147 v. 13.9.1848, S. 804, ebenso Tagblatt der Stadt Bamberg Nr. 250 v. 11.9.1848, S. 1304.

546 Tagblatt für Landshut und Umgegend Nr. 235 v. 5.11.1848, S. 962 .

547 Der NK brachte mehrfach Artikel, die sich mit der Arbeit der Gesetzgebungsausschüsse kritisch auseinandersetzten: NK. Nr. 261 v. 17.9.1848, S. 1, Nr. 270 v. 26.9.1848, Nr. 275 v. 1.10.1848, S. 3 und Nr. 285 v. 11.10.1848, S. 1.

548 NK Nr. 357 v. 22.12.1848, S. 1.

549 „Ueber die konstituirenden Ständeversammlungen“ in Nr. 241 v. 31.8.1848, S. 1.

550 Nach dem Nürnberger Kurier (Nr. 248 v. 4.9.1848, S. 1) zeigte Dr. Rauch schon in den ersten Nummern die „entschiedene Freisinnigkeit, welche ihn seit vielen Jahren und unter allen Wechseln unserer politischen Lage geleitet hat“. Rauch war früher auch Redakteur des Fränkischen Merkur.

551 BZ Nr. 2 v. 2.9.1848, S. 2 f.

552 FTbl 152 v. 22.9.1848, S. 836.

553 FTbl Nr. 100 v. 23.6.1848, S. 541 f. („Republik oder Monarchie“).

554 Berichte in Tagblatt Bamberg Nr. 245 v. 6.9.1848, S. 1275 und ff. Nrn., NK Nr. 251 v. 10.9.1848, S. 1.

555 FTbl Nr. 152 v. 22.9.1848, S. 833.

556 BZ Nr. 17 v. 17.9.1848, S. 1 und ByrZ Nr. 264 v. 22.9.1848, S. 1048.

557 Vgl. Hummel, S. 92.

558 MfrZ Nr. 248 v. 7.9.1848, S. 1.

559 NK Nr. 276 v. 2.10.1848, S. 1.

560 Weis, S. 70 f.

561 VO v. 5.9.1848 in RBl 1848, Sp. 953-960.

562 Die Bamberger Zeitung setzte in mehreren Nummern von Anfang September den Beginn des neuen Landtags auf Anfang November an, die Augsburger Postzeitung auf Ende November. Mitte September meldete das Fürther Tagblatt das Ende des alten Landtags und das Zusammentraten des neuen für Ende Oktober. – FTbl Nr. 150 v. 19.9.1848, S. 821.

563 Wehler, S. 711.

564 Donau-Zeitung Nr. 119 v. 29.4.1848, S. 2.

565 Donau-Zeitung Nr. 136 v. 16.5.1848, S. 3.

566 Münchener Tagblatt Nr. 207 v. 27.7.1848, S. 1021.

567 Z.B. im Landgericht Ebersberg. – Der Bayerische Landbote Nr. 127 v. 5.5.1848, S. 562.

568 Münchener Tagblatt Nr. 24 v. 24.1.1849, S. 134.

569 Wehler, S. 710.

570 Nr. 129 v. 8.5.1848, S. 1 f.

571 VbBL Nr. 28 v. 3.5.1848, S. 111.
572 „Der Freund der Wahrheit und des Volkes“, ein Blatt von lokaler Bedeutung, das nach dem erzwungenen Eingehen des Fränkischen Merkur und anderer, kleiner Blätter („Wahrheitsfreund“, „Zuschauer in Franken“) sich mühsam als Stimme der Demokratie behauptete, gab in Nr. 1 v. 15.8.1848, S. 1, den Bauern den billigen Rat, das „Geld zu behalten und nicht abzulösen“, ein neuer Landtag werde ein besseres Ablösungsgesetz bringen.
573 Nickel, S. 82.
574 Ein ähnlicher Fall spielte sich im benachbarten Landgericht Pfarrkirchen ab, so daß Teile des Eggenfeldener Vorgangs in den Akten des Landgerichts Pfarrkirchen zu finden sind. – StA Landshut Rep. 168 Verz. 5 Nr. 389.
575 Vgl. Reiter, S. 115; die Entstehungsgeschichte der Petition konnte noch nicht geklärt werden. Notizen über eine für die Bauern nachteilige Auslegung des Ablösungsgesetzes auch in Tagblatt für Landshut und Umgegend Nr. 221 v. 22.10.1848, S. 900 u. ebd. Nr. 246 v. 16.11.1848, S. 1003.
576 J. E. Jörg, eine Nachwuchskraft aus dem Lager der äußersten Rechten, berichtet in einem Brief vom 20.7.1848 an den Abgeordneten Ignaz (von) Döllinger von der Unzufriedenheit der Bauern mit Ablösungs- und Jagdgesetz. – Albrecht, Briefwechsel, S. 11.
577 Nickel, S. 113.
578 FTbl Nr. 145 v. 9.9.1848, S. 792, zitiert einen entsprechenden Artikel der (Passauer) Donau-Zeitung.
579 Vgl. Brunner, S. 85.
580 Doeberl, S. 65.
581 Vgl. Brunner, S. 86 f.
582 Tagblatt der Stadt Bamberg Nr. 255 v. 16.9.1848, S. 1329.
583 Bayreuther Zeitung Nr. 279 v. 7.10.1848, S. 1104.
584 WAbl Nr. 247 v. 12.9.1848, S. 1009.
585 WAbl Nr. 245 v. 9.9.1848, S. 1001.
586 MfrZ Nr. 253 v. 12.9.1848, S. 1.
587 MfrZ Nr. 256 v. 15.9.1848, S. 2.
588 MfrZ Nr. 253 v. 12.9.1848, S. 1.
589 Tagblatt der Stadt Bamberg Nr. 254 v. 15.9.1848, S. 1326.
590 NK Nr. 258 v. 17.9.1848, S. 4.
591 Der Volksverein war am 8. September gegründet worden. Seine Mitglieder schlossen sich später meist dem (rechts-)liberalen Verein für deutsche Einheit und gesetzliche Freiheit an. Mitte Oktober wurde in R. ein kath.-konservativer Verein (Verein für konstitutionelle Monarchie und religiöse Freiheit, später Pius-Verein) gegründet. – Vgl. Maier, S. 72 ff.
592 MfrZ Nr. 254 v. 13.9.1848, S. 1.
593 MfrZ Nr. 254 v. 13.9.1848, S. 1.
594 MfrZ Nr. 255 v. 14.9.1848, S. 1.
595 Brunner, S. 76 f. – Nach dem FTbl (Nr. 144 v. 8.9.1848, S. 78 wurde sie am 3.9. bei einer Sitzung des Vorstandes der Vereine für Volksfreiheit in Erlangen beschlossen; ebenso NK Nr. 248/ 1848, S. 4.
596 Bericht in MfrZ Nr. 253 v. 12.9.1848, S. 1. und FTbl Nr. 147 v. 13.9.1848, S. 807 f. – Vor allem der Bericht im FTbl zeigt den Umfang der auf eine neue Nationalversammlung und eine zweite Revolution hinarbeitenden Kräfte; der im FTbl erwähnte „Kressel“ ist wohl identisch mit dem Studenten Grössel. – ferner Zimmermann, S. 299 f.
597 MfrZ Nr. 255 v. 14.9.1848, S. 1.

597a Ecker ist wahrscheinlich ein Sohn der Baronin von Ecker, der Besitzerin des Fränkischen Merkur.

598 MfrZ Nr. 256 v. 15.9.1848, S. 2.

599 MfrZ Nr. 256 v. 15.9.1848, S. 2.

600 Beschluß der Versammlung in MfrZ Nr. 260 v. 19.9.1848, S. 1; Bericht über Versammlung in ebd., S. 2.

601 MfrZ Nr. 260 v. 19.9.1848, S. 1.

602 Bericht über Versammlung in MfrZ Nr. 260 v. 19.9.1848, S. 2 und FTbl Nr. 150 v. 19.9.1848, S. 821.

603 Laut FTbl (Nr. 66 v. 25.4.1848, S. 351) Folienhammerbesitzer in Doos und Präsident der Handelskammer in Nürnberg.

604 MfrZ Nr. 267 v. 26.9.1848, S. 1.

605 Ankündigung der Versammlung in FTbl Nr. 153 v. 23.9.1848, S. 844; dabei wird der Centralausschuß der fränkischen Vereine für Volksfreiheit als Einberufer der Volksversammlung genannt.

606 MfrZ Nr. 268 v. 27.9.1848, S. 1.

607 Zimmermann, S. 305 f.

608 ByrZ Nr. 259 v. 17.9.1848, S. 1030.

609 Der Freund der Wahrheit und des Volkes Nr. 30 v. 19.9.1848, S. 125.

610 Der Freund der Wahrheit und des Volkes Nrn.37 u. 38 v. 26. u. 27.9.1848. – Am 7. Oktober wurde Prell als neuer Vereinsvorsitzender („Präsident") gewählt. – Vgl. ebd. Nr. 48 v. 9.10.1848, S. 202.

611 Nickel, S. 112-117.

612 Nickel, S. 115.

613 MfrZ Nr. 255 v. 14.9.1848, S. 1.

614 Münchener Tagblatt Nr. 256 v. 14.9.1848, S. 1261 und der Bayerische Landbote Nr. 259 v. 14.9.1848, S. 1111.

615 Abdruck in Reiter, S. 119.

616 Diezel schreibt durchaus zutreffend auf S. 244: „Die Münchner Demokratie war ein liberaler Konstitutionalismus, wenn auch einzelne in Gedanken darüber hinausgehen mochten. Ihr Organ war die nunmehr eingegangene konstitutionelle Zeitung, welche täglich Theorien aufstellte, die wir in Franken bekämpften." Daß Diezel die Deutsche constitutionelle Zeitung als Blatt der Münchener Linken bezeichnet, Blätter wie „Vorwärts" oder „Gradaus" aber überhaupt nicht erwähnt, zeigt nebenher den mangelhaften Stand der gegenseitigen Kenntnis. – Ein Artikel der (gemäßigtkonservativen) Augsburger Allgemeinen Zeitung bescheinigte später (aus Anlaß der Verhaftung im September) den Münchener Demokraten, sie seien „nach Gesinnung und Befähigung weit höher zu stehen als die meisten ihrer Parteigenossen in anderen Städten".

617 Valentin II (S. 433) gibt auf der Grundlage von Gesandtenberichten 400 Besucher an. Gegen den Bericht der Neuen Münchener Zeitung, die von 800 bis 1.000 Besuchern gesprochen hatte, bemerkt der Münchener Gevattersmann (Nr. 122 v. 21.9.1848, S. 488) ausdrücklich, es seien 3-4.000 Besucher gekommen, die meisten Handwerksgesellen über 20.

618 Hummel, S. 188-190.

619 Hummel, S. 190.

620 Reiter, S. 119.

621 Daß der Demokratische Verein München den Abgeordneten von Hermann Mitte Oktober (Der Bayerische Landbote Nr. 290 v. 15.10.1848, S. 1239) zusammen mit der Liedertafel mit einem Fackelzug und einer Serenade ehrte, deutet wie die sonstigen greifbaren Äußerungen auf eine

linksliberale Ausrichtung des Vereins hin.

622 Münchener Neueste Nachrichten Nr. 170 v. 25.9.1848, S. 1903 f.

623 Hummel, S. 191.

624 Nach Angaben der DcZ (Nr. 262 v. 28.9.1848, S. 1043) ging die Verhaftung auf Betreiben des Appellgerichts Freising zurück. Es gibt Anzeichen für eine stark fundamentalistische Ausrichtung dieser Behörde.

625 Valentin II (S. 434(gibt irrtümlich einen „Dr." Sensburg an. – Nur den „Vorwärts" als Blatt der Münchener „Demokraten" zu bezeichnen (Valentin II, S. 433), ist nicht ganz korrekt, der „Vorwärts" war (im Gegensatz zum „Gradaus!") deutlich linksliberal.

626 Hummel, S. 184-189.

627 MfrZ Nr. 263 v. 22.9.1848, S. 1.

628 Außer in Münchener Zeitungen ist der Aufruf auch abgedruckt in MfrZ Nr. 268 v. 27.9.1848, S. 1.

629 Tagblatt für Landshut und Umgegend Nr. 196 v. 27.9.1848, S. 802. In der Gründungsversammlung berichtete Advokat Götz über seine Anwesenheit bei der Nördlinger Versammlung. Der Verein wurde aber von der konservativen Gegenwehr bald überrollt.

630 Mittelfänkische Zeitung Nr. 263 v. 22.9.1848, S. 1. – Bemerkenswert ist die verhältnismäßig späte Aufnahme des Textes in die Zeitung.

631 Nr. 270 v. 29.9.1848, S. 1.

632 Teilabdruck; Schluß in einer folgenden Nummer. – Vollständiger Text bei Hildebrandt, Parlamentsopposition, S. 258-260.

633 MfrZ Nr. 278 v. 7.10.1848, S. 1.

634 Vgl. Zimmermann, S. 305.

635 Zimmermann, S. 325.

636 Nr. 300 v. 29.10.1848, S. 1.

637 MfrZ Nr. 263 (Abendausgabe) v. 22.9.1848, S. 1.

638 MfrZ Nr. 272 v. 1.10.1848, S. 1.

639 MfrZ Nr. 279 v. 8.10.1848, S. 1.

640 Abgedruckt in MfrZ Nr. 278 v. 7.10.1848, S. 1 f.

641 In der MfrZ (Nr. 288 v. 17.10.1848, S. 1) ist angedeutet, der (Vereinsvorsitzende bzw. Versammlungsvorsitzende) Kaufmann J. Schmitt habe sich „einer schmählichen Verdächtigung seines Privatcharakters" erwehren müssen. Es scheint also mit großem Einsatz um politische Positionen gekämpft worden zu sein, wobei die Verdächtigungen keineswegs von Dr. Schwartz ausgegangen sein müssen.

642 MfrZ Nr. 285 v. 14.10.1848 (Beil.).

643 Die Vorgänge im Volksverein bedürfen noch einiger Untersuchung. Die Datierung und Numerierung der Berichte in der Mittelfränkischen Zeitung wirft einige Fragen auf, auch ist nicht zu verkennen, daß die Berichterstattung der Mehrheitsmeinung mehr Raum gibt als der Minderheitsmeinung.

644 MfrZ Nr. 293 v. 22.10.1848, S. 1.

645 Bericht in MfrZ Nr. 281 v. 10.10.1848, S. 1. – Der Name des Versammlungsleiters wird im Bericht nicht erwähnt, ergibt sich aber aus folgender Stelle: „Der Präsident der Versammlung, der die Leitung *wieder* (Hervorhebung vom Verf.) mit lobenswerther Energie handhabte ..."

646 Gemeint ist wohl die Neue Rheinische Zeitung.

647 MfrZ Nr. 285 v. 14.10.1848, S. 1.

648 MfrZ Nr. 298 v. 27.10.1848, S. 1.

649 Ausführlich Hummel, S. 197-208. – Kurze Schilderung bei Valentin Bd. II, S. 435. Zutreffend ist Valentins abschließende Bemerkung: „Mit Politik hatte das an sich nichts zu tun, aber die Folgen waren politisch. Der brave Bürger war nun vollends überzeugt, daß die Revolutionserrungenschaften zum Straßenraub führten."

650 Wiedergabe einer Erhebung durch die Behörden in NMZ Nr. 121 v. 16.11.1848, S. 486.

651 WAbl Nr. 265 v. 3.10.1848, S. 1082.

652 Nickel, S. 136 f.

653 Tagblatt der Stadt Bamberg Nr. 286 v. 17.10.1848, S. 1488. – Programm und Statuten – bezeichnenderweise – im „Korrespondent" und in NMZ Nr. 112 v. 6.11.1848 (Beil.).

654 Der (gemäßigt links-)liberale Charakter des Vaterlandsvereins geht aus einer Zuschrift an den preußischen Landtag von Anfang Dezember 1848 hervor. – Vgl. Der Bayerische Eilbote Nr. 146, S. 1234. Die von ihm ausgerichtete Gedenkfeier für Robert Blum deutet gleichzeitig auf Sympathien für die gemäßigte Demokratie hin, wie sie dann durch den Beitritt zum Märzverein zum Ausdruck kam. Vermutlich gehört der seit Anfang November auftretende Verein freisinniger Beamter und Offiziere (Der Bayerische Landbote Nr. 314 v. 8.11.1848, S. 1339) zur Vorgeschichte des Vaterlandsvereins.

655 Zimmermann, S. 358.

656 Tagblatt der Stadt Bamberg Nr. 272 v. 3.10.1848, S. 1413.

657 Huber, Dokumente, S. 352-359.

658 MInn 43861.

659 Beide Dokumente in vervielfältigter Endfassung in MInn 43862.

660 Vgl. Valentin I, S. 519.

661 Vgl. Doeberl, S. 41 f.

662 Dazu Doeberl, S. 53.

663 Valentin II, S. 29 f. – Während der zwischen 50er Ausschuß und Bundestag bzw. Vertrauensmännerkollegium abgehaltenen Beratungen über die zukünftige Reichsverfassung verlangte der bayerische Bundestagsgesandte von Closen von Heinrich von Gagern eine Zusage, daß er in keinem Falle für ein Kaisertum eintrete (Valentin I, S. 528). Der Behauptung in Der Bayerische Landbote (Nr. 230 v. 16.8.1848, S. 995), von Closen sei auch dem von Lepelschen Promemoria beigetreten, muß noch nachgegangen werden.

664 Valentin I, S. 520.

665 Doeberl, S. 56; das eingefügte Zitat stammt von dem Münchener Abgeordneten Jakob Fallmerayer. – Valentin II, S. 34.

666 Doeberl, S. 50.

667 Doeberl, S. 50 f. u. S. 213 f.

668 Doeberl, S. 54.

669 Valentin, Bd. II, S. 352 f.

670 Doeberl, S. 55.

671 Doeberl, S. 56 f.

672 Vgl. Valentin II, S. 29 ff. – Doeberl (S. 58 u. 59) nennt den Direktoriumsplan einen „politisch reifste(n) Gedanke(n)" und „gesunden Gedanken".

673 Doeberl, S. 58.

674 Valentin II, S. 40.

675 Valentin II, S. 27.

676 Doeberl, S. 59.
677 Doeberl, S. 60 f.
678 Valentin II, S. 354.
679 Vgl. Valentin II, S. 91.
680 Vgl. Doeberl, S. 62-64 – MInn 43856.
681 RBl 1848 Nr. 44 v. 6.8.1848, Sp. 761-766.
682 Die Notiz des konservativ-liberalen Nürnberger „Korrespondenten" („kleinlicher und unstaatsmännischer hätte sich das bayerische Staatsministerium nicht benehmen können als in der Huldigungsangelegenheit es getan ...") wurde im FTbl (Nr. 129 v. 12.8.1848, S. 709) abgedruckt und mit dem Zusatz versehen, damit habe eines der konservativsten Blätter „das Vorhandensein einer Reaktion anerkannt". Die Formulierung („Reaktion") war zugleich eine Spitze gegen eine ziemlich bekannt gewordene Äußerung des liberal-konstitutionellen Abgeordneten Eisenmann, er sehe keine Reaktion.
683 Berichte über Feiern in Nürnberg vgl. NK; in Erlangen vgl. FTbl. Nr. 129 v. 12.8.1848, S. 707; in Kronach vgl. NK Nr. 224 v. 11.8.1848, S. 2; in Würzburg vgl. WAbl Nrn. 216 f. vom 7. u. 8.8.1848; in Augsburg, Nördlingen, Kempten, Memmingen vgl. Nickel, S. 111.
684 VbBL Nr. 73 v. 27.6.1848, S. 294.
685 Zimmermann, S. 302.
686 RBl 1848 Nr. 47 v. 18.8.1848, Sp. 801-804.
687 MInn 43856, Bl. 24.
688 Antrag Ges. Min. an König v. 8.9.1848 in MInn 43856.
689 Zimmermann, S. 330.
690 Text bei Doeberl, S. 65 f.
691 Vgl. Doeberl, S. 64-66.
692 MInn 43856.
693 Doeberl, S. 65.
694 Vgl. Valentin II, S. 154 f.
695 Valentin II, S. 353.
696 Doeberl, S. 67.
697 Handschreiben König Maximilians an Kultusminister (Hermann) von Beisler, Nymphenburg, 10. Juli 1848. Abgedr. bei Doeberl, S. 215 f.
698 Huber, Dokumente, S. 360.
699 Doeberl, S. 75.
700 Hildebrandt, Paulskirche, S. 182 f.
701 Zutreffend Valentin II, S. 357: „Die Reise Heinrich v. Gagerns nach Berlin weckte die bayerische Politik aus ihrer Erstarrung auf; der österreichische Thronwechsel erhöhte die Unruhe und das Unbehagen in München."
702 Valentin II, S. 354.
703 Valentin II, S. 279.
704 Valentin II, S. 356.
705 Vgl. Doeberl, S. 80-96.
706 Valentin II, S. 356.
707 Weitere Beispiele im Bericht des bayer. Gesandten in Berlin von Lerchenfeld, abgedr. bei Doeberl, S. 232 ff.
708 Doeberl, S. 88.

709 Prinz Karl erschien Anfang Dezember in Potsdam. – Vgl. Valentin II, S. 284.

710 Valentin II, S. 351.

711 In seinem Bericht vom 8.11.1848 sah er mit dem Beschluß vom 27. Oktober „die Unfähigkeit der Nationalversammlung bestätigt, politische Fragen in praktisch ausführbarer Weise zu lösen. ... Überhaupt sehe ich mich in meinem Gewissen gedrungen, Ew. Majestät mit schuldiger Offenheit zu gestehen, daß ich mir von dem bisherigen Gange der Verhandlungen in Frankfurt, deren Grundton rein demokratisch ist, nichts Gedeihliches verspreche. ... auf welch schmähliche Weise die große hinterlassene Erbschaft des Königreichs Bayern in heutigen Tagen von einer demokratischen Volksversammlung in Frankfurt in Fetzen geteilt und zerrissen wird." – Vgl. Doeberl, S. 77 und Zimmermann, S. 332.

712 Valentin II, S. 358.

713 Valentin. II, S. 358.

714 Doeberl, S. 98. – Zur Mission von Aretin vgl. Doeberl, S. 98-110 und 235-243.

715 Valentin II, S. 352.

716 Doeberl, S. 109.

717 Doeberl, S. 145.

718 Valentin II, S. 353; Doeberl, S. 110-113, 247-250. – Valentin II (S. 654) verweist auf weitere bereits veröffentlichte, von Doeberl jedoch unerwähnt gelassene Dokumente in dieser Angelegenheit.

719 Valentin II, S. 352.

720 Nach seinem Sturz erhielt Lerchenfeld von den fränkischen Liberalen mehrfach Grußadressen, so von den Wahlmännern von Kronach (Passauer Zeitung Nr. 2/1849) und vom Patriot. Ver. Bayreuth (Passauer Zeitung Nr. 3/1849).

721 So – irrtümlich – Valentin II, S. 439.

722 BZ Nr. 111 v. 20.12.1848, S. 3.

723 MifZ Nr. 273 v. 2.10.1848, S. 1 und MifZ Nr. 288 v. 17.10.1848, S. 2.

724 Abgedr. in WAbl Nr. 315 v. 30.11.1848, S. 1283.

725 Münchener Tagblatt Nr. 296 v. 24.10.1848, S. 1429.

726 Nickel, S. 138.

727 NK Nr. 224 v. 11.8.1848, S. 2.

728 RBl Nr. 63 v. 24.11.1848, Sp. 1129-1134. – Zu wählen waren 143 Abgeordnete bei einer Bevölkerung von 4.504.874.

729 Nickel, S. 138.

730 Verordnung vom 15. November 1848, das Cabinets-Secretariat betr. in RBl 1848 Nr. 62 v. 20.11.1848, Sp. 1121-1124.

731 FTbl Nr. 186 v. 21.11.1848, S. 1011: „ein neuer Fortschritt auf der konstitutionellen Bahn".

732 MNN v. 2.12.1848, S. 2863.

733 Nickel (S. 141) unter Hinweis auf die einschlägigen Stellen bei Franz Schnabel und Zimmermann.

734 Nach einer Erklärung des Würzburger Demokraten Dr. J. Chr. Schmidt (NFZ Nr. 28/29 v. 29.1.1849, S. 102) waren die eigentlichen Redakteure des „Journals" der Freiherr von Fuchs von Bimbach und der Edle von Faber.

735 Die Zuordnung des k.-m.V.s von Augsburg zur äußersten Rechten ist auch durch einen Hinweis in VbBL (Nr. 201 v. 25.11.1848, S. 807) zu belegen.

736 Dirrigl, S. 413.

737 Nickel, S. 136.

738 Nickel (S. 142) hat damit zutreffend die mit Wortreichutm verschlüsselte konservativ-reaktionäre Grundtendenz des Programms zum Ausdruck gebracht. Der Verein ist wahrscheinlich das Ergebnis eines Aufrufs der (fund.) Augsburger Postzeitung (vgl. NMZ Nr. 109 v. 2.11.1848, S. 438) zur Gründung eines konst.-mon. Vereins, der den „offenen und verkappten Republikanern" entgegentreten soll. Für die politische Richung dieses Vereins ist bezeichnend, daß er den Kaiser von Österreich als deutschen Kaiser vorschlug. – FTbl Nr. 11 v. 19.1.1849, S. 49.

739 Nickel, S. 142.

740 WAbl Nr. 42 v. 17.2.1849, S. 165.

741 Vgl. Hummel, S. 193-208.

742 Abgedr. bei Hummel, S. 541 f. – Die Urheberschaft wird dem Juristen Dr. Hermann zugeschrieben.

743 Hummel, S. 207.

744 Dieses kam vor allem in einer Grußbotschaft an die preußische Zweite Kammer (dazu: Der Bayerische Landbote Nr. 342 v. 6.12.1848, S. 454.) zum Ausdruck.

745 Der Demokratische Verein blieb ungeachtet der Einigung weiter bestehen und hielt bis über den Jahreswechsel hinaus eigene Versammlungen ab.

746 Reiter, S. 132-135. – Bei Reiter (S. 132) liegt („Der rechtsliberale 'Verein für Freiheit und Ordnung', der frühere ... tritt dem Wahlbündnis nicht bei.") eine Verwechslung vor; es muß richtig heißen: Der monarchisch-konstitutionelle Verein – also im wesentlichen der frühere „Ottsche Klub" und das spätere rechte Zentrum des Landtags von 1849 – trat dem Wahlbündnis nicht bei. Den Rückzug des Konst.-mon. Vereins melden die MNN v. 13.11.1848, S. 2615. In dieser Meldung werden ein W. Mayer und ein Dr. Förster als erster bzw. zweiter Vorstand des Bürgervereins genannt.

747 Nickel, S. 142.

748 MfrZ Nr. 318 v. 16.11.1848, S. 1.

749 MfrZ Nr. 300 v. 7.11.1848, S. 1.

750 Der Freund der Wahrheit und des Volkes (Nr. 109 v. 19.12.1848, S. 443) berichtet, daß „in den jüngsten Tagen in Folge der Wahlvorgänge viele constitutionelle Elemente ausgeschieden sind". Vermutlich trat der Volksverein in den Augen dieser konstitutionellen Mitglieder den demokratischen Aktivitäten zu wenig entgegen.

751 Die Mehrzahl der Mitglieder entschied sich für den radikaler auftrendenden Kandidaten Gewerbelehrer Tröger statt für den Lehrer Hoffmann, der daraufhin mit seinen Freunden aus dem Volksverein, in dem er eine führende Stellung eingenommen hatte, austrat, durch den Übertritt vieler Mitglieder des Politischen Vereins konnte sich der Volksverein aber wieder erholen und weiterbestehen. – Brunner, S. 127. – Von den ersten Volksvereins-Versammlungen des Jahres 1849 wird berichtet (MfrZ Nr. 75 v. 16.3.1849, S. 1), sie hätten eine gewisse „Gefahr der Abnahme" des Vereins angedeutet. – Der Politische Verein Nürnberg gelangte, obwohl der Freie Staatsbürger sich gut hielt, nach diesen Übertritten zu keiner großen Bedeutung mehr. – Zu Tröger vgl. Diezel, S. 240.

752 Der Freund der Wahrheit und des Volkes Nr. 109 v. 19.12.1848, S. 443.

753 Brunner (S. 127) bezeichnet sie als Kandidaten des Politischen Vereins, Müller (S. 126) führt sie – zutreffend – als Kandidaten des Politischen Vereins und des Volksvereins auf.

754 MfrZ Nr. 332 v. 30.11.1848, S. 1.

755 Valentin II, S. 280 f.

756 MfrZ Nr. 333 v. 1.12.1848, S. 1.

757 M.E. ist der Satz so zu verstehen: Nur solch üble Menschen wie Hergenhahn können solch üble Vorschläge machen und dann auch noch glauben, daß diese von anständigen Menschen angenommen werden.

758 WAbl Nr. 291 v. 2.11.1848, S. 1185.

759 Aufruf zu einer Versammlung des „Volksvereins" am 3.12. in WAbl Nr. 317 v. 2.12.1848, S. 1293. – Vgl. Langewiesche, Würzburg, S. 211.

760 WAbl Nr. 258 v. 25.9.1848, S. 1053.

761 NWZ Nr. 237 v. 5.12.1848, S. 3; weitere Hinweise in WAbl Nr. 312 v. 27.12.1848, S. 1274.

762 WAbl Nr. 297 v. 9.11.1848, S. 1213.

763 Tagblatt der Stadt Bamberg Nr. 337 v. 7.12.1848, S. 1757 f.

764 Vgl. Mailer (Teil II), S. 41.

765 BZ Nr. 75 v. 14.11.1848, S. 1.

766 Nr. 82 v. 21.11.1848, S. 1.

767 Huber, Dokumente, S. 349.

768 FTbl. Nr. 183 v. 15.11.1848, S. 997.

769 Vgl. Bericht über Versammlung am 9.12.1848 in MNN v. 13.12.1848, S. 3017.

770 MNN v. 20.1.1849, S. 156.

771 Handschreiben Max II. an Kultusminister von Beisler v. 10.7.1848, abgedr. bei Doeberl, S. 215 f.

772 „Die deutschen Grundrechte in Bayern": unter dieser Überschrift ab Mitte Februar 1849 Leitartikel in mehreren Nummern der Bamberger Zeitung.

773 Signat Max II. an Min. d. Äußeren v. 5.1.1849 in MA 1142.

774 BZ Nr. 20 v. 20.1.1849, S. 2.

775 Nürnberger Kurier Nr. 19 v. 19.1.1849, S. 1.

776 NWZ Nr. 20 v. 20.1.1849, S. 2; Reiter, S. 137.

777 Nürnberger Kurier Nr. 23 v. 23.1.1849, S. 1. – Der Bericht datiert die Versammlung auf den 19. Jan. und spricht von ca. 60 Teilnehmern.

778 Eine Korrespondenz in der NWZ (Nr. 21 v. 21.1.1849, S. 2) meldet bereits 66 Unterschriften auf die Formel; die Stärke der „Fraktionen" wird mit 30 (Rechte), 60 (Linke) und 40 (Zentrum) angegeben.

779 Mailer (Teil II), S. 45.

780 Vgl. Zimmermann, S. 376.

781 Nickel, S. 164.

782 Nr. 25 v. 25.1.1849, S. 1; ähnliche Tendenz in den Nrn. 26 und 27 („ Was in der Thronrede versprochen wird, bleibt auch hinter bescheidenen Wünschen zurück.").

783 Nr. 25 v. 25.1.1849, S. 1; ferner Nr. 26: Die Thronrede, über die zur „Schonung des Raumes" hier nichts weiter geschrieben werden solle, habe sehr enttäuscht.

784 Nr. 22 v. 25.1.1849, S. 86.

785 Nr. 24 v. 24.1.1849, S. 4: „Wir hatten uns bei dem dermaligen Stand der Dinge nicht viel von der Thronrede versprochen, wir müssen aber gestehen, daß sie in Wirklichkeit noch weit hinter unseren Erwartungen zurückgeblieben ist. Rechnet man die Aufzählung der vorzulegenden Gesetzentwürfe ab, so ist das Übrige ein durchaus nichtssagendes Phrasenwerk ..."

786 Nr. 26 v. 26.1.1849, S. 90.

787 Nr. 15 v. 26.1.1849, S. 68.

788 Neue Passauer Zeitung Nr. 27 v. 27.1.1849, S. 101: „Ueber die Thronrede herrscht allgemeine

Unzufriedenheit im Publikum. Es gilt Dieß namentlich von der Stelle bezüglich der deutschen Angelegenheiten."

789 MInn 43864, Bl. 432.

790 Götschmann, S. 263.

791 Münchener Tagblatt Nr. 277 v. 5.10.1848, S. 1343.

792 Die „Gespensterfurcht der Reaktion" (d.h. die Furcht vor dem Gespenst der Reaktion) sei gebannt, weil Beisler von den Ultramontanen angefeindet werde, schrieb Münchener Tagblatt Nr. 2 v. 2.1.1849, S. 9.

793 Im allgemeinen vertraten die bayerischen Zeitungen, vor allem die Augsburger Allgemeine Zeitung, die Auffassung, Graf Lerchenfeld sei wegen seines Eintretens für liberale Gesetze bzw. Gesetzentwürfe entlassen worden. Der Freie Staatsbürger brachte die Auffassung zur Geltung, es handle sich um ein abgekartetes Spiel, Graf Lerchenfeld sei entlassen worden, um ihn als Oppositionsführer glaubhaft zu machen, wobei ihm aber eine konservative Rolle zugedacht war. Die Bamberger Zeitung führte den Stimmungsumschwung gegenüber Lerchenfeld auf „die Annahme des Präsidiums und insbesondere die Worte, mit denen die Annahme erfolgte," zurück, „obgleich nämlich Lerchenfeld auf das bestimmteste erklärte, das Präsidium nicht anzunehmen, entschuldigte er die Annahme damit, daß ihn des Königs Majestät Gnade dazu auserwählt habe. Also nicht der Wille der Volksvertreter, sondern die Gnade des Königs war es, welche ihn leitete." – BZ Nr. 24 v. 24.1.1849, S. 2.

794 Mailer (Teil II, S. 48) nennt den Unterschied „auffallend".

795 Zur sozialen Zusammensetzung vgl. Mailer (Teil II), S. 47. – Die Mailerschen Rubriken „Gewerbetreibende und Handwerker" sowie „Kaufleute und Industrielle" enthalten allerdings sehr verschiedene soziale Verhältnisse.

796 MInn 43864, Bl. 62-65.

797 Vgl. Valentin II, S. 645 f.

798 Doeberl, S. 170. – Eine bei Doeberl auf S. 169 erwähnte „Erklärung jener 69 Abgeordneten vom 5. Januar" gibt es nicht.

799 Zu den Landtagsverhandlungen vgl. die Beiträge in: Die Gegenwart, Bd. 10, S. 88 ff.

800 Zu einem früheren Zeitpunkt (NWZ Nr. 24 v. 24.1.1849, S. 2) wurde Müller neben dem Abgeordneten Binder als Geschäftsführer der Linken angegeben. – Dr. Müller war auch Abgeordneter zur Nationalversammlung; dort hatte er mit dem linken Zentrum gestimmt und bei der Reichsverweserwahl Heinrich von Gagern seine Stimme gegeben mit der Begründung, die Entscheidung für den Reichsverweser werde einen Kaiser zur Folge haben und liefe damit letzten Endes auf die Entmachtung der einzelstaatlichen Monarchien hinaus. – Vgl. NMZ Nr. 41 v. 15.8.1848 (Beil.)

801 MfrZ Nr. 37 v. 6.2.1849, Beil. S. 1.

802 Vgl. Valentin II, S. 365.

803 Nickel, S. 166.

804 NWZ Nr. 68 v. 9.3.1849, S. 3.

805 Die griechische Bevölkerung hatte sich 1821 gegen die türkische Herrschaft erhoben und im Frieden von Adrianopel (1829) eine auf internationalen Abmachungen ruhende Selbständigkeit erreicht. Kronprinz bzw. König Ludwig I. hatte den Aufstand der Griechen unterstützt und erhob deshalb Anspruch auf den griechischen Thron, der ebenfalls auf Grund internationaler Abmachungen besetzt werden sollte. Die Wahl fiel 1832 tatsächlich auf den bayerischen Prinzen Otto, weil dadurch keiner der europäischen Haupt- und Garantiemächte ein Vorteil erwuchs und die verhältnismäßig geringe Macht der Wittelsbacher keine eigenständige Machtpolitik erwarten ließ. Otto war Sohn Ludwigs I., Bruder (des ab 1848 regierenden) Max II. und des späteren Prinzregenten Luitpold. 1833 trat Otto, dem auf Grund seines Alters (geb. 1815) ein Regentschaftsrat beige-

geben wurde, die Herrschaft an. Die Sache endete kläglich, 1843 wurde der bayerische König in Griechenland von einer Revolution vertrieben. – Zur bayerischen Griechenlandpolitik allgemein Spindler, S. 168-173; – ferner Theodor Sakellaropoulos, Ökonomische Krise – soziales Desaster – politische Revolution. Griechenland 1843/44, in: ZfG 41 (1993), Heft 3, S. 221 ff.

806 „Treu der Verfassung regierte ich; dem Wohl des Volkes war mein Leben geweiht; als wenn ich eines Freistaats Beamter gewesen wäre, so gewissenhaft ging ich mit dem Staatsgute, mit den Staatsgeldern um." – Zum griechischen Anlehen ferner Valentin II , S. 442 f.

807 FTbl Nr. 176 v. 3.11.1848, S. 967.

808 WAbl Nr. 298 v. 10.11.1848, S. 1215.

809 Das FTbl (Nr. 168 v. 20.101848, S. 921) bringt einen Aufruf von Bürgern, die sich unter der „Devise: Ordnung durch Gesetz, durch beide zur Freiheit" zusammengetan haben; von da an erscheinen regelmäßig Anzeigen des Bürgervereins, eine (Neu-)Gründung des Bürgervereins in Windsheim steht wohl damit in Zusammenhang.

810 Laut ByrZ (Nr. 296 v. 24.10.1848, S. 1166) am 21. Oktober gegründet, anfangs 41 Mitglieder.

811 Vgl.. Nickel, S. 136 f.

812 WAbl Nr. 315 v. 30.11.1848, S. 1283.

813 MNN v.13.12.1848, S. 3017.

814 WAbl Nr. 292 v. 3.11.1848, S. 1189 f.; Bericht in BZ Nr. 62 v. 1.11.1848, S. 2.

815 Die genannten Orte gehen hervor aus: Schlechte, Arbeiterverbrüderung, S. 396-405. – Zu Augsburg: Notiz über Gründung in Tagblatt der Stadt Bamberg Nr. 250 v. 11.9.1848, S. 1304; ferner NK Nr. 233 v. 20.8.1848, S. 1 (Notiz, daß in A. „vor kurzem" ein Arbeiterverein gebildet wurde). – Zu Bamberg ist in Der Freund der Wahrheit und des Volkes (Nr. 30 v. 18.9.1848, S. 126) vom Ausschuß des Arbeitervereins eine Versammlung zur Besprechung der Statuten angekündigt; von da an erscheinen in ziemlich regelmäßiger Folge in den Bamberger Zeitungen Versammlungsanzeigen. – Für Nürnberg meldet der NK (Nr. 244 v. 3.9.1848, S. 4) eine von einem provisorischen Ausschuß einberufene Versammlung in der Baderherberge. – In Fürth wurde (FTbl. Nr. 169 v. 21.10.1848, S. 930) zu einer allgemeinen Gesellenversammlung eingeladen, spätestens ab Mitte November fanden regelmäßige Versammlungen statt.

816 Zimmermann, S. 360.

817 Vgl. Nickel, S. 137 f. – Für München vgl. Bericht in Der Bayerische Eilbote Nr. 146, S. 1234. Bedeutsam ist der Hinweis des Berichts, daß sich der Bürgerverein für Freiheit und Ordnung nicht beteiligte.

818 MifZ Nr. 104 v. 14.4.1849, S. 4.

819 Mittelfränkische Zeitung Nr. 327 v. 25.11.1848, S. 1.

820 NWZ Nr. 343 v. 11.12.1848, S. 1.

821 Rolf Weber in: Lexikon zur Parteiengeschichte, Bd. 1, S. 407.

822 FTbl. Nr. 190 v. 28.11.1848, S. 1031.

823 Tagblatt der Stadt Bamberg Nr. 12 v. 12.1.1849, S. 51.

824 FTbl Nr. 7 v. 12.1.1849, S. 36. – Als Vorstandsmitglieder werden angegeben Dr. Morgenstern (1. Vors.), Ott (2. Vors.), Dr. Landmann (Schriftf.) und Paul Rießner (Kasse). Ausschuß: Dr. Mach, Dr. Kiderlin, Strobel, Wilhelm Henle und Chirurg Scheidig. – Vgl. Fischer, S. 16.

825 Tagblatt der Stadt Bamberg Nr. 2 v. 2.1.1849, S. 10.

826 FTbl Nr. 189 v. 25.11.1848, S. 1027.

827 * 7.3.1814 in Buchenbach bei Erlangen, Jurastudium in Erlangen und Würzburg, Rechtspraktikant bei Titus in Bamberg, ab Jan. 1848 bei Dr. Grünsfeld in Fürth, bis 1855 als erster Jude Abgeordneter im bayerischen Landtag (Zweite Kammer), 1857 Gründung einer Zinnfolienfabrik

in Forchheim. 1862 beteiligte er sich an der Gründung der Bayerischen Fortschrittspartei in Nürnberg und er gehörte auch (mit August Bebel) dem Ausschuß zur Gründung einer gesamtdeutschen Volkspartei an.

828 MfrZ Nr. 18 v. 18.1.1849, S. 4.

829 MfrZ Nr. 2 v. 2.1.1849, S. 1.

830 MfrZ Nr. 7 v. 7.1.1849, S. 1.

831 Zimmermann, S. 317.

832 Hildebrandt, Paulskirche, S. 200; Veit Valentin II, S. 307.

833 DcZ Nr. 7 v. 9.1.1849, S. 25. – Der Demokratische Verein München führte seine Versammlungen nebenher weiter (MNN v. 2.1.1849, S. 16), aber die eigentliche politische Arbeit verlagerte sich auf den Märzverein. – Die im Rückgriff auf einen Beamtenbericht aufgestellte Behauptung Doeberls (S. 160), an der Spitze der Münchener Demokratie hätten Juden gestanden, ist noch zu überprüfen.

834 Langewiesche, Würzburg, S. 214 ff.

835 MNN v. 5.1.1849, S. 34.

836 Der VbBL (Nr. 11 v. 12. 1.1849, S. 41) gibt für die Wochenversammlung am 11. Januar 600 Teilnehmer bei 800 Mitgliedern an, eine Woche später (Nr. 17, S. 65) werden 900 Mitglieder gemeldet, in Nr. 41 v. 18.2.1849 (Beil.) werden 1.200 Mitglieder angegeben.

837 Vgl. Doeberl, S. 167 u. 171.

838 Vgl. Doeberl, S. 171.

839 VbBL Nr. 26. V. 31.1.1849, S. 101 und Nr. 29 v. 4.2.1849, S. 113.

840 RBl Nr. 70 v. 28.12.1848. – Die „Kundmachung“ enthält in vollständiger Wiedergabe das (Reichs-)Gesetz vom 27.9.1848 über die Verkündigung der Reichsgesetze, vom 30.9. über das Verfahren bei der Anklage gegen Abgeordnete, das Gesetz zum Schutz der verfassunggebenden Reichsversammlung vom 10.10. und das Gesetz über Einführung einer deutschen Kriegs- und Handelsflagge vom 12.11.1848.

841 DcZ Nr. 63 v. 14.3.1849, S. 250.

842 MfrZ Nr. 51 v. 20.2.1849, S. 2.

843 MInn 43865.

844 Dirrigl, S. 32.

845 Das Ministerium – MInn 43865 – fertigte Übersichten über die eingesandten Adressen an. Eine eingehende, aber schwierige Analyse dieser Statistiken steht noch aus. Bei der Analyse ist – vgl. Nickel, S. 167 – u.a. auch zu berücksichtigen, daß viele Adressen nicht die Grundrechte insgesamt, sondern nur einzelne, vor allem die §§ 3, 23 und 33 ablehnen.

846 Diezel S. 242 f.

847 Tagblatt der Stadt Bamberg Nr. 342 v. 12.12.1848, S. 1777.

848 Neue Fränkische Zeitung Nr. 83 v. 24.3.1849, S. 295 f. – Ein kurzer Bericht in Tagblatt der Stadt Bamberg (Nr. 73 v. 14.3.1849, S. 365) spricht von 2.500 Teilnehmern und Deputationen aus 40 Städten.

849 MNN v. 4.1.1849, S. 26.

850 Vgl. Langewiesche, Würzburg, S. 216.

851 Diezel, S. 244.

852 Nickel, S. 168 f.; Zimmermann, S. 388. – Nach Gradaus (S. 194) wurden in der Münchener Märzvereinsversammlung vom 21. Februar 1849 Advokat Dr. Riedel, Student Lang und Emil Roller nach Ulm abgeordnet. Ein knapper Bericht zu Ulm in Gradaus Nr. 65/66 v. 4./5.3.1849, S. 225.

853 Nickel (S. 170) verweist auf die Adressen des Kemptener Volksvereins, die die Nationalver-

sammlung wegen ihrer „lauen Haltung“ angreift, ein Zuendeführen der Revolution (worunter man allerdings verschiedenes verstehen kann) anmahnt und das Erbkaisertum ablehnt, und des Nördlinger Volksvereins. Möglicherweise sind ähnliche Äußerungen in Mittelfranken, vor allem beim Nürnberger Volksverein, dem Ulmer Treffen zuzuordnen.

854 Der Augsburger Deutsche Verein stand hinter den Abgeordneten Barth und Paur. – Vgl. Nikkel S. 171.

855 Wegen seiner Bedeutung mehrfach nachgedruckt, z.B. NWZ Nr. 15 v. 15.1.1849, S. 2.

856 Zimmermann, S. 386. – Nach der DcZ (Nr. 42 v. 18.2.1849) hatte der Nürnberger Abgeordnete Dr. Krafft die Nürnberger Vereine (Konst.Ver. und Ver. f. Freiheit u. Ordnung) zur Unterzeichnung einer Adresse für die kleindeutsche Lösung aufgefordert,

857 Passauer Zeitung Nr. 111 v. 22.4.1849, S. 441.

858 MfrZ Nr. 48 v. 17.2.1849, S. 1.

859 MfrZ Nr. 53 v. 22.2.1849, S. 1.

860 MfrZ Nr. 54 v. 23.2.1849, S. 1.

861 MfrZ Nr. 61, (Beil.) S. 1.

862 WAbl Nr. 34 v. 8.2.1849, S. 133.

863 WAbl Nr. 49 v. 26.2.1849, S. 193.

864 Reiter, S. 161.

865 StA Landshut Rep. 164/14 Nr. 829 (Fixation und Ablösung der Grundlasten betr.).

866 Der Bayerische Eilbote Nr. 70 v. 13.6.1849, S. 572.

867 Franz Seraph Hofer. – Vgl. Dill, S. 49-68. – Dill behandelt in seinem vorzüglichen Aufsatz über niederbayerische Paulskirchenabgeordnete auch den Fall des Landrichters Hofer von Pfarrkirchen, der unter dem Vorwand, er führe eine schlechte Ehe, vorzeitig in den Ruhestand versetzt wurde. Dill hat dabei die Vermutung geäußert, daß die Pensionierung des Landrichters Hofer ihren eigentlichen Grund darin hatte, daß Hofer des bäuerlichen Widerstands gegen das Ablösungsgesetz nicht Herr wurde. Näheres Befassen mit den bäuerlichen Aktionen, vor allem mit der Tätigkeit des Bauern Peter Binderberger, stützt deutlich diese Auffassung.

868 MNN v. 18.1.1849, S. 137.

869 Vgl. Berichte aus München in NK Nr. 78 v. 19.3.1849, S. 1 und Nr. 83 v. 24.3.1849, S. 2.

870 NFZ Nr. 70/71 v. 11.3.1849, S. 252 f.; weitere Berichte in FTbl Nr. 43 v.16.3.1849, S. 207 f. und WAbl Nr. 61 v. 12.3.1849, S. 241.

871 NFZ Nr. 79 v. 20.3.1849, S. 279 und NWZ Nr. 74 v. 15.3.1849, S. 4 (Einladung).

872 NK Nr. 81 v. 22.3.1849, S. 1.

873 NK Nr. 83 v. 24.3.1849, S. 4.

874 Hildebrandt, Paulskirche, S. 196.

875 Valentin II, S. 352 f.

876 Huber, Dokumente, S. 362 f.

877 Valentin II, S. 351.

878 Die Bamberger Zeitung (Nr. 62 v. 3.3.1849, S. 2 f.) als Vorstand des Weidenbusch an: v. Selchow (Engl. Hof), Rüder (Casino), Bauer (Bamberg) und Brensing (Osnabrück) (beide Landsberg), Biedermann (Augsburger Hof), Zell und Kierulff (Württemberger Hof), Reh und Federer (Neuwestendhall).

879 Preußische Zirkulardepesche an die preußischen Gesandten bei den deutschen Regierungen, in: Huber, Dokumente, S. 363-366.

880 Hildebrandt, Parlamentsopposition, S. 184.

881 Hildebrandt, Paulskirche, S. 224.
882 Vgl. Valentin, Bd. II, S. 362.
883 Valentin, Bd. II, S. 367.
884 Huber, Dokumente, S. 367-370.
885 Wiedergabe des Inhalts in: Doeberl, S. 128-130.
886 Doeberl, S. 130-132; Hildebrandt, Paulskirche, S. 224.
887 Huber, Dokumente, S. 363.
888 Valentin, Bd. II, S. 370.
889 Valentin, Bd. II, S. 377; – Frh. v. Schrenk, Abgeordneter für Deggendorf, teilte in einem Brief seinem politischen Freund von Abel mit, daß „nur 14 Abgeordnete aus Bayern (einschließlich Bassermanns) für das Erbkaiserthum stimmten, nur 17 bei der Kaiserwahl sich betheiligten und nur 31 die Verfassungsurkunde unterzeichneten“ – Doeberl, S. 261.
890 Doeberl, S. 135.
890a Valentin II, S. 444.
890b MInn 43865, Bl. 144-147.
891 MfrZ Nr. 48 v. 17.2.1849, S. 1 f.
892 MfrZ Nr. 61 v. 2.3.1849, Beil.
893 MfrZ Nr. 75 v. 16.3.1849, S. 1.
894 Vorwärts Nr. 43 v. 20.2.1849, S. 168.
895 MfrZ Nr. 54 v. 23.2.1849, S. 1.
896 Berichte in Gradaus Nrn. 99 f., S. 344 f., 355, 360.
897 Valentin, Bd. II, S. 372.
898 Die Bemerkungen bei Doeberl (S. 173 f.) über die Behördenberichte dieser Zeit, die ihm angeblich nicht vollständig vorlagen, sind abwegig.
899 Vgl. Hildebrandt, Parlamentsopposition, S. 200; Mann, S. 274.
900 BZ Nr. 100 v. 11.4.1849, S. 1 f.
901 NFZ Nr. 103 v. 13.4.1849, S. 359.
902 FTbl Nr. 58 v. 11.4.1849, S. 283.
903 BZ Nr. 87 v. 28.3.1849, S. 4; NFrZ Nr. 95, S. 332.
904 Ankündigung in NK Nr. 90 v. 31.3.1849, S. 4.
905 BZ Nr. 88 v. 29.3.1849, S. 1.
906 PWs (als Beilage zur NFZ erschienen, sie ist in der StaBi München dem Bd. NFZ 1849/1 beigebunden) Nr. 4 v. 8.4.1849, S. 14 f.
907 MfrZ Nr. 97 v. 7.4.1849, S. 1.
908 WAbl Nr. 92 v. 17.4.1849, S. 373.
909 NFZ Nr. 13 v. 13.1.1849, S. 45.
910 Artikel in MfrZ Nr. 103 v. 13.4.1849, S. 1.
911 NFZ Nr. 103 v. 13.4.1849, S. 359.
912 Vorwärts Nr. 78 v. 1./2.4.1849, S. 307.
913 Nickel, S. 171.
914 Hildebrandt, Parlamentsopposition, S. 194.
915 Huber, Dokumente, S. 410 f.
916 Wenn man – so Huber, Dokumente, S. 411, Anm. 7 – von 39 deutschen Staaten ausgeht, blieben elf Staaten übrig: Österreich, Preußen, Sachsen, Bayern, Hannover, Württemberg, Groß-

herzogtum Luxemburg, Landgrafentum Hessen-Homburg und die Fürstentümer Liechtenstein, Lippe und Schaumburg-Lippe.

917 Huber, Dokumente, S. 412-415 und 415-417.

918 Auszugsweise Wiedergabe in Doeberl, S. 151, Abdruck in Doeberl (Bayern und Deutschland), S. 77-81.

919 MfrZ Nr. 120 v. 30.4.1849, S. 2.

920 BZ Nr. 118 v. 29.4.1849, S. 1.

921 Z.B. MifZ Nr. 133 v. 13.5.1849, S. 2.

922 NFrZ Nr. 104 v. 14.4.1849, S. 363.

923 Ankündigung in NK Nr. 104 v. 14.4.1849, S. 3. Anscheinend fiel die Versammlung – wegen schlechten Wetters? – aus, eine Woche später wurde ein neuer Versuch unternommen.

924 NK Nr.112 v. 22.4.1849, S. 1; MfrZ Nr. 109 v. 19.4.1849, S. 1. – Adresse des Nürnberger Volksvereins vom 19. April mit Unterschriften von Vorstand C. Wegler und Schriftführer Bauer in: MInn 30069.

925 NK Nr. 110 v. 20.4.1849, S. 4. – Adresse des Konstitutionellen Vereins Nürnberg vom 18. April mit ca. 80 Unterschriften in: MInn 30069.

926 Vgl. Nickel, S. 166 ff.

927 Bericht über die Rede Vogts am 24.4. in: MfrZ Nr. 117 v. 27.4.1849, S. 1.

928 Valentin, Bd. II, S. 490.

929 Von der Pfordten schrieb am 30. April 1849: „Die Revolution erkennt sehr wohl, daß in diesem Augenblicke Bayern der Kampfplatz ist, auf welchem ihr Schicksal entschieden werden muß." – Doeberl, S. 186.

930 Huber, Dokumente, S. 411 f.

931 Eine Korrespondenz in FTbl Nr. 59 v. 13.4.1849, S. 288.

932 Aufruf zu Volksversammlung am 22.4. bei Muggenhof, unterzeichnet von den Politischen Vereinen von Nürnberg und Fürth, in: MfrZ Nr. 112 v. 22.4.1849, S. 4.

933 Brunner, S. 133.

934 Adresse des Aschaffenburger Magistats in: MfrZ Nr. 124 v. 4.5.1849, S. 2.

935 Vgl. Hummel, S. 92-94; Doeberl, S. 177 f.

936 Aus dem Bericht des Innenministers vom 29.4.1849 – MInn 30069 – geht hervor, daß die Adressen samt 1.000-1.200 Unterschriften am 28. April dem Ministerium übergeben wurden. Bei einer dem Akt 30069 ohne Zuordnung beiliegenden Unterschriftenliste handelt es sich anscheinend um die Unterschriftenliste zur Märzvereinsadresse, weil sich auf deren letztem Blatt ein handschriftlicher Hinweis auf Schimon befindet. – Die Angabe (12.000) bei Valentin, Bd. 2 (S. 490), ist unzutreffend.

937 NFZ Nr. 147 v. 27.5.1849, S. 513 f. – Schulze beantragte später die Erstattung der (Druck-)Kosten in Höhe von 76 fl 18 kr aus der Staatskasse. Vgl. München, 10.5.1849, Rggs.Präs. Oberbayern an MInn, in: MInn 45529. – Doeberl (S. 191) nennt Medizinalrat Graf als Verfasser.

938 Eine Korrespondenz im Freien Staatsbürger (Exemplar in MInn 45538, Bl. 003) nennt Schulze „Kaufmann und Flottenkontrolleur", „mit noblen Stoffen für die noble Welt handelnd".

939 Valentin, Bd. 2, S. 490.

940 Brunner, S. 133 f.

941 Zu Nürnberg MifZ Nr. 155 v. 4.6.1849, S. 4; zu Bayreuth MifZ Nr. 162 v. 11.6.1849, S. 1.

942 Tagblatt der Stadt Bamberg Nr. 114 v. 26.4.1849, S. 580.

943 Brunner, S. 134.

944 Passauer Zeitung Nr. 115 v. 26.4.1849, S. 459.
945 BZ Nr. 117 v. 28.4.1849, S. 4.
946 Diezels Darstellung gibt hierzu leider – aber verständlicherweise, weil damals (1849) eine breite Darstellung einer Denunzierung gleichgekommen wäre – nicht viel her, es ist noch einiges an Forschungsarbeit zu leisten.
947 Zum Folgenden Brunner, S. 136 f. – Aufrufe „An das fränkische Volk" und „An unsere Mitbürger im Heere!" in: MInn 45538, Bl. 013 u. 014, worin auch die Verbreitung der Aufrufe in Mittelfranken dokumentiert ist.
948 Hildebrandt, Parlamentsopposition, S. 202-204.
949 Bayreuth, 1.5.1849, Rggs.Praes. Oberfranken an MInn, MInn 45536.
950 Nürnberg, 1.5.1849, Rggs.Praes. Mittelfranken an MInn (Beilagen), MInn 45538.
951 Hildebrandt, Parlamentsopposition, S. 205.
952 MfrZ Nr. 125 v. 5.5.1849, S. 2.
953 Eine Mehrheit der Offiziere der Nürnberger Stadt- und Landwehr gab eine Erklärung ab, sich nicht „gegen die Beschlüsse der Nationalversammlung gebrauchen zu lassen" (Brunner, S. 134). Die Erklärung ließ sich umgekehrt auch gegen revolutionäre Aktionen wenden. – Adresse der Nürnberger Landwehr vom 29.4.1849 in MInn 45538 .
954 Vgl. Brunner, S. 132 f.
955 Aufruf vom 1. Mai in MInn 45538, Bl. 012.
956 Brunner, S. 137.
957 Brunner, S. 139.
958 Ansbach, 7.5.1849, Rggs.Präs. Mittelfranken an MInn, in MInn 45538.
959 Nürnberg, 4.5.1849, Rggs.Präs. Mittelfranken an MInn, in MInn 45538.
960 Brunner, S. 144.
961 Hildebrandt, Parlamentsopposition, S. 205.
962 Valentin, Bd. 2 S. 462 f.; Hildebrandt, Parlamentsopposition, S. 206 f.
963 Ansbach, 9.5.1849, Rggs.Präs. Mittelfranken an MInn, MInn 45538, Bl. 059.
964 Bamberg, 8.5.1849, Sitzungsprotokoll, in MInn 45536.
965 Valentin, Bd. 2 , S. 490.
966 Valentin, Bd. 2, S. 491. – Vermutlich geschah dies in Zusammenhang mit der Mission Wigard/ Lodemann.
967 Nicht am 9. März (Brunner, S. 146) – MfrZ Nr. 128 v. 8.5.1849, S. 2.
968 Ansbach, 10.5.1849, Rggs.Präs. Mittelfranken an MInn, MInn 45538. Aus demselben Schreiben geht hervor, daß die Stadt- und Landwehr Erlangen eine Erklärung herausgab, sich nicht gegen die Anerkennung der Frankfurter Verfassung gebrauchen zu lassen.
969 „.... daß Altbayern revolutionsunfähig ist" (S. 242). – „.... Franken, das mit einem heterogenen Volksstamme zu einem politischen Ganzen zusammengekettet, nur die Alternative hat, entweder im Interesse der Freiheit, der Vernunft und des Fortschritts konsequent gegen diesen Volksstamm zu reagieren, oder sich von ihm unterdrücken, verdummen und verthieren zu lassen." (S. 243) – „.... von dem für Papst und Wittelsbach fanatisierten Altbayern" (S. 276).
970 Brunner, S. 146 f.
971 MfZ Nr. 128 v. 8.5.1849, S. 2. – In diesem Bericht heißt es weiter: „Alle Parteien verfolgen in diesem Augenblick ein und dasselbe Ziel: die Anerkennung der Reichsgesetze." Die Anerkennung wurde von den Fürsten erbeten, von Maßnahmen zur Durchsetzung der Reichsverfassung ist aber nicht die Rede. Es hat solche Maßnahmen und eine entsprechende „Partei" in Nürnberg gegeben,

aber sie erreichte keinen bestimmenden Einfluß.

972 MifZ Nr. 131 v. 11.5.1849, S. 4.

973 Nach dem Bericht der Behörden waren 20.000-30.000 Teilnehmer gekommen, die meisten waren Arbeiter, Gesellen, Lehrjungen, Bauern und niederes Bürgertum. – Bericht des Rggs.Ass. Du Bois, Nürnberg, 13.5.1849, MInn 45538, Bl. 103 ff.

974 Zusammenfassender Bericht bei Brunner, S. 147 f.

975 Fischer, Fürth, S. 17 f.

976 Bericht der Passauer Zeitung Nr. 138 v. 19.5.1849, S. 550. – Zum Landtag Valentin, Bd. 2, S. 493 f.

977 MInn 43864, Bl. 62-65.

978 Vgl. Doeberl, S. 152. – Valentin, Bd. II., S. 491. – Kolb, Zeit des Frankfurter Parlaments, S. 350. Kolb zufolge kamen nur zwei Abgeordnete, über den bei Kolb erwähnten Ausflug der Pfälzer Abgeordneten nach Starnberg berichtet die NFZ (Nr. 147 v. 27.5.1849, S. 514).

979 So kam auch in Passau eine Initiative für die Reichsverfassung zustande. Mitte Mai forderten „mehrere Bürger" zur Unterzeichnung einer Adresse an die Regierung auf. – Passauer Zeitung Nr. 135 v. 16.5.1849, S. 540. – In Augsburg führte der Volksverein noch am 20. Mai eine Volksversammlung mit anschließender Vereidigung auf die Reichsverfassung durch.

980 NFZ Nr. 134/135 v. 15.5.1848.

981 Bayreuth, 26. 5. 1849, Rggs.Präs. Oberfranken an MInn, MInn 45536, Bl. 171 ff.

982 Ansbach, 25. 5. 1849, Rggs.Präs. Mittelfranken an MInn, MInn 45538, Bl. 142 f. – Im Bericht vom 20. Mai (ebd., Bl 124-126) hatte der Regierungspräsident angezeigt, es werde ein Aufstand kommen wie in Baden, wenn die Regierung bei ihrem Prinzip bleibe. – Der Kreis- und Stadtgerichtsdirektor von Nürnberg berichtete am 21.5.1849: die Reden verschärften sich, die Arbeiter betrieben ungehindert ihre Bewaffnung, die Gemeindebehörden seien schwach, und die Demokraten warteten auf ein Wort aus Frankfurt oder München, doch wolle die Mehrzahl der Demokraten nicht den Umsturz. – Ebd., Bl. 145-153.

983 Vgl. Förder, S. 142.

984 Bayreuth, 27.6.1849, Rggs.Präs. Oberfranken an MInn, MInn 45537, Bl. 003-007.

Quellen- und Literaturverzeichnis

1. Ungedruckte Quellen

Bayerisches Hauptstaatsarchiv München (HStA).
Abteilung I:
Ministerium des k. Hauses und des Äußern (MA).
Abteilung II:
Ministerium des Innern (MInn).
Ministerium des Handels und der öffentlichen Arbeiten (MH).

2. Zeitungen

(Die angegebenen – und verwendeten – Zeitungen sind fast ausschließlich aus dem Bestand der Bayerischen Staatsbibliothek München; sie sind alle über einen längeren Zeitraum erschienen).
Allgemeine Zeitung, (AAZ) (Augsburg).
Augsburger Abendzeitung.
Augsburger Postzeitung.
Bamberger Zeitung (BZ).
Bayerische Eilbote, Der (München).
Bayerische Landbötin, Die (München).
Bayerische Landbote, Der, (München).
Bayreuther Zeitung (ByrZ).
Deutsche constitutionelle Zeitung (DcZ).
Donau-Zeitung. Vereinigte Blätter des Kourier an der Donau und der Passavia. (Passau).
Fränkischer Merkur (Bamberg) (FM).
Freie Staatsbürger, Der (Nürnberg).
Freund der Wahrheit und des Volkes, Der (Bamberg).
Fürther Tagblatt (FTbl).
Gradaus mein deutsches Volk!! (München).
Historisch-politische Blätter für das katholische Deutschland, (München).
Kemptener Zeitung (KZ).
Landshuter Zeitung.
Lechbote, Der (Augsburg).
Mittelfränkische Zeitung (MfrZ).
Münchener Tagblatt (MTbl).
Neue Fränkische Zeitung (NFZ).
Neue Münchener Zeitung (NMZ), NF der Münchener Politische Zeitung (MPZ).
Neue Würzburger Zeitung (NWZ).
Neueste Nachrichten aus dem Gebiete der Politik, (MNN) (München).
Nürnberger Kurier. Friedens- und Kriegs-Kurier (NK).
Oberpfälzer Zeitblatt (Amberg).

Passauer Zeitung/Neue Passauer Zeitung.
Regensburger Tagblatt.
Regensburger Zeitung.
Straubinger Wochenblatt.
Tagblatt der Stadt Bamberg.
Tagblatt für Landshut und Umgegend.
Volksbote für den Bürger und Landmann (München) (VbBL).
Volksfreund aus dem Ries, Der (Nördlingen).
Vorwärts (München).
Würzburger Abendblatt (WAbl).

3. Gedruckte Quellen und quellenwertige Literatur

Abel, Karl von, Gegenerklärung des Abgeordneten von Abel, München 1849.

Adressen, Die im März 1848 an die Bürger und Einwohner Münchens gerichteten, München 1848.

Allgemeine deutsche Arbeiterverbrüderung 1848-1850. Die. Dokumente des Zentralkomitees für die deutschen Arbeiter in Leipzig. Bearb. u. eingel. von Horst Schlechte. Weimar 1979.

Anon. (Strodl, Michael A.), Kirche und Staat in Bayern, unter dem Minister Abel und seinen Nachfolgern, Schaffhausen 1849.

Arbeiter-Banquet in München am 24. Februar 1849 zur Feier des Jahrestages der Februarrevolution in Paris, München 1849.

Aufklärung über den Mahnruf des Märzvereins in München und dessen Treiben. Mit einem Anhange: Die Adresse der Kammermajorität. Auf Kosten des constitutionell-monarchischen Vereins für Freiheit und Gesetzmäßigkeit in München, (München 1849).

Beiträge zur Statistik des Königreiches Bayern, München 1850 ff.

Bergsträsser, Ludwig, Das Frankfurter Parlament in Briefen und Tagebüchern, Frankfurt 1929.

Bericht des Dr. Eisenmann an seine Wähler in Nürnberg und Bayreuth über unsere Zustände und Aufgaben, Erlangen 1848.

Bernhard, Gustav, Die Gräfin Landsfeld weiland Lola Montez und die Münchner Studenten, Leipzig 1848.

Bluntschli, Johann Caspar (Hg.), Blätter für politische Kritik, München 1848.

Bluntschli, Johann Caspar, Denkwürdiges aus meinem Leben, 2. Bd. (1848-1861), Nördlingen 1884.

Bray-Steinburg, Otto Graf v., Denkwürdiges aus seinem Leben, mit einem Vorwort von Karl Theodor von Heigel, Leipzig 1901.

Buddeus, Aurelio, Baiern unter dem Ministerium Abel, in: Die Gegenwart, Bd. 6, Leipzig 1851, S. 672-734.

Buddeus, Aurelio, Baiern unter den Übergangsministerien von 1847-49, in: Die Gegenwart, Bd. 7, Leipzig 1852, S. 688-758; Bd. 10, Leipzig 1855, S. 29-110.

Bund der Kommunisten, Der, Dokumente und Materialien. Bd. I. 1836-1849, 2. Aufl., Berlin (Ost) 1983.

Diezel, Gustav, Baiern und die Revolution, Zürich 1849.

Dobmeier, Ignatz, Zustände und Ereignisse in München im Jahre 1847, Berlin 1847.

Dreyer, A. (Hg.), Lebenserinnerungen eines 90jährigen Altmünchners, Professor Dr. Hyazinth Holland, München 1921.

Eisenmann, Gottfried, s.o. „Bericht ...“

Eisenmann, Gottfried, Die Parteyen der teutschen Reichsversammlung, Erlangen 1848.

Eisenmann, Gottfried, Politisches Bekenntniß des Dr. Eisenmann, Würzburg 1848.

Erdmann, Paul, Lola Montez und die Jesuiten. Eine Darstellung der jüngeren Ereignisse in München, Hamburg 1847.

Fallmerayer, Jakob Philipp, Schriften und Tagebücher, in Auswahl hsgb. von Hans Feigl, München-Leipzig 1913.

Friedrich, J. (Hg.), Döllinger, Ignaz v. Sein Leben auf Grund seines schriftlichen Nachlasses. Zweiter Teil, München 1899.

Generalmarsch in München am 16. März 1848, Der, München 1848.

Geßner, Hugo, Der Central-März-Verein, ein Fragment zur Beleuchtung der deutschen Bewegung, München 1850.

Görres, Guido, Ueber die Gefahren der Gegenwart und die Gründung politischer Vereine, München 1848.

Gotthelf, Jacob, Historisch-dogmatische Darstellung der rechtlichen Stellung der Juden in Bayern, München 1851.

Grosse, Julius Waldemar, Ursachen und Wirkungen, Lebenserinnerungen, Braunschweig 1896.

Hauff, Ludwig, Leben und Wirken Maximilians II., Königs von Bayern, 2. Aufl. München 1864.

Hermann, Friedrich Benedikt Wilhelm v., Die Reichsverfassung und die Grundrechte, zur Orientierung bei der Eröffnung des bayerischen Landtages im September 1849, München 1849.

Hermann, Friedrich Benedikt Wilhelm v., Über die Bewegung der Bevölkerung im Königreiche Bayern. Festrede vorgetragen in der Königlichen Akademie der Wissenschaften zu München am 26. November 1853, München 1853.

Holland, Hyazinth, Erinnerungen an Ernst von Lasaulx, München 1861.

Hof- und Staatshandbuch des Königreichs Bayern, München.

Jandebeur, Simon Josef, Die Kammern des Landtages des Königreiches Bayern seit 1819. Matrikel der Direktorien und der Mitglieder der beiden hohen Kammern in alphabetischer Ordnung, Sulzbach 1859.

Jörg, Joseph Edmund, Paßt auf, Allgäuer, München 1849.

Harleß, Adolf v., Bruchstücke aus dem Leben eines süddeutschen Theologen, Bielefeld 1875.

Kampf und Sieg des politischen Fortschritts. Authentische Darstellung der glorreichen Märzereignisse in München. Nebst allen darauf Bezug habenden Aktenstücken. Von einem Augenzeugen. München 1848.

Knorr, Julius, Charte über die politische Färbung Bayerns zur Zeit des Landtages 1849, München 1849.

Kobell, Luise v., Unter den vier ersten Königen Bayerns, 2 Bde. München 1894.

Kolb, Georg Friedrich, Lebenserinnerungen eines liberalen Demokraten 1808-1884. Hg. von Ludwig Merckle. Vorwort, Lebensbilder Kolbs und Nachlaßbearbeitung von Elmar Krautkrämer, Freiburg 1976.

(Kolb, Georg Friedrich) Aus der Zeit des Frankfurter Parlaments. Aufzeichnungen aus dem Nachlasse des Abgeordneten Dr. Kolb, in Deutsche Revue 29 (1904) Bd. 2, S. 316-324, Bd. 3, S. 81-89, 191-199, Bd. 4, S. 217-225, 342-357.

Kurz, Ferdinand, Der Antheil der Münchener Studentenschaft an den Unruhen der Jahre 1847 und 1848, München o.J.

Kurz, Heinrich, Briefe eines ausgewanderten Deutschen an den Fürsten Oettingen-Wallerstein, 1848.

Liebeskind, Friedrich, Ueber das neue Strafverfahren in Bayern. Einzelne Desiderien zum Gesetze vom 10. November 1848. Bamberg 1849.

Links oder Rechts, ein abgenötigtes Wort an die Allgäuer Landleute, auch anderwärts nützlich zu lesen. München 1849.

Märztage Münchens nebst Aktenstücken, Die, München 1848.

Mahnruf des Märzvereins in München an den deutschen Volksstamm der Bayern, München 1849.

Manifest der bayerischen Ultramontanen, München 1848.

Memoiren der Lola Montez (Gräfin von Landsfeld), 2 Bde., Berlin 1851.

Neumann, Karl Friedrich, Baiern und sein König Ludwig I., in: Die Gegenwart, Bd. 1, 1848, S. 183-202.

Neumann, Karl Friedrich, Joseph v. Görres, in: Die Gegenwart, Bd. 2, 1849, S. 487-512.

Neumann, Karl Friedrich, Joseph Görres und die Ultramontanen in Baiern, in: Deutsche Jahrbücher für Politik und Literatur, Bd. 11, Berlin 1864, S. 131-169.

Oettingen-Wallerstein, Ludwig Fürst v., Wie steht es um die deutsche Sache und was soll insbesondere der Bürger und Landmann wünschen? Ein Wort an seine Mitbürger, Nördlingen 1849.

Politik Baierns in den letzten Monaten der Regierung des Königs Ludwig zur Zeit der Portefeuilleführung des Fürsten Wallerstein 1. Dezember 1847 bis 3. März 1848, Die äußere, München 1848.

Quellen zur Bevölkerungs-, Sozial- und Wirtschaftsstatistik Deutschlands 1815-1875, hg. v. Wolfgang Köllmann, Bd. 1, Boppard 1980: Quellen zur Bevölkerungsstatistik Deutschlands 1815-1875, bearb. v. Antje Kraus.

Radowitz, Josep M. v., Aufzeichnungen und Erinnerungen aus dem Leben des Botschafters Joseph Maria von Radowitz, hg. von H. Holborn, Bd. 1, 1839-1877, Berlin 1925.

Rechtfertigung der Münchener Schuhmacher-Gesellenschaft, München 1848.

Rechts und Links, Kempten 1849.

Revolutionsbriefe 1848. Ungedrucktes aus dem Nachlaß König Friedrich Wilhelms IV. von Preußen, hg. von Karl Haenchen, Leipzig 1930.

Riedel, Karl, Die Konstituierung des Bauhof-Klubs zu München, München 1848.

Ringseis, Emilie (Hg.), Erinnerung des Dr. Johann Nepomuk von Ringseis, Bd. 3, Regensburg-Amberg 1889.

Ritter, Franz Freiherr v., Beiträge zur Regeirungs-Geschichte König Ludwigs I. von Bayern, Bd. 1, München 1853; Bd. 2, München 1855.

Röhrig, Ferdinand, Nördlingen und die Nördlinger, Nördlingen 1849.

Rohmer, Friedrich, Der vierte Stand und die Monarchie, 1848.

Rohmer, Friedrich, Deutschlands alte und neue Bürokratie, 1848.

Salmann, Friedrich, Aphorismen über polizeiliche Verbesserungen in München, München 1848.

Schmeller, Johann Andreas, Tagebücher. 1801-1852, Hsgb. von Paul Ruf, 3 Bde. München 1954-1957.

Signate König Ludwigs I. Ausgewählt und eingeleitet von Max Spingler. Hsgb. von Andreas Kraus, Redaktion Erwin Riedenauer. Bd. 6: 1845-1848, München 1994.

Thiersch, Heinrich (Hg.), Friedrich Thiersch's Leben, Bd. 2: 1830-1860, Leipzig-Heidelberg 1866.

Thronreden und Adressen im bayerischen Landtag während der Zeit von 1819-1892, Die, hg. vom Landtagsarchivariat, München 1893.

Ueberblick über die Geschichte des constitutionell-monarchischen Vereins für Freiheit und Gesetzmäßigkeit in München. München 1852.

Verhandlungen der Ständeversammlung des Königreichs Bayern. Kammer der Reichsräte, Protokolle u. Beilagen 1848/1849.

Verhandlungen der zweiten Kammer der Ständeversammlung des Königreichs Bayern. Protokolle und Beilagen 1848/1849.

Verhandlungen der deutschen verfassungsgebenden Nationalversammlung zu Frankfurt am Main, stenographische Berichte, hg. v. Franz Wigard, 9 Bde., Frankfurt a. M. 1848-1849.

Verzeichnis sämmtlicher Mitglieder beider Kammern der bayerischen Nationalversammlung im Jahre 1849, München 1849.

Vogt, Karl Wilhelm, Freimüthige Briefe aus München, München 1848.

Das bisherige Wirken der Linken, erläutert vom constitutionell-monarchischen Verein für Freiheit und Gesetzmäßigkeit, München 1849.

Wolf, Joseph Heinrich, Die allgemeine politisch-moralische Volkserhebung in München am 3. und 4. März 1848, geschichtlich dargestellt von Dr. Jos. Heinr. Wolf, München 1848.

Wolf, Joseph Heinrich, Geschichtliche Walhalla der großen Fest- und Versöhungswoche zwischen König und Volk in München vom 6. bis 13. März 1848, historisch erbaut von Dr. Jos. Heinr. Wolf, München 1848.

4. Literatur

Abel, Wilhelm, Massenarmut im vorindustriellen Europa, Hamburg 1974.

Albrecht, Dieter, Biedermeier in Regensburg?, in: Jahres- und Tagungsbericht der Görres-Gesellschaft 1984, Köln 1985, S. 5-21.

Albrecht, Dieter, (Hg.), Joseph Edmund Jörg, Briefwechsel 1846-1901, Mainz 1988.

Albrecht, Dieter, König Ludwig I. und Gottlieb Freiherr von Thon-Dittmer. Eine neue Quelle zum Verhalten des Königs in der Revolution von 1848, in: Land und Reich, Stamm und Nation. Probleme und Perspektiven bayerischer Geschichte. Festgabe für Max Spindler zum 90. Geburtstag, hg. v. Andreas Kraus, München 1984, S. 59-73.

Albrecht, Dieter, Regensburg im Wandel. Studien zur Geschichte der Stadt im 19. und 20. Jahrhundert, Regensburg 1984.

Altstötter, Joseph, Dr. Karl Friedrich von Heintz, Staatsminister der Justiz vom 25. März 1848 bis 5. März 1849, in: Die Kgl. Bayer. Staatsminister der Justiz in der Zeit von 1818 bis 1918, hg. von dem Staatsministerium der Justiz, München 1931, 1. Teil, S. 447-509.

Bachmann, Karl, Die Volksbewegung 1848/49 im Allgäu und ihre Vorläufer, Erlangen 1954.

Bauer, Karl, Regensburg. Aus Kunst-, Kultur- und Sittengeschichte, 2. Auflage, Regensburg 1970, 3. Aufl., Regensburg 1980.

Bauer, Reinhard/Gerstenberg, Günther/Peschel, Wolfgang (Hg.), Im Dunst aus Bier, Rauch und Volk. Arbeit und Leben in München von 1840 bis 1945. Ein Lesebuch, München 1989.

Baumann Kurt (Hg.), Das Hambacher Fest. Männer und Ideen. Speyer 1957.

Baumgart, Franzjörg, Die verdrängte Revolution, Darstellung und Bewertung der Revolution von in der deutschen Geschichtsschreibung vor dem ersten Weltkrieg, Düsseldorf 1976.

Becker, Gerhard, Das Protokoll des ersten Demokratenkongresses vom Juni 1848 (Dokumentation), in: Jahrbuch für Geschichte, Bd. 8, Berlin 1973.

Becker, Gerhard, Die Beschlüsse des zweiten Demokratenkongresses 1848, in: ZfG 1973 H. 3, S. 321-342.

Beichel, Klaus, Das Verhältnis zwischen Staat und Gemeinden im rechtsrheinischen Bayern nach den Gemeindegesetzen von 1808-1869. Diss. Masch. Erlangen 1957.

Bergmann, Jürgen, DasHandwerk in der Revolution von 1848. Zum Zusammenhang von materieller Lage und und Revolutionsverhalten derhandwerker 1848/49, in: Ulrich Engelhardt (Hg.), Handwerker in der Industrialisierung. Lage, Kultur und Politik vom späten 18. bis ins frühe 20. Jahrhundert, Stuttgart 1984, S. 320-346.

Best, Heinrich, Interessenpolitik und nationale Integration 1848/49. Handelspolitische Konflikte im frühindustriellen Deutschland, Göttingen 1980.

Blendinger, Friedrich, Die Auswanderung nach Nordamerika aus dem Regierungsbezirk Oberbayern in den jahren 1846-1852, in ZBLG 27 (1964), S. 431-487.

Blessing, Werner K, Zur Analyse politischer Mentalität und Ideologie der Unterschichten im 19. Jahrhundert. ZBLG 34 (1971), S. 768-816.

Blessing, Werner K, Konsumentenprotest und Arbeitskampf. Vom Bierkrawall zum Bierboykott, in: Streik. Zur Geschichte des Arbeitskampfes in Deutschland während der Industrialisierung, hg. v. Tenfelde, Klaus, Volkmann, Heinrich, München 1981, S. 109-123.

Blessing, Werner K, „Theuerungsexcesse" im vorrevolutionären Kontext – Getreidetumult und Bierkrawall im späten Vormärz, in: Arbeiterexistenz im 19. Jahrhundert, Stuttgart 1981, S. 356-384.

Birtsch, Günter (Hg.), Grund- und Freiheitsrechte im Wandel von Gesellschaft und Geschichte, Göttingen 1981.

Bock, Manfred, Die Verfassung der Stadt München von 1818 bis 1919, Diss. Jur. München 1967.

Böckenförde, Ernst Wolfgang, Moderne deutsche Verfassungsgeschichte (1815-1918), 2. veränd. Aufl. Königstein/Ts 1981.

Boldt, Werner, Die Anfänge des deutschen Parteiwesens. Fraktionen, politische Vereine und Parteien in der Revolution 1848. Darstellung und Dokumentation, Paderborn 1971.

Borngässer, Heinrich, Gottfried Eisenmann, ein Kämpfer für die deutsche Einheit, 1931.

Bosch, Manfred (Hg.), „... du Land der Bayern". Ein politisch-historisches Lesebuch. Köln 1983.

Bosl, Karl, Bosls Bayerische Biographie. 8000 Persönlichkeiten aus 15 Jahrhunderten, Regensburg 1983.

Bosl, Karl, Die „geminderte" Industrialisierung in Bayern, in: Aufbruch ins Industriezeitalter, Bd. 1, hg. v. Claus Grimm, München 1985, S. 22-39.

Bosl, Karl, Franz Seraph von Pfistermeister, 1820-1912. Gustav von Schlör, 1820-1883. Diener ihres königlichen Herrn, in: Bedeutende Oberpfälzer, hg. von Sigfried Färber, Regensburg 1981, S. 156-169.

Bosl, Karl, König Ludwig I. und die Stämme. Bayern ein Stämmestaat?, In: „Vorwärts, vorwärts sollst du schauen ..." Geschichte, Politik und Kunst unter Ludwig I., hg. v. Johannes Erichsen, Uwe Puschner, München 1986, S. 219-234.

Bosl, Karl, Volk – Staat – Verfassung. ZBLG 39 (1976), S. 1-12.

Botzenhart, Manfred, Deutscher Parlamentarismus in der Revolutionszeit 1848-1850, Düsseldorf 1977.

Braatz, Thea, Das Kleinbürgertum in München und seine Öffentlichkeit 1830-1870. Ein Beitrag zur Mentalitätsforschung, München 1977 (=MBM 68).

Brunner Max, Die Hofgesellschaft. Die führende Geselschaftsschicht Bayerns während der Regierungszeit König Maximilian II., München 1987.

Corti, Egon Cäsar Conte. Ludwig I. von Bayern. Ein Ringen um Freiheit, Schönheit und Liebe, München 1937.

Destouches, Ernst von, Fünfzig Jahre Münchner Gewerbegeschichte 1848-1898. Gedenkbuch zur Feier des Fünfzigjährigen Jubiläums des Allgemeinen Gewerbevereins München, München 1898.

Deuerlein, Ernst, Bayern und die deutsche einheit von der Paulskirche 1848 bis 1949, Altötting 1948.

Dickerhof, Harald, Der Orientalist und Historiker Karl Friedrich Neumann (1793-1870). Liberale Geschichtswissenschaft als politische Erziehung, in: Historisches Jahrbuch 96 (1976), S. 289-335.

Dickopf, Karl, Georg Ludwig von Maurer. Eine Biographie. Kallmünz 1960.

Dickopf, Karl, König Ludwig I. und Staatsrat Georg Ludwig von Maurer, in ZBLG 29 (1966), S. 157-198.

Dill, Richard, Vom Rottal in die Paulskirche. Drei niederbayerische Parlamentarier in der Bewegung von 1848, in: Heimat an Rott und Inn 21 (1987), S. 40-68.

Dirr, Pius, Albrecht Volkhart. Gedenkschrift der Albrecht-Volkhart-Stiftung. Augsburg 1904.

Dirrigl, Michael, Maximilian II., könig von Bayern 1848-1864, München 1984.

Doeberl, Anton, Bischof Reisach, in: HPBl 162 (1918), S. 469 ff.

Doeberl, Anton, Die katholische Bewegung in Bayern in den Jahren 1848 und 1849, in: HPBl 170 (1922), S. 7-17, 65-71, 211-222, 249-257, 429-445, 494-503.

Doeberl, Michael, Bayern und Deutschland. Bayern und die deutsche Frage in der Epoche des Frankfurter Parlaments, München – Berlin 1922.

Doeberl, Michael, Bayern und Deutschland im 19. Jahrhundert. Festrede, gehalten in der öffentlichen Sitzung der K. Akademie der Wissenschaften zur Feier des 158. Stiftungstages am 14. März 1917, München 1917.

Domarus, Max, Bayern 1805-1933. Stationen der Staatspolitik. Würzburg 1979.

Droz, Jaques, Les révolutions allemandes de 1848, Paris 1957.

Ehrle, Peter Michael, Volksvertretung im Vormärz. Studien zur Zusammensetzung, Wahl und Funktion der deutschen Landtage im Spannungsfeld zwischen monarchischem Prinzip und ständischer Repräsentation. Frankfurt 1979.

Entweder – Oder! Arbeiterbewegung in Landshut. Dokumente zu ihrer Geschichte. Hg. von der Verwaltungsstelle Landshut der Industriegewerkschaft Metall. Bearb. von Hildegard Ziegler. 2 Bde. Landshut 1987. Bd. 1 1848-1933.

Fehn, Hans, Das Land Bayern und seine Bevölkerung seit 1800, in: Max Spindler (Hg.), Handbuch der bayerischen Geschichte, Bd. IV/2, 1. Aufl. München 1975, S. 683-699.

Fellner, Christoph, Die Reform der bayerischen Zivilrechtspflege von den ersten Anregungen des Landtags im Jahre 1819 bis zur Grundung des Deutschen Reiches, München 1986.

Fieker, Charles W., German Liberals and the Labour Question 1844-1858, Minnesota 1972.

Finken, Ursula, Gottlieb Freiherr von Thon-Dittmer 1802-1853. Politische Biographie eines bayerischen Frühliberalen. Kallmünz 1990.(= Regensburger historische Forschungen Bd. 13)

Fischer, Ilse, Industrialisierung, sozialer Konflikt und politische Willensbildung in der Stadtgemeinde. Ein Beitrag zur Sozialgeschichte Augsburgs 1840-1914, Augsburg 1977 (Abhandlungen zur Geschichte der Stadt Augsburg, Schriftenreihe des Stadtarchivs Augsburg, Bd. 24).

Fischer, Walter, Die Revolutionsjahre 1848/49 in Fürth, in: Fürther Heimatblätter, Bd. 16 H. 1 (1966), S. 9-29.

Fischer Walter, Entstehung der ersten politischen Vereine und Parteien in Fürth. Ein Beitrag zur Geschichte der politischen Parteien. Teil 2, in: Fürther Heimatblätter Bd. 17 (1967), S. 123-124.

Förder, Herwig, Die Nürnberger Gemeinde des Bundes der Kommunisten, in: Hundt, Martin (Hg.), Bund der Kommunisten 1836-1852, Studienbibliothek DDR-Geschichtswissenschaft, Bd. 9, Berlin 1988, S. 138-161.

Fournier, August, Lola Montez, ein geheimer Bericht über Bayern im Jahre 1847, in: Deutsche Revue 27 (1902) Heft 3, S. 214-230.

Fournier, August, Lola Montez und der Regierungswechsel in Bayern 1847. Neue Dokumente. In: Deutsche Revue 34 (1909) Heft 4, S. 34-57.

Fournier, August, Lola Montez und die Studenten. Unedierte Berichte, in: Deutsche Revue 39 (1914) Heft 1, S. 281-298.

Franz, Eugen, Wilhelm von Dönniges und König Max II. inder Deutschen Frage, in ZBLG 2 (1929), S. 445-476.

Franz, Eugen, König Max II. von Bayern und seine geheimen politischen Berater, in ZBLG 5 (1932), S. 219-242.

Franz, Eugen, Ludwig Freiherr von der Pfordten, München 1936 (=Schriftenreihe zur bayerischen Landesgeschichte Bd. 31).

Franz, Eugen, Ludwig I. und Prinzregent Luitpold. Nach dem unveröffentlichten Briefwechsel zwischen Vater und Sohn. In: Süddeutsche Monatshefte 27 (1929/30), S. 219-247.

Fried, Pankraz, Die Bauernbefreiung in Bayern. Ergebnisse und Probleme, in: Eberhard Weis (Hg.), Reformen im rheinbündischen Deutschland, München 1984, S. 123-129.

Fromann, F. J. Hermann Freiherr von Rotenhan. Ein Lebensbild, Jena 1882.

Funk, Werner, Die Verfassungsfrage im Spiegel der Augsburger „Allgemeinen Zeitung" von 1818-1848, Berlin 1977.

Giebel, Hans Rainer, Strukturanalyse der Gesellschaft des Königreichs Bayern im Vormärz 1818-1848, Diss. Masch. München 1971.

Glashauser, Gabriele, Das Entstehen der politischen Parteien in Bayern 1848, Diss. Masch, München 1944.

Götschmann, Dirk, Franz von Berks (1792-1873). Karriere und politischer Einfluß eines Denunzianten im Vormärz, in: ZBLG 57 (1994), S. 735-786.

Götschmann, Dirk, Das bayerische Innenministerium 1825-1864. Organisation und Funktion, Beamtenschaft und politischer Einfluß einer Zentralbehörde in der konstitutionellen Monarchie, Göttingen 1993.

Gollwitzer, Heinz, Ludwig I. von Bayern – Königtum im Vormärz. Eine politische Biografie, München 1986, 2. Aufl. München 1987.

Gollwitzer, Heinz, Graf Carl Giech (1795-1863), in. ZBLG 24 (1961), S. 102-162.

Griewank, Karl, Deutsche Studenten und Universitäten in der Revolution von 1848, Weimar 1949.

Grösser, Ludwig, Der gemäßigte Liberalismus im bayerischen Landtag von 1819-1848, Diss. München 1928.

Gruner, Wolf D., Die bayerischen Kriegsminister 1805-1885. Eine Skizze zum sozialen Herkommen der Minister, in: ZBLG 34 (1971), S. 238-315.

Haber, Günter, Probleme der Strafprozeßgeschichte im Vormärz, in: Zeitschrift für die gesamte Strafrechtswissenschaft Bd. 91 (1979), S. 590-636.

Hamerow, Theodore S., Restoration, Revolution, Reaction: Economics and Politics in Germany 1815-1871, Princeton 1958.

Hanisch, Manfred, Für Fürst und Vaterland. Legitimitätsstiftung in Bayern zwischen Revolution 1848 und deutscher Einheit, München 1991.

Hauf, Reinhard, Staatliche Verwaltung in Bayern und Preußen zwischen Beharrung und Reform 1808-1920, in: Dienst für die Geschichte. Festschrift für Walter Hubatsch, hg. v. M. Salewski, Göttingen 1985, S. 71-92.

Hausmann, Sebastian, Die Grundentlastung in Bayern. Ein wirtschaftsgeschichtlicher Versuch. Straßburg 1892 (=Abhandlungen aus dem staatswissenschaftlichen Seminar zu Straßburg, hg. v. Georg Knapp, Heft 10).

Heigel, Carl Theodor, Ludwig I. König von Bayern, Leipzig 1888.

Heinziger, Margit, Die Arbeiterbewegung in München 1848-1918, Zulassungsarbeit München 1970.

Herrmann, Erwin, Geschichte der Stadt Kulmbach, Kulmbach 1985.

Herrmann, Hans Walter (Hg.), Zwischen demokratischem Aufbegehren und industrieller Revolution. August Ferdinand Culmann (1804-1891), Sigmaringen 1993 (=Schriften der Siebenpfeiffer-Stiftung 2).

Hesse, Horst, Gesetzgeber und Gesetzgebung in Bayern 1848-1870, 2 Bde., Weilheim 1984/87.

Hesse, Horst, Politisches Verhalten bayerischer Beamter 1848/49 als Berichts- und Qualifikationsgegenstand, in: ZBLG 42 (1979), S. 127-146.

Hildebrandt, Gunther, Parlamentsopposition auf Linkskurs. Die kleinbürgerlich-demokratische Fraktion Donnersberg in der Frankfurter Nationalversammlung 1848/49, Berlin 1975.

Hildebrandt, Gunther, Die Paulskirche. Parlament in der Revolution 1848/49, Berlin 1985.

Hirschmann, Gerhard, Das Nürnberger Patriziat im Königreich Bayern 1806-1918, Nürnberg 1971.

Hoffmann, Hans, Johann Gottfried Eisenmann (1795-1867). Ein Arzt und Freiheitskämpfer, Hildesheim 1967.

Huber, Ernst Rudolf, Dokumente zur Deutschen Verfassungsgeschichte, Bd. 1, 3. Aufl., Stuttgart 1978.

Huber, Heinrich, Die bayerischen Abgeordneten zur frankfurter Nationalversammlung, in:Archiv für Sippenforschung 21 (1944), S. 68-74.

Hummel, Karl-Joseph, München in der Revolution von 1848/49, Göttingen 1987.

Huth, Armin, Staatliche Pressepolitik und politisches Schrifttum in Würzburg und Unterfranken zwischen Revolution und Reaktion. (1847 bis 1850). Würzburg 1975.

Jaser, Sonja, Streiks in Nürnberg 1848-1889. Zwischen Kampfgeist und Traditionsbildung. Untersuchung zum Arbeitskampfverhalten Nürnberger Gesellenarbeiter in der 1. Industrialisierungsphase, Magisterarbeit Konstanz 1990.

Kersten, Kurt, 1848. (Die deutsche Revolution), Berlin 1933.

Kessler, Hermann, Politische Bewegungen in Nördlingen und dem bayerischen Ries während der deutschen Revolution 1848/49, München 1939.

König Maximilian II. von Bayern 1848-1864, hg. v. Haus der Bayerischen Geschichte, Rosenheim 1988.

König, Wolfgang, Universitätsreform in Bayern, in den Revolutionsjahren 1848/49. München 1977.

Koeppen, Werner, Die Anfänge der Arbeiter- und Gesellenbewegung in Franken (1830-1852). Eine Studie zur Geschichte des politischen Sozialismus, Erlangen 1935 (Erlanger Abhandlungen zur mittleren und neueren Geschichte Bd. 21).

Kolb, Gerhard, Strukturelle Wandlungen im wirtschaftlichen und sozialen Gefüge der Bevölkerung Bayerns seit 1840, Diss. Erlangen-Nürnberg 1966.

Kopp, Walter, Die Rolle der bayerischen Armee bei der Aufrechterhaltung der öffentlichen Ruhe und Ordnung im nachrevolutionären Würzburg der Jahre 1850-52, in: Mainfränkisches Jahrbuch für Geschichte und Kunst 32 (1980), S. 202-208.

Koszyk, Kurt, Franz Ludwig Sensburg und der Münchner „Vorwärts“ von 1848/49. Archiv für Sozialgeschichte 2 (1962), S. 31-54.

Kramer, Helmut, Fraktionsbindungen in den deutschen Volksvertretungen 1819-1849, Berlin 1968.

Krause, Herbert K. P., Die Gegenwart – eine Untersuchung über den deutschen Liberalismus, Diss. Berlin 1936.

Krauss-Maffei. Dokumente aus dem ersten Jahrzehnt des Werkes, München 1962.

Krauss-Maffei. Lebenslauf einer Münchner Fabrik und ihrer Belegschaft. Kösching 1988.

Krezdorn, Alfons, Die bayerische Flugschriftenliteratur und die deutsche Frage zur Zeit des Frankfurter Parlaments, München 1920.

Kristl, Wilhelm Lukas, Lola, Ludwig und der General, Pfaffenhofen 1979.

Laible, Helene, Wilhelm Dönniges und König Max II. von Bayern. Ein Versuch zur Lösung der deutschen Frage. Diss. Masch. München 1947.

Lamm, Hans, Von Juden in München, München 1958.

Langen, Wolf Dietrich von, Kulturgeschichte aus dem Inseratenteil. Anzeigen in den „Neuesten Nachrichten" 1848-1852. München 1934.

Langer, William L., Das Muster der städtischen Revolution von 1848, in: Stuke, Horst/Forstmann, Wilfried, Die europäischen Revolutionen von 1848, Königstein 1979, S. 46-69.

Langewiesche, Dieter, Die Anfänge der deutschen Parteien. Partei, Fraktion und Verein in der Revolution von 1848/49, in: Geschichte und Gesellschaft 4 (1978), S. 324-361.

Langewiesche, Dieter (Hg.), Die deutsche Revolution von 1848/49, Darmstadt 1983.

Langewiesche, Dieter, Die politische Vereinsbewegung in Würzburg und in Unterfranken in den Revolutionsjahren 1848/49, in: Jahrbuch für fränkische Landesforschung Bd. 37 (1977), S. 195-233.

Langewiesche, Dieter, Republik, konstitutionelle Monarchie und „soziale Frage". Grundprobleme der deutschen Revolution von 1848/49, in: Historische Zeitschrift 230 (1980), S. 529-548.

Langewiesche, Dieter, Die deutsche Revolution von 1848/49 und die vorrevolutionäre Gesellschaft. Forschungsstand und Forschungsperspektiven, in: Archiv für Sozialgeschichte 21 (1981), S. 458-498.

Lenk, Leonhard, C. H. F. v. Closen, Politiker und Philanthrop, in: Stimme der Pfalz, 1970, Heft 1.

Lenk, Leonhard, Revolutionär-kommunistische Umtriebe im Königreich Bayern. Ein Beitrag zur Entwicklung von Staat und Gesellschaft 1848-1864, in ZBLG 28 (1965), S. 555-622.

Lipp, Carola, Frauen und Öffentlichkeit. Möglichkeiten und Grenzen politischer Partizipation im Vormärz und in der Revolution 1848/49, in: Lipp, Carola, Schimpfende Weiber und Patriotische Jungfrauen. Frauen im Vormärz und in der Revolution 1848/49, Baden-Baden 1986, S. 270-307.

Loew, H.-W./Schönhoven K., Würzburgs Sozialdemokraten. Vom Arbeiterverein zur Sozialdemokratischen Volkspartei 1868-1978. Würzburg 1978.

Macht, Rudolf, Aufbruch. Geschichte der Hofer Arbeiterbewegung (1800-1890), Hof 1989.

Magen, Ferdinand, Protestantische Kirche und Politik in Bayern. Möglichkeiten und Grenzen in der Zeit von Revolution und Reaktion (1848-1859), Köln 1986.

Mages, Emma, Eisenbahnbau, Siedlung, Wirtschaft und Gesellschaft in der südlichen Oberpfalz (1850-1920), Kallmünz 1984.

Mailer, Carl, Die Wahlbewegungen im Jahre 1848 in Bayern. Diss. München, Ichenhausen 1931.

Matz, Klaus Jürgen, Pauperismus und Bevölkerung. Die gesetzlichen Ehebeschränkungen in den süddeutschen Staaten während des 19. Jahrhunderts, Stuttgart 1980.

Mayer, Gustav, Der Bayerische Reformlandtag von 1848, Diss. Masch. München 1924.

Mayer, Ludwig, Regensburg und die Revolution 1848, in: VHVOR 102 (1962), S. 21-99.

Mayer Norbert, Die Presse Regensburgs und der Oberpfalz von 1806 bis zum Weltkrieg, in: VHVOR 87 (1937), S. 3-130.

Miedaner, Stefan, Zum Regensburger Vereinswesen im 19. Jahrhundert, in: VHVOR 127 (1987), S. 219-229.

Müller, Gerhard, Arbeiterleben und Arbeiterbewegung in der Oberpfalz 1848-1919, Schriftenreihe des Bergbau- und Industriemuseums Ostbayern, Bd. 15, Theuern 1988.

Müller, Günther, König Max II. von Bayern und die soziale Frage, München 1964.

Müller, Karl Alexander von, Das Bayerische Problem in der deutschen Geschichte, München-Berlin 1931.

Müller, Karl Alexander von, Lola Montez und ein Münchner Polizeidirektor, in: ders., Am Rand der Geschichte, München 1957, S. 89-116.

Nickel, Dietmar, Die Revolution 1848/49 in Augsburg und Bayerisch-Schwaben, Augsburg 1965 (=Schwäbische Geschichtsquellen und Forschungen Bd. 8).

Nipperdey, Thomas, Deutsche Geschichte 1800-1866. Bürgerwelt und starker Staat, München 1983.

Noyes, P. H., Organisation and Revolution. Working-Class Associations in the German Revolution of 1848-1849, Princeton (N.J.) 1966.

Obermann, Karl, Deutschland von 1815 bis 1849. Von der Gründung des Deutschen Bundes bis zur bürgerlich-demokratischen Revolution., Berlin 4. Aufl. 1976.

Obermann, Karl, (Hg.), Flugblätter der Revolution. Eine Flugblattsammlung zur Geschichte der Revolution von 1848/49 in Deutschland, München 1972.

Offermann, Toni, Aus der Frühgeschichte der Würzburger Arbeiterbewegung. Briefe des Arbeitervereins an das Zentralkomitee der „Allgemeinen deutschen Arbeiterverbrüderung" in Leipzig 1849/50, in: Mainfränkisches Jahrbuch für Geschichte und Kunst, Bd. 35 (1983), S. 124-134.

Ostadal, Hubert, Die Kammer der Reichsräte in Bayern von 1819-1848. Ein Beitrag zur Geschichte des Frühparlamentarismus, München 1968 (MBM 12).

Otto, Ulrich, Die historisch-politischen Lieder und Karikaturen des Vormärz und der Revolution von 1848/1849, Köln 1982.

Pfundtner, Fritz, Die Münchner politische Presse im Revolutionsjahr 1848, Würzburg 1939.

Plößl, Elisabeth, Frühgeschichte der bayerischen Arbeiterbewegung 1840-1890 unter besonderer Berücksichtigung der Münchener Entwicklung, Zulassungsarbeit Universität München 1975.

Pölnitz, Götz Freiherr von, Die deutsche Einheits- und Freiheitsbewegung in der Münchner Studentenschaft (1826-1850), München 1930.

Preißler, Peter Reinhold, Wirtschaft und Gesellschaft Landshuts in der Zeit von 1834-1914. Diss. Erlangen-Nürnberg 1973.

Priesack, August, Die bayerischen Abgeordneten in der Frankfurter Nationalversammlung, Diss. München 1930.

Rall, Hans, König Max II. und die katholische Kirche, in: Historisches Jahrbuch 74 (1954), S. 739-747.

Rall, Hans, Ausblicke auf Weltentwicklung und Religion im kreise Max II. und Ludwigs II., in ZBLG 27 (1964), S. 488-522.

Rall, Hans, Karl Friedrich Neumann, Sinologe und Universalhistoriker an der Universität München 1833-1852, in: Archivalische Zeitschrift 75 (1979), S. 194-210.

Rall, Hans, Die politische Entwicklung von 1848 bis zur Reichsgründung 1871, in: Max Spindler (Hg.), Handbuch der bayerischenGeschichte, Bd. IV/1, München 1974, S. 224-243.

Rau, Heinz, Die Münchner Regierungspresse in der Zeit von 1848-1868, Würzburg 1939.

Raubold, Georg, Die bayerische Landtagsberichterstattung vom Beginn des Verfassungslebens bis 1850. Ein Beitrag zur Geschichte Bayerns und der Presse, München 1931.

Rauh, Reinhold/Seymour, Bruce, Ludwig I. und Lola Montez. Der Briefwechsel, München-New York 1955.

Real, Willy, Der deutsche Reformverein. Großdeutsche Stimmen und Kräfte zwischen Villafranca und Königgrätz, Lübeck 1966.

Rehlingen und Haltenberg, Hugo Freiherr von, Beruflich-soziale Gliederung der Bevölkerung des

Königreichs Bayern vom Jahre 1840-1907, Weiden 1911.
Reiter, Hermann, Die Revolution von 1848/49 in Altbayern. Ihre sozialen und mentalen Voraussetzungen und ihr Verlauf, München 1983 (MBM 109).
Remlein, Karl-Thomas, Der Bayerische Landtag und die Judenemanzipation nach der Revolution 1848, in: Mainfränkische Studien 39 (1987), S. 139-208.
Richarz, Monika (Hg.) Jüdisches Leben in Deutschland. Selbstzeugnisse zur Sozialgeschichte 1780-1871, Stuttgart 1976.
Roeder, Elmar, Der konservative Journalist Ernst Zander und die politischen Kämpfe seines „Volksboten“, München 1972 (=MBM 41).
Roepke, Claus Jürgen, Die Protestanten in Bayern, München 1972.
Roth, Rainer A., Historische Entwicklung und politische Bedeutung des Exekutivorgans in Bayern, in: ZBLG 40 (1977), S. 191-230.
Rubner, Heinrich, Die Anfänge der großen Industrie in der Oberpfalz, in: Verhandlungen des Historischen Vereins der Oberpfalz, Bd. 111 (1971), S. 183-195.
Rüdinger, Karl, Die Arbeiterbewegung in Bayern 1848-1850, Diss. München 1934.
Sachs, Lothar, Die Entwicklungsgeschichte des bayerischen Landtags in den ersten drei Jahrzehnten nach der Verfassungsgebung 1818-1848, Würzburg 1914.
Sandberger, Adolf, Die Landwirtschaft, in: Max Spindler (Hg.), Handbuch der bayerischen Geschichte, Bd. IV/2, München 1975, S. 732-748.
Sauer, Thomas, Anton Ruland (1809-1874). Ein Beitrag zur Geschichte der katholischen Restauration in Bayern. München 1995 (=Schriftenreihe zur Bayerischen Landesgeschichte Bd. 103).
Schäfer, Hans-Peter, Die Entstehung des mainfränkischen Eisenbahnnetzes, Teil I: Planung und Bau der hauptstrecken bis 1879, Würzburg 1979.
Schärl, Walter, Die Zusammensetzung der bayerischen Beamtenschaft von 1806-1918, Kallmünz 1955.
Schilfert, Gerhard, Sieg und Niederlage des demokratischen Wahlrechts in der deutschen Revolution 1848/49, Berlin 1952.
Schlechte, Horst, Die Allgemeine Deutsche Arbeiterverbrüderung 1848-1850. Dokumente des Zentralkomitees für die deutschen Arbeiter in Leipzig. Weimar 1979.
Schmidt, Rainer, In revolutionärer Unruhe 1830-1848, in: Ludwigs-Maximilians-Universität Ingolstadt-Landshut-München 1472-1972. Im Auftrag von Rektor und Senat hg. von Laetitia Böhm und Johannes Spörl, Berlin 1972, S. 251-270.
Schröder, Hugo, Die Gendarmerie in Bayern. Vorgeschichte, Errichtung und Entwicklung der bayerischen Gendarmerie, sowie deren Thätigkeit von 1812-1900. Augsburg 1900.
Schröder, Peter, Die Entwicklung des Nürnberger Großgewerbes 1806-1870. Studien zur Frühindustrialisierung, Diss. München 1970.
Schumann, Dirk, Bayerns Unternehmer in Gesellschaft und Staat, 1834-1914. Göttingen 1992 (=Kritische Studien zur Geschichtswissenschaft 98).
Schunk, Georg, Die industrielle Entwicklung von Schweinfurt, Diss. Würzburg 1920.
Schuster, Gerta, Ludwig Steub, Diss. Masch. München 1953.
Schwarz, Gerard, „Nahrungsstand“ und „erzwungener Gesellenstand“. Mentalité und Strukturwandel des bayerischen Handwerks im Industrialisierungsprozeß um 1860, Berlin 1974.
Schwarz, Helmut, Forchheim im Industriezeitalter. 1848-1914, Lichtenfels/Main 1993 (Schriftenreihe des Historischen Vereins Bamberg Bd. 31, Diss. Bayreuth)
Schwarz, Stefan, Die Juden in Bayern im Wandel der Zeiten, München 1963.
Seitz, Max, Die Februar- und Märzunruhen in München 1848, in: Oberbayerisches Archiv für

vaterländische Geschichte 78 (1953), S. 1-104; ebd. 93 (1971), S. 611-631.

Shorter, Edward, Social Change and Social Policy in Bavaria 1800-1860, 2 Bde. Cambridge 1967.

Siemann, Wolfgang, Die deutsche Revolution von 1848/49, Frankfurt/Main 1985.

Simhart, Florian, Bürgerliche Gesellschaft und Revolution. Eine ideologiekritische Untersuchung des politischen und sozialen Bewußtseins in der Mitte des 19. Jahrhunderts. Dargestellt am beispiel einer Gruppe des Münchner Bildungsbürgertums, München 1978 (=Studien zur bayerischen Verfassungs- und Sozialgeschichte Bd. 9).

Spindler, Max, Die Regierungszeit Ludwigs I. 1825-1848, in: Max Spindler (Hg.), Handbuch der bayerischen Geschichte, Bd. IV/1, München 1974, S. 87-223.

Spindler, Max, Die politische Wendung von 1847/48 in Bayern, in: Bayern, Staat und Kirche, Land und Reich. Forschungen zur bayerischen Geschichte vornehmlich im 19. Jahrhundert. Wilhelm Winkler zum Gedächtnis, hg. von den staatlichen Archiven Bayerns. München o.J. (1960), S. 326-340.

Stadelmann, Rudolf, Soziale und politische Geschichte der Revolution von 1848. Darmstadt 1962.

Staudinger, Melchiora, Die katholische Bewegung in Bayern in der Zeit des Frankfurter Parlaments, Diss. Regensburg 1926.

Stolleis, Michael, Die bayerische Gesetzgebung zur Herstellung eines frei verfügbaren Grundeigentums, in: Helmut Coing/Walter Wilhelm (Hg.), Wissenschaft undKodifikation des Privatrechts im 19. Jahrhundert, Bd. 3, Frankfurt/Main 1976, S. 44-117.

Stolz, Otto, Die Bauernbefreiung in Süddeutschland, in: Vierteljahreshefte für Sozial- und Wirtschaftsgeschichte 33 (1940).

Stolze, Alfred Otto, „Der 4. Stand und die Monarchie“. Die Politik des Rohmer-Bluntschli-Kreises während der Frühjahrsrevolution in Bayern 1848, in: ZBLG 8 (1935), S. 27-83.

Sylla, Albrecht/Hahn, Martin/Ebert, Roland, Blickwinkel Aschaffenburg. Ein Gang durch die Stadt und ihre Geschichte, Aschaffenburg 1996.

Thränhardt, Dietrich, Wahlen und politische Strukturen in Bayern 1848-1953, Düsseldorf 1973.

Tornow, Ingo, Das Münchner Vereinswesen in der ersten Hälfte des 19. Jahrhunderts, München 1977 (=MBM 75).

Troll, Hildebrand, Der bayerische Staatsrat und seine Protokolle, in: Mitteilungen für die Archivpflege in Bayern 6 (1960), S. 43-45.

Uhde, Werner, Hermann Freiherr von Rotenhan. Eine politische Biografie. München 1933.

Valentin, Veit, Fürst Karl Leiningen und das deutsche Einheitsproblem, Stuttgart 1910.

Valentin, Veit, Geschichte der deutschen Revolution von 1848-1849, 2 Bde., (Nachdr.) Köln-Berlin 1977.

Vogel, Detlef, Der Stellenwert des Militärischen in Bayern (1849-1875), Boppard 1981.

Volkert, Wilhelm, Die Bauernbefreiung in Bayern, in: Zeitschrift des historischen Vereins für Niederbayern 109 (1984), S. 135-142.

Wehler, Hans-Ulrich, Deutsche Gesellschaftsgeschichte, Bd. 2, München 1987.

Wehler, Hans-Ulrich (Hg.), 200 Jahre amerikanische Revolution und moderne Revolutionsforschung, Göttingen 1976.

Weis, Eberhard, Die Begründung des modernen bayerischen Staates unter König Max I. (1799-1825), in: Max Spindler (Hg.), Handbuch der bayerischen Geschichte, Bd. IV/1, München 1974, S. 87-223.

Weiß, Theodor, Zur Lebensgeschichte Jak. Phil. Fallmerayers, in: Forschungen zur Geschichte Bayerns, XIV, München 1906, S. 207-226.

Wentzcke, Paul, Bayerische Stimmen aus der Paulskirche (Juni-Juli 1848). Nachlese und Vorschau aus oberfränkischen Privatarchiven, in: Archivalische Zeitschrift 50/51 (1955), S. 485-499.

Wentzcke, Paul, Bayerische Stimmen aus der Paulskirche. Die Septembertage 1848. Nachlese und Vorschau aus fränkischen Adelsarchiven, in: Bayern, Staat und Kirche, Land und Reich. Forschungen zur bayerischen Geschichte vornehmlich im 19. Jahrhundert. Wilhelm Winkler zum Gedächtnis, hg. von den staatlichen Archiven Bayerns. München o.J., S. 423-449.

Wentzcke, Paul, Ideale und Irrtümer des ersten deutschen Parlaments (1848-49), Heidelberg 1959.

Wernitz, Axel, Friedrich Benedikt Wilhelm von Hermann (1795-1868), in: Oberbayerisches Archiv 90 (1968), S. 26-35.

Wernitz, Axel, Lasaulx und die vorrevolutionäre Münchner Szene im Februar 1847, in: Oberbayerisches Archiv 93 (1971), S. 185-189.

Winkel, Udo, Der Arbeiter-Verein zu Nürnberg von 1848-1850. Quellen zu den Anfängen der Arbeiterbewegung in Nürnberg, in: Mitteilungen des Vereins für Geschichte der Stadt Nürnberg Bd. 77 (1990), S. 245-257.

Wollstein, Günter, Das „Großdeutschland" der Paulskirche. Nationale Ziele in der bürgerlichen Revolution 1848/49, Düsseldorf 1977.

Zimmermann, Ludwig, Die Einheits- und Freiheitsbewegung und die Revolution von 1848 in Franken, Würzburg 1951;

Zittel, Bernhard, Der bayerische Ministerrat und seine Protokolle, in: Mitteilungen für die Archivpflege in Bayern 3 (1957), S. 9-15.

Zorn, Wolfgang, Probleme und Quellen der bayerischen Sozialgeschichte im 19. Jahrhundert, in: Bayern, Staat und Kirche, Land und Reich. Forschungen zur bayerischen Geschichte vornehmlich im 19. Jahrhundert. Wilhelm Winkler zum Gedächtnis, hg. von den staatlichen Archiven Bayerns. München o.J. (1960), S. 347-358.

Zorn, Wolfgang, Bayerns Gewerbe, Handel, und Verkehr (1806-1970), in: Max Spindler (Hg.), Handbuch der bayerischen Geschichte, Bd. IV/2, München 1975, S. 781-882.

Zorn, Wolfgang, Die wirtschaftliche Struktur Altbayerns im Vormärz 1815-1848, in: Oberbayerisches Archiv 93 (1971), S. 190-206.

Zwehl, Konrad von/ Boenke, Susan (Hg.), Aufbruch ins Industriezeitalter. Quellen zur Wirtschafts- und Sozialgeschichte Bayerns vom ausgehenden 18. Jahrhundert bis zur Mitte des 19. Jahrhunderts, Veröffentlichungen zur bayerischen Geschichte und Kultur, Nr. 5/85, München 1985.

Zuber, Karl-Heinz, Der „Fürst Proletarier" Ludwig von Oettingen-Wallerstein (1791-1870), Diss. München 1978.

Abkürzungen

AK:	Ausstellungskatalog.
MBM:	Miscellanea Bavarica Monacensia.
RBl:	Regierungsblatt für das Königreich Bayern.
VHVOR:	Verhandlungen des Historischen Vereins der Oberpfalz und von Regensburg.
VKdA:	Verhandlungen der Kammer der Abgeordneten.
VKdR:	Verhandlungen der Kammer der Reichsräte.
ZBLG:	Zeitschrift für Bayerische Landesgeschichte.
ZfG:	Zeitschrift für Geschichtswissenschaft.

Personen- und Ortsverzeichnis

A

Abel, Karl August von (1788-1859) 21, 22, 23, 24, 25, 27, 28, 29, 35, 42, 56, 59, 80, 115, 177, 187, 199, 207, 225, 233, 235, 256, 257

Adami 200

Albrecht, Friedrich Johann Hubert (1818-1890) 214

Alersheim 64

Almoshof 146

Altdorf 114, 145, 149, 154

Altötting 43

Amorbach 62

Ansbach 111, 158, 219

Arco-Stepperg, Graf von 41

Arco-Valley, Maximilian Graf von 42, 43, 49, 66, 65, 83

Aretin, Karl Maria von (1796-1868) 171, 172, 201, 208

Armannsperg, Joseph Ludwig von (1787-1853) 21, 160

Arnstein 180, 198

Aschaffenburg 54, 90, 125, 137, 176, 180, 219

Aschenbrenner, Joseph von (1798-1858) 207

Au (München-Vorstadt) 88, 107, 108, 127, 131, 133, 151

Aub, Dr. 106, 107, 198

Augsburg 21, 39, 53, 55, 88, 93, 100, 102, 135, 175, 176, 178, 190, 191, 197, 212, 214

Augusta, Prinzessin von Preußen (spätere Deutsche Kaiserin) 208

B

Bad Brückenau 32

Bamberg 32, 55, 58, 59, 68, 79, 80, 84, 89, 90, 91, 102, 106, 107, 111, 113, 123, 124, 125, 126, 130, 131, 135, 136, 137, 145, 146, 150, 158, 176, 180, 190, 193, 196, 197, 211, 214, 217, 218, 219, 221

Bassermann, Friedrich Daniel (1811-1855) 74, 82, 103, 184, 185, 201, 215, 273, 275, 276

Bauer (Nürnberg) 148

Bauer, Johann Friedrich Christoph (Dekan; 1803-1873) 211

Baunach 211

Baur-Breitenfeld, Anton von 38, 39, 40, 41

Bayerbach 66

Bayreuth 54, 68, 91, 94, 105, 109, 111, 114, 135, 145, 193, 218

Beck, Carl (1817-1852) 158

Behr, Michael Wilhelm Joseph (1775-1851) 17, 19, 20, 103

Beilhack, Johann Georg (1802-1864) 85

Beisler, Hermann von (1790-1859) 41, 70, 71, 166, 173, 182, 185, 186, 187, 189, 197

Berkmann, Adolf Emil Theodor (1802-ca. 1866) 188

Berks, Franz von (1792-1873) 34, 35, 36, 40, 41, 43, 45, 49, 50, 51, 225

Berlin 61, 63, 69, 70, 71, 76, 77, 109, 112, 114, 135, 144, 156, 162, 168, 169, 170, 171, 175, 179, 180, 190, 191, 203, 204, 206, 207, 213, 215, 226

Bernstorff, Albrecht von 49, 78

Beseler, Carl Georg Christoph 47, 143

Bestelmeyer, Georg (1785-1852) 88

Billing 125

Binder, Dr. (Bürgermeister/Nürnberg) 149

Binderberger, Peter 199

Birkmeyer, Dr. 118

Birnbach 65

Blind, Karl 144, 148

Blum, Robert 110, 129, 144, 146, 191, 213

Bluntschli, Johann Caspar (1808-1881) 103, 159

Bock 216

Born, Stefan (1824-1898) 200, 210

Borst 211

Brandenburg 168

Brandenburg, Friedrich Wilhelm Graf von 168, 207, 213

Brater, Karl Ludwig Theodor (1819-1869) 223

Bray-Steinburg, Otto Camillus Hugo Gabriel von (1807-1899) 26, 71, 159, 161, 165, 166,

168, 171, 177, 201, 207
Brendel, Dr. 91, 130
Brentano, von 176
Breslau 205
Bruch 154
Brucks, von 172
Buß, Franz Joseph von 176
C
Camphausen, Ludolf 166, 202, 203, 207, 213
Castell, Graf zu 63
Cetto, August von 173
Closen, Karl von (1786-1856) 28, 55, 81, 99, 162, 165, 167, 172
Crämer, Karl (1818-1902) 149, 211
Cramer-Klett, Theodor von (1817-1884) 113
Cucumus, Conrad von (1792-1861) 71
Culmann, August Ferdinand 221
D
Dahlmann, Friedrich Christoph 80, 81, 109, 146
Damm 188
Daxenberger, Sebastian Franz von (1809-1878) 85
Deggendorf 93
Dettelbach 198
Diezel, Gustav (1817-1858) 57, 91, 124, 130, 196, 197
Dinkelsbühl 59, 114, 190
Doll 194
Döllinger, Johann Joseph Ignaz (1799-1890) 84, 102, 107
Dönniges (Doenniges), Franz Alexander Friedrich Wilhelm (1814-1872) 103, 159, 160, 161
Doos 149
Dresden 75, 170, 220, 221
Düsseldorf 221
E
Ebern 211
Ecker, Baronin von 126, 147
Edel, Carl von (1806-1890) 87, 99
Eggenfelden 55, 65, 141, 235, 238, 239, 241, 242
Eisenmann, Johann Gottfried (1795-1867) 20, 79, 81, 88, 89, 90, 91, 92, 94, 95, 103, 113, 114, 117, 191
Elberfeld 221
Eltersdorf 129
Engertsham 65, 66, 84, 139
Erding 21, 185
Erlangen 54, 94, 106, 113, 114, 129, 131, 145, 146, 147, 150, 157, 158, 193
F
Faaßen, Gustav Friedrich 223
Fabrice, Dr. 118, 154
Fallmerayer, Jakob Philipp (1790-1861) 83, 85, 95, 107, 108, 116, 152
Feuchtwangen 24
Feuerbach, Ludwig (1804-1872) 87
Fink 118
Fischer (Student) 194
Forndran 222
Forster, Georg Friedrich von (1775-1857) 207
Frankenstein, Freiherr von 63
Frankfurt 10, 48, 56, 74, 75, 76, 78, 79, 87, 88, 89, 95, 104, 107, 108, 109, 114, 115, 126, 134, 135, 144, 145, 149, 150, 151, 152, 153, 154, 157, 159, 161, 165, 166, 169, 170, 172, 174, 179, 180, 182, 186, 194, 196, 203, 204, 205, 208, 210, 212, 214, 215, 220, 221
Friedrich (Arbeiter) 194
Friedrich Wilhelm IV. von Preußen 28, 77, 168, 170, 208
Friedrich Wilhelm II. 168
Fürth 92, 111, 112, 113, 114, 125, 130, 131, 135, 137, 141, 146, 147, 149, 150, 157, 189, 192, 214, 217
G
Gagern, Max von 75
Gagern, Wilhelm Heinrich August von (1799-1880) 68, 74, 75, 76, 78, 105, 109, 110, 111, 161, 162, 167, 168, 169, 172, 174, 185, 197, 198, 201, 202, 203, 204, 205, 206, 213, 215, 220
Gaibach 18
Gasser, Karl von 71
Gebhardt 144, 149
Geldersleben 145
Gentz, Friedrich (1764-1832) 17

Ghillany, Friedrich Wilhelm 118, 158
Giech, Franz Friedrich Carl von (1795-1863) 63, 68
Gießen 13, 211, 213, 215, 221
Gmähle 84
Godin, von 177
Görres, Johann Joseph von (1776-1848) 22, 37, 83, 127
Gräfenberg 154
Grafenrheinfeld 145
Gramm 121
Greiner, Ludwig 50, 85, 131, 133, 135, 154
Griesbach 65
Grießmaier 222
Grießmayer 185
Günzburg 88, 214
Guttenberg 31, 63
H
Haenle (Hänle), Leo 77, 85
Haggenmüller, Johann Baptist (1792-1862) 106, 151
Halle 109
Hambach 20
Hamburg 134
Hanau 212
Harburg 64
Haßfurt 90
Hauck 64
Heberlein 149
Hecker, Friedrich Franz Karl (1811-1881) 79, 82, 83, 85, 123, 125, 131
Hegnenberg-Dux, Friedrich Adam Justus von (1810-1872) 185
Heidelberg 74, 111, 129, 211
Heindl 129
Heine, Heinrich 18
Heinkelmann, Georg 130
Heintz, Karl Friedrich von (1802-1868) 70, 101, 175, 188, 189, 207
Heres, Karl Friedrich von 41
Hergenhahn 168, 179, 201
Hermann, Friedrich Benedikt Wilhelm von (1795-1868) 33, 85, 95, 100, 107, 108, 152, 166, 193, 205
Hermann, Georg 50, 85, 127, 131, 133, 152
Herzogenaurach 146, 149
Hierneiß 84
Hof 58, 137, 190, 223
Hoffmann (Nürnberg) 116, 118, 154
Hofheim 211
Höfler, Constantin Karl Adolf von (1811-1897) 102
Hofstätter, Heinrich (von) (1805-1875) 24, 57
I
Ihl (Landrichter/Bamberg) 106, 137
Immenstadt 177, 214
Ingolstadt 24
J
Johann, Erzherzog von Österreich (1782-1859) 109, 110, 111, 162, 163, 208
Jörg, Joseph Edmund (1819-1901) 107
K
Kaiserslautern 219
Kalb 91, 105, 149
Kapp, Friedrich (1824-1884) 129
Karl Theodor, Kurfürst 14
Karlsbad 17, 18, 20, 36
Karlstadt 198
Kastl 63
Keim, Dr. 145, 158
Kempten 54, 93, 114, 123, 135, 154, 177, 190, 191, 194, 195, 214
Keyhl 84, 85
Kierulff, Johann Friedrich Martin (1806-1894) 213
Kirchgeßner, Karl (1807-1858) 71, 193, 202, 212
Kitzingen 113, 198, 200, 211
Kleindienst 211
Kleinschrod, Karl Joseph von (1797-1866) 207
Klindworth, Georg 169, 170, 171
Knorr, Julius (1826-1881) 42, 125, 152
Köhl 200, 211
Kolb, Georg Friedrich (1808-1884) 188, 195, 211
Köln 143, 179
Königshofen 54

Korte 91
Kösen 109
Krafft (Kraft), Dr. 91, 105, 116, 117, 118, 144, 145, 147, 148, 149, 154, 156, 157, 197
Kraftshof 146, 150
Kremsier 167, 171, 172, 202, 205, 211
Kronach 62
Kronacher, Dr. 214
Küps 63

L

Lammers, Dr. 157
Landshut 34, 38, 61, 93, 109, 135, 153, 190
Lang (Student) 194
Lasaulx, Ernst von (1805-1861) 28, 93, 209
Le Suire, Wilhelm von (1787-1852) 175
Leiningen, Karl Fürst zu (1804-1856) 33, 51, 56, 62, 118, 164, 166, 222
Leipzig 109, 135, 190
Leistner 177
Lerchenfeld, Gustav Freiherr von (1806-1866) 70, 100, 163, 166, 173, 175, 185, 190, 192, 222
Lerchenfeld, Maximilian von 169, 204, 208
Leutbecher, Dr. 198
Lichtenfels 62, 190, 192
Liebeskind, Friedrich 175
Lindau 43, 93, 177, 214
Lindemann, Heinrich Simon (1807-1855) 85, 86
Linden, von 176
Lindner 53, 91, 92, 156
List, Daniel Friedrich (1789-1846) 47
Liszt, Franz von (1810-1886) 26
Lochner 109
Lodemann 222
Lohr 54, 180
London 173
Lößl 108, 127
Ludwig I. 17, 18, 19, 21, 27, 28, 29, 30, 33, 34, 40, 47, 51, 57, 58, 61, 68, 69, 70, 72, 73, 75, 76, 98, 189, 225, 226
Luitpold, Prinzregent (1821-1912) 40, 56, 60, 69
Lunckenbein, Dr. 91
Luxburg, von 171

M

Maffei, Joseph Anton von (1790-1870) 128
Mainz 124, 180
Malmö 143, 149, 151, 154, 164
Marktbreit 190
Mathy, Karl Friedrich Wilhelm (1807-1868) 160, 215, 216
Maurer, Georg Ludwig von (1790-1872) 27, 28, 29, 48, 225
Max, Herzog in Bayern (1808-1888) 42
Max III., Joseph (1727-1777) 14
Max IV., Joseph (1756-1825) 14
Maximilian II., Joseph (1811-1864) 56, 57, 70, 73, 77, 92, 99, 107, 159, 164, 169, 173, 182, 203, 204, 206, 222, 226
Mayerhofer 194
Mecheln, von 108
Merz, Julius 118, 123, 154, 155
Messert 65, 66, 139, 140
Metternich, Clemens Wenzel Nepomuk Lothar Fürst von (1773-1859) 17, 44, 48, 75, 219
Miltenberg 62, 90
Mittermaier, Karl Joseph Anton (1787-1867) 78
Mitwitz 200
Möckeln 150
Mögeldorf 112, 146
Montez (von Landsfeld), Lola (eigentl. Maria Dolores Gilbert, 1818-1861) 26, 27, 28, 32, 33, 34, 35, 36, 37, 38, 39, 40, 41, 42, 43, 44, 45, 60, 61, 68, 69, 90, 102, 131, 171, 199, 209, 225
Montgelas, Maximilian von (1759-1838) 7, 8, 9, 14, 15, 16, 17, 47, 225
Moosburg 176
Morgenstern, David (1814-1882) 192, 211, 217
Muggenhof 149, 214
Müller, Daniel Ernst (1797-1868) 107
Müller, Friedrich 63, 188
München 10, 11, 12, 18, 19, 21, 24, 26, 27, 28, 30, 31, 32, 33, 34, 35, 36, 37, 38, 39, 40, 41, 42, 43, 44, 45, 46, 47, 48, 49, 50, 51, 52, 53, 54, 55, 56, 57, 58, 60, 61, 63, 64, 65, 66,

68, 69, 70, 72, 75, 77, 78, 79, 81, 83, 84, 85, 86, 88, 92, 93, 94, 95, 106, 107, 108, 109, 111, 116, 122, 125, 126, 127, 128, 131, 132, 133, 134, 135, 137, 140, 142, 144, 151, 152, 158, 159, 160, 161, 163, 169, 170, 171, 176, 177, 181, 190, 191, 193, 194, 195, 196, 203, 209, 210, 212, 215, 216, 217, 221, 222, 226
Muxel 152
N
Neu-Ulm 214
Neuberghausen 151, 153
Neuhof 146, 147, 148, 197
Neumann, Karl Friedrich (1793-1870) 125
Neustadt a.d. Saale 200, 211
Neustadt a.d. Haardt 220
Ney (Advokat/München) 64
Nibler, von 84
Niederwern 145
Nißle, (Alois) Albert 134, 191
Nördlingen 54, 64, 93, 114, 120, 121, 122, 129, 130, 131, 150, 158, 190, 191, 214
Nürnberg 13, 14, 21, 31, 47, 52, 53, 55, 68, 79, 88, 89, 91, 92, 94, 95, 97, 100, 105, 106, 109, 111, 112, 113, 114, 115, 116, 117, 118, 119, 123, 124, 126, 130, 131, 135, 138, 141, 144, 145, 146, 147, 148, 149, 150, 153, 156, 157, 158, 178, 179, 180, 182, 187, 189, 190, 191, 193, 194, 195, 196, 197, 198, 199, 210, 212, 214, 215, 216, 217, 218, 219, 221, 222, 223
O
Oberlangenstadt 63
Ochsenfurt 198
Oettingen-Wallerstein, Ludwig Fürst von (1791-1870) 20, 23, 34, 37, 38, 41, 57, 60, 64, 65, 68, 75, 76, 78, 121, 122, 141, 160, 222, 225
Offenbach 212
Offenburg 222
Olmütz 171, 205
Orb 54
Ott 69, 84, 85, 87
P
Paris 48, 49, 50, 62, 74, 170, 173, 226
Pasing 140
Passau 21, 24, 43, 46, 57, 65, 66, 93, 109, 135, 139, 190
Pechmann, Johann Nepomuk von 35, 40, 61, 69, 177
Peucker, Eduard von (1791-1876) 163
Pfaff, Dr. 109
Pfarrkirchen 65, 199
Pfordten, Ludwig von der (1811-1880) 87, 160, 207, 209, 214, 222
Phillips, George (1804-1872) 209
Plattner (Student) 194
Popp (Pfarrer/Guttenberg) 31
Poppenreuth 134
Postmünster 65
Prehler (Wildhüter/Aschaffenburg) 54
Prell 217
Prichsenstadt 211
Prokesch von der Osten, Anton Graf (1795-1876) 203
Pschorr, Mathias Michael (1800-1879) 176
R
Ramoser 108
Randersacker 198
Rauch, Dr. 136, 137
Raveaux, Franz (1810-1851) 79, 104, 105, 124, 125, 162, 211, 221
Rechberg, Johann Bernhard 203, 204
Reden, Friedrich Wilhelm von 221
Regensburg 21, 22, 31, 54, 57, 89, 102, 109, 135, 145, 175, 176, 190
Rehlen 121
Reigersbeuern 65
Reindl (Domdekan/München) 196
Reinhard (Reinhart) 154, 200, 211
Reisach, Karl August Graf von (1800-1869) 195
Reißmann 147, 148, 156, 157
Remlingen 54, 196, 200
Resch, Johann 139
Reschreiter 77
Riedel, Carl Andreas (1804-1880) 87, 131, 152
Riedel, Josef 193, 194, 221
Riederer von Paar, Johann Nepomuk Ignaz

Freiherr (1794-1856) 65, 141
Ringelmann, Friedrich von (1803-1870) 207
Ringler, Alexander 122, 125, 127, 152
Roettger 77
Rohmer, August und R. Friedrich 103
Roller, Emil 152, 194
Ronge, Johannes (1813-1887) 210
Roß (Roos), Carl 127, 133, 134, 135
Rosenlehner (Eisenhändler/München) 84
Rosipal, Karl 39, 45, 51, 61, 77, 79, 85, 107, 108
Rotenhan, Hermann von (1800-1858) 68, 70, 76, 88, 150, 165
S
Sax 133, 134
Schad 186, 200, 211
Schalldorf 199
Schenk, Eduard von (1788-1841) 18, 19
Scheurl, Christoph Gottlieb Adolf (1811-1893) 96, 183, 185, 187, 189, 216, 222
Schimon 131, 194
Schlöffel, Friedrich Wilhelm (1800-1870) 129, 213
Schlund, Fidel (1808-1882) 177, 214
Schmeilsdorf 63
Schmeller, Johann Andreas (1785-1852) 27
Schmerling, Anton von (1805-1893) 162, 166, 172, 177, 193, 201, 202, 215
Schmidt (Schmitt), Jakob 118, 123, 148, 149, 154, 156, 178, 179, 212, 219
Schmidt, Johann Christoph 113, 141, 196
Schmolze 152
Schnaittach 211
Schneider, Philipp 54
Schnetzer 194
Schönau 65, 141, 142
Schönborn-Wiesentheid (Vater), Franz Erwein von (1776-1840) 18
Schönborn-Wiesentheid (Sohn), Erwin Graf von 63
Schönchen, Ludwig 176
Schönecker 79, 89
Schonungen 90
Schrenck von Notzing, Karl von (1806-1884) 173
Schüler, Friedrich (1791-1873) 221
Schulze 85, 216
Schwabach 113, 124, 131, 135, 182, 190
Schwarz (Schwartz) 118, 148, 154, 155, 156, 157, 53, 114, 123
Schwarzenberg, Felix Fürst von 167, 171, 172, 201, 203, 205, 208, 209
Schweinfurt 90, 112, 145, 180, 221, 223
Schwindl, Dr. 140
Seidl 85
Sennfeld 145
Sensburg, Franz 131, 152
Seybold, von 84
Simmerl 84
Simon, Heinrich (Breslau; 1805-1860) 109, 144, 205, 211, 213, 221
Simson, Martin Eduard (1810-1899) 168, 179, 193, 201, 202, 206, 213
Spengler, Franz 133, 135, 194
St. Petersburg 159, 173, 201
Stadtprozelten 95, 168
Steinsdorf Kaspar Joseph von (1797-1879) 38, 39, 52
Sticht, Karl 124
Stieglmayr, Max 199
Stockinger, Georg Jakob 96, 98, 146, 187, 192, 211
Straubing 9, 21, 31, 95, 142, 195
Struve, Gustav von (1805-1870) 79, 82, 83, 125, 144
Stunz (Stuntz) 152
Stuttgart 120, 121, 144, 160, 170, 203, 223
T
Tacherting 142
Taufkirchen, Graf von 66, 139
Thanning 199
Thieme 148
Thiersch, Friedrich Wilhelm (1784-1860) 29, 36, 38, 87
Thinnes, Friedrich (1790-1860) 183
Thomas, Georg (Michael Martin) (1817-1887) 107
Thon-Dittmer, Gottlieb Karl von (1802-1853)

23, 57, 60, 61, 68, 69, 70, 72, 73, 97, 98, 99, 100, 101, 112, 131, 152, 153, 159, 160, 163, 165, 175, 181, 192
Thurn und Taxis, Maximilian Karl Fürst von (1802-1871) 154
Tirschenreut 84
Titus, Nikolaus 55, 79, 80, 83, 89, 90, 106, 123, 124, 130, 141, 150, 197, 213, 217
Trauttmannsdorf-Weinsberg, Joseph Graf von (1788-1870) 203
Trier 211, 221
Tröger 178
Trützschler, Wilhelm Adolf von (1818-1849) 110, 211, 213, 218, 220
U
Ulm 197, 200
Ultsch, Adam 217
V
Vach 130, 146, 197
Veitlahm 63
Vilsbiburg 142
Vogt, Carl Wilhelm 127
Vogt, Karl (Gießen) 13, 211, 213, 215, 220, 221, 222
W
Wagner (Pfarrer) 146
Wagner, Max und W. Anton 108, 125, 127
Waibel 177, 194, 214
Waldkirch, Klemens August Graf von (1806-1858) 71, 76
Wassermann, August 134, 135, 194
Wegler 154
Weigand, Moritz von 189
Weiland, Dr. 125
Weishaupt, Carl (1787-1853) 71, 175
Weismain 111
Weiß 152
Welcker, Karl Theodor (1790-1869) 74, 205, 206
Welden, Karl von 219
Wendland, August von 173
Werneck 145
Wetzel 154
Wittmann (Widmann), Gottfried 79, 88, 89, 90, 92, 113
Wiedermann, Ignaz 128
Wien 15, 20, 36, 60, 61, 69, 74, 77, 167, 168, 171, 172, 173, 175, 191, 201, 205, 206, 208, 212, 226
Wigard, Franz (1807-1885) 222
Wildenroth 63
Willich, Friedrich Justus 60, 71, 74, 81, 183, 187
Windischgrätz, Alfred Fürst von (1787-1862) 172
Winkelblech, Karl Georg 134
Wipfeld 145
Wirth, Philipp 130
Wölffel (Wölfel), Dr. 118, 154
Wolfsteiner 183
Wrede, Fürst 52
Wunsiedel 114, 189, 223
Würzburg 17, 18, 19, 20, 22, 23, 32, 54, 56, 63, 78, 79, 88, 89, 90, 91, 94, 95, 103, 104, 111, 113, 125, 130, 131, 135, 137, 144, 145, 165, 174, 175, 180, 190, 191, 194, 195, 196, 197, 198, 207, 211, 212, 214, 215, 219, 223
X
Xylander 204, 221
Z
Zander, Ernst (1803-1872) 60
Zeilitzheim 54
Zellhuber 199
Zeltner 149, 157
Zenetti, Johann Baptist (1785-1856) 28, 160
Zensleben 145
Zink 211
Zipperer, Paul 50, 152
Zu Rhein, Friedrich August von (1802-1870) 28, 225
Zwanziger 148